A CIDADE COMO NEGÓCIO

Conselho Acadêmico
Ataliba Teixeira de Castilho
Carlos Eduardo Lins da Silva
Carlos Fico
Jaime Cordeiro
José Luiz Fiorin
Tania Regina de Luca

Proibida a reprodução total ou parcial em qualquer mídia
sem a autorização escrita da editora.
Os infratores estão sujeitos às penas da lei.

A Editora não é responsável pelo conteúdo dos capítulos deste livro.
Os Organizadores e os Autores conhecem os fatos narrados, pelos quais
são responsáveis, assim como se responsabilizam pelos juízos emitidos.

Consulte nosso catálogo completo e últimos lançamentos em **www.editoracontexto.com.br**.

Ana Fani Alessandri Carlos
Danilo Volochko
Isabel Pinto Alvarez
(organizadores)

A CIDADE COMO NEGÓCIO

coleção
Metageografia

Copyright © 2015 Ana Fani Alessandri Carlos

Todos os direitos desta edição reservados à
Editora Contexto (Editora Pinsky Ltda.)

Foto de capa
"Vila Beatriz destruída", Jaime Pinsky

Montagem de capa e diagramação
Gustavo S. Vilas Boas

Preparação de textos
Ana Paula G. do Nascimento
Mayra Carvalho

Revisão
Lilian Aquino

Dados Internacionais de Catalogação na Publicação (CIP)
Andreia de Almeida CRB-8/7889

A cidade como negócio /
Ana Fani Alessandri Carlos, Danilo Volochko, Isabel Pinto
Alvarez (orgs.). – 1.ed., 1ª reimpressão. – São Paulo :
Contexto, 2025.
272 p. (Metageografia ; v. 2)

Bibliografia
ISBN 978-85-7244-914-4

1. Geografia urbana 2. Sociologia urbana 3. Política urbana 4.
Política habitacional 5. Negócios 6. Geografia econômica I.
Carlos, Ana Fani Alessandri II. Volochko, Danilo III. Alvarez,
Isabel Pinto

15-0498	CDD 307.760981

Índice para catálogo sistemático:
1. Geografia urbana – Brasil

2025

Editora Contexto
Diretor editorial: *Jaime Pinsky*

Rua Dr. José Elias, 520 – Alto da Lapa
05083-030 – São Paulo – SP
PABX: (11) 3832 5838
contato@editoracontexto.com.br
www.editoracontexto.com.br

SUMÁRIO

Introdução 7

Do lugar do negócio à cidade como negócio 13
César Simoni Santos

A tragédia urbana 43
Ana Fani Alessandri Carlos

A produção e reprodução da cidade como negócio e segregação 65
Isabel Pinto Alvarez

Estratégias de (re)produção do espaço em São Paulo 81
Sávio Augusto Miele

A moradia como negócio e a valorização
do espaço urbano metropolitano 97
Danilo Volochko

As escalas de acumulação na produção das cidades 121
Daniel Sanfelici

PRODUÇÃO ESTRATÉGICA DO ESPAÇO E OS "NOVOS PRODUTOS IMOBILIÁRIOS" 145
Rafael Faleiros de Padua

POLÍTICA HABITACIONAL E POLÍTICAS SOCIAIS:
URGÊNCIAS, DIREITOS E NEGÓCIOS 165
Cibele Saliba Rizek, Caio Santo Amore e *Camila Moreno de Camargo*

CONFLITOS E ESTRATÉGIAS DE CLASSE A PARTIR DE UMA OPERAÇÃO URBANA.........185
Lívia Maschio Fioravanti

O PATRIMÔNIO COMO NEGÓCIO 209
Simone Scifoni

O FIO DE ARIADNE E O DESATAR DOS NÓS DO TURISMO URBANO...............................227
Luís Severo Soares

A GEOGRAFIA DOS NEGÓCIOS DO NARCOTRÁFICO 247
Jorge Luiz Barbosa

OS AUTORES...267

INTRODUÇÃO

A presente obra integra o segundo volume da coleção *Metageografia*, fruto de uma construção lenta e coletiva realizada pelos pesquisadores do GESP – Grupo de Geografia Urbana Crítica Radical – a partir de uma fundamentação teórico-metodológica orientada pela perspectiva marxista-lefebvriana; uma obra que se abre para o diálogo com pesquisadores de outras áreas do conhecimento. Essa orientação de método – que é também uma visão social, política e filosófica do mundo – propõe-nos a imensa tarefa e o desafio teórico de elucidar a realidade social concreta que vivemos, sendo que de tal desafio emerge a noção central de *produção do espaço*, igualmente presente nos textos aqui reunidos. A produção do espaço se coloca como uma noção estratégica para nossa compreensão do mundo, pois ela potencializa a reflexão sobre a *práxis*, sobre os múltiplos e contraditórios processos e relações sociais que estão em transformação constante e que se reproduzem espacialmente, revelando, portanto, os próprios fundamentos da reprodução da sociedade em sua concretude (que abriga também as ideologias, as representações). A análise da produção do espaço permite "desabsolutizar" aquilo que aparece como o novo absoluto – os novos espaços, as novas práticas, as novas representações –, dialetizando as persistências/continuidades no seio das transformações e justapondo o velho, modificado parcialmente, no movimento simultâneo da constituição do novo.

A metrópole como momento necessário da acumulação do capital aparece, nessa dialetização do novo, como uma superação a um só tempo real-prática e teórica do sentido da urbanização e da produção do espaço urbano, entendidos, na maioria das vezes, como simples resultantes do desenvolvimento econômico nas cidades – das atividades econômicas concentradas nas metrópoles e da construção complementar de um espaço residencial para abrigar a força de trabalho industrial, por exemplo, ou da produção de espaços ligados a atividades comerciais e de serviços resultantes do crescimento urbano. O que se coloca no entendimento do *urbano como negócio* é uma dimensão nova – que não deixa de repor, de modos distintos, elementos pretéritos da urbanização – do papel cada vez mais intenso da própria produção do espaço, da cidade e do urbano para a reprodução da acumulação capitalista. A noção de urbano como negócio – que atravessa de diferentes modos todos os capítulos deste livro – procura evidenciar uma mudança de sentido, ou melhor, pretende esclarecer o sentido contemporâneo hegemônico assumido pela cidade e pelo urbano: reproduzir não mais as condições necessárias para a acumulação do capital *no* espaço urbano, mas reproduzir diretamente o capital por meio da produção *do* espaço urbano.

Essa compreensão e distinção serão importantes no debate de muitas questões analisadas pelos autores, entre as quais: a revisão e atualização do tratamento teórico sobre o tema; a produção contemporânea do espaço urbano e da própria cidade no movimento de mundialização financeira; as transformações no setor imobiliário e na propriedade privada do solo; as novas particularidades do processo de valorização do espaço; as novas políticas de espaço e de planejamento urbano estatista articuladas à reprodução capitalista; as novas fronteiras de acumulação representadas pela narcoeconomia e pelo turismo, entre muitas outras questões. Com efeito, a reflexão sobre a produção do espaço possui exigências teóricas trazidas pelo próprio movimento de reprodução da realidade, de modo que os capítulos apontam as múltiplas configurações e modalidades através das quais a cidade vai sendo produzida predominantemente sob o desígnio da produção e da reprodução do espaço como uma mercadoria possuidora de valor que se valoriza, e que, nesse processo, vai intensificando a sobreposição da lógica do valor de troca ao uso improdutivo do espaço para a vida cotidiana. Em outras palavras, os textos podem ser entendidos, no seu conjunto, como momentos-processos que apontam a realização da totalização socioespacial urbana pela e para a lógica da acumulação econômica capitalista, o que não ocorre sem crises, conflitos e resistências.

Nesse caminho de entendimento do urbano como negócio, a metrópole e os espaços metropolitanos se impõem como mediação central. A centralidade da metrópole para a reprodução capitalista vai além da concentração das infraestruturas, do mercado, da força de trabalho, das bases técnicas da produção, embora não prescinda delas. No atual contexto da mundialização financeira, a economia e o capital industrial são postos a serviço da circulação financeira, estabelecendo uma mudança de qualidade na economia, no trabalho e na urbanização. Trata-se de um processo no qual as mais-valias passam a articular diversas escalas (do lugar ao mundial), ganhando novos circuitos de produção e realização e canalizando vultosos investimentos financeiros para a produção constante do espaço, o que se expressa nas atividades das grandes empreiteiras e na produção imobiliária. O espaço-tempo das metrópoles permite, com seu ritmo intenso e veloz, acelerar a realização das mais-valias mundiais (e também locais, regionais, nacionais) na produção, destruição e reprodução constante de espaços, o que tende a garantir, pelo menos momentaneamente, a superação das crises de acumulação e desvalorização dos capitais em outros espaços, cidades, países e regiões.

Destarte, o espaço da metrópole e sua reprodução vêm sendo absorvidos cada vez mais pela produção formal dos agentes econômicos e políticos hegemônicos, que reúne diferentes frações do capital – produtivo, financeiro, comercial, com predomínio das finanças – num movimento que eleva o espaço a capital produtivo e a urbanização a força produtiva. Com isso, consolida-se e estende-se ao espaço o caráter abstrato (porque quantificável e alienado das diferenças e das qualidades) do valor a partir da mercadoria e da propriedade privada do solo. As contradições produzidas no plano da reprodução capitalista não podem mais ser pensadas de modo separado das contradições que são produzidas por essa reprodução econômica no plano espacial, visto que atualmente a produção do espaço vem desempenhando um papel essencial para a continuidade do desenvolvimento do modo de produção capitalista, como atestam os capítulos deste livro.

É possível falar numa dinâmica espacial nova do capitalismo contemporâneo que possui origem na reestruturação produtiva e que foi estabelecendo, nas últimas décadas, um novo regime de acumulação: o financeiro. Do ponto de vista geográfico, as implicações produzidas por esse novo regime financeiro mundializado de acumulação aportam uma série de novas mediações espaciais para sua compreensão, sinalizando a produção de um fenômeno de outra natureza. As transformações nas cidades trazem novas articulações escalares entre os agentes e processos envolvidos, de modo que a mundialidade perpassa o lugar, trazendo um desencontro e muitos conflitos entre a escala da vida cotidiana contraposta à escala da acumulação econômica mundializada que move os negócios urbanos. Assim, parece ser na escala urbana e metropolitana que a reprodução do espaço ganha maior densidade, trazendo novas formas e conteúdos à metrópole, os quais se colocam como condição da financeirização enquanto processo de flexibilização necessária da imobilidade e fixidez da propriedade privada do solo. Portanto, é na metrópole que são desenvolvidos novos mecanismos, estratégias e instrumentos financeiros de produção do espaço, articulados às ações do setor imobiliário que se financeiriza, amplia-se e torna-se crítico, pois produz, nesse mesmo movimento, novas barreiras, novos obstáculos, novas contradições desdobradas do processo de valorização do espaço, da propriedade privada do solo e da raridade do espaço.

O urbano como negócio não prescinde da atuação do Estado para sua realização, muito pelo contrário, a valorização do espaço requer como condição *sine qua non* a ação estatista para a garantia e a legitimação dos pretensos "direitos do capital". Tais "direitos" envolvem a criação de uma legalidade nova que nega as bases legais constituídas: é o que ocorre quando o patrimônio cultural na metrópole torna-se um negócio, ou melhor, quando se cria a possibilidade de que o patrimônio arquitetônico, histórico, artístico e cultural seja incorporado ao valor de troca e que seja "ajustado" para que não interrompa – como no caso dos tombamentos – os processos de valorização do espaço urbano. Se o uso popular produz o patrimônio na contramão dos interesses corporativos em torno da valorização do espaço, o Estado cria mecanismos para reduzir os conteúdos desse lugar à lógica do homogêneo, empreendendo políticas de patrimônio como políticas de espaço que reinserem tais espaços "desajustados" no processo de valorização das áreas de maior centralidade econômica da metrópole. As dinâmicas de reestruturação urbana operacionalizadas por políticas de planejamento, a exemplo das Operações Urbanas, ou as políticas governamentais como o programa Minha Casa Minha Vida, evidenciam, ao mesmo tempo, a abertura de novos negócios pelo movimento de expansão da base social de consumo em momentos de crise e as novas estratégias de reprodução do capital no espaço baseadas na valorização fundiária, imobiliária e estatista que realizam a privatização tendencialmente completa da política urbana, realçando o papel do Estado como coordenador do processo de produção do urbano como negócio lucrativo. Na governança urbana, a dimensão política do governo se esvai na ideologia da gestão urbana, que se funde e se confunde com a administração empresarial/lucrativa da cidade e estabelece novos ordenamentos, regulamentações, além de institucionalizar processos de expulsão de moradores e a segregação socioespacial como norma e sentido das ações de uma administração público-privada da cidade. Em certos contextos, como os das metrópoles de São Paulo e Rio de Janeiro, a governança e o planejamento urbanos ainda disputam investimentos mundiais, levando à máxima expressão a ideologia da cidade competitiva.

A esses processos de planejamento urbano estatista ligados à realização de políticas de espaço, que se articulam à financeirização e à produção imobiliária, alia-se a atividade econômica do turismo urbano como nova fronteira da mercantilização e do consumo do espaço. A espetacularização e os simulacros envolvidos na produção do espaço turístico na cidade potencializam a noção do urbano como negócio, e mesmo promovem a metrópole de São Paulo como cidade dos negócios, haja vista que o "turismo de negócios" movimenta o setor e possui grande expressão em São Paulo. O urbano como negócio reproduz, por meio da atividade do turismo, a "cidade dos negócios" como produto turístico – das feiras, compras, congressos etc. –, em que a produção do espaço turístico realiza-se como ponta de lança para a reprodução capitalista da cidade, sendo álibi para os processos de renovação/revitalização urbana que inauguram novas possibilidades de acumulação por meio da destruição/reconstrução dos espaços urbanos, sobretudo do centro, embora não exclusivamente.

Por sua vez, o mercado global de drogas criminalizadas também aparece como a face ilegal da economia capitalista, apesar de estar completamente articulado aos processos de mundialização, financeirização e territorialização capitalistas. De fato, o narcotráfico e a lavagem de dinheiro por meio de instituições bancárias e transações financeiras e imobiliárias constituem um lucrativo setor econômico, que possui uma organização complexa desde a produção das drogas até sua distribuição e comercialização, envolvendo a produção do espaço seja nos espaços agrários onde são produzidas, nas favelas onde são distribuídas e armazenadas e nos bairros de classe média e alta onde são, em grande medida, consumidas. A economia movimentada pelas drogas promove uma integração contraditória e violenta entre o legal e o ilegal, sendo o cotidiano de cidades como o Rio de Janeiro marcado pelas disputas entre facções criminosas entre si (captação de novos mercados) e com o Estado que, através da militarização do combate às drogas, promove inúmeras violações aos direitos humanos, sobretudo nas favelas, onde são travados os combates que apresentam elevada letalidade. O negócio das drogas criminalizadas mostra que os circuitos de realização do capital integram necessariamente uma disputa entre os consumos legal (mercadorias legalmente produzidas e comercializadas) e ilegal (mercadorias ilegalmente produzidas e comercializadas).

Esse processo encontra-se também com a recente metropolização-periferização da produção de moradias pelo setor imobiliário financeirizado que, novamente com a mediação central do Estado – através de políticas como o programa habitacional Minha Casa Minha Vida –, capitaliza a pobreza como novo negócio mundializado e situa um novo patamar para a produção e reprodução do espaço nas periferias metropolitanas, estabelecendo o imperativo de se analisar as novas particularidades do processo de valorização do espaço nas periferias. O debate em torno da valorização do espaço diante da nova produção habitacional em curso nas periferias urbanas repõe a necessidade de se avançar na compreensão crítica da renda da terra urbana, no sentido de que ela não seria suficiente para a análise da produção do urbano ele mesmo como um negócio. A metrópole, como nível de realidade e análise, é composta por um mosaico muito diferenciado de lugares, de fragmentos que, no entanto, só ganham sentido na totalidade. Desse modo, ela comporta processos distintos de valorização, que vão desde a transformação de bairros operários em bairros de classe média por ação de pequenos capitais, associados à política de crédito imobiliário, até à produção e uma centralidade imobiliária que se realiza pela aliança entre o Estado, as incorporadoras e construtoras com capital internacional e os fundos imobiliários negociados em bolsa, o que revela de modo mais efetivo a relação entre a reprodução do espaço e a financeirização.

Assim, o espaço é entendido não mais apenas como matéria-prima e meio de produção, mas como produto possuidor de valor e que se valoriza segundo dinâmicas propriamente urbanas/espaciais e financeiras, as quais marcam uma fragmentação ainda maior do espaço e instituem novos mecanismos tanto de espoliação quanto de integração precária dos pobres ao urbano. A dialetização e particularização da valorização do espaço envolve a necessidade de análises que se apoiem no plano concreto do lugar, passando pelo estudo da valorização fundiária, imobiliária e estatista compreendidas como momentos inseparáveis do processo de valorização do espaço, e que se diferenciam da capitalização do espaço como processo integrante do aumento – em parte especulativo – dos preços dos terrenos e dos imóveis.

Mas, o que está posto é a reprodução do urbano como negócio, porque esses processos geram a condição de reprodução da vida na metrópole e reforçam a naturalização da produção de espaços privados, da segregação e da funcionalização, transformando cada vez mais os espaços-tempo da vida, reduzindo as possibilidades de apropriação e de sociabilidade. Desse modo, coloca-se a necessidade de fortalecer o pensamento que descortine o papel do espaço na nova lógica de acumulação e que, ao mesmo tempo, revele as lutas e conflitos do presente na metrópole, como ponte para refletir sobre a utopia de uma nova sociedade.

A construção de uma geografia urbana crítica e radical envolve o diálogo perene com as disciplinas afins para que seja possível o desvendamento dos novos processos de reprodução do espaço, que articulam novas estratégias, escalas, processos, agentes e sujeitos à produção de novas formas espaciais e de novos conteúdos da sociabilidade urbana e que redefinem a vida social por meio da produção do espaço cotidiano tornado momento da reprodução do espaço capitalista. Portanto, o desafio que permeou os textos dos autores envolveu o reconhecimento da complexidade da produção do espaço segundo a lógica espacial da valorização capitalista, que denominamos de *urbano como negócio*. Também envolveu a construção da negação radical, pela teoria e pela prática, do urbano como negócio, apontando a apropriação do espaço social enquanto espaço-tempo da realização da vida cotidiana dos seus habitantes como horizonte da vida urbana. Assim, o *urbano como negócio* nos desafia a construir uma nova utopia urbana, orientada pelo direito à cidade e pela apropriação social do espaço na busca pela superação das desigualdades socioespaciais produzidas historicamente em nosso país.

Ana Fani Alessandri Carlos
Danilo Volochko
Isabel Pinto Alvarez

DO LUGAR DO NEGÓCIO À CIDADE COMO NEGÓCIO

César Simoni Santos

A partir dos anos 1990, a convergência em torno da escala urbano-metropolitana parecia sinalizar não somente para a construção de um novo consenso interdisciplinar, mas para o sentido das dinâmicas espaciais em meio à profunda crise que abalava o regime de acumulação estruturado no pós-guerra. Muitas teorias e conceitos foram ajustados e forjados nesse contexto em função da percepção de que a escala urbano-metropolitana assumia aí uma renovada importância no universo da acumulação capitalista. A ascensão dessa escala no âmbito disciplinar das ciências espaciais representou, simultaneamente, a possibilidade de revisão dos pressupostos tácitos do grande espectro das disciplinas pertinentes ao campo da ciência regional. Além da exigência de uma adequação da escala regional ao universo das dinâmicas urbanas, as próprias relações interescalares foram sobremaneira atingidas. Mas, se a nova importância do urbano e da metrópole parecia se constituir como o elemento forte de um novo consenso, os métodos, os conceitos e os princípios teóricos que pautaram esse aparente acordo mostravam concepções radicalmente diversas na base da produção acadêmica. Apesar do destaque que o ajuste escalar da teoria regional ao urbano, que a percepção da importância dos espaços metropolitanos para a atual fase da acumulação capitalista e que a constatação da força que essa escala e as dinâmicas propriamente urbanas assumem depois dos anos 1980-1990 para a interpretação dos processos econômicos em âmbito global serem aqui considerados válidos e pertinentes no campo de uma teoria social crítica, este capítulo coloca em questão o repertório conceitual e os fundamentos teóricos de uma parte da produção que se dedicou à problemática da dinâmica espacial da reestruturação produtiva.

O AJUSTE ESCALAR E A VIA
DO DESENVOLVIMENTO ENDÓGENO

Na década de 1950, a escala tradicional vinculada ao conceito de região vacila juntamente com a possibilidade mesmo de se continuar a empregar o rótulo de Geografia Regional para os estudos voltados ao desvendamento das dinâmicas pertinentes a um determinado domínio ou "recorte" espacial. Do ponto de vista da Geografia Crítica, a força de penetração dos capitais oligopolizados que se projetam na escala internacional sobre os diversos domínios espaciais tendia a aniquilar um dos pressupostos elementares desse campo disciplinar: a autonomia regional. Por outro lado, a institucionalização da Ciência Regional e a emergência da Geografia Quantitativa, nos EUA, apesar de fortalecerem o emprego do conceito de região, dão maior autonomia escalar para as formas de uso desse mesmo conceito. A revisão e, mesmo, a retomada das teorias de Lösch, Christaller, Weber e Von Thünen, nesse momento, já dão, em certa medida, alguma liberdade para que se recorra à noção de região de forma bem diferente daquela que predominou até a primeira metade do século XX sob a forte influência da Geografia vidaliana. A moeda de troca para a emancipação escalar do conceito de região será, aqui, no entanto, a amarração morfológica gerada a partir de matrizes espaciais abstratas de validade pretensamente universal e irrestrita nos termos de sua aplicação.

No âmbito da chamada Geografia Crítica, as considerações de Max Sorre iluminam a crítica que Milton Santos irá fazer à Geografia Clássica e, por consequência, a uma tradição bastante forte da Geografia Regional, um dos pilares da disciplina até esse momento. Santos questiona se "se pode, ainda hoje, admitir que as construções humanas, tal qual se apresentam na face do planeta, resultam de uma interação entre 'um' grupo humano e 'seu' meio geográfico".[1] Segundo ele, "a região não é mais uma realidade viva dotada de uma coerência interna; ela é principalmente definida do exterior, como observou B. Kayser, e seus limites mudam em função de critérios diversos. Nestas condições, a região deixou de existir em si mesma."[2] Assim, "o fato de que não há autonomia regional é paralelo à falência da geografia regional considerada em termos tradicionais".[3] Mas, além da crítica à concepção tradicional de região, o tratamento dado por essa vertente contribuía definitivamente também para o desenvolvimento de uma conformação escalar fluida do conceito de região que rompia com o universo dos grandes domínios regionais herdados da Geografia Tradicional. A própria perspectiva do desenvolvimento desigual permitia uma observação das relações econômicas a partir de unidades e domínios espaciais definidos numa ampla gama de escalas geográficas. Isso posto, foi possível transpor a escala de análise do campo internacional para o campo inter-regional e, depois, para a escala urbano-metropolitana. Essa foi a via de contribuição da vertente crítica para o rompimento com a escala rígida dos grandes domínios da Geografia Regional tradicional. Desse modo, tanto por meio do papel das vertentes críticas da Geografia quanto por meio da evolução da ciência regional e das técnicas quantitativas que embasaram a Geografia Matricial, a evolução da noção de região no século XX se separou de um registro escalar rígido (típico) e libertou o conceito para o emprego em diversos segmentos da ciência espacial. Além disso, a planificação keynesiana, a centralidade dos Estados Nacionais, o crescimento econômico do pós-guerra e mesmo a crítica ao modelo fordista-keynesiano (fosse na sua versão central, fosse na sua versão periférica) politizou, institucionalizou e instrumentalizou o conceito de região.

Uma das vias para a identificação do conceito de região à escala local e ao urbano será aberta pelo aparecimento da corrente teórica do "desenvolvimento endógeno" nos anos 1970. Por isso, segundo Benko,[4] o "desenvolvimento local", como também é comumente designada essa corrente, "é frequentemente interpretado como o paradigma mais recente do desenvolvimento". A aposta teórica desse grupo consiste no reconhecimento da organização e das ações locais como elementos territoriais de fomento da atual dinâmica econômica. A crise dos estados interventores de perfil keynesiano e da própria economia administrada típica do pós-guerra, além de ter enterrado (ou quase) as teorias associadas ao planejamento centralizado e realizado no horizonte da escala nacional (como a teoria dos polos de crescimento, de François Perroux, por exemplo), deu ampla margem de aceitação para as teorias que valorizavam os elementos disponíveis ou emergentes a partir dos arranjos locais. Desse modo, essa vertente produziu uma concepção do desenvolvimento econômico a partir do enfraquecimento do Estado central e da escala nacional, determinantes no modelo anterior de crescimento. Por essa razão, essa concepção circulou entre a crítica e a gestão (estatal e dos negócios) como panaceia da proclamada crise pós-fordista.

Entre os autores da hipótese do desenvolvimento endógeno, Ana Cristina Fernandes[5] elenca aqueles que trataram dos arranjos produtivos da Terceira Itália (Becatini, Bellandi, Garfoli) e do Vale do Silício californiano (Scott, Storper, Walker e Castells). Aos primeiros está associada a forma espacial do distrito marshalliano, o *milieu innovateur*, numa aproximação da escala local sem, contudo, muito apego à problemática urbana contemporânea. O distrito marshalliano, revivido na interpretação da Terceira Itália por esse grupo, considera menos as relações de mercado e de domínio macroeconômico do que as dinâmicas inovativas resultantes de relações intangíveis que sugerem sinergias positivas como efeito da aglomeração. As formas de coordenação, concorrência e cooperação, que surgem em ambientes inovativos estimulados pela incerteza e pela dificuldade de rotinização da produção, sugerem um novo tipo de articulação interempresarial que elege o distrito, um aglomerado espacial, como o meio mais adequado às exigências de competitividade numa economia não planejada e flexível.

A CIDADE COMO NEGÓCIO

O distrito marshalliano versão anos 1980-90 seria, nesta visão, a forma organizacional e espacial propícia para o desenvolvimento pós-fordista, endógeno, inovador, ágil e socialmente solidário e coeso mundo afora, isto é, o foco da política espacial ajustada ao novo padrão de acumulação flexível.[6]

As análises do grupo da Terceira Itália abrem caminho, no entanto, para as novas considerações sobre o espaço urbano e metropolitano após a crise do fordismo no âmbito da ciência regional. O grupo da chamada Escola da Califórnia, por sua vez, prolonga a abordagem do distrito industrial para o campo de observação do papel e das dinâmicas do espaço metropolitano, dando ênfase à potência e às possibilidades dos efeitos multiplicadores da aglomeração. Nas considerações de Scott et al.,[7] com a crise dos parâmetros da administração fordista, abre-se um período de incerteza em relação à expansão e fidelidade dos mercados. A crise de previsibilidade e a intensificação da concorrência sugeriram uma adaptação dos processos produtivos a um ambiente empresarial mais flexível. A incerteza e a dificuldade de rotinização dos processos produtivos exigem constantes e frequentes inovações, que, por sua vez, estariam ligadas à capacidade de aprendizagem em ambientes altamente competitivos. Além das formas de produção, adaptação e circulação do conhecimento entre firmas, possibilitadas, desse ponto de vista, pela proximidade empresarial física em densos aglomerados locacionais, a conformação de espaços ricos em fatores específicos demandados por essas firmas adaptadas à competição flexível, encontrados sobretudo nos espaços metropolitanos, apresenta condições para uma sensível redução de custos. A necessidade de rápida adaptação em um mundo instável e de ajustes efêmeros coloca a aprendizagem e a inovação, assim como os custos ligados aos fatores específicos e aos serviços especializados, na linha de frente da estratégia locacional, ainda mais quando se considera a redução constante dos custos de comunicação e transporte que operam cada vez mais significativamente na escala global.

Apesar das críticas possíveis e que se pretende desenvolver ao longo deste capítulo, é preciso ter em conta que parte da importância dessas abordagens se encontra, também, na oposição que esses autores representaram para o curso de hegemonização de uma linhagem fundamentalmente acrítica no trato dos fenômenos associados à reestruturação produtiva.

A OPOSIÇÃO AO PARADIGMA DA DESLOCALIZAÇÃO E A RUPTURA CONTEMPORÂNEA

No fim dos anos 1980 e, sobretudo, no início dos anos 1990, o mantra da desmaterialização da vida, da desespacialização das atividades, da deslocalização dos ambientes de trabalho e da produção começava a ganhar proporções significativas na esfera acadêmica. Os estudos sobre o espaço urbano se tornariam obsoletos aos olhos dessa perspectiva. Embalados pelo frenesi das novas tecnologias de comunicação e transporte num mundo que passava por visíveis transformações em relação à versatilidade dos mercados, as vertentes da desmaterialização proclamavam o fim da importância do espaço e o relegavam à pré-história das condições contemporâneas. Os enunciados proclamados por essas correntes ganharam espaço na academia e nas mídias, disputando lugar nas falas corriqueiras do cotidiano. A ideia de que, com o desenvolvimento da tecnologia das redes de transmissão de dados e dos novos meios de transporte, seria possível realizar em casa o trabalho do escritório, de que seria possível fazer compras sem deixar o conforto do lar, ou, ainda, de que seria possível interagir e se comunicar com pessoas em qualquer parte do mundo tendo em mãos apenas um computador conectado à grande rede mundial, sugeria e mesmo fundamentava uma visão segundo a qual se tornava desnecessária, além da observação das dinâmicas espaciais e dos processos de produção do espaço, a aglomeração como forma preponderante de realização da vida social e da economia. Essa concepção se somou à perspectiva idílica de retorno ao campo e à natureza – muito bem aproveitada pelos mercados imobiliários, evidentemente – e vislumbrou um mundo, uma paisagem, que abolia os problemas relacionados ao cotidiano constrangedor da metrópole contemporânea veiculados sob a forma da poluição, do trânsito e da rigidez dos horários de trabalho e do encontro. À essa parafernália ideológica, que serviu frequentemente mais como anteparo aos promotores imobiliários e à propaganda dos novos serviços, opôs-se um grupo de pesquisadores críticos reunidos sob a orientação do desenvolvimento endógeno. Allen Scott, John Agnew, Edward Soja e Michael Storper,[8] quando se propõem a "entender por que, em uma área de custos de transporte e comunicação geralmente em declínio, ainda temos um mundo organizado em função de grandes regiões urbanas (mais do que em função de um padrão mais difuso de localização)", lançam mão, nesse caso, de seu duplo pressuposto crítico. Primeiramente, reafirmam na base de sua teoria a importância da aglomeração urbana para os processos de acumulação. Em segundo lugar, partem da crítica direta às vertentes da desmaterialização. É nesse sentido que se pode atribuir um importante teor de criticidade a essa vertente do desenvolvimento endógeno. Para eles,

> de fato, em vez das cidades-regiões estarem se dissolvendo como objetos sociais e geográficos pelo processo de globalização, elas estão se tornando progressivamente centrais à vida moderna e, cada vez mais, a globalização (em associação com várias transformações tecnológicas) vem reativando a sua importância como base de todas as formas da atividade produtiva.[9]

A via apresentada por esse grupo também foi trilhada por Saskia Sassen já no início da década de 1990. Da mesma forma que aqueles, Sassen inicia o primeiro capítulo de *As cidades na economia mundial* com uma advertência a respeito do ambiente teórico a partir do qual ela se propunha avançar no debate da reconfiguração espacial da reestruturação produtiva. Ela apresenta a emergência de um quase consenso a propósito do paradigma da deslocalização para, logo em seguida, refutá-lo a partir de sua teoria das cidades globais,[10] que não só não despreza os aspectos espaciais e do lugar na teoria como reafirma o papel da cidade e das aglomerações urbanas tipicamente metropolitanas no processo de acumulação capitalista que ora se desenvolve na economia mundial. A adoção de um ponto de partida assentado na crítica às vertentes acríticas da desmaterialização revela, além da identidade que se elabora pelo oponente teórico, a importância dessas produções na compreensão do papel do espaço e de seus conteúdos e formas eminentemente urbanos para os processos atuais de acumulação do capital. As abordagens da história do desenvolvimento teórico e conceitual das novas ciências regional e urbana frequentemente ignoram esse fato, deixando de pontuar, por isso, a ruptura ocorrida na produção acadêmica nesse campo a partir dos anos 1990 como elemento de valorização da crítica trazida no bojo dessas teorias mais recentes. Além disso, esse aplainamento da história disciplinar e das ideias pressupõe um tipo de desenvolvimento teórico-conceitual apartado da realidade em transformação. Com as sucessivas reorganizações da esfera produtiva, das relações entre o capital financeiro e o capital manufatureiro e do ambiente institucional público ou privado, decorrentes das frequentes crises que atingem o processo de valorização do capital, a posição e o papel das metrópoles na ordem da acumulação capitalista se modifica sensivelmente.

Apesar de a crise da década de 1970 ter servido de inspiração aos autores da Terceira Itália para o reavivamento do distrito marshalliano, entre aqueles grupos em que o espaço urbano constitui o sentido final da aglomeração funcional para os fins da acumulação, o momento de ruptura que dirige um novo olhar para a metrópole se elabora a partir dos anos 1980. Em *A cidade global*, de Saskia Sassen,[11] a década de 1980 é apontada como o momento de consolidação das profundas transformações que ocorrem nos âmbitos da economia e da política que dão abertura para uma reconsideração do conceito de cidade global; é por isso que, ainda para ela, também em *As cidades na economia mundial*, "o mercado e as vantagens da aglomeração, e, por consequência, das cidades, assumiram um novo significado nos anos oitenta".[12] A emergência de um "novo regime econômico", impulsionado pelo destacado papel das finanças e dos serviços assumido no fim do século XX, redimensiona a importância dos grandes centros metropolitanos na dinâmica de acumulação que se desenrola cada vez mais na escala global. A emergência dessa nova configuração econômica, que atribui maior importância aos segmentos financeiros e de serviços, torna o tempo, em estado bruto, um fator de custos mais significativo que o peso das mercadorias acabadas ou das matérias-primas. A lógica da localização, que antes respeitava um padrão de aglomeração em torno das fontes dos materiais mais pesados, foi profundamente alterada. Se é verdade que o desenvolvimento das novas técnicas de comunicação e transporte e a sensível queda dos custos relativos a esses serviços deram maior liberdade para os investimentos de capital, olhando por outro lado, isso deve ser observado não somente em relação a suas limitações, mas também em relação às contratendências e aos seus efeitos invertidos, a depender do segmento para o qual a análise se orienta. Assim,

> as empresas que exercem atividades mais rotineiras [...] parecem estar cada vez mais livres para se mudarem ou instalarem suas matrizes fora das cidades. As empresas que se dedicam a atividades extremamente competitivas e inovadoras e/ou fortemente orientadas para o mercado mundial parecem beneficiar-se do fato de estarem localizadas na região central dos grandes centros do comércio internacional, por mais elevados que sejam os custos.[13]

Dessa forma, Saskia Sassen marca posição também em relação à superação dos termos propostos pelas análises fundadas na atualização do distrito marshalliano. "Da perspectiva das empresas prestadoras de serviços, esse complexo especializado deve mais provavelmente localizar-se em uma cidade, em vez de, por exemplo, em um condomínio de escritórios situados em bairros distantes".[14]

Se esse contexto e perfil analíticos, que partem do reconhecimento de uma tendência à financeirização da economia e de uma profunda transformação das condições técnicas das comunicações e transportes, serviram para deslocar, no campo teórico, a importância dos trabalhos ligados à Terceira Itália, o impacto que tiveram sobre os antigos parâmetros da ciência regional foi ainda maior. François Ascher,[15] partindo também dos efeitos do recente desenvolvimento dos transportes e da comunicação, afirma que "o esquema 'christalleriano', que havia sido por muito tempo a referência dominante para explicar uma repartição espacial hierárquica das cidades, perde ainda mais sua pertinência com a emergência de um sistema urbano polarizado em torno das metrópoles funcionando em rede numa escala internacional". Isso se explica em seu texto a partir da percepção de uma ruptura no *continuum* espacial. O desenvolvimento dos meios de transporte de alta velocidade e das comunicações em "tempo real" sugere uma concepção de espaço renovada a partir de um novo paradigma espaçotemporal: o "efeito túnel". Ascher enfatiza que com o aumento das velocidades implicadas no transporte de bens e pessoas, assim como com o advento da comunicação instantânea a custos reduzidos e de amplitude ilimitada, a proximidade e a conexão entre dois grandes centros pode se dar suplantando a noção de distância e o espaço intermédio entre esses pontos. É como se não houvesse "nada" entre um grande centro e outro. Assim, "a posição à meia-distância, que foi no passado a melhor localização, torna-se a pior [...]. Isso explica em parte o enfraquecimento das hierarquias urbanas e a perda de pertinência dos esquemas propostos por Christaller e seus continuadores".[16] Evidentemente, o papel da crítica aos esquemas de Christaller é aqui figurativo e pode ser estendido ao amplo espectro das teorias de inspiração neoclássica que ressuscitaram, no pós-guerra, a noção de centralidade espacial fundada numa concepção de espaço contínuo e no pressuposto do equilíbrio espacial – isso inclui também os trabalhos inspirados nas teorias de Lösch, de Weber e mesmo de Von Thünen. Apesar dos momentos que Ascher dedica em seu texto para situar o processo de urbanização em uma espécie de temporalidade ininterrupta, muitas vezes de caráter supra-histórico, a metápole, seu conceito-mestre para a compreensão da atualidade dos fenômenos urbanos, sinaliza o momento de ruptura mais recente que organiza o processo de urbanização. A justificativa para o emprego de uma nova nomenclatura que envolve a compreensão da atualidade se define pelo fato de que

> a noção de metrópole que nós utilizamos até o presente para descrever essas grandes aglomerações parece inadaptada para qualificar esse novo tipo de espaço, por um lado porque ela evoca tão logo uma grande cidade assumindo as funções mais elevadas na hierarquia urbana regional, por outro porque ela não introduz nem a ideia de uma nova estruturação dos espaços urbanos, nem a ideia da formação de um novo espaço das atividades econômicas e sociais cotidianas.[17]

Além disso, da mesma forma que Sassen e os autores da chamada Escola da Califórnia, Ascher buscou localizar sua teoria a partir da oposição à leitura amplamente difundida da deslocalização. Para apontar o suposto equívoco presente nas análises de Françoise Choay, de Daniel Bell e de Melvin Webber, Ascher apresenta sua hipótese fundante de que as aglomerações tornam-se ainda mais importantes diante da revolução das técnicas de transporte e comunicação. Para ele,

> certamente as novas tecnologias de transporte e de comunicação participam da recomposição dos espaços urbanos e rurais, mas elas não envolvem uma dispersão generalizada dos homens e das atividades. Ao contrário, elas acompanham ou suscitam novas aglomerações e polarizações.[18]

Pierre Veltz não seguiu caminho diferente. Apesar do distanciamento temporal em relação à primeira edição, datada de 1996, de seu *Mondialisation, villes et territoires: l'économie d'archipel*, em 2004 ele escreve um novo prefácio que se inicia já recuperando e demarcando ainda melhor sua posição nesse debate. A partir da primeira linha desse prefácio, pode-se ler uma crítica à perspectiva da mundialização como um processo de dissolução do espaço concreto e da materialidade espacial. Segundo Veltz,[19] "a mundialização não é a imposição de um espaço abstrato, sem distâncias, sem inscrições locais que não aquelas precárias e residuais". Para ele, os resultados, as condições e os meios pelos quais a mundialização se assentou como processo hegemônico "são eles mesmos indissociáveis da urbanização acelerada do mundo e de um processo de polarização sem precedentes da economia mundial em torno das grandes cidades", que são ligadas por uma espécie de "economia de arquipélago" a partir da qual os espaços urbanos tornam-se centrais na realização dos fluxos e dos sentidos da economia.[20] "Os movimentos de 'deslocalização' são certamente importantes em alguns setores. Mas o discurso alarmista que eles suscitam esconde o fenômeno dominante, que é o contrário disso".[21] A materialidade, a forma e o conteúdo espaciais são tão importantes para os fundamentos da economia contemporânea, de acordo com Pierre Veltz, que ele elege um fenômeno (mais do que simplesmente um recorte) espacial para substituir o elemento explicativo central do regime de acumulação anterior. A partir de seu livro, é possível entender a metropolização como o sucedâneo atual da taylorização da economia. Desse ponto de vista, o espaço, a materialidade e, sobretudo, o espaço metropolitano não apenas têm importância na compreensão do mundo contemporâneo, como também aumentaram significativamente o seu papel após a crise do regime de acumulação anterior. Essa compreensão parte do reconhecimento de uma ruptura crucial que ocorre no fim do século XX. Reforçando a perspectiva apresentada por Saskia Sassen, Veltz demarca o momento desse *bouleversement* político e econômico nos anos 1980, afastando-se também da perspectiva dos autores da Terceira Itália.[22] O caminho teórico que permite o nosso autor atingir os termos da metropolização, como o elemento que define a ruptura de nossa época e a forma predominante de um entendimento crítico a respeito da atual configuração da economia mundial globalizada, compartilha com a grande tradição do pensamento das esquerdas a crítica à tradição neoclássica. A restauração de algumas teorias espaciais e dos mercados imperfeitos, como aquelas que põem acento no papel das economias de escala e das economias externas, marca esse posicionamento. Para Veltz, "sem economias de escala [...], não haveria geografia econômica". Mas "essa constatação de bom senso não é trivial aos olhos da análise neoclássica".[23] Além disso, "se as externalidades têm um estatuto residual na teoria tradicional (tudo o que escapa ao mercado), elas são, na realidade, onipresentes na economia real".[24] De acordo com o autor, o sentido das considerações espaciais na teoria econômica se justifica diante das "imperfeições" do mercado, o que está na ordem do dia da economia real e é escondido pela teoria dos mercados perfeitos de inclinação neoclássica. Tomando essa tradição do pensamento econômico como referência, ele afirma que "a economia, a mais avançada, funciona cada vez mais no 'extraeconômico'! E o território, seguramente, desempenha um papel essencial nessa dinâmica".[25]

No trabalho de Scott et al.,[26] os marcos da reestruturação produtiva, da crise dos Estados nacionais, da financeirização da economia e do advento das novas tecnologias de comunicação e transporte, todos associados às transformações ocorridas nos anos 1980-1990, colocam-se como a pedra de toque para a emergência do conceito de cidade-região. A partir daqui, é possível afirmar que, de acordo com esses autores, a atual investida nos estudos da metrópole encontra suas justificativas nas profundas transformações que atingem a ordem de funcionamento das economias capitalistas na escala mundial e que esse conjunto de transformações atribui novos conteúdos e um lugar de destaque ao espaço metropolitano a partir dos anos 1980-1990. Para esses autores, "houve um ressurgimento de formas de organização econômica e política de cunho regional, sendo a maior expressão desta tendência encontrada em algumas cidades-regiões globais".[27] Dessa forma, contrariando a palavra de ordem dos gestores e teóricos da revolução técnico-científica dos anos 1990, segundo essa vertente, "o poder da aglomeração permanece forte, ainda que os custos de transporte e comunicação continuem declinantes", informam Storper e Venables.[28] A partir de suas análises, foi possível observar que

> as melhorias nos processos de transporte e comunicações raramente ou nunca enfraqueceram as tendências de urbanização do capitalismo moderno [...]. Em vez disso, as melhorias desse tipo quase sempre tendem a reforçar a aglomeração da atividade econômica por alargar o leque de qualquer centro de mercado, ajudando a desencadear novas rodadas de especialização em áreas urbanas estabelecidas.[29]

Todo esse potencial crítico, no entanto, que reconhece e revaloriza a análise e os processos espaciais urbanos contemporâneos como elementos centrais da compreensão do mundo atual, foi conquistado sem o abandono do pressuposto que permite a observação de uma ruptura essencial na ordem do fluxo temporal dos fenômenos. Aí consiste, inclusive, boa parte do poder analítico e um dos grandes méritos desse conjunto de autores que se posicionaram contra a perspectiva acrítica e conciliatória da desmaterialização. Ao partilhar com o oponente teórico o pressuposto de uma ruptura temporal, esses autores criaram as condições para o reconhecimento de um papel renovado do espaço metropolitano na ordem da reprodução econômica contemporânea. O processo de financeirização da economia, a flexibilização do processo produtivo, a crise dos Estados centrais e da escala nacional e o desenvolvimento das novas tecnologias de transporte e comunicação fazem parte do repertório ao qual essas vertentes da valorização da escala local e do urbano recorreram para apresentar a nova inserção dos espaços metropolitanos na economia e na teoria social. O aplainamento pressuposto na ideia de que "nesta evolução conceitual não houve mudanças abruptas, pois no avanço do modo de produção capitalista criou-se raízes ao longo do tempo, permitindo que conceitos se consolidassem sem rupturas essenciais",[30] impede a observação da passagem (e da ruptura) que funda o reconhecimento teórico do processo que produziu o espaço urbano-metropolitano como a última fronteira da acumulação capitalista.

A AGLOMERAÇÃO URBANA COMO LUGAR DO NEGÓCIO

Um dos pontos de partida da análise realizada pelos autores da chamada Escola da Califórnia pode ser localizado na observação, de forte inspiração regulacionista, da transformação do ambiente institucional do capitalismo a partir da erosão dos poderes dos Estados centrais. Essa percepção, que não foi exclusiva desse grupo e nem mesmo de seus inspiradores mais diretos, difundiu-se nas análises sociais e econômicas, sobretudo entre aquelas que assumiram uma posição crítica em relação à austeridade monetarista como panaceia da ortodoxia econômica. Nos Estados periféricos, superendividados nos anos 1980, a imposição do "amargo remédio" teve impactos ainda mais profundos. A perda da capacidade de articulação de políticas econômicas e de "desenvolvimento" regional, além de reforçar o desmonte da antiga região dos geógrafos tradicionais e destronar a concepção regional da administração centralizada, teria feito a escala nacional submergir como escala prioritária para a reprodução e compreensão das dinâmicas sociais, econômicas e políticas. A erosão da capacidade de articulação e definição de políticas na escala nacional, vinda com os ajustes no ambiente institucional do Estado e com os novos poderes atribuídos às grandes corporações transnacionais, resultaria, assim, num processo de descentralização do poder político que ajuda a consolidar simultaneamente a escala urbana e a escala global, a partir do desenvolvimento de relações mais diretas entre essas, como as escalas mais significativas para a compreensão das novas estratégias de acumulação. No aspecto morfológico, recorrendo às noções de Veltz, Scott et al.[31] asseveram que "na base geográfica de todo sistema encontra-se um mosaico ou arquipélago de grandes cidades-regiões constituindo uma das principais redes estruturais da nova economia global". Dessa perspectiva, "em pouco tempo, o sistema tradicional baseado na relação centro-periferia é substituído por outro, multi-hierarquizado, operado por empresas corporativas que vão aos poucos assumindo uma feição transnacional".[32] Sandra Lencioni[33] considera que esse é o momento e o processo pelo qual se opera uma transformação das categorias analíticas e das dinâmicas sociais com a substituição da escala internacional pela escala global. Esse processo ocorreria simultaneamente com a emergência da escala metropolitana (a "cidade-região", de Scott; a "metápolis", de Ascher; as ilhas de uma "economia em arquipélago", de Veltz; ou a "cidade global", de Sassen) como um tipo de sucedâneo da antiga escala nacional de poder. Além disso, de acordo com Veltz,[34] "a trama dos Estados-nação, neste contexto, não é somente brutalmente atingida pelas grandes firmas mundiais. Ela o é também por essa ascensão da economia metropolitana". Assumindo a aglomeração, em suas articulações globais, como a forma espacial prioritária da realização dos investimentos produtivos, comerciais ou financeiros, estar-se-ia presenciando, dessa forma, para empregar os termos de Neil Brenner,[35] a produção de novas escalas como condição da acumulação contemporânea. Assim, "o espaço provê uma fronteira em movimento constante para a acumulação capitalista".[36]

Dessa forma, aos termos vagos de uma globalização pautada pelos fluxos mundiais de informações, valores e ordens, essa perspectiva que emerge da crítica à desmaterialização associa as dinâmicas da aglomeração. O fato de que as interdependências de longa distância se tornam tão fortes quanto as de curta distância "não significa, em hipótese alguma, que a proximidade não irá desempenhar mais do que um papel secundário e que nós entraríamos num mundo de relações perfeitamente fluidas, um mundo 'líquido'."[37] Nisso consiste uma parte da recusa em tratar o espaço somente do ponto de vista da distância. Saskia Sassen também se posiciona criticamente com relação a essa abordagem da perspectiva da globalização unilateral. Para a autora, apesar de conter elementos verdadeiros, ela peca pela parcialidade.

A centralidade da metrópole para essas vertentes que buscam na aglomeração as dinâmicas sociais e econômicas responsáveis pela localização das atividades "superiores" da economia contemporânea será encontrada e justificada a partir de conjuntos os mais diversos, a depender da inclinação teórica dos autores em questão. Saskia Sassen, por exemplo, não vai muito além da consideração da oferta de fatores brutos, como força de trabalho especializada, infraestrutura moderna e mercados consumidores de alta renda, para qualificar o enunciado geral da necessidade da aglomeração e de seus efeitos. Para ela, a nova circunstância associada ao crescimento dos fluxos financeiros e do segmento de serviços, na era da assim chamada globalização, "exige uma infraestrutura extremamente avançada de serviços especializados e de concentrações de alto nível, no que se refere aos recursos em telecomunicações. As cidades constituem locais fundamentais para ambos".[38] Assim, "em vez de se tornarem obsoletas devido à dispersão que as tecnologias da informação possibilitaram, as cidades concentram funções de comando". A esse papel Sassen acrescenta duas outras funções adicionais, a saber:

> (1) as cidades são locais de produção pós-industrial para as principais indústrias desse período, para o setor financeiro e para os serviços especializados; e (2) as cidades são mercados multinacionais, onde empresas e governos podem adquirir instrumentos financeiros e serviços especializados.[39]

No nível das dinâmicas envolvidas na emergência dos espaços urbanos como ambientes propícios à realização dos negócios, os autores da Escola da Califórnia vão muito além dos aspectos apontados por Sassen. Apesar de reconhecerem a importância de que "as cidades sempre aparecem como locais privilegiados para o crescimento econômico porque economizam em infraestruturas de capital intensivo [...], permitindo assim a obtenção de economias de escala significativas em locais selecionados", esses autores acrescentam "a esse óbvio fator básico subjacente à aglomeração" mais três conjuntos de fenômenos "que se complementam e intensificam os seus efeitos". São eles, segundo Scott e Storper:[40] (1) os efeitos de encadeamento para frente e para trás (*backward and forward inter-linkages*) de firmas em sistemas industriais; (2) a formação de densos mercados de trabalho locais; e (3) o surgimento de ativos relacionais localizados promovendo efeitos de aprendizagem e inovação.

Antes de prosseguir com uma breve elucidação a respeito desses pontos, é preciso deixar claro que todos eles, inclusive o primeiro conjunto atribuído ao desenvolvimento analítico proposto por Saskia Sassen, situam-se no campo das externalidades que tocam a rentabilidade dos capitais que buscam o espaço urbano como lugar para os seus negócios. Evidentemente, o pressuposto admitido para a condução dessas análises é que não se pode tomar, para compreensão desse novo fenômeno emergente da centralização metropolitana das atividades, quaisquer ramos ou segmentos da atividade econômica. Enquanto os segmentos responsáveis pela execução das atividades hoje entendidas como "banais", normalmente representantes dos ramos mais importantes nas análises da geografia econômica do fordismo, são pouco a pouco deixados na periferia dos procedimentos de análise, um conjunto muito específico de atividades ditas "superiores" e de comando passa a constituir o foco da preocupação desses autores. Dentre os ramos componentes tomados aqui como significativos, podemos incluir justamente aqueles que mais se adaptaram às novas condições de produção e reprodução do capital e que, por isso, lideram a dinâmica de acumulação e detêm a capacidade de gerar, difundir e impor um novo ordenamento para a economia em escala global. Ao mesmo tempo, esses serão os ramos mais sensíveis às incertezas e irregularidades típicas de uma economia não planejada como a que emergiu com a crise do regime fordista-keynesiano. Entre os segmentos incluídos nessa categorização, os que merecem maior destaque são a indústria de alta tecnologia, os serviços comerciais e financeiros de alto nível e as indústrias expostas a mercados que flutuam devido a mudanças constantes no design ou nos efeitos da moda.[41] Tendo em vista o grau de incerteza e instabilidade que toma conta do ambiente competitivo no qual esses segmentos mais dinâmicos estão inseridos, torna-se difícil a rotinização das atividades e das relações externas, sejam elas definidas no campo interempresarial, sejam elas definidas com os mercados de trabalho e de consumo. Assim, esse grupo de empresas cria uma dependência das "redes que facilitam a mudança e novas combinações". Levando-se em consideração que interferem na disponibilidade dos fatores adaptativos (1) a oferta de força de trabalho altamente especializada, (2) a oportunidade de se associar a novos fornecedores e novos consumidores também altamente especializados e exigentes e (3) os altos níveis de acesso a uma ampla variedade de informação e recursos, "os custos de transação sobem significativamente conforme as distâncias aumentam e, com a dispersão geográfica dos produtores, as ineficiências aparecem rapidamente".[42] Isso porque não somente a oferta de fatores específicos se manifesta essencialmente de forma concentrada, o que condiciona o acesso a esses mercados à instalação em localidades restritas, mas porque a proximidade e o estabelecimento de redes plásticas de cooperação e solidariedade empresarial definem a isenção de muitos encargos associados à formação de estoques, uma condição crucial e ajustada à perspectiva da incerteza e da instabilidade. Além disso, a proximidade pressuposta na base da noção de aglomeração utilizada envolve uma miríade de empresas e, por isso, de possibilidades associativas: essa é outra condição para a eliminação dos estoques, tão essenciais em estruturas rígidas nas quais o risco de rompimento de elos nas cadeias de fornecimento (de bens e serviços) é relativamente alto devido à quase exclusividade que se desenha em função das distâncias. É nesse sentido que se torna "possível afirmar efetivamente que a aglomeração é um constituinte fundamental e onipresente do desenvolvimento bem-sucedido dos sistemas econômicos em muitos níveis diferentes de PIB per capita".[43]

A CIDADE COMO NEGÓCIO

Do ponto de vista dos efeitos de encadeamento possíveis somente em ambientes densamente povoados pelos novos segmentos do capitalismo contemporâneo, pode-se dizer que eles se tornam particularmente importantes "se consideramos insumos e produtos de alta especialização".[44] Levando-se em conta que os produtos desse tipo precisam contar em sua base produtiva com insumos que envolvem produtos altamente inovadores e de elevada qualidade; levando-se em conta também que, para se obter acesso a esses mercados ultraespecializados de insumos, o acesso à informação num ambiente que exige uma variedade não fixa de fornecedores é crucial para o acompanhamento e elaboração das inovações; e levando em conta, por fim, que o alcance reduzido desses bens altamente especializados só pode ser compensado caso a empresa ofertante reúna ou crie em torno de si um elevado número de clientes, observa-se que "os produtos especializados comportam o dilema do 'lugar central'". Nesse aspecto, a aglomeração, interpretada como forma essencial básica das condições de realização do produto, revela que "retornos de escala e custos de transação localizados estão fortemente ligados ao nível de incerteza".[45] O efeito concentração/centralização como condição de estabilização da demanda, de garantia na oferta de insumos e de redução das incertezas nos remete à aglomeração como forma essencialmente ligada aos arranjos flexíveis da economia contemporânea, mesmo que, e frequentemente, em condições de grande amplitude geográfica da circulação do produto. Os mercados centrais tornam-se, assim, definidores das estratégias e das decisões envolvidas na produção. É nesse sentido que, para essa vertente, as metrópoles serão buscadas como lugares privilegiados para a realização dos investimentos dos mais altos circuitos produtivos, terciários e financeiros. De fato,

> o ambiente urbano, por concentrar números relativamente grandes de fornecedores e consumidores, suplanta as incertezas numéricas, permitindo obtenção mais regular de insumos pelas empresas e a maximização do "tempo de trabalho" pelos trabalhadores, com consideráveis ganhos de produtividade. Portanto, a lei dos grandes números, em um contexto geográfico restrito, produz retornos crescentes.[46]

Do ponto de vista dos mercados de trabalho, o ambiente de inovações e de incertezas exige trabalhadores altamente especializados e criativos, mesmo quando esses empregadores não se dispõem, em função de imperativos estruturais ligados à incerteza e à efemeridade das soluções de mercado, a manter vínculos demasiado longos com os seus empregados. Mas a aglomeração, nesse caso, é vista como um fator crucial tanto para a reprodução do capital particular de cada empresa que busca aumentar sua rentabilidade a partir do acesso aos mercados mais especializados, quanto para o trabalhador altamente qualificado que busca reproduzir sua condição em situações de incerteza. Assim, essas empresas procuram uma condição na qual é possível recorrer a um *pool* de força de trabalho altamente especializada e disponível, situação que evita, simultaneamente, a elevação salarial dessa classe de trabalhadores

DO LUGAR DO NEGÓCIO À CIDADE COMO NEGÓCIO

qualificados e custos internos relativos à formação de pessoal. Para entender o sentido da aglomeração no comportamento dessa força de trabalho, os efeitos ligados à distância dos mercados de emprego são ainda mais sensíveis. A distância gera custos de deslocamentos e reduz as oportunidades de emprego, seja pelo acesso ao local de trabalho, seja pelo acesso à informação sobre a disponibilidade e exigências do emprego. Além disso, "quando as empresas ou trabalhadores procuram por insumos ou empregos em condições de incerteza, é difícil organizar o transporte físico de bens ou pessoas de modo a minimizar os custos de transporte",[47] o que é muito diferente em condições de elevada regularidade nas transações. Por isso, esses trabalhadores tendem a se localizar nas proximidades dos grandes centros de negócios, de serviços ou das empresas altamente especializadas, o que reforça a concentração de empreendimentos dos mais altos circuitos da economia existente na metrópole.

Uma dinâmica similar àquela por meio da qual os trabalhadores se informam a respeito das oportunidades de trabalho aparece, também como efeito da aglomeração, como ativo intangível para o segmento empresarial dos ramos selecionados. Esse não é o caso dos segmentos de serviços, para os quais essa correlação entre os ganhos de produtividade e a localização se torna mais evidente. O que explicita essa evidência, incomum nos demais casos, é a constatação de que os "serviços prestados face a face teriam altos custos de transportes se sua provisão fosse dispersa".[48] Em análise similar, Biderman,[49] analisando a estrutura de custos relacionados ao peso dos transportes na decisão de localização das empresas, chegou à conclusão de que "o custo de transporte influencia mais na decisão da localização das empresas de serviços produtivos do que nas empresas da indústria de transformação". Para ele,

> um detalhe importante da concentração setorial é a diferença entre o que se denomina "ganhos de aglomeração" e "ganhos de urbanização". Enquanto o primeiro refere-se a ganhos de escala devido à presença de outras firmas iguais, o segundo refere-se ao ganho de escala decorrente da presença de firmas do setor em geral [...]. Os ganhos de urbanização para os serviços são maiores do que para a indústria de transformação.[50]

De fato, é preciso ter em conta que os autores lançam mão aqui de um recurso teórico de difícil verificação empírica quando procuram separar os custos de transação imaterial como uma força produtiva capaz de contribuir para o processo de aglomeração. O caráter intangível dessas relações, que estão na base da apresentação da importância dos espaços metropolitanos para a reprodução econômica contemporânea, é um dos pontos mais frágeis da pesquisa empírica sobre o papel da aglomeração nos termos propostos por essas vertentes.

Seu ponto de partida para a elucidação do papel dos ativos relacionais localizados capazes de promover efeitos de aprendizagem e inovação consiste na constatação de que "a criatividade e a inovação dentro do sistema produtivo são muito valorizadas". Isso ocorre, em parte,

|27|

por causa da grande variedade de diferentes habilidades, sensibilidades e experiências incorporadas pela força de trabalho e, em parte, porque a aglomeração de empresários independentes em um lugar aumenta a probabilidade de encontros nos quais conceitos originais e conhecimentos economicamente úteis são produzidos.[51]

Logo, um ambiente propício se desenvolve em função de aspectos intangíveis presentes na verificação dos efeitos de proximidade. Não se trata exclusivamente de uma análise fundada nos custos do transporte físico, mas nos elementos que ajudam a promover essa esfera positiva para a realização dos negócios. Além disso, dado o seu reduzido potencial explicativo, depois de feita a constatação de que a revolução dos transportes e das comunicações não chegou a promover uma tendência incondicional à dispersão que não originasse, por sua vez, um movimento simultâneo de fortalecimento das aglomerações metropolitanas, "as teorias da aglomeração têm progressivamente abandonado os custos de transporte físico como seu mecanismo causal e se concentrado em transações imateriais".[52] Nesse sentido, o conteúdo específico que ajuda a identificar a dinâmica espacial da acumulação contemporânea está, para uma vertente dos estudos recentes, muito mais associado às condições de inovação e aprendizagem dependentes dos intercâmbios de ideias e informações. Assim emerge uma nova visada sobre as dinâmicas urbanas da acumulação contemporânea. Para essas vertentes, "as cidades são crescentemente percebidas como locais onde intercâmbios imateriais são facilitados [...]. As cidades costumavam ser centros de produção material; agora a força motora das aglomerações passou a ser a produção e comunicação de ideias, conhecimento e informações".[53] Desse modo, o "ambiente urbano" se apresenta para as firmas mais ajustadas aos novos paradigmas da acumulação contemporânea como o lugar propício para o desenvolvimento dos negócios. A forma pela qual esse ambiente transacional se configura é altamente dependente das relações de proximidade e se expressa por meio dos chamados contatos face a face, o que Michael Storper e Anthony Venables[54] denominaram de "burburinho".

DA CIDADE COMO LUGAR DO NEGÓCIO
À CIDADE COMO NEGÓCIO

De acordo com Saskia Sassen, "esse modo de enquadrar a investigação tem por efeito recuperar a centralidade do lugar e do trabalho nos processos de globalização econômica".[55] No entanto, se assim o faz, muitos o tem feito de modo bastante peculiar. Um primeiro ponto que gostaria de levantar a esse respeito faz menção à dinâmica e às escalas do poder estatal. Apesar do reconhecimento inevitável da existência de alguns imperativos estruturais que acabaram por enfraquecer a esfera central do poder de Estado, não se pode acreditar inteiramente no fato de que as entidades públicas e de gestão circunscritas nas esferas locais são agora os únicos agentes públicos que verdadeiramente interessam. Ana Fernandes associa à reestruturação produtiva ocorrida nos anos 1970-1980 o fato de que "lideranças governamentais têm sido convencidas a entender suas cidades como a escala geográfica de maior relevância no capitalismo globalizado" e, a partir daí, a atuarem no sentido de promover, a qualquer custo, condições para a competitividade empresarial a partir da produção de espaços favoráveis à rentabilidade dos capitais ligados aos segmentos corporativos.[56] Nesse artigo, a autora questiona esse poder de decisão atribuído à escala local, sem deslocar, no entanto, a escala urbana e metropolitana do centro das dinâmicas de acumulação atuais. Nessa crítica, o protagonismo da ação sobre a escala urbana é atribuído ao grande capital financeiro mundializado que, numa relação simbiótica com as velhas elites locais, atraem para sua esfera de decisões estratégicas os poderes públicos em suas diversas escalas. Um elemento que reforça essa perspectiva pode ser encontrado entre as motivações ligadas às relocalizações de plantas industriais e de outros ativos das mais diversas naturezas. Para a autora, agora ainda mais que no passado, em função da própria composição dos ganhos de capital mais centrados nas esferas financeiras e do capital-dinheiro, esses investimentos se põem em busca "não apenas de trabalho barato e locações vantajosas, mas também em busca de zonas monetárias favoráveis".[57] Assim, ainda segundo Fernandes,[58] esse universo de transformações "impulsiona uma 'solidariedade' oportunista entre corporações globais e localidades, que dá forma a uma nova interação entre as escalas geográficas de poder político e econômico e contínuas alterações no mosaico do desenvolvimento desigual".[59]

A hipótese defendida aqui consiste na ideia de que a via assumida por muitos autores da revalorização do espaço urbano e da aglomeração, para obter êxito na disputa teórica a partir da qual seus trabalhos tornam-se ainda mais pertinentes, deixou de lado um dos aspectos mais importantes para a qualificação do atual período na esfera da acumulação capitalista. Primeiramente, após fazer a crítica às teorias da deslocalização, esses autores não questionaram os pressupostos teóricos que haviam conduzido a uma leitura que fundamentalmente prescinde do espaço e da aglomeração como condições para a reprodução das relações sociais de produção, mas somente os seus resultados. A partir daí, além de não abandonarem o primado do desenvolvimento tecnológico como fundamento das transformações que marcam a contemporaneidade, eles incorporaram a retórica e o repertório conceitual daqueles contra os quais se posicionavam. O ponto de partida adotado para a explicação da pertinência da aglomeração invertia a chave do mesmo pressuposto teórico de seus oponentes, sem abandonar os limites que lhes eram próprios. Quando se parte da compreensão de que a metápole surge "como uma forma urbana coestruturada pelo uso das novas técnicas de comunicação, de conservação e de deslocamento dos bens, das pessoas e das informações"[60] ou que as indústrias da informação, um dos carros chefes da vertente explicativa da aglomeração, "necessitam de uma vasta infraestrutura física que contenha nós estratégicos, com uma hiperconcentração de determinados meios"[61] como base da apresentação da pertinência do espaço urbano para a acumulação contemporânea, adota-se uma via de explicação fundada em elementos exteriores seja ao próprio espaço ou à noção de aglomeração, tanto que, em primeiro lugar, esse mesmo repertório conceitual foi utilizado para demonstrar as dinâmicas de dispersão e a perda de importância da localização. Por isso, com o avanço da disputa em torno dos efeitos dessa "hipermodernidade", as evidências de uma relação positiva entre a centralização/polarização e o desenvolvimento das técnicas de comunicação e transporte tiveram de ser buscadas cada vez mais longe, até se chegar ao "ambiente" de negócios das relações intangíveis, no qual o elemento importante novamente deixa de ser o espaço e sua materialidade e passa a ser a proximidade e a aglomeração (como categorias tão abstratas quanto as de distanciamento e dispersão, só que com o sinal invertido). As condições tão especiais que permitiram observar a emergência de um ambiente técnico favorável à aglomeração precisaram ser construídas com afinco, mas tiveram a função principal de contrabalançar a extrema polarização e a unilateralidade das teorias oponentes. Essa postura implicou esse grupo de pesquisadores com conceitos tão intangíveis no plano teórico quanto eles o são na realidade.

Nesse sentido, não me parece tão "surpreendente", quanto o é para Storper e Venables,[62] o fato de que as teorias anteriores que tratam dos transbordamentos tecnológicos não tenham dado especial atenção ao chamado contato face a face. Isso ocorre em função do fato de que, para essa perspectiva, a dinâmica intersubjetiva de contato real somente aparece como explicação pertinente e necessária para o problema da aglomeração quando outras formas de contato parecem suplantar a necessidade de proximidade física, tão essencial como justificativa da pertinência da aglomeração. Hoje, as transações imateriais apresentam custos muito próximos de zero a distâncias praticamente ilimitadas. Podemos, assim, tentar definir a pergunta metodológica que orientou esses trabalhos mais recentes sobre a aglomeração a partir da seguinte indagação: "o que justifica, nessas condições, a pertinência da aglomeração?" A resposta a ela foi encontrada ou elaborada, por Storper e Venables, no campo das vantagens intangíveis do "burburinho".

A dificuldade criada pela expectativa de manutenção do debate no mesmo campo de seus oponentes conduziu a uma tentativa de qualificação do espaço urbano, a partir da inclusão e da observação da dinâmica do burburinho, como "tecnologia de comunicação". É importante lembrar que a informação é tratada como um elemento estratégico e mesmo uma força produtiva, como dirão alguns, essencial nos ramos altamente inovadores e que compartilham de um ambiente de incertezas típico do padrão de inter-relação empresarial de alto nível pós-fordista. Nesse campo, o desenvolvimento de uma comunicação entre os trabalhadores, entre eles mesmos e os gerentes dos novos ramos da economia urbana, é valorizado em função dos aspectos, simultâneos e possíveis somente diante do contato face a face, da verbalidade, da gestualidade, da contextualidade, da intencionalidade e da não intencionalidade. Para reforçar o papel da proximidade para o desenvolvimento desse tipo de comunicação, os autores recorreram à sociologia da linguagem, à teoria comportamental, à linguística estruturalista e à antropologia, buscando aí os elementos para compreender os aspectos motivacionais e os critérios subjetivos implicados na avaliação dos agentes, das informações e das fontes envolvidas no sucesso das relações face a face. Como resultado dessas pesquisas, Storper e Venables apresentam as seguintes ideias: (1) "a presença mútua – estar suficientemente próximo, a ponto de tocar-se um no outro – permite o 'contato visual' e a 'proximidade emocional'", o que promove o desempenho do ambiente comunicativo de forma "complexa" e "em muitos diferentes níveis ao mesmo tempo"; (2) para além dos contatos deliberadamente intencionais, "tais instrumentos poderosos estão presentes também no caso de simplesmente 'estar lá' [...], num ambiente urbano complexo e diversificado"; (3) o contato face a face (FaF) solda um tipo de confiança muito especial, uma vez que "se torna muito mais difícil ser um FaF insincero do que o poderia ser em outras formas de contato"; (4) o recurso à identificação tácita e informal dos parceiros envolve uma gama de possibilidades superiores àquelas que os mecanismos formais e impessoais apresentam e "a cidade favorece bastante a utilização desses mecanismos informais de seleção". Assim, "o efeito final do FaF [...] suplanta a própria comunicação", já que "o burburinho é altamente motivante, nos sentidos psicológico e biofísico; leva à formação de desejos e à mobilização para realizá-los".[63]

Nessa linha de tratamento, além dos efeitos de encadeamento, da existência de uma demanda solvável, da oferta de serviços e insumos especializados e da concentração de infraestruturas de conexão com a rede mundial, o burburinho surge como uma "tecnologia da comunicação" potente, sobretudo, em alguns grandes centros mundiais. A especificidade do ambiente comunicacional do contato FaF envolve aspectos motivacionais, emotividade e mensagens não verbais. Ao invés de aparecer como elemento residual, ele surge como novidade no campo competitivo e de incertezas que mobilizam os meios inovadores. A preocupação em validar o campo etéreo do burburinho, fundado nas dinâmicas resultantes do contato face a face, no entanto, deixou de lado, também dessa teoria da aglomeração, aspectos muito mais tangíveis, evidentes e significativos para a centralização geográfica do capital. Além disso, quando esse "ativo relacional", no qual a aglomeração se transformou a partir de alguns trabalhos, assume a posição de elemento central na explicação da importância dos espaços urbanos para a economia contemporânea, a teoria se rende à explicação do conjunto a partir de seus resultados. Hipostasiar um efeito da aglomeração como a causa por excelência do próprio processo de aglomeração terá aqui uma dupla consequência. Não somente o espaço material e concreto, como fator de unidade e elemento central na relação dos fatores implicados na aglomeração, é deslocado da compreensão do próprio processo de aglomeração, como também, quando ele aparece, assume a posição de uma superfície inerte sobre a qual os eventos julgados importantes se desenrolam. A explicação do funcionamento dessa economia, das dinâmicas sociais e da aglomeração coloca cada um desses elementos como exteriores uns aos outros e, aqui, o espaço aparece como palco. É por isso que, para Ascher, "metropolização e metápolis constituem o quadro no qual jogam e jogarão de forma sustentável as forças econômicas, sociais, políticas e culturais".[64] Nisso subjaz um risco. Está em voga, nesse caso, no fundo e no fundamento, a reafirmação, estratégica para alguns, de uma concepção de espaço apriorística, newtoniana ou cartesiana, superada pela perspectiva da produção do espaço. Trata-se de um espaço como continente apartado de seus conteúdos; um espaço continente de fluxos e fixos, de elementos externos a ele mesmo.

O reavivamento de uma concepção abstrata de espaço envolve, como contrapartida, a separação e o esvaziamento do espaço de seus conteúdos sociais. E é esse o risco. Na medida em que esse espaço livre e neutro, como um puro plano cartográfico vazio, é apresentado como objeto das ações do planejamento público, privado ou estatal, ele realiza a sua vocação. A remoção dos conteúdos sociais, pressuposta na torção conceitual, efetiva-se na prática como forma da abertura de novas e sucessivas oportunidades para a realização de investimentos lucrativos. É na sua relação com o planejamento que essa concepção de espaço, como mera externalidade da vida, como palco, portanto, cumpre com o seu destino, numa sorte de "acumulação primitiva do espaço", nos termos de Amélia Luísa Damiani.[65] Essa abstração se realiza como componente da prática socioespacial cotidiana, da política estatal e de muitos movimentos sociais e, mesmo, como princípio da ação de grupos econômicos importantes.

Além da aproximação dos campos do planejamento urbano-regional que se pode verificar a partir da adoção de uma matriz conceitual abstrata de espaço, a determinação da escala e dos elementos a serem mobilizados num processo de dinamização econômica estruturou os vínculos de empatia dessas teorias com um novo grupo de entidades e redefiniu os papéis de instituições que se mantiveram importantes. A antiga relação verificada entre a Geografia Quantitativa e o planejamento estatal, realizado, sobretudo, na esfera central do poder de Estado e nas escalas nacional e regional, é agora observada nas escalas local e urbana a partir da associação de uma matriz de pensamento não menos pragmática, derivada, neste momento, dos enunciados do desenvolvimento endógeno (ou por eles legitimada), com a forte presença dos poderes subnacionais estruturados nessa base. Mantido o conceito abstrato de espaço como o vínculo essencial entre esse saber e o planejamento, os elementos contextuais ajudam a redefinir as dinâmicas, os agentes e as escalas. Assim, para

DO LUGAR DO NEGÓCIO À CIDADE COMO NEGÓCIO

> [...] as duas variantes do desenvolvimento endógeno, entretanto, a fonte do crescimento deriva das condições locais específicas que articulam recursos igualmente locais para a superação da crise de produtividade decorrente da rigidez da acumulação fordista. Sendo assim, a sorte de cada localidade estaria fortemente determinada por suas próprias condições socioeconômicas, fatores localmente produzidos.[66]

Essa concepção que perpassa os trabalhos da revalorização da localização e da aglomeração serviu frequentemente como o principal argumento das esferas subnacionais dos poderes públicos e de alguns segmentos econômicos fortemente interessados nas "requalificações" urbanas para se dar andamento aos grandes projetos urbanísticos que foram responsáveis pela abertura de sucessivas novas frentes de valorização capitalista a partir dos processos de produção e reprodução do espaço urbano. A perspectiva de crescimento acelerado, de ampliação do fluxo de investimentos para a cidade, no contexto de uma economia mundializada altamente competitiva, criava uma espécie de consenso que estava na base da soldagem de um pacto político tácito entre o Estado, o capital e a sociedade civil locais e o grande capital oligopolizado mundial. Isso foi o que Borja e Castells[67] apontaram como um aspecto crucial para a promoção do que eles chamaram de "patriotismo urbano", já sinalizando a torção escalar conceitual que se opera nesse momento. Logo, a teoria se transforma na base do consenso que procurava legitimar as ações concertadas entre o Estado (com a forte presença das instâncias locais) e os investidores (sob dominância dos grandes grupos de atuação globalizada) que tinham por fim a reprodução conjunta do poder e do capital.

Nesses termos, não só o uso da teoria desviou o seu sentido crítico inicial, como também revelou um princípio útil ao planejamento que abriu novas oportunidades para a realização de investimentos lucrativos. Enquanto no campo da produção acadêmica a flexibilização do processo produtivo e das formas de regulação da economia, o mantra propalado pela gestão e pela crítica nos anos 1990, foi acompanhada, no âmbito da escala espacial de análise, pelo cercamento da escala local que elegeu o distrito inovativo e a grande metrópole, por decorrência, como o registro escalar e as formas espaciais mais ajustadas à compreensão das novas dinâmicas, na prática, além da redefinição escalar que dá ênfase aos processos de centralização geográfica do capital, percebeu-se novas dinâmicas em jogo. A leitura que ora se propõe envolve o reconhecimento de que as estratégias de acumulação do capital não avançam sem o dispositivo prático e efetivo da produção e reprodução do espaço urbano. Isso significa que a crítica deve superar a concepção de cidade como lugar do negócio para buscar a compreensão de que a cidade se tornou, ela mesma, o principal objeto dos grandes negócios. O campo conceitual da produção do espaço permite operar esse salto como procedimento da análise crítica que avança no desvendamento das estratégias de acumulação para além das conquistas efetuadas sob uma concepção abstrata do espaço, reconhecendo e repondo essa concepção como elemento estratégico e não mais como instrumental analítico. Se essa concepção se realiza, produzindo o espaço abstrato como "abstração concreta", isso ocorre com um alto teor de violência, separando na prática aquilo que aparece separado no conceito, a saber: o espaço e seu conteúdo social. A remoção de moradias, de elementos da história e da memória, das marcas do tempo e de uma sociabilidade outra que não a mais ajustada aos propósitos da acumulação atual aparece como "revitalização", ordenamento ou até mesmo como organização do espaço, quando, de fato, representam a aniquilação de espaços pretéritos, revelando a força destrutiva das estratégias de acumulação que têm na reprodução do espaço urbano seu material primordial e objeto essencial. É somente quando se parte de uma concepção de espaço na qual ele não é um dado *a priori* da existência, que se pode reconhecer o caráter, muitas vezes, limitado e estratégico dessa dimensão conceitual abstrata.

Não se trata, portanto, de observar os processos, as dinâmicas, os objetos e as ações que ocorrem no espaço urbano para qualificá-lo atualmente, mas de reconhecer a pertinência do processo mesmo de produção e reprodução do espaço urbano no centro das estratégias de acumulação contemporâneas. É nesse sentido que a cidade não é tomada meramente como lugar dos negócios, mas é, ela mesma, o próprio negócio que se realiza a partir da produção do espaço urbano. Logo, a centralidade dos espaços metropolitanos para a interpretação das dinâmicas mais atuais do capitalismo contemporâneo não é revelada em toda sua potência e em todo o seu sentido a partir da constatação de que a grande metrópole tenha se tornado o centro de gestão e dos negócios na era da globalização. Não se trata de olhar para os eventos e fenômenos que ocorrem na cidade, mas para a própria cidade como o fenômeno e o evento principais que dão conteúdo e continuidade às estratégias de acumulação. A produção do espaço e a possibilidade da cidade como negócio emergem aqui no centro dessas estratégias, e um dos segmentos que guarda a potência de revelar a pertinência da redefinição do paradigma é o segmento imobiliário. No caso de São Paulo, a atividade desse segmento foi a grande responsável pelo estreitamento ainda maior dos vínculos entre as dinâmicas locais da metrópole e a economia mundial neste início de século.

No rastro da redução das atividades ligadas à expansão territorial do investimento no Brasil, historicamente dependentes do gasto público originado das esferas centrais do poder de Estado, é ensaiado um redirecionamento dos fluxos de capitais em direção aos centros metropolitanos já consolidados. Esse ensejo de reversão no direcionamento espacial do investimento pode ser bem representado pelo esforço que algumas empresas tradicionalmente ligadas à construção de infraestruturas territoriais, e que cresceram a partir de um contexto de acelerada expansão territorial, fizeram para aproveitar as novas oportunidades em face do enfraquecimento de uma dinâmica geograficamente expansionista. Muitas delas, tais como a Camargo Corrêa, Mendes Junior, Odebrecht, CBPO, OAS e Constran, tentam migrar para o setor de edificações a partir 1985 em razão da redução no ritmo das grandes obras públicas.[68] Esse movimento teve continuidade e açambarcou capitais de outros ramos também ligados às dinâmicas expansionistas dos anos 1960 e 1970. A Rodobens, por exemplo, que também inicia suas atividades no mercado imobiliário na década de 1980, sai do ramo das vendas e consórcios de caminhões e vem aumentar sua participação nos lançamentos de imóveis desde então. De 1995 a 2000, "as atividades imobiliárias foram responsáveis por 20,8% dos investimentos realizados na Grande São Paulo". Bem atrás, a indústria automobilística foi responsável por 17,4%, a indústria química por 9,8%, o comércio varejista por 7,1% e as telecomunicações se responsabilizaram por 6,2%. Ana Fani Carlos chama atenção para o fato de que essa distribuição aponta para "uma nova tendência do setor de investimentos da economia". Ela liga à expansão e à concentração do setor de serviços na metrópole um poderoso ressurgimento dos capitais investidos no imobiliário acompanhado de uma indústria da construção civil "voltada para a construção dos escritórios verticais".[69] Desse modo, tanto a construção de modernos e eficientes prédios de escritórios para a locação quanto a venda de imóveis residenciais de alto padrão alimentam o impulso dado ao setor nos últimos anos. Dito de outra forma, tanto a requalificação de espaços, antes residenciais, para o desenvolvimento de uma atividade terciária ligada às mais modernas formas de gestão empresarial e de fundos, quanto a gentrificação apontam como poderosas forças de transformação do espaço e respondem às expectativas de realização de lucros no setor imobiliário. Dando continuidade à expansão da capacidade do segmento em açambarcar capitais originados em outros ramos da atividade econômica, é importante mencionar que os laços entre a incorporação e os mercados de capitais se estreitaram passo a passo desde então. A criação de ativos financeiros lastreados em ativos imobiliários, no Brasil, deu conta de uma grande diversidade de produtos que atingiu investidores de diversos portes e perfis. De 2006 em diante, a onda de IPOs que tomou conta do segmento das grandes empresas de incorporações arrematava o vínculo direto com os grandes capitais que circulam nos ambientes financeiros mundiais.

A partir desses vínculos entre a produção/reprodução do espaço urbano-metropolitano e o mercado de capitais, as dinâmicas sociais nesses grandes centros passaram a respeitar as exigências dos segmentos financeirizados, que atendem às expectativas dos capitais financeiros que circulam na escala global com fluidez incomparável. A remoção de bairros, moradias, equipamentos e a instauração de uma cambiante morfologia urbana nesses espaços metropolitanos seguem à risca os parâmetros exigidos de rentabilidade do capital em sua forma mais fluida. A vida nas metrópoles aparece submetida aos mandos desse padrão de relacionamento dominado pelas finanças. A segregação, que vem a par com a "renovação" urbana e com a valorização imobiliária, constitui um fenômeno social tão importante para a compreensão das dinâmicas espaciais da metrópole quanto a funcionalidade desses novos centros de negócios

A CIDADE COMO NEGÓCIO

que surgem nas aglomerações. Ambos os fenômenos são compreendidos de forma integrada a partir da perspectiva da produção/reprodução do espaço.

A atividade do ramo de incorporações coloca a própria produção do espaço urbano como a dinâmica prioritária que sustenta os processos de acumulação. Sendo essencialmente uma atividade produtiva, um dos poucos segmentos nesse campo que apresentou crescimento após a crise dos anos 1980-1990, as incorporações orientaram a indústria da construção para uma configuração renovada na sua fase mais recente. A crise fiscal, a reestruturação produtiva, a financeirização da economia e a retração das dinâmicas territorialmente expansionistas atribuíram um novo papel à metrópole na realização do excedente como capital. A concentração de uma demanda solvável de alto padrão nesses centros de dinamismo econômico cada vez mais financeirizado criava os novos mercados para uma indústria que tinha agora na produção do espaço urbano não mais o seu produto residual ou periférico, mas o objetivo central de sua atividade produtiva. Primeiramente, os edifícios corporativos de alto padrão que abrigavam as sedes das grandes empresas multinacionais, posteriormente, os luxuosos edifícios residenciais que atendiam à demanda dos altos funcionários dessas corporações e, ainda na sequência, os apartamentos funcionais para os trabalhadores bem remunerados dos segmentos financeiros, de serviços e de gestão entre outras modalidades, encontraram somente nas grandes metrópoles um efetivo de demanda que, ao menos, legitimasse a vaga construtiva e as brutais transformações de áreas inteiras da cidade. Mas o apelo aos negócios na cidade não revela a cidade como negócio. Efetivamente, os projetos de reestruturação urbana, que ocorrem sempre a partir da articulação dos interesses do poder público com interesses de diversos segmentos capitalistas locais ou mundiais, prescindem, muitas vezes, do comportamento dos segmentos de serviços e de gestão, ou simplesmente ocorrem em paralelo. A concentração desses segmentos do chamado terciário avançado funciona efetivamente como um importante instrumento de centralização da liquidez e do capital circulante, mas assume o papel, sendo real ou mesmo fictício, de um importante álibi para a renovação do espaço urbano sob a retórica da competitividade global intercidades. Essa operação tem assegurado elevadas rendas para o capital, seja a partir da consideração de seus arranjos interempresariais e interescalares, seja a partir da consideração do grande poder de sucção dos segmentos financeiros mundializados. A produção do espaço e da cidade como negócio antecede, assim, logicamente os negócios na cidade, ou se sobrepõe a eles.

Em São Paulo, durante a década de 1990, deu-se início às operações urbanas Nova Faria Lima e Águas Espraiadas, que transformaram uma região inteira da cidade, disponibilizando, por meios diversos, "novos" espaços para a atividade lucrativa da incorporação. A remoção de habitações, de vidas, de hábitos, todos esses incrustados nos arruamentos e nas praças, nas esquinas e nos botequins, reinseriu um espaço apropriado pelo uso no circuito da troca, restaurando o seu valor de troca já aniquilado e consumido pelo próprio uso. A nova cara da "metrópole terciária" não foi construída sem a violência dos despejos e dos tratores que apagaram os registros e a memória do espaço anterior. A nova "identidade da metrópole" foi antes não uma demanda dos novos segmentos nela instalados, mas parte de uma estratégia arranjada entre o poder público e o segmento de incorporações. Por essa via, abriu-se uma fronteira para os investimentos de capitais deixados órfãos pela crise do regime anterior. Nesse caso específico, não se trata de urbanização, de produção do espaço urbano simplesmente, mas de um desdobramento nesse campo: trata-se de um processo de reprodução de um espaço urbano já consolidado; da produção e reprodução da centralidade da e na metrópole; e, portanto, de um processo violento que se exerce sobre o urbano e sobre a vida urbana.

O caráter produtivo de parte da atividade imobiliária não significa, no entanto, uma via para a "desfinanceirização" da economia e nem mesmo um alívio da crise que atinge mais sensivelmente os segmentos produtivos. Muito pelo contrário, ele subordina aos imperativos da lógica financeira o processo de produção e o produto principal dessa nova economia: o espaço urbano e a cidade. Com o fortalecimento dos vínculos entre a construção e o mercado de capitais, a temporalidade que se impõe à construção é cada vez mais aquela dos mercados financeiros e, com isso, os projetos, os materiais, os lugares passam a fazer parte de estratégias criadas pelo segmento para atender aos anseios de uma demanda que não é representativa do consumo ou do uso. Com os IPOs das grandes incorporadoras o ciclo se fecha, completa-se o nexo entre o local e o global por meio do segmento mais ativo na produção do espaço urbano. São essas rendas, juros e lucros, extraídos na reprodução do espaço metropolitano que permitem a canalização e drenagem de mais-valias para o conjunto da economia articulada na escala mundial. Mesmo quando se considera a especificidade da metrópole como sendo a concentração de atividades, de possibilidades, de dispositivos e dinâmicas, de instrumentos e infraestruturas, o que faz com que efetivamente ela seja um lugar de negócios, é a reprodução do espaço urbano que se coloca como central para a compreensão do papel e da importância da metrópole atualmente. A cidade é um negócio!

ELEMENTOS PARA CONCLUSÕES FUTURAS

O deslocamento que ocorre a partir de um olhar sobre a "cidade como lugar do negócio" para o reconhecimento da "cidade como negócio" envolve, portanto, no plano teórico, o abandono da noção de espaço como palco e exige a observação dos processos a partir das dinâmicas de produção e reprodução do espaço. No plano do real, no universo empírico e do observável, é o reconhecimento de que é a atividade imobiliária da incorporação que tem suscitado os maiores lucros nos segmentos produtivos e, por isso, é ela que se põe como mediadora entre o local (a cidade, o urbano, a metrópole) e o global (o grande capital financeirizado que percorre o livremente o mundo quase sem identidade). A perspectiva teórica adotada por algumas vertentes críticas dos estudos urbanos desviou suas preocupações do reconhecimento de que são a produção e a reprodução do espaço urbano que se põem na ordem do dia da acumulação contemporânea. O silêncio sobre a atividade que aponta com mais clareza para o importante papel dos processos de produção e reprodução do espaço urbano na atualidade decorre, provavelmente, desse ponto de partida. Com a visão orientada em outra direção, a construção e o segmento imobiliário foram abertamente desprezados por muitos dos importantes autores aqui mencionados.[70]

No entanto, a solução que se propõe neste capítulo não constitui um brado de deslegitimação das teorias de revalorização do espaço urbano apresentadas. Ela sugere, simplesmente, a necessidade de superação, no campo teórico, de uma concepção de espaço como palco, como se o espaço urbano fosse simplesmente portador de uma materialidade inerte e vazia que somente dá suporte aos eventos e às dinâmicas exteriores a ele, como se ele fosse somente o lugar dos negócios. No campo da empiria e do real, sugere-se o reconhecimento da atividade imobiliária metropolitana como um importante ramo para a realização dos lucros na contemporaneidade, o que transformaria a produção da cidade e do espaço urbano num excelente negócio para os capitais em fuga de outros setores da acumulação. As vertentes críticas à desmaterialização e que procuraram acertadamente revalorizar na produção acadêmica o papel do espaço metropolitano, intuído por elas como central na organização econômica de nossa época, lograram êxito ao conseguir pautar parte do debate crítico a partir da escala urbano-metropolitana. O ajuste escalar do conceito de região se deu pondo ênfase nos fenômenos decisivos que caracterizam cada época. Atualmente, do ponto de vista aqui defendido, a importância do pressuposto contido na ampla difusão do conceito de cidade-região tem valor menos pelas dinâmicas endógenas que seus autores identificam na vida contemporânea das metrópoles que pelo reconhecimento da importância do fenômeno metropolitano. Contudo, pelas razões já apresentadas, a produção do espaço é considerada aqui um paradigma superior ao da produção da escala, da qual é continente. Este último, apesar de elemento importante de todo o processo descrito, pode deixar de lado os aspectos estratégicos envolvidos na produção do espaço e não é ele que desvenda a passagem qualitativa manifesta entre o tratamento dado à cidade como lugar do negócio e a crítica feita à cidade como negócio.

NOTAS

[1] Santos, 1996, p. 22.
[2] Idem, p. 23.
[3] Idem.
[4] Benko, 1999, p. 85.
[5] Fernandes, 1981, p. 28.
[6] Idem, p. 29.
[7] Scott et al., 2001.
[8] Idem, p. 16.
[9] Idem, p. 11.
[10] Sassen, 1998, p. 13.
[11] Sassen, 1993, p. 187.
[12] Sassen, 1998, p. 36.
[13] Idem, p. 90.
[14] Idem.
[15] Ascher, 1995, p. 35.
[16] Idem.
[17] Idem, p. 33.
[18] Idem, p. 37-8.
[19] Veltz, 2013, p. 7.
[20] Idem.
[21] Idem, p. 10.
[22] Veltz, como que reconhecendo a influência dos autores da Terceira Itália para o amadurecimento do debate em sua época, ressalta que sua abordagem "não é incompatível com aquela dos 'distritos'. Mas se distancia dela sobre dois pontos fundamentais". Primeiramente, ele aponta que "a oposição entre um mundo de pequenas empresas flexíveis e inovadoras, suporte principal da territorialização da economia, e um universo enrijecido de grandes firmas atoladas nos modelos da produção de massa e indiferentes aos territórios" parece-lhe "radicalmente falsa". Depois ele aponta como "outro ponto de desacordo com a teoria dos 'distritos'" o fato de que "ela não dá nenhum espaço real ao fenômeno maior que é aquele da metrópole" (Veltz, 2013, p. 14).
[23] Veltz, 2013, p. 80.
[24] Idem, p. 83.
[25] Idem, pp. 13-4.
[26] Scott et al., 2001.
[27] Idem, p. 13.
[28] Storper e Venables, 2005, p. 21.
[29] Scott e Storper, 2003, p. 582.
[30] Fresca, 2011, p. 32.
[31] Scott et al., 2001, p. 13.
[32] Fernandes, 1981, p. 32.
[33] Lencioni, 2006.
[34] Veltz, 2013, p. 10.
[35] Brenner, 2013.
[36] Fernandes, 1981, p. 32.
[37] Veltz, 2013, pp. 68-9.
[38] Idem, p. 24.
[39] Idem, pp. 35-6.
[40] Scott e Storper, 2003, p. 582.
[41] Scott et al., 2001, p. 14.
[42] Idem, p. 15.
[43] Scott e Storper, 2003, p. 581.
[44] Storper e Venables, 2005, p. 25.
[45] Idem, p. 26.
[46] Idem.
[47] Storper e Venables, 2005, p. 27.
[48] Idem.
[49] Biderman, 2001, p. 31.

A CIDADE COMO NEGÓCIO

[50] Idem, p. 15.
[51] Scott et al., 2001, p. 15.
[52] Storper e Venables, 2005, p. 22.
[53] Idem.
[54] Storper e Venables, 2005.
[55] Sassen, 1998, p. 35.
[56] Fernandes, 1981, p. 26.
[57] Idem, p. 33.
[58] Fernandes, 2001, p. 33.
[59] Uma abordagem bastante detalhada sobre esse tema pode ser buscada, neste mesmo livro, no capítulo intitulado "As escalas de acumulação na produção das cidades", escrito por Daniel Sanfelici.
[60] Ascher, 1995, p. 40.
[61] Sassen, 1998, p. 13.
[62] Storper e Venables, 2005, p. 31.
[63] Idem, pp. 32-4.
[64] Ascher, 1995, p. 40.
[65] Damiani, 2004.
[66] Fernandes, 1981, p. 29.
[67] Borja e Castells, 1996.
[68] Fix, 2007, p. 55
[69] Carlos, 2004, pp. 58 e 59.
[70] Desperta o interesse a forma com que esse fenômeno aparece no livro de Pierre Veltz. Para caracterizar a crise do fim do século XX na França, ele literalmente "põe entre parênteses" o segmento da construção. Para Veltz, o "período que se abre na metade dos anos 70 é antes percebido, de forma adequada, como aquele do aumento do desemprego e do declínio rápido do emprego industrial. A quebra brutal da curva do emprego manufatureiro se produz em 1975. São perdidos 1.400.000 empregos de 1974 a 1988, conduzindo os efetivos da indústria ao nível do início dos anos 1950 para os homens, e claramente abaixo disso para as mulheres. Esse recuo do emprego industrial tem continuidade na década de 1990. A indústria (com exceção da construção), que reunia 24,4% dos empregos em 1980 não contava mais que 14% em 2004". (Veltz, 2013, p. 36, grifo nosso) No entanto, a exceção aberta para a construção esconde o importante papel que o segmento desempenhou na economia francesa desde o fechamento do século passado até o presente, com um crescimento significativo (próximo aos 100%) nos 10 anos entre 1997 e 2007 (Cf. *Gecodia.fr: Economie et Finance*, de 30 de novembro de 2010 - http://www.gecodia.fr/). Evidentemente que, por condições históricas e estruturais, a dimensão do fenômeno em Paris não pode ser comparada ao caso de São Paulo (por questões morfológicas, processuais e de magnitude), e talvez por isso tenha sido justamente o grupo de São Paulo aquele a ter observado a importância dessas dinâmicas para a caracterização da economia contemporânea e o papel desempenhado pelo espaço urbano no processo de acumulação mais atual.

BIBLIOGRAFIA

ASCHER, François. *Métapolis ou l'avenir des villes*. Paris: Odile Jacob, 1995.

BENKO, Georges. *A ciência regional*. Oeiras: Celta, 1999.

BRENNER, Neil. Reestruturação, reescalonamento e a questão urbana. *GEOUSP: espaço e tempo*. São Paulo, n. 33, 2013, pp. 198-220.

BIDERMAN, Ciro. *Forças de atração e expulsão na grande São Paulo*. São Paulo, 2001. Tese (Doutorado em Economia de Empresas) – Fundação Getúlio Vargas.

CARLOS, Ana Fani A. São Paulo: do capital industrial ao capital financeiro. In: CARLOS, A. F. A.; OLIVEIRA, A. U. de (orgs.). *Geografias de São Paulo*: a metrópole do século XX. São Paulo: Contexto, 2004, pp. 51-84.

DAMIANI, Amélia L. A propósito do espaço e do urbano: algumas hipóteses. *Revista Cidades*. Presidente Prudente, v. 1, n. 1, 2004, pp. 79-96.

FERNANDES, Ana Cristina. Da reestruturação corporativa à competição entre cidades. *Espaço e Debates*: revista de estudos regionais e urbanos. São Paulo: Núcleo de Estudos Regionais e Urbanos, n. 41, 1981, pp. 26-45.

FERREIRA, João Sette. Whitaker. *O mito da cidade global*: o papel da ideologia na produção do espaço urbano. São Paulo: UNESP/Vozes, 2007.

FIX, Mariana. *São Paulo cidade global*: fundamentos financeiros de uma miragem. São Paulo: Boitempo, 2007.

FRESCA, Tânia Maria. Uma discussão sobre o conceito de metrópole. *Revista da Anpege*. v. 7, n. 8, jul./dez. 2011, pp. 31-52.

DO LUGAR DO NEGÓCIO À CIDADE COMO NEGÓCIO

LENCIONI, Sandra. Da cidade e sua região à cidade-região. In: SILVA, J. B. da; LIMA, L. C.; ELIAS, D. (orgs.). *Panorama da geografia brasileira I*. São Paulo: Annablume, 2006, pp. 65-75.

MARKUSEN, Ann. Mudança econômica regional segundo o enfoque centrado no ator. In: DINIZ, C. C.; LEMOS, M. B. (orgs.). *Economia e território*. Belo Horizonte: UFMG, 2005, pp. 57-76.

SANTOS, Milton. *Por uma geografia nova*. São Paulo: Hucitec, 1996.

SASSEN, Saskia. *Sociologia da globalização*. Porto Alegre: Artmed, 2010.

_____. *As cidades na economia mundial*. São Paulo: Nobel, 1998.

_____. A cidade global. In: LAVINAS, L. et al. (orgs.) *Reestruturação do espaço urbano e regional no Brasil*. São Paulo: Hucitec. 1993, pp. 187-202.

SCOTT, Allen John. *Les régions et l'économie mondiale*. Paris: L'Harmattan, 2001.

_____; STORPER, Michael. Regions, globalization, development. *Regional Studies*. v. 37, 2003. pp. 579-93.

SCOTT, Allen John et al. Cidades-regiões globais. *Espaço e Debates: revista de estudos regionais e urbanos*, n. 41. São Paulo: Núcleo de Estudos Regionais e Urbanos, n. 41, 2001, pp. 11-25.

STORPER, Michael; VENABLES, Anthony J. "O Burburinho: a força econômica da cidade". In: DINIZ, C. C.; LEMOS, M. B. (orgs.). *Economia e território*. Belo Horizonte: UFMG, 2005, pp. 21-56.

VELTZ, Pierre. *Des lieux et des liens*. Paris: L'Aube, 2002.

_____. *Mondialisation, villes et territoires*: une économie d'archipel. Paris: PUF, 2013.

A TRAGÉDIA URBANA

Ana Fani Alessandri Carlos

A sociedade urbana não é destituída da barbárie que tem por conteúdo o homem despojado de sua identidade (posto que subsumido ao universo do consumo), imerso numa prática socioespacial permeada por interditos e normas, marcada por apropriações privadas, confrontado com a miséria vivida pelo corpo (com a exacerbação da vigilância) etc. São os sinais evidentes da existência das forças mutiladoras do sujeito. Essa condição de não sujeito revela-se nas formas segregadas através das quais o urbano se manifesta no plano do vivido, concretizando-o. Criação do tempo longo, realização de uma história acumulada, a produção do espaço é imanente à reprodução da vida. Hoje, sob o capitalismo, essa produção, obra da civilização, torna-se fonte de privação da vida pelo desenvolvimento sem limites do mundo da mercadoria, como forma de realização do processo de valorização – sentido último da acumulação. Os conteúdos do trágico são as alienações vividas em todas as esferas de realização da vida, por exemplo, as políticas que, ao pretenderem superar a crise da reprodução social, combatedo a desigualdade, repõem-na, reiterando-a. Uma desigualdade que se assenta na posse centralizada da riqueza social gerada por toda a sociedade nas mãos de uma classe social, que é também detentora do poder, o que permite estabelecer as condições de sua reprodução numa aliança entre os planos político e econômico contra o social. Essa realidade encontra seu fundamento, portanto, no desenvolvimento do capitalismo, no mundo moderno como formas de alienação e, com elas, uma nova forma de luta. O negativo se realiza através da consciência do espaço travada sob a bandeira do "direto à cidade".

A reflexão desenvolvida neste capítulo assinala a importância do deslocamento da análise da produção das coisas no espaço – e das atividades localizadas na cidade – para a produção do espaço urbano como produto social orientado pela necessidade da ampliação do processo de acumulação, dominando o tempo e o espaço da vida. Tal orientação dá centralidade à produção do espaço – a prática social, como práxis espacial – como elemento central da problemática do mundo moderno, tanto do ponto de vista do processo de acumulação/reprodução do capital quanto da reprodução das relações sociais. Nesse processo, a urbanização se efetiva através da produção social do mundo reproduzida em condições históricas determinadas como produto de um conjunto de ações (determinadas no seio da sociedade capitalista através da reprodução das relações sociais de produção), iluminando um objetivo mais profundo: a produção da sociedade em sua totalidade.

Na contemporaneidade, a sociedade é dominada pelo econômico, de maneira que a acumulação se concretiza na produção de um espaço mundializado como tendência e momento de realização do capitalismo, apontando que a necessidade de superação dos momentos de crise se faz pela incorporação de novas produções ao processo de acumulação, dentre elas a do espaço urbano, que se efetiva com a hegemonia do capital financeiro. A "produção da metrópole como negócio" se situa neste contexto, dando novo conteúdo à urbanização contemporânea, na qual o espaço aparece como condição necessária ao processo de reprodução do capital, isto é, o capital só pode se realizar através da estratégia que torna o espaço um momento do processo produtivo. Neste momento, a reprodução da metrópole é condição necessária à reprodução do capital. Trata-se, aqui, do capital concretizando-se na produção específica do espaço sob a forma de empreendimento imobiliário (seja para escritórios ou para habitação). Como produção social, sua realização faz parte do núcleo do processo de acumulação que, sob a forma financeira, realiza-se, preferencialmente, através da reprodução do espaço urbano.

O que move o mundo, portanto, é a possibilidade sempre ampliada das relações sociais que o constituem reproduzirem-se sob a lógica do capital em sua totalidade pela articulação/justaposição dos elementos necessários a sua concretização, a fim de superar a esfera econômica para dominar todos os níveis da realidade, englobando a reprodução de toda a sociedade. O novo momento da acumulação se centra no processo de reprodução do espaço, que é um elemento-chave da problemática do mundo moderno, tanto do ponto de vista de realização do processo de acumulação e da ação do Estado em direção à criação dos fundamentos de sua própria reprodução, quanto da produção da vida. Assim, a produção do espaço é, ao mesmo tempo, um momento constitutivo da vida humana (as relações sociais se realizam como relações espaçotemporais); da efetivação do processo de valorização, portanto condição de realização do capital (na sua dimensão tanto de força produtiva quanto de mercadoria) e da concretização do Estado como produtor de um território de dominação (o que torna o espaço estratégico).

Do ponto de vista da acumulação, a metrópole aparece como localização e suporte das relações sociais de produção (e de propriedade), mas em seu fundamento é condição e meio da concretização do ciclo de rotação do capital, recriando, constantemente, os lugares propícios de realização dos momentos de produção, distribuição, circulação, troca e consumo de mercadorias – tanto materiais quanto imateriais – como possibilidade sempre ampliada de realização do capital. Nesse movimento, os lugares da metrópole também se configuram como lugares da infraestrutura necessária ao desenvolvimento de cada atividade, em particular, de modo a entrever uma equação favorável à realização do lucro. Mas cada fração de capital atua segundo sua lógica (ora se contrapondo, ora se articulando) para realizar prontamente seu fim: a acumulação continuada. Fluxos e Fixos; materialidade e movimento; o processo se concretiza pela passagem ininterrupta de um momento a outro do ciclo de rotação do capital (que, ao girar, realiza o capital como processo de valorização), ao mesmo tempo em que reúne e articula ciclos de capitais individuais. Em sua objetividade, aponta uma realidade envolvida pela norma que organiza e orienta a criação expandida da produção de mercadorias e da vida porque domina o processo de trabalho, subsumindo todas as relações sociais a partir deste (dentro e fora da fábrica, pois também domina a estruturação de classes da sociedade). No espaço, significa que a orientação e as mudanças nas formas, estruturas e funções dos lugares da metrópole trazem em si transformações no uso e acesso à cidade pelos cidadãos para além da esfera produtiva, posto que a lógica que orienta o processo de valorização produz, continuamente, a vida cotidiana.

Nesse sentido, a dimensão concreta da produção do espaço (que engloba, mas não se restringe à produção puramente material do espaço) demonstra uma objetividade não absoluta; a realidade como movimento da reprodução das relações sociais sob a orientação da expansão inexorável do processo capitalista, incorporando a produção do espaço da vida cotidiana e iluminando estratégias e projetos diferenciados. Sob essas condições, a metrópole se reproduz tanto como possibilidade de realização do ciclo do capital de produção da mercadoria quanto como matéria-prima para efetivação do capital financeiro através do consumo produtivo do espaço. No plano social, a reprodução da metrópole se efetiva como fonte de privação: o sujeito destituído das condições da vida (em suas possibilidades criativas), visto que a reprodução da metrópole se orienta pela efetivação do valor de troca contra o valor de uso. No plano político, encontra-se o Estado criando as condições de realização da acumulação através de políticas públicas capazes de superar momentos críticos. Um exemplo capaz de reunir os três planos assinalados é o programa Minha Casa Minha Vida.

Os dados de renda para 2010 mostram que a porcentagem da sociedade que estava abaixo da linha da pobreza diminuiu no Brasil com a redução do número de trabalhadores que ganhava até três salários mínimos. Essa diminuição se traduz pela incorporação dessa população ao mundo do consumo, seja de mercadorias, com o aumento do crédito e das políticas de diminuição/suspensão de impostos dos produtos, seja através do consumo do espaço pelo acesso à moradia, através do programa social (nacional) Minha Casa Minha Vida. Evidencia-se aqui que o acesso ao consumo concretiza-se pela extensão da base social necessária à expansão do processo acumulativo, materializando-se como um novo momento da produção da periferia das metrópoles brasileiras. Com esse programa, o Estado contempla uma necessidade do mercado imobiliário de assegurar a expansão do mundo da mercadoria, que agora pode atingir uma parcela da sociedade que vivia excluída desse mercado, apesar de incluída precariamente através da produção do espaço. Como consequência, essa parcela da sociedade acessa também o cotidiano como o espaço-tempo organizado em função da acumulação através do consumo dos signos da riqueza amplamente veiculados pela mídia, que invade a vida privada orientando comportamentos, a construção de uma nova cultura, um modo de vida urbano etc. Assim, ao galgar outro patamar de renda, essa população se insere no mercado num outro plano – aquele do cotidiano, em que o mundo da mercadoria domina todas as relações sociais, reproduzindo a desigualdade, agora na esfera do consumo de produtos e do acesso aos espaços-tempos da realização da vida, como bem demonstra Volochko no capítulo "A moradia como negócio: conteúdos e espacialidades atuais da valorização do espaço metropolitano".

A partir do acesso à casa própria, um outro mercado de consumo se estabelece, ampliando incessantemente o mercado de consumo de bens. A estratégia da ampliação das redes de supermercados na periferia é um bom exemplo. Portanto, as ações do capital visando à acumulação não se apresentam como um desenvolvimento cego, apesar das crises, mas estratégicas, produzindo um espaço e tempo necessários à manutenção da acumulação ampliada do capital. Portanto, mediando as relações sociais, encontra-se hoje em todos os níveis a realização da mercadoria num plano mais avassalador com o aprofundamento da sociedade de consumo, em que tudo e todas as relações a ela se subordinam. Um processo que se realiza com o empobrecimento e deterioração da vida social. Nesse sentido, o "combate" à desigualdade reitera-a de forma perversa: a "inclusão" numa sociedade que "exclui" constantemente é feita pela mudança da condição social frente ao mercado; agora, essa população periférica, que vivia fora do mercado formal da habitação, é consumidora do espaço-mercadoria, através do contrato formal de compra da moradia, o que revela que o desenvolvimento da sociedade não se reduz ao aumento de salário nem se mede pelo acesso ao mundo do consumo, mas pelo processo que reproduz todas as relações sociais pela mediação do mundo da mercadoria. Esse processo transforma o cidadão em consumidor, criando novas formas de alienação.

A METRÓPOLE COMO FORÇA PRODUTIVA

O movimento do capital em seu processo de acumulação torna a produção do espaço (social e histórico) **condição, meio e produto** de realização do ciclo do capital, materializando os momentos de produção-circulação-distribuição-troca e consumo apontados anteriormente. O ciclo de rotação pode ser pensado como dois momentos de circulação que se realizam diferentemente no tempo e no espaço. O primeiro momento se refere às trocas no mercado de compra de mão de obra (com o estabelecimento do contrato de trabalho), compra de matérias-primas, maquinaria etc., articulando esses mercados num espaço (o urbano), integrado por um sistema de circulação (sistema viário e de transporte) que permite a reunião dos elementos necessários à realização do processo produtivo na indústria. Na outra ponta do processo produtivo, localiza-se, espacial e temporalmente, outra fase da rotação do capital – depois de o dinheiro ter percorrido o processo de produção no âmbito da indústria (com a efetivação da jornada de trabalho), a mercadoria é trocada no mercado consumidor metamorfoseando-se na forma de dinheiro como momento de realização da mais-valia produzida. Aqui, portanto, numa outra escala, encontram-se os espaços de consumo como pontos de reunião de consumidores no espaço, dos lugares de reunião das mercadorias, da instalação de uma rede de infraestrutura comercial necessária às trocas, ligando a produção ao consumo através da distribuição das mercadorias e concentração de consumidores, o que exige também um sistema de circulação viária e de transporte. No entanto, como momento pressuposto do ciclo que transforma dinheiro em capital, é necessária a centralização do capital – em potencial – nas mãos de determinada classe social. Com a centralização, efetiva-se a concentração dos meios de produção, da força de trabalho e da rede de infraestrutura que permite à produção se efetivar em sua simultaneidade espaçotemporal.

No plano das relações sociais, a troca traz como exigência a aceitação de regras tanto da compra e venda do trabalho quanto das mercadorias produzidas. A realização do ciclo associado à reprodução das relações sociais transforma o cidadão em consumidor de produtos e serviços ofertados. A mediação das mídias e da propaganda destaca-se de maneira importante na expansão da base social de consumo no tempo necessário à retomado do ciclo, pois, ao girar, o capital reproduz suas próprias condições, o que supõe, simultaneamente, a reprodução ampliada.

Entre os dois momentos de circulação, encontra-se um de produção. A produção, estrito senso, está localizada no âmbito da fábrica, efetivada na jornada de trabalho, regulada por relações sociais contratuais normatizadas pelas leis de mercado e pelas políticas de controle do Estado. Se no âmbito da fábrica o processo produtivo tem seu lugar determinado e fixo, no âmbito da circulação, o espaço se expande constantemente ligando espaços-tempos diferenciados do (e no) espaço urbano. O capital em suas várias formas vai atravessando as fases do processo de produção e, em sua metamorfose, valoriza-se num movimento incessante de repetição e renovação, o que qualifica o processo de valorização do capital como circulante. Desse modo, a exigência do movimento indica a possibilidade sempre ampliada do processo de valorização, logo, da potência da acumulação. Portanto, a racionalidade do ciclo está baseada nas sequências dos atos que se efetuam espacial e temporalmente como sucessão, simultaneidade, encadeamento das atividades produtivas (unindo espaço e tempo, simultaneidade e sucessão inerentes a uma prática social), evidenciando a importância dos custos de circulação no processo de desvalorização do capital.

O ciclo de rotação, portanto, contempla a ação de continuidade e ampliação/diversificação da escala de produção. Para o capital, o espaço aparece como distância a ser percorrida e eliminada pelo tempo que se revela apenas como uma quantidade. Espaço e tempo passam a ser centrais no processo de valorização e entram em processo integral de quantificação, tornando-se abstratos. A produção, ao exigir simultaneidade e continuidade (movimento de passagem espaçotemporal de uma fase a outra da produção/circulação do capital, realizando-se em sua continuidade num espaço-tempo), articula dialeticamente os níveis político, econômico e social e várias escalas espaciais definidas no seio do processo produtivo. Enquanto condição e meio da reprodução capitalista, o espaço é centralidade fixa (polo de reunião), nó, simultaneidade, ademais de fluidez e movimento da acumulação. Esta se produz, assim, como condição e meio da realização do ciclo de rotação do capital. Sob a lógica da realização do ciclo do capital, a metrópole se torna força produtiva, espaço-tempo de sua efetivação, e potencializa seu desenvolvimento através da produção do urbano em sua totalidade, definindo os usos, articulando hierarquicamente os lugares na divisão socioespacial do trabalho e, portanto, entrando e redefinindo a prática socioespacial. O espaço e o tempo sociais passam por um processo de quantificação – o processo ultrapassa o lugar da fábrica para tomar toda a metrópole. Em sua generalização, essa racionalidade se desdobra para toda a sociedade. A reprodução social é, para o capital, não apenas subjugada à reprodução da força de trabalho. Para sua realização, o capital ultrapassa o campo da fábrica, a fim de tomar toda a sociedade e o espaço da cidade – lugar de realização concreta da sociedade. O uso do espaço submetido à lógica da reprodução – como ampliação do processo industrial pela generalização da troca – transforma a prática espacial. Ao abarcar toda a sociedade, o processo de acumulação ganha outros níveis de realidade: a produção do urbano recoloca a noção de totalidade.

No entanto, esse processo de produção cria suas próprias contradições: a tendência à baixa da taxa de lucro inerente ao desenvolvimento das forças produtivas. Para compensar essa situação, cria-se a exigência da compressão espaçotemporal no movimento de realização do ciclo. A potencialização dessa articulação espaçotemporal, ao aumentar a rotação do ciclo e diminuir a duração de suas fases, exige o aumento da velocidade da rotação e, consequentemente, a ampliação dos espaços de distribuição e o aumento do número de consumidores. No âmbito da sociedade, o desenvolvimento das forças produtivas aponta para a criação de novas possibilidades de ampliação da base social de consumo através do sistema de crédito; e, no que tange ao espaço, através da expansão de mercados, ultrapassando barreiras espaciais. Ao se efetivar, o ciclo elabora uma rede de relações mediadas pelo universo e pelo mundo da mercadoria com seus signos de felicidade, linguagem, permeando as relações sociais.

Portanto, a superação da crise provocada pela tendência à baixa da taxa de lucro só pode ocorrer na produção do urbano – a compressão espaço-tempo – necessária à ampliação da massa de mais-valia criada no processo. A centralização do capital acompanha a concentração urbana, pois implica a reunião de atividades diversificadas, como bancos, crédito e serviços especializados para as indústrias e, para a população, companhias de seguros, financeiras, equipamentos culturais, agências de turismo, viagens, ou seja, uma gama infinita de atividades, uma vez que surgem novas oportunidades de negócios a cada momento. A indústria transformou a cidade e, a partir dela, produziu a metrópole como um espaço hierarquizado e funcionalizado. A divisão espacial do trabalho na sociedade hierarquiza os espaços integrando-os diferencialmente na acumulação – desde o centro de dominação até as periferias fortemente controladas –, pois a reprodução impõe relações de dominação pela imbricação entre espaços dominados e dominantes (que evidenciam a importância da metrópole no território dominado pelo capitalismo).

Do ponto de vista do capital, a metrópole surge como força produtiva na medida em que, em sua dimensão econômica, o capitalismo organiza o espaço no qual são regulados, através do controle do Estado, os fluxos de todos os tipos de matéria-prima e de mão de obra, a divisão social e espacial do trabalho, a estrutura da rede de trocas, a densidade da circulação de mercadorias e da concentração das pessoas. A metrópole, do ponto de vista do capital, é, portanto, o espaço de acumulação, produto e condição geral da produção, além de instrumento político ligado ao Estado, o qual transforma as condições gerais necessárias ao desenvolvimento do capital a fim de superar as contradições emergentes no seio do processo de reprodução ampliada e controlar sua expansão, já que domina a reprodução social. Nesse sentido, considera-se que a produção do espaço é também a reprodução das relações de produção.

O ESPAÇO-MERCADORIA

O mundo da mercadoria se desenvolve sob novas formas, dentre elas, a mercadoria-espaço, o que interfere significativamente na prática socioespacial, devido à contradição gerada pela dupla determinação do trabalho social que produz o espaço no capitalismo. O espaço como mercadoria transforma-se, assim, em valor de troca, ao mesmo tempo e dialeticamente, que valor de uso, conforma o vivido, orienta as apropriações, hierarquiza os indivíduos na metrópole, já que esses estão diferenciados pela sociedade de classes. A produção do espaço como mercadoria efetua-se em dois níveis: através da produção da habitação, uma mercadoria intercambiável no mercado imobiliário, sem o qual a função da moradia não se realiza; e através da produção da própria cidade pelo trabalho social presente e acumulado ao longo da história. Para o capital, a materialidade do espaço é o suporte do valor de troca, a forma como a natureza, pela extensão do processo de urbanização, criou o espaço como produto imobiliário e como rede de infraestrutura, articulando o público e o privado numa morfologia diferenciada socialmente. Para a sociedade, ele é preponderantemente a possibilidade de, através dos usos, realizar a vida. Através da moradia, o cidadão se situa no mundo. Lugar privado, aquele da efetivação da vida privada, é o ponto a partir do qual o sujeito se relaciona com outros lugares (espaços-tempos da concretização da vida) e com uma comunidade pelas múltiplas apropriações espaçotemporais. No capitalismo, o espaço produzido como mercadoria, totaliza e subsume as relações sociais, orienta a apropriação, pois institui a relação público/privado, o dentro e o fora, delimitando e organizando a vida, constituindo-a na articulação entre formas de apropriação diferenciadas e totalizadoras das histórias particulares/coletivas. O público é o espaço dominado pelo Estado (através dos múltiplos processos de intervenção e vigilância), no qual prepondera a norma que rege os usos possíveis com suas interdições e permissões. Esse plano da realidade desvela a extrema desigualdade que se efetua na fragmentação dos lugares submetidos à apropriação privada, bem como ao acesso delimitado pela hierarquização dos usos no espaço.

Essas manifestações do espaço denunciam a alienação contida nessas formas, as quais realizam a desigualdade em que se assenta a sociedade de classes apoiada na existência da propriedade privada da riqueza, que cria acessos diferenciados dos cidadãos à metrópole, em sua totalidade, a partir da aquisição da moradia. Isso ocorre porque a produção do espaço urbano se funda na contradição entre a produção social da cidade e sua apropriação privada. Portanto, a existência da propriedade privada da riqueza, apoiada numa sociedade classes, e a constituição do espaço enquanto valor de troca orientam a vida urbana. É assim que na metrópole brasileira contemporânea, em que a segregação ganha sua dimensão mais profunda, constata-se a passagem que vai do mundo estranho dos objetos (o processo de produção de mercadorias orientando as relações sociais) à reprodução do espaço urbano em fragmentos, uma extensão do mundo da mercadoria a todas as esferas da vida como condição de realização da reprodução capitalista. O espaço passa a ser produzido como mercadoria em si, como momento necessário de efetivação da acumulação. Nesse processo constitutivo, a metrópole aparece ao cidadão como uma potência estranha, isto é, sua produção, fruto do trabalho social, apropriada privativamente, é vivida como exterior ao humano, fato que atualiza a alienação no mundo moderno.

Por outro lado, a produção do urbano sob o capitalismo se faz também contra a natureza. O processo de produção, que visa, num primeiro momento, buscar imediatamente o lucro e, dessa forma, contrarrestar a tendência à baixa da taxa de lucro, destruiu a natureza e, em grande parte, tornou-a rara. Na condição de raridade, a natureza transforma-se numa "mercadoria nova", incorporada ao momento da reprodução, ou seja, se antes era recurso natural, que sob a forma de mercadoria participava como matéria-prima do processo produtivo, agora, é a própria natureza que se torna mercadoria cuja venda se realiza através do mercado imobiliário ou turístico. Assim, se a crise ecológica é produto da acumulação capitalista – da separação entre o tempo do processo de produção continuada do capital e do tempo dos processos de reprodução da própria natureza – o capital encontrou uma tática de efetivar lucros a partir dessa situação.

A METRÓPOLE PAULISTANA

Na metrópole de São Paulo, o processo de urbanização se efetiva, na atualidade, através do movimento de passagem da hegemonia do capital industrial ao capital financeiro, o que evidencia a constituição de uma "metrópole de negócios". Mas, se ao longo de sua constituição, o espaço paulistano se institui através dos negócios da terra como fonte de renda, hoje, as necessidades da realização da acumulação do capital têm na construção da metrópole – densamente povoada – uma barreira a ser superada, já que inexiste a possibilidade de expansão através da ocupação de áreas rurais ou naturais. Portanto, da natureza como matéria-prima ao processo de produção da cidade de São Paulo e de sua metamorfose em metrópole agora é ela própria que assume o papel de "matéria-prima" para um novo momento de produção do urbano. É a própria metrópole industrial que se torna o ponto de partida do processo de reprodução sob a orientação do capital financeiro. Agora, é o solo urbano (criado pelo trabalho social), e não mais a terra rural ou a natureza, que é a fonte exclusiva do negócio urbano.

Isso significa dizer que, no movimento de constituição da metrópole de São Paulo, como desenvolvimento necessário do processo de industrialização, a extensão

A CIDADE COMO NEGÓCIO

da mancha urbana se realizava pela incorporação voltada ao mercado imobiliário de extensas áreas agrícolas e naturais, chácaras e fazendas, as quais se fragmentavam como condição para sua comercialização. Nessa fase, os terrenos, parcelas de antigas glebas, eram vendidos no mercado imobiliário num processo que se apoiava numa relação de troca baseada no valor de uso, mas que tinha como condição a existência da propriedade privada de parcelas do planeta, isto é, através de seu monopólio. Assim, antigas fazendas puderam ser subdivididas à medida que a expansão da mancha urbana ia avançando, pulverizando-as em pequenas propriedades, que deram origem aos atuais bairros. Durante o processo, o mercado imobiliário se consolidava e, com ele, o acesso à habitação, pela mediação necessária da troca, realizava a propriedade privada da terra. Com a industrialização, a constituição da periferia se efetiva primeiramente como possibilidade da classe operária ocupar terrenos mais baratos, posto que tais áreas não contemplam trabalho acumulado, seja pela inexistência de infraestrutura (redes de água, luz, esgoto, telefonia etc.), seja pela ausência de serviços coletivos (equipamentos de saúde, ensino, cultura). Nessas áreas distantes do centro, insatisfatoriamente articuladas pela rede de transportes, a classe operária vai construindo seu espaço em grande parte através de moradias precárias (em relação ao material utilizado, ao tamanho e à alta densidade das construções), numa morfologia deficientemente esboçada, com ruas apenas traçadas em meio à ausência dos espaços públicos de reunião, de festas ou para o exercício da esfera pública. Pouco ou nada atrativas para o capital, as periferias vão se constituindo como áreas insalubres, onde os sujeitos se reduzem à sua condição de força de trabalho, dividindo o tempo entre trabalho/deslocamento e a autoconstrução da moradia, conformando a cidade sustentada na contradição entre valor de uso/troca do espaço urbano tornado mercadoria. Centro e periferia se constituem, assim, contraditoriamente em sua unidade lógica: o processo de reprodução social sob o comando do capital industrial.

Mas, se o processo de urbanização decorrente da industrialização se faz pela extensão da mancha urbana, que em seu desdobramento engloba antigos núcleos (hoje subcentros da metrópole), sua reprodução ocorre com o adensamento das áreas horizontais, pela ocupação dos interstícios vazios da mancha urbana, ou pela verticalização de antigas áreas construídas. Todavia, no final do século XX, as mudanças no processo produtivo vêm acompanhadas por um novo ciclo de reprodução do espaço, o qual indica que agora a reprodução se efetua sob a hegemonia do capital financeiro e a constituição de sociedade urbana no movimento da mundialização. Em outras palavras, o processo de valorização como fundamento e horizonte da reprodução do capital concretiza-se no contexto das mudanças que tornaram o próprio espaço urbano uma condição de realização do capital financeiro. Portanto, o processo de industrialização que produziu o mundo da mercadoria é superado por um novo momento da acumulação, representando um salto em sua história, que se realiza através do espaço produzido.

A mundialização como horizonte orientador da prática aponta para o fato de que o processo de acumulação, ao realizar-se, transforma-se. Com essa perspectiva, romperam-se os laços com a história, como aponta Lefebvre em sua obra *O fim da história*. Tal situação se desenvolve pela constituição de uma sociedade essencialmente urbana, momento em que seus valores se constituem e se impõem de fora para dentro, enquanto ação e projeto de reprodução social global em todos os lugares, transformando, deteriorando e reformulando antigas relações socioespaciais para atender a uma nova ordem. Portanto, da produção fordista à produção flexível, uma mudança se estabelece tanto no sentido do tempo como no do espaço. O tempo tende a diminuir pelo uso de técnicas produtivas (principalmente com a automatização, que tem como desdobramento o gerenciamento do estoque, as novas formas de organização do trabalho, o que muda a relação contratual através de sua flexibilização, autonomização do dinheiro das esferas de produção etc.), enquanto o espaço se torna distância a ser eliminada pelo tempo.

No caso de São Paulo, o movimento de conjunto do processo de reprodução do espaço da metrópole, no contexto mais amplo do processo de urbanização, provoca a transformação radical de parcelas do espaço, indicando mudanças de usos decorrentes da criação de novas funções na divisão socioespacial do trabalho. O processo pode ser lido através dos seguintes aspectos: a) a desconcentração do setor produtivo industrial e a acentuação da centralização do capital na metrópole, o que não significa desindustrialização tendo em vista que aí permanecem as indústrias de ponta; b) a presença de novos ramos da economia, particularmente, do que se chama de "novo terciário", contemplando o setor financeiro, de turismo e lazer, e redefinindo os outros setores, como é o caso do comércio e de serviços para atender o crescimento dessas atividades; c) as novas políticas públicas que orientam os investimentos em determinados setores e em determinadas áreas da metrópole através da realização de "parcerias" entre a prefeitura e os setores privados, alavancando o processo de transformação espacial como momento da acumulação; d) o movimento de transformação do dinheiro em capital com a criação dos fundos de investimento imobiliários etc.

Desse modo, a problemática urbana se constrói a partir de novas questões que demonstram as determinações históricas do momento atual e indicam uma continuidade histórica e uma descontinuidade/justaposição desigual dos momentos de sua produção. A descontinuidade dos espaços cria a dialética concentração/dispersão ou explosão do centro com a extensão desmesurada da periferia, que contempla, contraditoriamente, várias classes de renda, várias formas de ocupação como necessidade de ampliação do processo de valorização. Nesse movimento, incorporam-se fragmentos de espaço que se condensam conflituosamente pela migração das classes sociais: expulsão de classes de baixa renda e deslocamento das favelas para áreas distantes, fatos que rompem com os laços sociais que ligam as pessoas aos lugares e, por isso mesmo, à comunidade. Com relação a isso, pode-se afirmar que: primeiro, o sentido e o papel do espaço se transformaram. Seu processo de produção no seio do processo produtivo da sociedade traduz um novo horizonte de valorização, o que revela a passagem da produção do espaço como condição da acumulação do capital para a produção do espaço como condição da reprodução atual frente à crise da acumulação. Segundo, a distribuição da mais-valia gerada na produção do espaço realiza-se no plano internacional pela articulação dos setores voltados aos negócios "do solo urbano". Portanto, o capitalismo vai transformando as condições históricas visando à sua reprodução, cujos termos se elucidam na reprodução de um espaço mundializado como necessidade de superação dos momentos de crise da acumulação. Essa é uma tese explicativa do mundo moderno como momento da reprodução do espaço urbano.

O processo sinaliza que a reprodução econômica se efetiva por meio da produção espacial no momento em que o dinheiro se valoriza na esfera financeira, articulando-se às outras frações do capital de modo a restituir a unidade necessária à realização do processo real de acumulação, como momento da produção de "um novo espaço" na metrópole. Assim, o sentido e o papel do espaço se transformam.

A metrópole como capital fixo

O modo como a acumulação se realiza no mundo moderno, na *passagem da hegemonia do capital industrial ao capital financeiro*, concretiza-se, preferencialmente, através de novas atividades econômicas que priorizam os serviços. No plano espacial, a reprodução do espaço da metrópole paulistana sinaliza o momento em que o capital financeiro se efetiva através da reprodução do espaço a partir da destruição de antigos bairros residenciais promovida pela passagem da aplicação do dinheiro do setor produtivo industrial para o setor imobiliário, associado ao conjunto das indústrias voltadas à construção civil. O momento atual da urbanização revela, como pressuposto e condição, que o espaço produzido historicamente (não é, portanto, da natureza primeira que parte esta produção, mas de uma natureza já transformada pelo processo histórico) é a matéria-prima a partir da qual se reproduz o urbano. Isto é, num momento de crise do setor industrial, o processo de reprodução do espaço da metrópole aparece como estratégia para a realização do capital financeiro na medida em que o investimento na produção imobiliária, como condição de aplicação de capital, redefine o sentido do espaço que assume também, e preferencialmente, a condição de capital fixo. Desse modo, o setor financeiro encontra na reprodução do espaço urbano uma possibilidade de realização do investimento produtivo, enquanto o setor imobiliário reproduz

A TRAGÉDIA URBANA

(aliado à indústria da construção civil) constantemente o espaço como mercadoria consumível. Verificam-se dois movimentos justapostos: a produção da metrópole viabilizando a realização do ciclo do capital ao mesmo tempo em que, em sua dimensão material, serve à reprodução do capital financeiro. Assim, diante das contradições postas ao processo de valorização, o capital encontra na reprodução do espaço o lugar da possibilidade de resolver a crise de acumulação.

Contudo, referido processo se defronta com uma contradição do espaço. O *espaço urbano que se reproduz no capitalismo enquanto mercadoria* generaliza-se através da realização da propriedade privada da terra consolidando o espaço metropolitano, que é densamente edificado (principalmente nas áreas centrais). O capital, produtor do espaço, criou uma barreira ao seu pleno desenvolvimento: o espaço como raridade na metrópole. Em outras palavras, a efetiva realização da propriedade privada de parcelas significativas do espaço produzindo a metrópole superedificada criou a *raridade do espaço*. O movimento do capital, ao realizar-se através da produção material da cidade, produziu o seu contrário. O espaço se torna raro no centro e suas vizinhanças, fenômeno que se materializa na escassez de terrenos destinados à construção dos edifícios corporativos para atender ao crescimento e à modernização do setor de serviços (como aqueles vinculados ao desenvolvimento do setor financeiro, bancário), que exige, além de novos edifícios (com qualidades específicas de tecnologia, por exemplo, para permitir o desenvolvimento das atividades num mercado altamente competitivo, a flexibilização das atividades etc.), uma condição de centralidade, uma rede de circulação/comunicação e a proximidade. Frente ao envelhecimento e à inadequação das áreas do centro da metrópole para a realização dos novos negócios, as empresas voltadas ao setor de serviços modernos e ao setor financeiro são obrigadas a optar por novas localizações, sem se desprenderem, contudo, da centralidade, o que gera um movimento de expansão da área central como desdobramento da centralidade histórica, como condição necessária do processo. De um lado, capital sobrante e ausência de áreas edificadas específicas para comportar as novas exigências das transformações econômicas metropolitanas; de outro, a escassez de terrenos disponíveis na metrópole paulista, na contiguidade das áreas onde as atividades já se desenvolvem. Essa situação obriga o estabelecimento de novas estratégias que se realizam a partir de uma ampla aliança entre as frações de capital (industrial e financeiro), exigindo do Estado políticas urbanas de renovação/requalificação das áreas ocupadas da metrópole, bem como de mudanças nos códigos de construção, leis de zoneamento, além da aplicação de leis de desapropriação seguidas da expulsão da população residente, tornando a urbanização um negócio rentável. A estratégia sinaliza também a eliminação das favelas que se encontram no meio do caminho, como consequência imediata do processo de valorização do solo urbano, iniciativa que se apoia no discurso do progresso. Esse processo passa a ser central para a reprodução atual e revela-se de forma clara na paisagem metropolitana.

A CIDADE COMO NEGÓCIO

Tal área de expansão da atividade de serviços modernos vai se constituindo como um polo de atração de investimentos imobiliários, capaz de sediar as novas funções que se desenvolvem hoje, com um tratamento arquitetônico dos edifícios de alto padrão e com aplicação de novas tecnologias (o gerenciamento e a manutenção dos edifícios passam a ser dados importantes da acumulação, uma vez que sua deterioração impedirá o retorno esperado do capital aplicado, sob a forma de aluguel). As novas atividades econômicas que se desenvolvem na metrópole aliam-se às necessidades da reprodução dos investimentos, razão pela qual se produz uma mercadoria para o desenvolvimento das novas atividades econômicas ao mesmo tempo em que se produz um espaço para o investimento do mercado financeiro. Referido processo se materializa com o desenvolvimento do mercado de locação de escritórios através da expansão da indústria da construção civil, que corresponderá às necessidades do setor terciário. Este, por sua vez, para diminuir custos (numa economia altamente competitiva) prefere alugar o imóvel ao contrário de imobilizar capital na compra de um imóvel próprio. Desse modo, compensam-se as dificuldades no circuito normal de produção-consumo, revelando uma estratégia de aplicação de capital. Nesse caso, o capital financeiro, associado ao capital industrial (o setor de construção civil) e buscando atender a uma nova demanda da economia – o crescimento do setor de serviços –, precisa da aliança dos empreendedores imobiliários com o poder municipal para se desenvolver, garantindo a gestão da metrópole dentro dos padrões necessários à reprodução continuada do capital.

É assim que, no plano da reprodução do capital, a metrópole se transforma em "negócio", o centro da rede de lugares que se estrutura num plano mundial, com mudanças constantes nas formas urbanas. Nesse espaço, a silhueta dos galpões industriais, a morfologia das favelas, a densidade das residências horizontais, as praças e ruas arborizadas dão lugar aos altos edifícios de vidro, centros de negócios, shopping centers; mudanças que trazem como consequência ruas congestionadas e vigilância privada como produto da migração do capital para outras atividades econômicas. Reforça-se a centralização econômica, financeira e política da metrópole em detrimento da realização da vida cotidiana através da metamorfose do uso e da função dos lugares no âmbito da divisão espacial do trabalho interna/externa à área metropolitana. Assim, o espaço-mercadoria tornado "produto imobiliário" transforma-se numa mercadoria substancialmente diferente daquela produzida até então. O investimento produtivo no espaço sobrepõe-se ao investimento improdutivo, regulando a repartição das atividades e dos usos.

A PRODUÇÃO DO EDIFÍCIO CORPORATIVO

Em síntese, a economia de serviços modernos e a alta competitividade obrigam à diminuição dos custos de produção, a qual vai se realizar com a flexibilização da jornada de trabalho (e a decorrente diminuição dos custos sociais) e a mudança da situação do imóvel, da compra para o aluguel. Por outro lado, essas atividades exigem um tipo de edifício que o mercado imobiliário não contempla e com uma localização específica, a centralidade.

O modo como o capital financeiro se realiza por meio do processo de reprodução do espaço é bastante complexo e trataremos de desvendá-lo através do circuito que produz o edifício corporativo como uma nova mercadoria no movimento da acumulação na metrópole. O capital em sua totalidade realiza-se pelo movimento contraditório de suas frações: financeiro, fundiário, industrial e comercial. No atual momento da produção do espaço urbano paulistano, a realização do capital financeiro engloba uma ampla articulação com outras frações, sob a coordenação do Estado. É dessa maneira que se direcionam lucros e dinheiro acumulado para o mercado financeiro, que serão aplicados na produção dos edifícios corporativos, sob a forma de fundos de investimentos imobiliários. Inicialmente, esse capital-dinheiro vai ser aplicado na compra do terreno, o que significa que uma parcela se transforma em capital fundiário. Em seguida, outra parte vai ser aplicada na construção civil e transforma-se em capital industrial.

Esses dois momentos sinalizam, no entanto, que esses edifícios de escritórios só podem realizar o capital (as frações de capital nele invertidos) pela mediação do setor imobiliário, o qual se encarrega da locação e da administração dos imóveis. Dessa maneira, o dinheiro dos fundos imobiliários, potencialmente capital, vai se dar realizando a propriedade privada do solo urbano, o que corresponde ao primeiro momento. No segundo momento, realiza-se o lucro através da construção do edifício. Esse movimento que realiza o capital financeiro como capital produtivo, produzindo o espaço, requer um terceiro momento em que a mercadoria, o escritório, realiza-se pela mediação do mercado de locação de imóveis, momento em que o investimento é remunerado sob a forma de juro pela aplicação realizada. Ao investir na produção de um edifício de escritórios, visa-se com o dispêndio de dinheiro obter-se "mais dinheiro de volta", sob a forma de aluguel. Assim, a locação dos escritórios vai realizar o valor de troca do produto imobiliário criado no circuito industrial. O que importa para o investidor é o retorno do seu investimento. No entanto, a expansão da acumulação requer superar outra contradição: o solo urbano precisa perder a **fixidez**, de modo a torná-lo passível de aplicação do investimento do capital financeiro; isto é, a aplicação de dinheiro no solo urbano precisa tornar-se elemento de rápido retorno de capital, o que encontra guarida na necessidade de diminuição dos custos de produção da realização dos novos serviços. De um lado, para o investimento, as aplicações nos negócios imobiliários precisam encontrar um caminho de superar sua imobilidade, de outro, as necessidades de diminuição dos custos de produção precisam encontrar meios de superar a imobilização de dinheiro no imóvel. Esse entrave é superado através do mercado de locação do imóvel.

A CIDADE COMO NEGÓCIO

Diante disso, a construção de escritórios destinados ao mercado de locação, visando à reprodução das frações do capital (o industrial ligado ao setor da construção realizando o lucro e o financeiro como realização do capital bancário e fundiário), tem como pressuposto fundamental a realização do valor de troca (objetivo último daqueles que compram espaços de escritórios construídos com finalidade de investimento). Num momento em que as empresas preferem diminuir os custos, alugando os imóveis e não comprando, diminui-se o tempo em que o investimento está imobilizado no solo urbano. É dessa maneira que o uso que está em estado latente nesse tipo de investimento liga-se de modo inexorável à realização do valor de troca. Certamente, há um caráter "especulativo" em jogo, o qual pressupõe o uso, mas seu objetivo no ato de compra é o valor de troca que a operação intermediária de locação vai realizar, a valorização do capital investido sob a forma do aluguel retornando como juro do capital investido. Contudo, para que o processo ganhe o movimento capaz de permitir sua continuidade, o gerenciamento do edifício é fundamental, pois é necessário torná-lo ocupado o tempo todo, o que se concretiza pela locação dos escritórios e permite o retorno do investimento como juro do capital aplicado na produção dos edifícios. A característica desse processo é que a totalidade do capital – realizando-se por meio da metamorfose de suas formas ao longo do processo – reproduz a metrópole como possibilidade de realização dos negócios, de maneira que uma parcela do espaço produzido sob a forma do edifício corporativo movimenta a reprodução do capital financeiro. Assim, o espaço se fragmenta em função de interesses privados em busca de rentabilidade.

Deve-se ressaltar ainda dois aspectos. Primeiro, que o uso pode vir a ter sentidos diversos e que existe uma diferença substancial entre a compra de uma moradia e a compra de um escritório para ser alugado. Portanto, há muitos interesses envolvidos no uso do espaço em ambas as operações imobiliárias: enquanto o empresário aluga o imóvel para a realização de sua atividade efetivando o uso do espaço, o investidor compra um imóvel para alugar porque representa retorno do dinheiro, realizando o ciclo do capital financeiro investido na construção do edifício. Segundo, esse processo exige a mediação do Estado, tanto custeando a urbanização (construção da infraestrutura, direcionamento do investimento orçamentário), como mudando leis de zoneamento, normas de construtivas, regularizando o "estoque de terras" (em função da raridade), atuando diretamente na realização das operações urbanas que vão liberar áreas para o mercado e coordenando o sistema financeiro por meio das regularizações, ou ainda, com a criação dos fundos de investimento, capazes de captar recursos esparsos, reunindo investidores individuais e pequenos e orientando a aplicação do dinheiro na produção do espaço. Ao redirecionar as políticas urbanas, o Estado constrói o ambiente necessário para que esse capital possa se concretizar e transforma a metrópole em espaço de valorização, numa aliança com os setores econômicos envolvidos de modo a integrar essa área ao mercado global. Dessa maneira, a mais-valia criada na produção material do espaço urbano metropolitano distribui-se no nível global através das fusões de empresas voltadas à incorporação dos imóveis. A construção material e objetiva desse espaço é feita em detrimento das classes sociais que residem nas áreas visadas pela especulação imobiliária. Orienta-se por políticas públicas que criam as condições de expulsão, seja através da aplicação da lei de desapropriação, seja permitindo a eliminação das favelas para a construção dos novos edifícios sob o argumento das áreas "de interesse público". Mas essa mudança promove outras, tais como a transferência da população que paga aluguel, uma vez que o processo de valorização que acompanha a transformação da área faz os aluguéis aumentarem, a venda de imóveis na área pelos donos que são obrigados a fazê-lo, pois a explosão do bairro nega-lhes a vida e o fato de que os terrenos valorizados são um incentivo ao deslocamento. Assim, a mercadoria-espaço ganha novo sentido com a mudança de orientação das aplicações financeiras, a qual produz o espaço enquanto "capital fixo" para a realização da totalidade do capital.

Nesse sentido, a produção do espaço se realiza num outro patamar: o espaço como momento significativo e preferencial da realização do capital financeiro sinaliza a mudança do sentido do solo urbano para o capital, que deixa de ser um lugar de fixidez do investimento para se tornar o lugar através do qual ele vai efetivar-se. Portanto, a reprodução do espaço urbano revela a produção da metrópole voltada aos interesses particulares do grande capital, delineando a tendência da submissão dos modos de apropriação do espaço ao mundo da mercadoria e à lógica de realização da propriedade. Em nossos dias, a metrópole como negócio promove o movimento da acumulação no qual o capital financeiro assume a orientação do processo centrado na produção da mais-valia, que se consubstancia através da produção do espaço como foco central pelas mãos do setor imobiliário. Isso não significa que suas antigas funções são deixadas de lado. O capital continua produzindo mercadorias no âmbito da fábrica, bem como infraestrutura urbana (pontes, viadutos, metrô), mas, agora, a acumulação envolve outro setor da economia – a produção do espaço como produto imobiliário. Trata-se, todavia, do momento histórico em que a reprodução estabelecida no plano global orienta os processos locais (a produção do espaço da metrópole). A distribuição dos lucros advindos do solo urbano – pelo consumo produtivo – se dá no plano internacional como decorrência da flexibilização desse solo.

O COTIDIANO E A CONSCIÊNCIA ESPACIAL

A violência com que se realizam as transformações decorrentes da estruturação produtiva reprodutora do espaço metropolitano desdobra-se na vida cotidiana através de novas formas de alienação, lidas pelos mais diversos meios de precarização da vida e da deterioração dos espaços públicos, com o aprofundamento da segregação socioespacial. A segregação como forma da desigualdade evidencia a diferenciação dos acessos ao urbano e à vida em sociedade. Sob o capitalismo, o pressuposto é a desigualdade expressa na concentração da riqueza nas mãos de uma classe e materializa-se no espaço tornado mercadoria, no qual o valor de troca ganha centralidade, definindo o lugar de cada cidadão na hierarquia socioespacial. A metrópole produzida como fonte de produção de mais-valia verticaliza a contradição valor de uso – valor de troca do espaço, aprofundando a desigualdade socioespacial pela transformação do espaço como condição da extensão do mundo da mercadoria. Dessa maneira, observa-se o processo que Lefebvre chamou de vitória do valor de troca sobre o valor de uso como sentido e orientação do processo da produção do espaço no capitalismo.

No plano do cotidiano, a segregação como forma da desigualdade demonstra a diferenciação dos acessos ao urbano e à vida em sociedade. A metrópole se reproduz como exterioridade (estranhamento e reconhecimento que permeiam a prática socioespacial), onde a privação dos direitos funda e orienta as relações sociais atualizando a alienação no mundo moderno, no qual a consciência espacial é o outro desta produção. A segregação surge e expressa-se na vida cotidiana diante do extenso processo de privação que acompanha a realização da vida. Aparece e constitui-se nos interstícios, ganha sentido na reunião das pessoas em torno da insatisfação das necessidades nunca atendidas; das injustiças na distribuição da riqueza social; da intolerância entre membros de classes socais diferenciadas; das políticas públicas que repõem, constantemente, a desigualdade sob o discurso da inclusão; das novas relações entre o Estado e os setores privados da economia, que se definem a partir das políticas públicas dirigidas ao espaço por meio de novas alianças de classe; da ausência dos espaços públicos como lugares da vida em comum e, nesse sentido, do estreitamento da esfera pública etc. Aparece sob várias formas de contestação e confrontos que vêm ocorrendo na metrópole, numa reunião potencializada pelas resistências aos processos hegemônicos. Desse modo, as contradições do mundo moderno se esclarecem como contradições do movimento do processo de reprodução do espaço urbano.

Portanto, a consciência do espaço como aquele da realização da vida gesta-se nas lutas dos movimentos sociais. São eles que colocam em xeque o planejamento da metrópole ao questionar a orientação das políticas espaciais dirigidas pelo processo de valorização do capital em detrimento da realização da vida, o que traz como consequência a redução do conteúdo da prática socioespacial (deterioração e empobrecimento). Isso se deve ao fato de que a vida cotidiana expõe a espacialidade das relações sociais, a imanência da produção do espaço na constituição das relações sociais que fundam e dão sentido à vida humana (e a sua reprodução).

A vida acompanha a privatização do mundo ao se realizar hoje como fonte de privação de direitos diante da extensão da mercantilização, a qual limita os usos do espaço. A expansão da propriedade privada da riqueza dilui os direitos de acesso à metrópole e à vida urbana. Como consequência, mediando as relações sociais, encontramos a mercadoria que subordina a vida à sua lógica, reduzindo-a a formas abstratas. A cidadania restrita à esfera do consumo é produto da reprodução dos planos nos quais a desigualdade imanente ao capitalismo é reposta, fato que as resistências não deixam de apontar. Essa situação sinaliza que a crise não se reduz a uma crise econômica, já que é, antes, um fenômeno social que contempla um conjunto de relações sociais. A condição subalterna da sociedade como reprodutora mecânica do capital amplia as condições da privação. No processo, autonomizam-se as esferas da vida, que tende a fechar-se na esfera privada, alimentada pelas simulações da vida social através da cultura e do esporte, por exemplo. Revelam-se novos conteúdos da urbanidade, nos quais o sujeito cindido vive o espaço em fragmentos e, assim, a despossessão de sua própria humanidade.

As lutas em torno aos acessos ao espaço metropolitano, através do questionamento dessa reprodução e da orientação de políticas espaciais realizadas pelo Estado, apontam para a necessidade do "direito à cidade" como realização possível da humanidade perdida. Este direito é o outro do "urbano como negócio".

DA CIDADE COMO NEGÓCIO
AO URBANO COMO NEGÓCIO

A exposição apresentada neste capítulo permite depreender que a compreensão sobre o processo de urbanização no mundo moderno a partir de São Paulo ilumina o papel e a importância do espaço no movimento da acumulação capitalista, seja como força produtiva para o capital, seja como um negócio nas mãos dos detentores do monopólio da terra (através da existência da propriedade privada). A transformação da terra em renda no processo de evolução da mancha urbana como constituidora da metrópole paulistana aparece na literatura acadêmica na noção de "cidade como negócio". Propomos a ideia de que, no século XXI, o que se vende no mercado como momento necessário do movimento da acumulação não é a cidade, mas o urbano. Justifica-se uma vez que seu significado transcende aquele da ordem próxima, focada no terreno/área a ser vendida no mercado visando à realização do ciclo de rotação do espaço-mercadoria através da efetivação da renda da terra. Agora, trata-se de negócios vinculados à efetivação do capital financeiro, portanto, de um novo momento da urbanização que apontam para novos conteúdos nos quais o urbano se constitui como uma totalidade articulada de planos (econômico, político, social, cultural) e justaposição de escalas (local, metropolitano, global), interpenetrando-se dialeticamente. A centralidade da análise da noção de "produção do espaço", ao trazer exigências teóricas, obriga a pensar em profundidade a complexidade do real. É preciso contemplar os movimentos/momentos de uma sociedade urbana, objetivando sua reprodução real e futura (em direção ao devir), e seu movimento contraditório, que assinala a luta pelo espaço tanto do ponto de vista da realização do capital em momentos de crise, quanto da sociedade no que tange à concretização de sua vida, o que inclui a elaboração dos sonhos presentes na reprodução do humano.

BIBLIOGRAFIA

Alvarez, Isabel. *Reprodução da metrópole*: o projeto Eixo Tamanduatehy. São Paulo, 2009. Tese (Doutorado em Geografia Humana) – Faculdade de Filosofia, Letras e Ciências Humanas, Universidade de São Paulo.

Arantes, Otília. Vendo a cidade. *Revista Veredas*. São Paulo, ccbb, ano 3, n. 36, dezembro de 1998, pp. 21-23.

Ascher, François. *Métapolis*: ou l'avenir des villes. Paris: Éditions Odile Jacob, 1995.

Artois, Antoine. *Le fétichisme chez Marx*: le marxisme comme théorie critique. Paris: Syllepse, 2006.

Bensaid, Daniel. Cambiar el mundo. *Viento Sur*. Madrid, 2004.

Carlos, Ana Fani A. *Espaço-tempo na metrópole*. São Paulo: Contexto, 2001.

_____. A produção da cidade enquanto negócio. In: Carlos, Ana Fani A; Carreras, Carlos (orgs.). *Urbanização e mundialização*: estudos sobre a metrópole. São Paulo: Contexto, 2004.

_____. O direito à cidade e a construção da metageografia. *Revista Cidades*. Presidente Prudente, geu - Grupo de Estudos Urbanos, v. 2, n. 4, 2004.

_____. *O lugar no/do mundo*. São Paulo: Hucitec, 1996. [Segunda Edição, São Paulo: fflch Edições, 2009]. Disponível em: <http://www.gesp.fflch.usp.br>. Acesso em: 25 mar. 2015.

_____. *O espaço urbano*. São Paulo: fflch Edições, 2009. Disponível em: <http://www.gesp.fflch.usp.br>. Acesso em: 25 mar. 2015.

_____. Da organização à produção do espaço no movimento do pensamento geográfico. In: Carlos, Ana Fani A; Souza, Marcelo Lopes de; Sposito, Maria da E. Beltrão. *A produção do espaço urbano*: agentes e processos, escalas e desafios. São Paulo: Contexto, 2011, pp. 53-74.

Chauí, Marilena. *Dos pré-socráticos a Aristóteles*. 2. ed. revista. São Paulo: Cia. das Letras, 2006.

_____. *Convite à Filosofia*. 13. ed. São Paulo: Ática, 2006.

Chesnais, François. *La mondialisation du capital*. Paris: Syros, 1994.

Harvey, David. *Los límites del capital y la teoría marxista*. México: Fondo de Cultura Económica, 1990.

_____. *Condição pós-moderna*. São Paulo: Loyola, 1992.

_____. *El nuevo Imperialismo*. Barcelona: Akal, 2003.

_____. *A produção capitalista do espaço*. São Paulo: Annablume, 2005.

_____. *Espaços da esperança*. São Paulo: Loyola, 2004.

Ianni, Octavio. *Sociedade global*. Rio de Janeiro: Civilização Brasileira, 1992.

Lefebvre, Henri. *Le droit á la ville*. Paris: Anthropos, 1968.

_____. *La revolution urbaine*. Paris: Gallimard, 1970.

_____. *La survie du capitalisme*. Paris: Anthropos, 1973.

_____. *Les temps de méprises*. Paris: Stock, 1975.

_____. *De l'Etat*. Paris: Union Générale d' Éditions, 1978, v. 3 e 4.

_____. *Une pensée devenue monde*. Paris: Fayard, 1980.

_____. *Critique de la vie quotidienne*. Paris: L'Archer Editeur, 1981, v. ii.

_____. *La production de l'espace*. Paris: Anthropos, 1981.

_____. *Le retour a la dialectique –12 mots cléfs*. Paris: Méssidor, 1986.

Lévy, Jacques. *Le tournement gégraphique*. Paris: Belin, 1999.

_____. Urbanization honteuse, urbanization hereuse. In: Roncayolo, Marcel. et al. *De la ville et du citadin*. Lille: Éditon Parenthèses, 2003, pp. 75-91.

Lussault, Michel. *De la lutte des classes à la lutte des places*. Paris: Grasset, 2009.

Maricato, Ermínia. *Metrópole na periferia do capitalismo*. São Paulo: Hucitec, 1996.

MASSEY, Doreen. *Pelo espaço*. Rio de Janeiro: Bertrand, 2008.

PADUA, Rafael Faleiros de. *Produção e consumo do lugar*: espaços de desindustrialização na reprodução da metrópole. São Paulo, 2012. Tese (Doutorado em Geografia Humana) – Faculdade de Filosofia, Letras e Ciências Humanas, Universidade de São Paulo. Disponível em: <http://www.teses.usp.br/teses/disponiveis/8/8136/tde-04072012-132838/>. Acesso em: 10 abr. 2015.

REVISTA CIDADES. Grupo de Estudos Urbanos, GEU. São Paulo, v. 1, n. i, jan./jul. de 2004.

REVUE ESPACE ET SOCIETÉS. "Infraastructures et formas urbaines". Paris, L'Hamatan, n. 95 e 96, 1998.

RONCAYOLO, Marcel. *La ville et ses territoires*. Paris: Gallimard, 1990.

_____. *Les grammaires d'une ville (essai sur la genèse des structures urbaines à Marseille)*. Paris: EHESS, 1996.

_____. *Formes des villes (Ville, Recherche, Diffusion)*. Nantes: Université de Nantes, s/d., mimeografado.

SAMPAIO, Renata Alves. *Da noção de violência urbana à compreensão da violência do processo de urbanização*: apontamentos para uma inversão analítica a partir da geografia urbana. São Paulo, 2011. Dissertação (Mestrado em Geografia Humana) – Faculdade de Filosofia, Letras e Ciências Humanas, Universidade de São Paulo.

SANTOS, Milton. *A natureza do espaço*. São Paulo: Hucitec, 1996.

SASSEN, Saskia. A cidade global. In: LAVINAS, Lena; CARLEIAL, Liana M. da Frota; NABUCO, Maria Regina (orgs.). *Reestruturação do espaço urbano e regional no Brasil*. São Paulo: ANPUR/ Hucitec, 1993.

_____. Paris ville mondiale? *Revue Le Debat. Le nouveau Paris*. Paris, Gallimard, n. 80, mai-août 1994.

SMITH, Neil. Contornos de uma política espacializada: veículos dos sem-teto e a produção da escala geográfica. In: ARANTES, Antônio A. (org.). *O espaço da diferença*. São Paulo: Papirus, 2000.

SOJA, Edward. *Geografias pós-modernas*: a reafirmação do espaço na teoria crítica social. Rio de Janeiro: Jorge Zahar, 1993.

VELTZ, Pierre. *Territoire pour apprende et innover*. Paris: Éditions de l'Aube, 1994.

VOLOCHKO, Danilo. *A produção do espaço e as estratégias reprodutivas do capital*: negócios imobiliários e financeiros em São Paulo. São Paulo, 2007. Dissertação. (Mestrado em Geografia Humana) – Faculdade de Filosofia, Letras e Ciências Humanas, Universidade de São Paulo.

_____. *Novos espaços e cotidiano desigual nas periferias da metrópole*. São Paulo, 2012. Tese (Doutorado em Geografia Humana) – Faculdade de Filosofia, Letras e Ciências Humanas, Universidade de São Paulo.

A PRODUÇÃO E REPRODUÇÃO DA CIDADE COMO NEGÓCIO E SEGREGAÇÃO

Isabel Pinto Alvarez

No plano empírico, a brutal desigualdade que se revela nas morfologias diferenciadas da metrópole de São Paulo parece indicar que se a cidade é produzida como negócio, ela o é, ao mesmo tempo, produzida como segregação. Se ao ser produzida como negócio viabiliza a realização da propriedade privada, da produção e circulação do valor e do valor de troca, ela é, simultaneamente, produzida como uma luta pela cidade cujo fundamento principal é a apropriação e o uso. Nesse sentido, o caso de São Paulo, além das centralidades imobiliárias recém-produzidas – das quais se destaca o eixo sudoeste –, o que melhor revela a cidade enquanto negócio são as inúmeras ocupações por direito à moradia, seja na periferia ou no centro. As violentas reintegrações de posse atestam a força do Estado na defesa dos interesses da propriedade imobiliária em detrimento do direito ao uso e à moradia.[1] Também os movimentos organizados e/ou manifestações, ocupando as ruas e praças e exigindo os mais diversos (mobilidade, acesso a serviços de saúde, direito de se manifestar etc.) podem ser lidos como a negação de uma cidade produzida para o lucro e o desejo de uma cidade produzida para as pessoas. Em São Paulo, segundo o índice FipeZap, a variação do preço dos imóveis entre 2008 e agosto de 2014 foi de 212,7% para venda e de 98,2% para aluguel. Segundo o Índice de Preços ao Consumidor (IPC-FIPE), para o mesmo período, a inflação foi de 40,08%,[2] o que revela, especialmente nos últimos anos, a dificuldade de conseguir pagar por moradia, tendo em vista que, no mesmo período, a evolução do salário mínimo (que teve uma política de aumento superior à inflação), por exemplo, foi de 74,4%.

A CIDADE COMO NEGÓCIO

Teria sido a cidade produzida sempre como negócio? Situamos aqui nossa compreensão de que esta não é uma categoria trans-histórica e, portanto, só é possível encontrar suas determinações na cidade capitalista, aquela constituída a partir dos processos mais gerais de reprodução do capital, que guardam a necessidade intrínseca da produção e realização de mais-valia e da propriedade privada da terra.

A cidade no capitalismo e, especialmente a partir da expansão da produção industrial, é cada vez mais produzida como mercadoria, em fragmentos, por meio do trabalho nela cristalizado, que contém em si valor (valor de uso e valor de troca) e também como meio de circulação do capital, permitindo que ele se realize propriamente. Reclus[3] descreveu as cidades e metrópoles, sobretudo Londres no século XIX, como grandes obras da civilização, mas também revelou suas contradições, especialmente a miséria e a degradação dos rios, da vegetação e do ar. O autor apontou, já naquele momento, para o que chamamos de mobilização da terra como mercadoria no campo e na cidade, provocando intensa migração e crescimento exponencial da metrópole. Indicou ainda que a construção de moradias e infraestrutura não estava vinculada às necessidades do viver e sim aos interesses dos proprietários de terra, dos especuladores, dos "presidentes de sindicatos financeiros", de modo que a cidade reproduz materialmente a diferenciação e os interesses de classe.

O que parece estar posto é que a contradição entre a produção social do espaço e sua apropriação privada e mediada pela propriedade, bem como as necessidades e os interesses de classe, fundamentam o processo de produção da cidade capitalista. Carlos[4] localiza a produção da cidade como negócio em São Paulo no contexto de transição do domínio do capital industrial para o domínio do capital financeiro na metrópole, permitindo entender a produção do espaço no momento atual como produto imobiliário. Ao revelar os mecanismos pelos quais a propriedade imobiliária se mobiliza através das novas possibilidades de articulação com o setor financeiro, a autora mostra como as diferentes frações do capital se realizam através da produção de uma nova centralidade na metrópole, constituída, sobretudo, pelos edifícios corporativos concentrados no eixo sudoeste.

A cidade como negócio seria, portanto, uma especificidade deste momento histórico? Parece-nos que, ao afirmar que a cidade é produzida como mercadoria, como valor, valor de uso e valor de troca, abre-se a possibilidade de pensá-la como um bem intercambiável, produzido sob a lógica da valorização e, nesse sentido, como negócio e segregação. Tal consideração implica reconhecer a insuficiência da compreensão da cidade enquanto concentração de negócios e atividades, para refletir sobre sua própria produção como tal, o que coloca a necessidade de entendê-la no âmbito das determinações mais gerais da reprodução social e do capital, mas atinando para o papel da propriedade privada da terra e do Estado, uma vez que se constituem como elementos fundamentais desse processo.

FORMAÇÃO DO MERCADO IMOBILIÁRIO E SEGREGAÇÃO NO FINAL DO SÉCULO XIX

A constituição jurídica da propriedade privada da terra, a sua transformação em monopólio e patrimônio, efetivou-se a partir da promulgação da Lei de Terras e das suas regulamentações a partir de 1850, especialmente a Lei n. 1237/1864, que reformou a lei de hipotecas e regulamentou as sociedades de crédito. Mas, segundo Brito,[5] o levantamento e controle sobre a propriedade fundiária por parte da administração municipal, a definição de terra rural, urbana e devoluta, a definição do patrimônio do Conselho e da continuidade de permissão para concessão de datas, geraram uma disputa política entre a Câmara Municipal e o poder provincial, tendo conquistado a primeira, em 1859, o direito de manter a concessão de datas (em oposição às normas gerais) sem proceder à exigência legal sobre o levantamento e a demarcação de terras, que distinguia entre as de uso privado, as destinadas ao uso público e as destinadas às concessões, o que viabilizou a continuidade do clientelismo na distribuição das terras. Segundo Brito,[6]

> As decisões relativas à privatização das terras que deram suporte ao intenso processo de urbanização que se seguiu em São Paulo, estiveram significativamente permeadas pela troca de favores e pelo tráfico de influência.

Vê-se, portanto, que o mercado fundiário foi se constituindo no seio de um contraditório processo que envolvia, de um lado, a criação de uma legislação e de medidas que visavam estabelecer os parâmetros públicos de seu funcionamento e, ao mesmo tempo, a negação deste preceito com as práticas de favorecimento. A necessidade de cadastrar e reconhecer juridicamente a propriedade privada da terra, naquele momento, esteve relacionada à sua transformação no principal bem hipotecável, especialmente a partir dos primeiros anos da República. Em São Paulo, tal condição impulsionou a formação de um mercado imobiliário, a urbanização (especialmente através das companhias de melhoramentos e serviços urbanos) e a expansão da economia cafeeira. Ao mesmo tempo, impulsionou maior circulação de dinheiro, títulos e endividamento.[7] De tal processo, pode-se apreender que o sentido hegemônico da urbanização de São Paulo foi o da produção de um capital primitivo e, em parte, fictício. Era outro o plano em que se colocavam as necessidades daquelas dezenas e centenas de milhares de pessoas que viriam morar em São Paulo e que constituiriam a força de trabalho urbano-industrial.

A partir de 1870, o crescimento urbano de São Paulo se intensificou com a maciça chegada de trabalhadores imigrantes europeus.[8] As condições de moradia, saneamento, abastecimento de água e transporte tornaram-se insuficientes e precárias, ao menos para a população de menores rendimentos. O principal tipo de habitação popular era o cortiço, que se caracterizava pela alta densidade de población por unidade habitacional, pela insalubridade e pelo uso comum de latrinas, cômodos de higiene e fogões. Embora se encontrasse esta situação em antigos hotéis, pensões e sobrados da cidade, muitos cortiços foram produzidos por particulares, especificamente com a finalidade do arrendamento às famílias operárias.[9] Segundo Campos:[10]

> De fato, a falta de moradia já era sentida desde os últimos anos de 1850, no tempo em que ainda se sonhava com a construção da estrada de ferro inglesa, e só se agravou com o passar das décadas. Os aluguéis eram exorbitantes e as construções oferecidas, velhas e malsãs. Nos primórdios da industrialização paulistana, ao proletariado nascente não restava senão amontoar-se em pardieiros ou em sórdidos cubículos erguidos pelos especuladores. O lucro auferido pelos proprietários de cortiços era tão grande que a Câmara passou a cobrar um pesado imposto sobre este tipo de habitação subnormal desde ao menos 1877.

Observa-se, portanto, que no momento em que a propriedade da terra se insere no circuito mais geral de reprodução do capital, tornando-se intercambiável e hipotecável, a urbanização se intensifica com o fluxo migratório e alimenta este processo. De tal modo, já naquele momento, para morar na cidade era preciso pagar e muito. A propriedade estava constituída como mediação ao uso e vida na cidade, tornando a segregação socioespacial um conteúdo presente no processo de produção do espaço urbano.

A urbanização crescente impulsionou a necessidade de sua regulação pelo poder público, afinal, a cidade de São Paulo passava a abrigar não apenas os trabalhadores, mas também os representantes da economia cafeeira e da nascente burguesia industrial e urbana. Mais do que isso, os negócios urbanos, nos quais se inclui a expansão através de novos loteamentos (e financeiro, através do crédito), poderiam ser mais lucrativos se o poder do Estado demarcasse os padrões mínimos construtivos, bem como certo zoneamento, privilegiando determinadas porções da cidade e, simultaneamente, deixando por conta dos interesses dos especuladores as porções do território que não eram reguladas (os subúrbios e áreas rurais, naquele momento). Estando consolidada juridicamente a propriedade privada e formado o mercado imobiliário, tratava-se de definir os limites de uma interposição do Estado sobre aquela.

Em 1886, em sintonia com os princípios do sanitarismo urbano desenvolvido na Europa, entrou em vigor o Código de Posturas,[11] que, com mais de 300 artigos, regulamentava desde a abertura, calçamento e construção de ruas, concessão de datas, atividades econômicas, normas de higiene e salubridade, até a obrigatoriedade da vacina, a proibição de batuques e as relações entre patrão e criado.

Chama atenção, para nosso propósito, o artigo 20,[12] que trata da proibição dos cortiços no município, a não ser que determinadas regras construtivas fossem adotadas: largura mínima dos terrenos, altura e tamanho mínimo dos cômodos, exigência e determinação do tamanho de portas e janelas. Também é digno de nota que todas as atividades fabris consideradas poluidoras foram proibidas de se instalar na cidade (arts. 104 a 109), assim como os hospitais ou locais de acolhimento de doentes considerados contagiosos. O código também proibia a presença daqueles que eram considerados vagabundos e pedintes na cidade. Vê-se assim que o Estado, através da Lei e do poder de polícia (expresso na mesma Lei), buscava normatizar o crescimento das cidades e a vida urbana, determinando padrões tanto para edificações como para conduta, expulsando da cidade (mas permitindo nos povoados) tudo o que era considerado perigoso, insalubre e incômodo para bairros residenciais mais nobres e centro urbano de São Paulo.

As precárias condições de habitação, associadas à alta densidade, tornaram o ambiente dos cortiços favorável à propagação de doenças. Naquele momento, havia grande preocupação por parte da elite e de médicos sanitaristas com a varíola, o cólera e, especialmente, a febre amarela. Em 1893, por ordem de Theodoro Sampaio, então diretor do Setor de Saneamento do Estado,[13] formou-se uma comissão de quatro médicos e um engenheiro para vistoriar e relatar as condições das habitações operárias de Santa Ifigênia. A escolha deste local específico estava relacionada à alta densidade habitacional do bairro (9,24 pessoas por prédio) e aos casos detectados de febre amarela.

Em 1893, o relatório apresentado pela da Comissão de Exame e Inspeção das Habitações Operárias e Cortiços no Distrito de Santa Ifigênia identificou em 14 quadras o número de 65 cortiços. A comissão descreveu pormenorizadamente prédios e condições de habitação, indicou providências e apontou parâmetros construtivos e sanitários a serem adotados nas habitações e vilas operárias. Propôs a interdição e demolição de prédios considerados condenados, a proibição de construção de novos cortiços e determinou que os que já existissem "se submettam a um regimen todo especial de policia e de hygiene, que lhes cortem os abusos pela rais [sic]".[14] O relatório ainda indicou os parâmetros urbanísticos e as políticas de incentivo que deveriam ser adotados na construção das vilas operárias e que o ideal seria construí-las num raio de 10 a 15 km da cidade de São Paulo, com a implantação de ferrovias que permitissem o trajeto entre a cidade (o local de trabalho) e a moradia.

O Relatório serviu de base para a promulgação do Código Sanitário do Estado, em 1894. Através deste, no que se refere à preocupação com o saneamento e às condições de saúde pública, fica evidente a determinação em expulsar das cidades os pobres e demolir as habitações operárias. Os imóveis classificados como habitações coletivas (que abrigavam grande número de indivíduos) só poderiam ser construídos fora da aglomeração urbana e a construção dos cortiços foi terminantemente proibida, sendo que os já existentes deveriam ser demolidos pelos governos municipais. Associando estas normas à do Código de Posturas, vemos que a preocupação não estava em proteger e/ou garantir moradia à população de menor renda, mas simplesmente afastá-la para longe das cidades, junto às fábricas poluentes, matadouros e hospícios.

A CIDADE COMO NEGÓCIO

Poucos anos antes da publicação do Código Sanitário, entre 1879 e 1891, segundo Rolnik,[15] formaram-se os bairros destinados à elite de São Paulo, com ruas largas e arborizadas, lotes grandes e residências/palacetes unifamiliares. Trata-se de Campos Elíseos, Higienópolis e da Avenida Paulista, os dois primeiros ao lado de Santa Ifigênia, que apresentava grande concentração de cortiços. A autora mostra como a promulgação de uma legislação específica garantia o padrão urbanístico desses bairros, reforçando a existência de uma centralidade elitista na cidade. Afirma Rolnik:[16]

> A chave da eficácia em demarcar um território social preciso está evidentemente no preço: lotes grandes, grandes recuos, nenhuma coabitação; esta é a fórmula para quem pode pagar. A lei, ao definir que ali só pode ocorrer certo padrão, opera o milagre de desenhar uma muralha invisível e, ao mesmo tempo, criar uma mercadoria exclusiva no mercado de terras e imóveis e, assim, permitir um alto retorno do investimento, mesmo considerando o baixíssimo aproveitamento do lote.

O acesso à propriedade foi definindo, portanto, o lugar de cada um na cidade, ou a impossibilidade de viver nela. A urbanização, que no final do século XIX expandiu-se e complexificou-se, impulsionou o papel da propriedade privada da terra como lastro do crescimento da economia cafeeira e da industrialização. Para tanto, foi essencial o papel do Estado, seja na definição da propriedade da terra como principal bem hipotecável, na expansão de infraestrutura urbana ou através da regulação urbanística. A regulação urbanística, que o poder público exerce com a justificativa de regular a propriedade (através, por exemplo, das desapropriações, interdições e demolições, de um lado, e da garantia de padrões urbanísticos exclusivos, de outro), de fato, só fez por reforçá-la, tornando-se uma mediação fundamental na hierarquização e fragmentação do espaço urbano, ampliando as possibilidades de que a própria produção da cidade se constituísse como negócio e produzindo segregação.

A REPRODUÇÃO DA METRÓPOLE, A PROPRIEDADE COMO LASTRO DA FINANCEIRIZAÇÃO E O APROFUNDAMENTO DA SEGREGAÇÃO

Contemporaneamente, a produção da cidade como negócio se aprofunda, associando-se às transformações do capitalismo, notadamente à reestruturação produtiva e à financeirização. Tal momento coloca em outro patamar a importância da produção do espaço. Como assevera Carlos,[17] esse momento indica a passagem do espaço como condição geral de acumulação, para sua produção como momento fundamental do processo de reprodução do capital. A partir de Lefebvre[18] e Harvey,[19] é possível dimensionar a importância da produção do espaço, que se converte em um setor econômico de suma importância à reprodução capitalista, como amortecedor da crise de acumulação e, ao mesmo tempo, como produtor de um novo urbano, cujo sentido hegemônico é o da viabilização da reprodução do valor e/ou simplesmente da renda – se levarmos em consideração a relação intrínseca entre a produção do espaço e a financeirização –, destituindo, cada vez mais, as cidades de seu conteúdo histórico, suas referências e espaços públicos de sociabilidade para elevar ao sentido mais profundo o próprio espaço como mercadoria. Mas, diferentemente das outras mercadorias, a produção do espaço diz respeito à produção das condições de reprodução da vida, o que recoloca a dimensão do uso e da apropriação, aprofundando as lutas pelo espaço. Nesse contexto, ganha ainda maior importância o papel do Estado, seja para regulamentar as alianças entre os setores fundiário, imobiliário e financeiro, seja na definição de projetos urbanísticos de renovação/reestruturação urbana, ou ainda no uso do poder da violência para definir o lugar que cabe a cada um na cidade, como ocorre nos processos violentos de reintegração de posse em terrenos ou edifícios ocupados.

A metrópole de São Paulo, densamente edificada, segmentada nos usos e atividades e de centralidade do processo de acumulação no país, guarda em sua materialidade grande quantidade de valor, ao mesmo tempo em que por ela circula o valor através do uso. Desde meados dos anos 1970, e mais intensamente a partir dos 1980, ela vem passando por um processo denominado por Lencioni[20] como reestruturação, que diz respeito à sua expansão (através de atividades econômicas, modos de morar e entretenimento) para um raio de 150 km, cada vez mais articulado por vias de comunicação e transporte que formam uma macrometrópole, cujo centro (o município de São Paulo) centraliza cada vez mais as decisões econômicas e políticas, o desenvolvimento tecnológico, a inovação e o processo de acumulação.

Como já afirmamos,[21] os elos desse processo estão associados, no plano global, à crise de reprodução do capital das últimas décadas, que vem se desdobrando através da reestruturação produtiva,[22] das políticas neoliberais e da financeirização. No plano da metrópole, isso tem indicado a necessidade de transformar a materialidade existente, tornando-a plástica, flexível ao modo como o capital necessita para circular e se reproduzir neste momento. Tal condição pressupõe um momento de desvalorização do que está constituído e a revalorização através de novos usos, edificações e infraestrutura. De tal sorte, as transformações intraurbanas em São Paulo têm sido muito significativas nas últimas décadas, e, para que esse movimento de desvalorização-revalorização se suceda, tem sido fundamental o papel do Estado, que tem a possibilidade de intervir sobre a propriedade de vários modos: desapropriando, removendo, permutando, por desmembramento e/ou remembramento de lotes, definindo novos usos, implantando infraestrutura e erigindo fragmentos que serão alvos de futuros investimentos. Assim, a reprodução da metrópole se realiza pelo Estado e desconsidera o modo como a realização da vida deu sentido aos lugares.

A CIDADE COMO NEGÓCIO

Nossa hipótese aqui é a de que a crise capitalista abriu a possibilidade de que a metrópole como um todo, embora seletivamente, esteja no mercado de títulos e dívidas internacional, tornando-a um lastro da financeirização pela mobilização e realização da propriedade privada.

A propriedade imobiliária, no capitalismo, não é em si capital, mas pelo monopólio de sua posse, através da forma jurídica da propriedade, possibilita a capitalização de parte da mais-valia geral, o que confere aos seus detentores não apenas a possibilidade do uso, mas a de absorver parte da riqueza social através da troca, liberando esse capital imobilizado para entrar no circuito geral de valorização do capital. Ainda por permitir ganhos atuais e futuros derivados de seu monopólio, a propriedade é patrimônio capaz de ser garantia de empréstimos e crédito e, por-tanto, insere-se no empenho do trabalho futuro. Harvey,[23] tratando da propriedade da terra e da renda, assevera:

> A renda da terra, capitalizada como juros sobre algum capital imaginário, consti-tue o "valor" da terra. O que se compra e se vende não é a terra e sim o direito à renda que produz. [...] O comprador adquire um direito sobre os ganhos futuros previstos, um direito sobre os frutos futuros do trabalho. Em poucas palavras, o direito a terra se converte em uma forma de capital fictício.[24]

Pensamos que essas considerações estão relacionadas não apenas à propriedade da terra, mas à propriedade imobiliária. As considerações do autor apontam para o papel estratégico da propriedade da terra no processo de capitalização, bem como na especulação, de tal modo que a reprodução e atualização da propriedade não são apenas processos constitutivos de acumulação primitiva, mas inerentes ao desenvol-vimento e continuidade do capitalismo.

Se considerarmos que vivemos nas últimas décadas em um regime de acumu-lação financeirizado,[25] os ganhos derivados de diferentes tipos de propriedade – da terra, de marcas, do conhecimento – tendem a se tornar cada vez mais importan-tes e a se autonomizar, tornando-se lastro de negociações de títulos no mercado financeiro, independentemente de passar pelo processo produtivo. Assim, a ideia de que a propriedade imobiliária se converte numa forma de capital fictício e que essa é a forma hegemônica da reprodução capitalista hoje se coloca como elemento chave para situar a cidade como negócio e ilumina a compreensão da violência do processo de reprodução atual.

Uma hipótese a ser pensada é a de que o deslocamento de parte do capital para o chamado setor imobiliário da economia nos momentos de crise de repro-dução do capital está relacionado, de um lado, à composição orgânica do capital neste setor,[26] mas, de outro, à qualidade intrínseca do monopólio da propriedade de se converter em lastro da financeirização. Essa condição nos permite apontar que, no atual momento, a produção/reprodução do espaço se pauta pela liquidez do mercado financeiro, que eleva a níveis exponenciais a lógica da produção da cidade como negócio.

Buscando compreender e atualizar a discussão sobre a renda da terra, Carlos[27] aponta para o fato de que, na produção da cidade e da metrópole, a terra não é meio de produção e sim condição de produção, e que a generalização da produção do espaço como mercadoria aponta para a generalização da produção de valor (pelo trabalho) através da produção do urbano. Nesse sentido, para a autora, mais do que renda, trata-se de um processo de valorização do espaço:

> [...] o que significa que a propriedade do solo urbano como monopólio permite não só a realização do valor de um fragmento, mas também a apropriação do conjunto do trabalho que se sintetiza na produção da cidade (provenientes do capital fixo incorporado ao seu espaço físico em sua totalidade, como movimento intrínseco a sua produção histórica).[28]

A autora ilumina importante questão: a reprodução do espaço no momento atual parece comportar a produção de valor e da própria cidade como valor. Nesse sentido, podemos pensar que o processo serve de lastro para a reprodução do capital fictício, através da reprodução do monopólio da propriedade, não mais apenas da terra, mas de fragmentos do espaço.

O processo constitutivo nessa direção contém desde regulamentações que permitiram maior flexibilidade ao título de propriedade, tornando-a lastro de um capital a ser mobilizado no mercado financeiro, como, por exemplo, os Certificados de Recebíveis Imobiliários (CRI) e os Fundos de Investimento Imobiliário (FII), até a instituição da alienação fiduciária, que deu maior garantia à expansão do crédito, dando a posse efetiva do imóvel ao credor até que o mesmo seja quitado. Porém, também tem sido condição fundamental a ação do Estado através de planos, projetos e normas urbanísticas, direcionando seletivamente os investimentos públicos e privados para determinados fragmentos da cidade.

Esse processo conflita diretamente com a produção e reprodução das necessidades e desejos impressos na vida que se desenvolve nas cidades, o que coloca, de início, o questionamento sobre o que e para quem a cidade deve ser. Segundo reportagem publicada em 2010,[29] 50 mil famílias serão removidas compulsoriamente em São Paulo entre 2006 e 2015 devido a projetos do poder público de cunho ambiental (parques, recuperação de mananciais), viário e de transporte. Parte dessas famílias é desapropriada porque têm o título legal de propriedade, mas grande parte recebe apenas uma indenização e/ou o cheque-aluguel, cujo montante não é suficiente para cobrir os custos de uma nova moradia. Portanto, esses projetos criam demanda por novas habitações populares, como, por exemplo, a Operação Urbana Água Espraiada, uma das Operações Urbanas em andamento, que desalojará pelo menos 8,5 mil famílias.[30] Segundo estudos de grupo de pesquisadores da Faculdade de Arquitetura e Urbanismo da Universidade de São Paulo (FAU-USP),[31] em agosto de 2012 existiam 486 favelas localizadas em áreas que sofreriam algum tipo de intervenção por projetos de naturezas distintas.

Em nosso entendimento, desde a década de 1980 as políticas de intervenção no espaço na metrópole de São Paulo apontam para a necessidade de viabilizar o processo de valorização do espaço e os ganhos advindos da propriedade, articulando-a com o mercado financeiro. Entendemos que a materialidade e a própria distribuição das atividades e usos, constituídas no período anterior do processo de produção da metrópole, tornaram-se diferencialmente obsoletas, fazendo que a reprodução do espaço seja não apenas um produto das novas relações e do novo momento do capitalismo, mas uma condição para sua realização.

Esse processo ganha proporções ainda mais significativas quando, a partir do final dos anos 1990, as medidas de desregulamentação do capital financeiro e, paralelamente, a constituição de instrumentos de vínculo deste com o setor imobiliário foram implantadas no país, definindo o momento atual. O Plano Diretor apresentado em 1985 continha, pela primeira vez, o instrumento da Operação Urbana como mecanismo de articulação entre o Estado e os interesses privados na transformação de certas parcelas da cidade. A Lei de Zoneamento de 1972, que definia usos possíveis em cada zona, coeficientes de aproveitamento, taxas de ocupação, tamanho mínimo de lotes, recuos, e estava diretamente relacionada ao Plano Diretor de Desenvolvimento Integrado (PDDI) de 1971, já não expressava a realidade situacional da metrópole e, pela rigidez na determinação das funcionalidades, dificultava a passagem da obsolescência à revalorização. Em 1986, pela Lei 10.209 (depois alterada pela Lei 11.773/95), foi criado o mecanismo da Operação Interligada, que possibilitava a alteração pontual de zoneamento, índices construtivos e taxa de ocupação mediante pagamento de contrapartida do empreendedor interessado, que seria utilizada para construção de habitação social.[32] Supostamente, portanto, o mercado imobiliário seria responsável pela construção de habitação social. Mas, segundo o relatório da CPI da Câmara Municipal de São Paulo que investigou as operações interligadas, houve irregularidades no cálculo das contrapartidas, de modo que a situação mais comum encontrada nos casos analisados foi a avaliação abaixo do valor de mercado. Além disso, o relatório aponta que algumas das habitações entregues como contrapartida estavam inacabadas e outras apresentavam a metragem menor do que a que fora determinada pelo Termo de Compromisso.[33]

Se a Lei das Operações Interligadas permitia uma flexibilização pontual da Lei de Zoneamento, a Lei de Operação Urbana, por sua vez, permitia estender esta condição a um perímetro previamente delimitado na cidade a partir do mecanismo da outorga onerosa. Ou seja, assim como a operação interligada, a operação urbana, depende do interesse do setor imobiliário (construtores, incorporadores etc.) para se realizar. Isso explicaria, segundo Nobre,[34] o fracasso da Operação Urbana Anhangabaú de 1991 e o sucesso da Operação Urbana Faria Lima de 1995, em termos da quantidade de propostas apresentadas.

Em 1995, foi dado um passo adiante na lógica de atração dos investidores e na constituição da propriedade como lastro da financeirização. Através da Lei 11.732/95, que instituiu a Operação Urbana Faria Lima, permitiu-se vincular diretamente a valorização futura do perímetro da operação aos títulos negociáveis no mercado financeiro através do Certificado de Potencial Adicional de Construção (Cepac),[35] como se vê nos artigos 13 e 14 da referida lei. Os Cepacs, bem como as operações urbanas, foram incorporados à redação do Estatuto da Cidade,[36] abrindo a possibilidade para que esse instrumento de mobilização da propriedade imobiliária tenha âmbito nacional. Em São Paulo, os Cepacs são negociados na Bovespa. O site da entidade é pedagógico ao mostrar as vantagens desse tipo de investimento:

> Oportunidade para os que acreditam na valorização imobiliária de uma região alvo de projetos do governo municipal. A permissão para construção de áreas adicionais ou modificações de uso além da permitida por lei pode significar um diferencial de investimentos imobiliários. A segurança dos investidores é garantida pela documentação que o município apresenta sobre o projeto, modificações no perímetro urbano e destinação de recursos. Além disso, podem contar com toda a segurança de uma operação colocada a leilão e negociação secundária nos ambientes da BM&FBovespa.[37]

Vê-se a importância do Estado na condução do processo e, sobretudo, na garantia de que haverá valorização, derivada do projeto urbano e dos investimentos a serem realizados. O lastro é a nova materialidade a ser produzida, por meio de sua transformação em valores mobiliários, negociados no mercado financeiro, inclusive no mercado secundário.

Para a Operação Urbana Água Espraiada, cinco lotes de distribuição de títulos foram realizados, ao passo que para a Operação Urbana Faria Lima foram três lotes de emissão de títulos.[38] Fix[39] e Carlos[40] apontaram os processos pelos quais a centralidade imobiliária resultante dessas operações se constituiu numa aliança clara entre o poder público e os investidores privados (construtores, incorporadores e investidores nacionais e estrangeiros), subtraindo a presença de população favelada (com a remoção da favela do Jardim Edith, por exemplo), alterando usos, ceifando referências e identidades.

No Plano Diretor de São Paulo de 2002, além das operações Faria Lima, Centro e Água Espraiada, foram delimitadas oito novas operações.[41] Vale ressaltar que no caso da Operação Urbana Água Espraiada, a primeira consorciada nos moldes do Estatuto da Cidade, grande parte dos recursos arrecadados foram investidos na

A CIDADE COMO NEGÓCIO

construção da Ponte Otávio Frias Filho, conhecida como Ponte Estaiada, pela qual não circulam ônibus, bicicletas ou pedestres. Inaugurada em 2008, ela provocou uma alta, acima da média, no preço dos imóveis dos bairros de alto padrão ao seu redor,[42] mostrando que a lei, ao delimitar que os recursos arrecadados com as contrapartidas deveriam ser investidos no perímetro da operação, não garante a utilização desses recursos para dirimir a segregação. Ao contrário, reforça a valorização à medida em que concentra investimentos.

Chama-nos a atenção que no mesmo Estatuto da Cidade se inseriu o instrumento do IPTU progressivo ao longo do tempo, cujo princípio é o de combater a especulação imobiliária, induzindo a ocupação de áreas e imóveis da cidade que estejam em locais de infraestrutura já consolidada. O mecanismo para tal seria cobrar dos proprietários uma alíquota maior no imposto sobre a propriedade urbana. No entanto, enquanto as operações urbanas foram sendo regulamentadas e colocadas em andamento, o IPTU progressivo dependeu de lei complementar, aprovada somente em 2010. Em 2013, com a mudança de gestão, a prefeitura criou um setor de controle do cadastro de imóveis e finalmente anunciou, em 2014, que iniciaria a notificação de proprietários de 150 imóveis e terrenos vazios, localizados em áreas classificadas como Zonas Especiais de Interesse Social (Zeis) com infraestrutura urbana. Nesses doze anos (se contarmos a aprovação do Plano Diretor em 2002), enquanto muitos imóveis ficaram vazios e com dívidas a quitar com o poder público, centenas de famílias foram removidas, ficaram sem suas casas e receberam simplesmente o cheque-aluguel. Em 2013, mais de 22 mil famílias receberam o auxílio aluguel de R$ 300,00[43] pela Prefeitura de São Paulo.[44]

O atual processo de revisão do Plano Diretor de São Paulo tem colocado em pauta os interesses envolvidos na produção da cidade. Do ponto de vista dos movimentos sociais, o mais organizado e atuante nesta luta tem sido o movimento de moradia. Já do ponto de vista do setor imobiliário, não têm sido poucas as notícias que enfatizam as visões do setor sobre um "estrangulamento" dos investimentos na cidade, em especial quando certas proposições são debatidas, como a cota solidariedade nos novos megaempreendimentos. A produção da cidade como negócio coloca em evidência e luta pelo espaço e ao mesmo tempo a cidade como lugar da luta política.

O Estado tem a prerrogativa da ação sobre a propriedade imobiliária e sobre os investimentos públicos, mais do que isso, ele detém os instrumentos jurídicos e de coação que permitem a produção do "novo" na metrópole. A racionalidade e a estratégia do Estado se impõem e, diferentemente do predomínio de uma perspectiva regulacionista sobre a metrópole no sentido de garantir que a reprodução se realize num patamar de menor segregação socioespacial, o que se tem observado é o seu aprofundamento. A luta pelo espaço se acirra com manifestações e inúmeras novas ocupações, seja nos edifícios vazios do centro ou nos terrenos da periferia, reivindicando o direito de viver dignamente na metrópole. Essas lutas revelam a produção da cidade como negócio no momento atual.

NOTAS

[1] São muitas as notícias sobre ocupação de novas áreas e/ou e os casos de reintegração de posse realizados de forma violenta. Indico aqui apenas algumas mais recentes, disponíveis em <http://www1.folha.uol.com.br/cotidiano/2014/04/1439097-pm-cumpre-reintegracao-de-posse-de-predio-no-rj.shtml >; <http://g1.globo.com/sao-paulo/noticia/2014/09/sem-teto-fazem-protesto-na-zona-sul-de-sp.html>; <http://noticias.terra.com.br/brasil/cidades/reintegracao-de-posse-tem-confronto-com-a-pm-em-sp,7da1bc793dd78410VgnVCM3000009a-f154d0RCRD.html>; <http://www.cartacapital.com.br/politica/centro-de-sao-paulo-e-palco-de-conflitos-apos-reintegracao-de-posse-1928.html>; <http://www1.folha.uol.com.br/cotidiano/2014/07/1492175-pm-faz-reintegracao-de-posse-em-area-invadida-pelo-MTST-no-morumbi.shtml>; e <http://blogdosakamoto.blogosfera.uol.com.br/2013/09/09/ocupacao-reune-15-mil-familias-e-pede-desapropriacao-de-area-em-osasco/>. Acessos em: 25 mar. 2015.

[2] Disponíveis em: <http://economia.uol.com.br/financas-pessoais/calculadoras/2013/01/01/indices-de-inflacao.htm> e <http://www.zap.com.br/imoveis/fipe-zap/>. Acessado em: 25 mar. 2015.

[3] 1985

[4] Carlos, 2005.

[5] Brito, 2006.

[6] Brito, 2006, p. 81.

[7] Brito, 2000.

[8] Para ilustrar a grandeza do processo, recorremos a Bonduki (2011: 20), que mostra que, entre 1886 e 1900, a população de São Paulo cresceu em mais de 195 mil pessoas e a densidade populacional por edificação subiu de 6,27 para 11,07.

[9] Bonduki, 2011.

[10] Campos, 2008, s/l.

[11] Código de Posturas do Município de São Paulo.

[12] Código de Posturas do Município de São Paulo, artigo 20, parágrafos 1º ao 7º.

[13] Cordeiro, 2010

[14] Relatório da Comissão de Exame e Inspeção das Habitações Operárias e Cortiços no Distrito de Santa Ifigênia: 1893, em Simone Lucena Cordeiro, *Os cortiços de Santa Ifigênia: sanitarismo e urbanização*, São Paulo, Imprensa Oficial, 2010.

[15] Rolnik, 1999.

[16] Idem, s/l.

[17] Carlos, 2001.

[18] Lefebvre, 2004 e 2008.

[19] Harvey, 2009.

[20] Lencioni, 2004.

[21] Alvarez, 2014.

[22] Aqui empregamos reestruturação produtiva como um processo que envolve mudança no padrão de produção e distribuição de mercadorias. Tem por fundamento a incorporação de novas tecnologias e organização do processo produtivo e de distribuição. Mas, principalmente, se assenta na transformação das relações de trabalho, aprofundando a precarização das relações e direitos do trabalhador e o desemprego estrutural. Tal como Paulani (2009) entendemos que foi impulsionado pela financeirização.

[23] Harvey, 1990, p. 370.

[24] La renta de la tierra, capitalizada como interés sobre algún capital imaginario, constituye el "valor" de la tierra. Lo que se compra y se vende no es la tierra, sino el derecho a la renta que produce [...] El comprador adquire un derecho sobre ingresos futuros previstos, un derecho sobre los frutos futuros del trabajo. En pocas palabras, el derecho a la tierra se convierte en una forma de capital fictício.

[25] Braga, 1997; Chesnais, 1999; Paulani, 2009.

[26] Lefebvre, 2008.

[27] Carlos, 2011.

[28] Carlos, 2006.

[29] Reportagem publicada pela *Folha de São Paulo*, 25/10/ 2010. Também disponível em: <http://www1.folha.uol.com.br/cotidiano/2010/10/819680-projetos-publicos-em-sao-paulo-expulsam-165-mil-pessoas-de-casa.shtml>. Acesso em: 25 mar. 2015.

[30] Conforme reportagem disponível em: <http://www.redebrasilatual.com.br/cidadania/2013/11/comunidades-se-organizam-para-enfrentar-proxima-fase-da-operacao-urbana-agua-espraiada-902.html>. Acesso em: 25 mar. 2015.

[31] Trata-se de pesquisadores vinculados ao Labhab/FAU-USP. Estudo disponível em: <http://observatorioderemocoes.blogspot.fr/2012/09/mapa-de-remocoes.html>. Acesso em: 25 mar. 2015.

A CIDADE COMO NEGÓCIO

[32] Por isso a lei ficou conhecida, inicialmente, como Lei do Desfavelamento.

[33] Câmara Municipal de São Paulo. Relatório Final da Comissão Parlamentar de Inquérito sobre possíveis irregularidades nas operações interligadas, 2002.

[34] Nobre, 2004.

[35] Trata-se da venda de potencial construtivo além do que determina a lei, em certos perímetros da cidade, delimitados pelas operações urbanas.

[36] Lei Federal 10.257/2001.

[37] BM&FBovespa. Disponível em: <http://www.bmfbovespa.com.br/PT-br/mercados/fundos/cepacs/cepacs. aspx?Idioma=PT-br>. Acesso em: 31 mar. 2015.

[38] Vale lembrar que a Operação Urbana Faria Lima teve início em 1995, antes dos Cepacs.

[39] Fix, 2001.

[40] Carlos, 2011.

[41] Lei 13.430/2002. Plano Diretor Estratégico do Município de São Paulo, artigo 225, parágrafo 2º.

[42] Conforme reportagem publicada em 09/01/2013: "Imóveis disparam e vendas travam ao redor da Ponte Estaiada". Disponível em: <http://invertia.terra.com.br/imoveis/noticias/0,,OI6429483-EI11434,00-Imoveis+disparam+e+vendas+travam+ao+redor+da+Ponte+Estaiada.html>. Acesso em: 31 mar. 2015.

[43] Equivalente a US$ 125,71. Trata-se de pagamento mensal para famílias removidas e que não recebem outro imóvel. Este valor é muito baixo e leva as famílias a terem que procurar lugares cada vez mais distantes para morar ou a dividir com parentes e amigos habitações já precárias.

[44] Disponível em: <http://www.habisp.inf.br/arquivos/programa_acoes_de_habitacao-auxilio_aluguel.pdf>. Acesso em: 31 mar. 2015.

BIBLIOGRAFIA

ALVAREZ, Isabel Pinto. A plasticidade da metrópole de São Paulo. Reprodução do espaço, financeirização e propriedade da terra. *Actas del Congreso Procesos Extremos em la Constitución de la ciudad.* Sevilha, 2014. Disponível em: <http://congresoprocesosextremos.files.wordpress.com/2014/03/actas-congreso-pecc-ets-arquitectura-sevilla1. pdf>. Acesso em: 31 mar. 2015.

BRAGA, José Carlos Souza. Financeirização global: o padrão sistêmico de riqueza do capitalismo contemporâneo. In: FIORI, José Luís; TAVARES, Maria da Conceição. *Poder e dinheiro*: uma economia política da globalização. Rio de Janeiro: Vozes, 1997.

BRITO, Mônica Silveira. *A participação da iniciativa privada na produção do espaço urbano*: São Paulo, 1890-1911. São Paulo, 2000. Dissertação (Mestrado em Geografia Humana) – Faculdade de Filosofia, Letras e Ciências Humanas, Universidade de São Paulo.

_____. Modernização e tradição: urbanização, propriedade da terra e crédito hipotecário em SãoPaulo na segunda metade do século XIX. São Paulo, 2006. Tese (Doutorado em Geografia Humana) – Faculdade de Filosofia, Letras e Ciências Humanas, Universidade de São Paulo.

BONDUKI, Nabil Georges. *Origens da habitação social no Brasil.* São Paulo: Liberdade, 2011

CAMPOS, Eudes. "Casas e vilas operárias paulistanas". Informativo do Arquivo Histórico Municipal, v. 4, n. 19: jul/ ago. 2008. Disponível em: <http://www.arquivohistorico.sp.gov.br>. Acesso em: 22 set. 2014.

CARLOS, Ana Fani Alessandri. *Espaço-tempo na metrópole.* São Paulo: Contexto, 2001.

_____. A reprodução da cidade como 'negócio'. In: CARLOS, Ana Fani Alessandri; CARRERAS, Carlos. (orgs.). *Urbanização e mundialização*: estudos sobre a metrópole. São Paulo: Contexto, 2005.

_____. *A condição espacial.* São Paulo: Contexto: 2011.

CHESNAIS, François. *A mundialização financeira.* São Paulo: Xamã, 1999 .

CORDEIRO, Simone Lucena. *Os cortiços de Santa Ifigénia*: sanitarismo e urbanização. São Paulo: Imprensa Oficial, 2010.

FIX, Mariana. *Parceiros da Exclusão.* São Paulo: Boitempo, 2001.

HARVEY, David. *Los limites del capitalismo y la teoria marxista.* México: Fondo de Cultura Econômica, 1990.

_____. A liberdade da cidade. *GEOUSP*: espaço e tempo, n. 26, São Paulo, 2009.

LEFEBVRE, Henri. *A revolução urbana.* Trad. Sérgio Martins. Belo Horizonte: Editora UFMG, 2004.

_____. *Espaço e política.* Belo Horizonte: Editora UFMG, 2008.

LENCIONI, Sandra. O processo de metropolização do espaço: uma nova maneira de falar da relação entre metropolização e regionalização. In: SHIFFER, Sueli (org.). *Globalização e estrutura urbana.* São Paulo: Hucitec/ Fapesp, 2004.

MARICATO, Ermínia. *Metrópole na periferia do capitalismo.* São Paulo: Hucitec, 1996.

A PRODUÇÃO E REPRODUÇÃO DA CIDADE COMO NEGÓCIO E SEGREGAÇÃO

PAULANI, Leda Maria. A crise do regime de acumulação com dominância da valorização financeira e a situação do Brasil. In: *Estudos Avançados* [online], 2009, v. 23, n. 66, pp. 25-39. Disponível em: <http://www.scielo.br/scielo.php?pid=S0103-40142009000200003&script=sci_arttext>. Acesso em: 10 abr. 2015.

NOBRE, Eduardo Alberto Cusce. Novos instrumentos urbanísticos em São Paulo: limites e possibilidades. Texto apresentado no IV Seminário Internacional da LARES (Latin America Real State Society), 2004.

RECLUS, Élisée. Migrações, êxodo rural e a problemática do crescimento urbano. In: MORAES, Antônio Carlos Robert (org.). *Élisée Reclus*. São Paulo: Ática, 1985.

ROLNIK, Raquel. Para além da lei: legislação urbanística e cidadania (São Paulo 1886-1936). In: SOUZA, Maria Adélia Aparecida de; LINS, Sonia C.; SANTOS, Maria do Pilar C. dos; SANTOS, Murilo da Costa (orgs.). *Metrópole e Globalização*: conhecendo a cidade de São Paulo. São Paulo: Editora Cedesp, 1999. Disponível em: <https://raquelrolnik.files.wordpress.com/2009/08/paraalemdalei.pdf>. Acesso em 15 ago. 2014.

SANTOS, Milton. *Metrópole corporativa fragmentada*. São Paulo: Livraria Nobel, 1990.

DOCUMENTOS:

CÂMARA MUNICIPAL DE SÃO PAULO. Relatório da Comissão Parlamentar de Inquérito para investigar possíveis irregularidades nas Operações Interligadas, 2002.

ESTADO DE SÃO PAULO. Decreto 233 de 1894. Código Sanitário do Estado de São Paulo.

MUNICÍPIO DE SÃO PAULO. Código de Posturas do Município de São Paulo, 1886.

RELATÓRIO da Comissão de Exame e Inspeção das Habitações Operárias e Cortiços no Distrito de Santa Ifigênia:1893. In: CORDEIRO, Simone Lucena. *Os cortiços de Santa Ifigênia*: sanitarismo e urbanização (1893). São Paulo: Imprensa Oficial, 2010.

ESTRATÉGIAS DE (RE)PRODUÇÃO DO ESPAÇO EM SÃO PAULO

Sávio Augusto Miele

O objetivo deste capítulo é o de trazer para o debate reflexões sobre a complexidade do processo de (re)produção do espaço urbano de uma metrópole como São Paulo a partir da análise da realização dos negócios imobiliários modernos.

A urbanização da metrópole de São Paulo se realiza aprofundando contradições num momento em que as determinações econômicas se colocam como fundamentais na produção da cidade enquanto negócio, evidenciando a centralidade da propriedade privada da terra na produção do espaço urbano e na conformação da metrópole paulistana. A reflexão sobre o momento atual por que passa a urbanização da metrópole de São Paulo e o conteúdo desse processo que, a partir do momento em que deixa de ser induzido pela industrialização e passa a ser o indutor das práticas do homem,[1] torna-se um processo revelador da própria vida do homem na cidade e de sua atuação como produtor de seu espaço e existência. O processo de urbanização pode revelar, no plano espacial, as estratégias de reprodução do espaço, do capital e da vida na cidade. A complexidade do processo de (re)produção do espaço urbano nos revela novos processos e sujeitos sociais que surgem no constante movimento de reprodução espacial.

Nesse contexto, o processo de urbanização da metrópole paulistana concretiza-se sob novas formas e novos conteúdos relacionados ao capitalismo contemporâneo, marcado, de modo geral, por uma reestruturação produtiva na indústria e uma financeirização da economia. A urbanização, e não mais a industrialização, passa a ser indutora dos processos sociais, ou seja, a urbanização se realiza com conteúdos que tendem a tornar-se autônomos perante a industrialização. Entretanto, é no processo produtivo que acontece a extração do excedente (condição da acumulação) e a produção da riqueza no modo de produção capitalista, comandado, no entanto, por um sistema financeiro cada vez mais presente e que passa a ser elemento central na reprodução das relações de produção. As finanças passam de produto a produtoras de relações sociais, abrindo caminho para sua primazia econômica. Esse processo nos apresenta uma contradição: as categorias do capital em crise ainda o reproduzem socialmente, porém não dão mais conta do processo em sua totalidade, pois a reprodução do ciclo do capital exige novas condições de realização.

O que sustenta objetivamente a reflexão teórica aqui empreendida é a realidade urbana da metrópole de São Paulo, pois sua urbanização contém processos reais e concretos que efetivamente se encontram articulados com nexos de reprodução capitalista mais profundos e atuais (nexos da realização do valor) que possuem a potência de transformar a prática sociespacial, revelando o plano da vida na metrópole. Nesse sentido, a metrópole aparece como mediação entre duas instâncias: as relações mais gerais da sociedade e as relações sociais tecidas no plano da vida cotidiana.

A problemática levantada neste capítulo está articulada com a integração entre o financeiro e o imobiliário no processo de produção do espaço urbano em um momento marcado pelo movimento crescente de financeirização do setor imobiliário e de uma reestruturação imobiliária. Partimos da hipótese de que a partir dessa relação entre circuitos financeiros e o setor imobiliário, a produção do espaço surge como condição para a realização do capital financeiro aplicado no setor imobiliário. A produção do espaço se torna condição para a reprodução do capital, sobretudo de sua fração financeira. Não se trata da descoberta do setor imobiliário e da grande quantidade de capital de que esse setor da economia necessita e sua relação direta com a (re)produção do espaço urbano, mas de sua financeirização, que surge hoje como elemento importante para a reprodução da esfera financeira do capital que tem como condição e meio o espaço tornado mercadoria e, como produto, a metrópole contemporânea, marcada pela articulação com o plano do mundial. Partindo dessa ideia, observamos que a produção do espaço urbano, bem como o desenvolvimento do mercado imobiliário, possui limites expressos pelas contradições internas ao processo de produção capitalista do espaço. Além disso, tanto o mercado imobiliário como o processo de reprodução espacial se realizam por empreendimento de estratégias, pela busca de uma lógica e racionalidade que são rompidas, pois o próprio processo aqui discutido pode se tornar um empecilho para sua reprodução. Assim, no desenvolvimento do trabalho, movidos pela busca de respostas às questões iniciais, alcançamos a ideia de que o processo de produção do espaço como condição de realização de diversos capitais, bem como de sua valorização, traz algo que o nega, sendo, entretanto, uma negatividade interna ao processo que aparece como possibilidade de expansão do mesmo, produzindo, ao passo que superas algumas, novas contradições.

Foi através da análise de um fragmento da metrópole de São Paulo – o eixo econômico financeiro e de serviços que se expande do centro da cidade em direção ao sudoeste/sul da metrópole (conhecido também como vetor sudoeste) – que observamos a constituição de um mercado imobiliário destinado a edifícios de escritórios corporativos, composto pela união de grupos econômicos da metrópole com o Estado e marcado pela presença cada vez maior de investimentos do capital financeiro nos negócios imobiliários. O desafio é pensar a (re)produção do espaço em uma região valorizada de São Paulo que abarque conflitos, negociações, articulações e estratégias aí empreendidas. Tal desafio enseja, do ponto de vista da realização do capital e dos investimentos na cidade, a superação de uma contradição: a valorização (inclusive do espaço) como condição contraditória à reprodução do capital. Do ponto de vista do uso e da reprodução social nesses lugares, é preciso refletir sobre a prática socioespacial e o aprofundamento da segregação.

O ponto de partida para análise foi a dimensão econômica e política que está no bojo desse processo. Aprofundar essas dimensões não significa desprezar o plano do social. Muito pelo contrário, o plano do social aparece em termos teóricos e práticos como um desafio dessa análise. Por se tratar de uma região em processo de valorização desde os anos 1970, existe um processo contínuo de compra-venda-desapropriação-expulsão de moradores, inclusive expulsão de favelas. O Jardim Panorama, favela localizada na região desde os anos 1960, é nosso ponto de partida para discussão de um processo segregador e que evidencia os conflitos pelo uso do solo urbano.

A PRODUÇÃO DO ESPAÇO EM SÃO PAULO NA PERSPECTIVA DE CONSTITUIÇÃO DE UM MERCADO IMOBILIÁRIO CRÍTICO

Vivemos um momento em que a produção do espaço se realiza, em parte, por meio de diversas estratégias da reprodução capitalista. A racionalidade capitalista, cada vez mais, está presente na produção do espaço urbano, fazendo com que este se torne uma mercadoria específica. Esse movimento fica claro através do fato de que o espaço é vendido e trocado e que tal condição torna todo o espaço da cidade intercambiável. Outra questão é o espaço posto nos nexos da reprodução do capital quando no processo de sua valorização.

A produção do espaço e sua valorização parecem, agora, ser condições para a valorização de capitais do setor financeiro da economia aplicados no setor imobiliário, evidenciando um movimento entre a mundialização financeira (o processo produtivo no capitalismo comandado por um sistema financeiro, elemento importante na reprodução das relações de produção) e sua relação com a produção do espaço urbano. Harvey[2] afirma que a reprodução de configurações espaciais pode ser tratada como um momento ativo dentro da dinâmica temporal global de acumulação e reprodução do capital.

Dessa forma, a produção atual do espaço pode ser entendida como um processo implicado na reprodução de capitais, além de caminhar na direção de se tornar fator condicionante da realização mais veloz dos ciclos dos diversos capitais.

É nesse sentido que surgem os novos espaços e os novos produtos imobiliários em certas regiões da metrópole. Tais empreendimentos não são realizados na totalidade do tecido urbano metropolitano, pois seguem uma lógica de produção guiada por estratégias de valorização que selecionam/hierarquizam regiões da metrópole para concentrar investimentos, revelando a seletividade espacial dos capitais, que imprimem na paisagem sua lógica e produzem a hierarquização dos lugares.

O espaço atualmente possui como um de seus atributos o consumo produtivo. Em outras palavras, a produção do espaço faz parte das novas estratégias de acumulação de frações de capital articulando vários setores da economia. Damos destaque à articulação entre o capital financeiro (de grandes, médios e pequenos investidores), o capital industrial, principalmente a indústria da construção civil, e as frações de capitais que compõem o setor imobiliário.

Entendemos que a ponta financeira do processo, bem como a estruturação dos fundos de investimento imobiliário e das aberturas de capital realizadas pelas empresas empreendedoras imobiliárias, traz contradições no processo de seu desenvolvimento. Em que medida o próprio espaço, que é condição e meio para o processo aqui em questão, colocaria barreiras para esse processo de financeirização do imobiliário e para a realização do capital financeiro através da produção do espaço? Essa questão possui uma dimensão teórica e prática. Teórica porque traz a negatividade do processo e prática porque o próprio espaço, enquanto elemento central para a realização do processo aqui em evidência, converte-se em barreira e limite a ser superado. Deparamo-nos também como uma contradição do espaço: como o espaço se torna barreira para a sua própria produção? A partir do pressuposto de que o espaço se torna mercadoria é que podemos iniciar uma reflexão que não se quer pronta e acabada. Quando pensamos no mercado de edifícios comerciais de alto padrão que necessitam da centralidade econômica e política dada pela expansão do eixo econômico, financeiro e de serviços mais avançados, encontramo-nos diante da raridade do espaço. Posto de outro modo, como o setor de serviços mais sofisticados só pode se realizar nesse fragmento específico da cidade de São Paulo, tem-se uma diminuição crescente do número de terrenos disponíveis para a construção desses empreendimentos, fazendo com que o espaço se torne, além de raro, valioso. Por outro lado, refletindo a respeito da produção imobiliária residencial, observamos que a aquisição de terrenos passa a ser fundamental, mas não no sentido de realizar um grande estoque, e sim no sentido de aplicar o capital em futuras incorporações (compra-se a terra e se constrói o mais rápido possível). Além do que, a lógica de funcionamento do mercado imobiliário residencial não exige necessariamente os mesmos parâmetros de localização e valorização do espaço quando comparados com os exigidos pelo mercado voltado para edifícios corporativos.

O desenvolvimento do capitalismo e a realização do capital possuem uma qualidade interna que podemos qualificar como uma reprodução crítica. Esse raciocínio está atrelado à ideia de que o processo de realização do capital traz, de modo imanente, uma negatividade própria: a dimensão da crise. A diferença nesse raciocínio é a de que não se trata de uma simples negatividade. Como escreve Grespan,[3] é uma negatividade inerente, interna aos "processos que o capital realiza como manifestação de uma contradição constitutiva do capital". Não se trata de oposição. No processo de sua realização, o capital, ao conter em si a dimensão da crise enquanto negatividade, também expressa o momento de crise enquanto "crítica" que o próprio capital expõe em seu processo de realização. Esse momento é composto pela exposição de suas contradições num movimento de reposição, superação e pelo surgimento de novas contradições. Como escreve Grespan:

> [...] apreendida como expressão da negatividade imanente ao capital, a crise está na base da "crítica" ao capitalismo, conforme um significado especificamente marxiano de "crítica": não se trata de uma reflexão exterior que aponta os limites desse sistema, e sim dos limites alcançados por ele mesmo com o desenvolvimento de suas potencialidades e com a exposição de suas contradições fundamentais nos processos que ele realiza.[4]

O objetivo desta discussão é o de trazer para o debate a ideia da existência de uma negatividade do capital nos termos acima expostos, assim como pontuar que a realização do capital por meio do processo de produção do espaço urbano nos coloca diante dos limites do capital e da produção do espaço sob o capitalismo.

Ao considerarmos o espaço como elemento central na reprodução das relações de produção, levamos em conta que, como afirmado anteriormente, a produção do espaço pode ser vista como um processo implicado na reprodução dos capitais. De forma geral, estamos diante da migração de capitais entre setores da economia que serão aplicados na produção do espaço em dois planos. Primeiramente, na construção de obras de infraestrutura para a circulação de capitais e mercadorias, o que Harvey[5] chama de "ajuste espacial", e o investimento no setor imobiliário, preocupação que move nossa investigação.

Ao tratar da temática "ajuste espacial", Harvey[6] aponta uma tendência interna aos nexos de realização do capitalismo, a superacumulação, que vai exigir, segundo o autor, uma re-ordenação espacial do capitalismo. Essa superacumulação, produto da tendência expansionista do capitalismo e presente nos nexos de reprodução deste modo de produção, caracteriza-se por um momento em que há uma soma de capitais a serem investidos e em que, paralelamente, não se encontra tal possibilidade nos circuitos de valorização do capital, inviabilizando a lucratividade. Daí o risco à desvalorização, pois o capital, como escreveu Marx, é circulante e precisa participar dos circuitos de valorização do valor para se realizar enquanto capital, de modo que a desvalorização do capital aponta para sua não realização enquanto tal. O ajuste espacial, portanto, refere-se à uma aplicação desses investimentos de outras formas e em outros lugares, tais como na produção do espaço ou, como escrevemos anteriormente, na produção de infraestruturas no espaço. Esse mecanismo pode amenizar ou atrasar os problemas relativos à tendência de sobreacumulação. Entretanto, quando o investimento é realizado em grandes obras de infraestrutura, o capital se imobiliza em capital fixado ao solo, sendo mais demorado o tempo de rotação dos capitais aí investidos. Mas, frente ao problema da superacumulação e da desvalorização, esse capital pode ser assim aplicado, mesmo sob o risco dele não se realizar como valor. Esse movimento se articula com a ideia da crise, já exposta. Assim, afirma Harvey:

> [...] a teoria da superacumulação e da desvalorização revela o intenso poder destrutivo existente sob a fachada do capitalismo relativa ao progresso tecnológico e à racionalidade do mercado. No decurso da crise, grandes quantidades de capital são desvalorizadas e destruídas, os trabalhadores e sua força de trabalho sofrem um destino semelhante, e os capitalistas canibalizam e liquidam uns aos outros, na "guerra de todos contra todos", o derradeiro sinal do modo de produção capitalista.[7]

Os investimentos no mercado imobiliário também caminham na direção de fuga dessa desvalorização. Porém, a dinâmica desse mercado, seus investidores e as estratégias de quem o dirige revelam outra relação entre a imobilidade do imobiliário e a mobilidade do capital e sua importância para a economia capitalista atual.

Lefebvre aponta a migração de capitais acumulados no setor produtivo industrial para o setor imobiliário e afirma que "o papel do imobiliário [...] ainda é mal conhecido e mal situado nos mecanismos gerais da economia capitalista". Escreve o autor:

> O imobiliário como se diz, desempenha o papel de um segundo setor, de circuito paralelo ao da produção industrial voltada para o mercado dos "bens" não duráveis ou menos duráveis que os "imóveis". Esse segundo setor absorve os choques. Em caso de depressão para ele afluem os capitais. Eles começam com lucros fabulosos, mas logo se enterram. Nesse setor, os efeitos "multiplicadores" são débeis: poucas atividades são induzidas. O capital imobiliza-se no imobiliário. A economia geral (dita nacional) logo sofre com isso. Contudo, o papel desse setor não deixa de crescer. Na medida em que o circuito principal, o da produção corrente dos bens "mobiliários", arrefece seu impulso, os capitais serão investidos no segundo setor, o imobiliário. Pode até acontecer que a especulação fundiária se transforme na fonte principal, o lugar quase que exclusivo de "formação do capital", isto é, de realização da mais-valia. Enquanto a parte da mais-valia global formada e realizada na indústria decresce, aumenta a parte da mais-valia formada e realizada na especulação e pela construção imobiliária. O segundo suplanta o principal. De contingente, torna-se essencial [...].[8]

No que se refere ao processo de financeirização da economia, é importante destacar aqui dois momentos: os fluxos de capitais dos setores produtivos para o setor financeiro e a aplicação desses capitais no setor no imobiliário. Kurz[9] escreve um texto afirmando que os investimentos financeiros no imobiliário seriam uma segunda bolha financeira, porém a nomeia de financeira imobiliária que tem por papel adiar a crise. Com a financeirização da economia, a migração de capitais para o setor imobiliário torna-se uma aposta, uma especulação, mas, a partir desse processo, quantias significativas de capital são investidos no setor imobiliário enquanto possibilidade de sua realização.

Como formula Carlos,

> [...] o momento atual sinaliza, portanto, uma transformação no modo como o capital financeiro se realiza na metrópole atual; a passagem da aplicação do dinheiro acumulado do setor produtivo industrial ao setor imobiliário. Assim, a mercadoria-espaço mudou de sentido com a mudança da orientação das aplicações financeiras, que produz o espaço como produto imobiliário[...].[10]

As ideias centrais do fragmento citado sobre o imobiliário como segundo setor da economia que absorve os choques do desenvolvimento do capitalismo é ponto de partida para o que pensamos ser o novo, o diferente no processo, pois há novos conteúdos de acordo com o momento da reprodução geral do capitalismo. O que esse processo aponta é que o solo urbano não aparece mais somente como reserva de valor (principalmente em momentos de crise da indústria), mas cada vez mais como investimento possível de gerar de mais valor, implicado em estratégias que tornam a produção do espaço um setor produtivo, ou seja, ele se torna condição da acumulação, o que faz com que o setor imobiliário ganhe importância central, principalmente quando se concretizam estratégias que dão mobilidade potencial aos capitais. Os investidores financeiros (pessoas físicas ou jurídicas; residentes no país ou estrangeiras) apostam no imobiliário como possibilidade de realização de seus capitais. Esse processo se desenvolve no movimento de generalização da forma mercadoria que põe o espaço enquanto tal, fazendo com que cada vez mais o espaço faça parte dos circuitos de valorização. O que aparece como novo nesse processo é que a valorização do espaço e sua produção hoje se dão em uma nova dinâmica econômica: a realização do capital financeiro, que faz com que a produção do espaço ganhe cada vez mais importância no sentido de garantir a reprodução das relações de produção.

Assim, podemos afirmar que esse processo não é linear e que, uma vez inserido na reprodução geral da sociedade sob o capitalismo, está propenso aos momentos críticos da realização do capital. Dessa forma, não podemos entender essa migração de capital entre setores da economia, principalmente a relação entre o financeiro e o imobiliário, sem levar em conta os "obstáculos à reprodução do capital no setor imobiliário"[11] e a própria produção do espaço como barreira a sua realização.

A partir de nosso trabalho de investigação, entendemos aqui como obstáculos a propriedade privada da terra, a valorização do solo urbano e a raridade do espaço. De acordo com Botelho,[12] a propriedade privada do solo urbano já é uma barreira à livre entrada de capitais no setor de construção. A propriedade privada do solo, elemento central para a reprodução capitalista, torna-se impeditiva para a produção do espaço. Outro ponto abordado pelo autor é que o setor da construção tem que dispor de um volume considerável de recursos para adquirir terras para a produção imobiliária – o que vai limitar as opções de construção, encarecendo o produto final e possivelmente comprometendo a demanda. Dessa forma, o financiamento da produção se torna um obstáculo, pois é preciso a existência de um capital autônomo que financie o processo de produção, cobrando juros do produtor. Tais juros são pagos por parte da mais-valia gerada no interior do processo de construção, aumentando o preço do produto final.

A valorização do espaço pode surgir como um limite no sentido de concentrar uma boa infraestrutura e possuir maior preço, fazendo com que a lucratividade dos empreendedores seja menor. Em relação à valorização do espaço e o preço do solo, Carlos afirma que:

> [...] o processo de formação do preço da terra, como manifestação do valor das parcelas, leva em conta desde processos cíclicos da conjuntura nacional (que incluem a forma de manifestação de processos econômicos mundiais) até aspectos políticos e sociais específicos de determinado lugar. Todos esses fatores vinculam-se ao processo de desenvolvimento urbano, que, ao se realizar, redefine a divisão espacial, e com isso o valor das parcelas. Este valor será determinado em função do conjunto ao qual pertencem, e é nesta inter-relação entre o todo e a parte que ocorre o processo de valorização real ou potencial de cada parcela do espaço.[13]

Outro elemento importante como limite a produção do espaço e também limite à realização do capital no setor imobiliário é a existência da raridade do espaço que articula a existência da propriedade privada da terra e a valorização capitalista do espaço numa conjunção entre espaços construídos e espaços "vazios" (ambos de propriedade de alguém). Escreve Lefebvre que "[...] o alto preço alcançado pelos espaços ocupados e a escassez, cada dia maior, dos espaços ainda por ocupar constitui um fenômeno recente cujas consequências são cada vez mais graves".[14]

É importante observar que a ideia de localização está presente no raciocínio empreendido a respeito da raridade do espaço. Articulado com a ideia de localização está a ideia de "caro", uma associação ao preço, expressão do valor do solo urbano. Sobre a raridade do espaço escreve Carlos:

[...] no momento atual do processo histórico, a reprodução espacial, com a generalização da urbanização, produz uma nova contradição: aquela que se refere à diferença entre a antiga possibilidade de ocupar áreas como lugares de expansão da mancha urbana (com o parcelamento de antigas chácaras ou fazendas, caso de muitos bairros na metrópole) e sua presente impossibilidade diante da escassez. Nesse processo, o espaço, na condição de valor, entra no circuito da troca geral da sociedade (produção / repartição / distribuição), fazendo parte da produção da riqueza e constituindo raridade. [...] o espaço produzido socialmente – e tornado mercadoria no processo histórico – é apropriado privativamente, criando limites a sua própria reprodução (em função da produção de sua própria escassez). Nesse momento o espaço produto da reprodução da sociedade entra em contradição com as necessidades do desenvolvimento do próprio capital. Isso significa que a "raridade" é produto do próprio processo de produção do espaço, ao mesmo que sua limitação.[15]

Outra dificuldade enfrentada pelo mercado imobiliário, segundo Lefebvre[16], é a luta contra a lenta obsolescência dos produtos imobiliários e a lenta rotação do capital no setor imobiliário. Somente a construção constante de novos empreendimentos não é suficiente. De acordo com o autor, a autodestruição dos espaços produzidos é parte integrante desse processo.

Do ponto de vista do capitalismo contemporâneo, em tempos de acumulação flexível, a redução do tempo de rotação de capitais exige uma maior velocidade e dinamismo tanto no sistema produtivo quanto no sistema de circulação de capitais e mercadorias, tomando de assalto o plano da gestão e coordenação do capital. Durante o momento de reestruturação produtiva e acumulação flexível, exigia-se uma mobilidade cada vez maior do capital, com reflexos profundos nos diversos setores produtivos industriais e nas relações de trabalho. O investimento do capital na terra poderia revelar que o capital necessitaria se imobilizar para a realização do mais valor. No ciclo do capital há um momento que este sai da circulação e passa, mais lentamente, pelo processo de produção.[17] O ciclo do capital, na produção industrial, mostra que momento de produção na fábrica é um momento que vai diminuir a velocidade do ciclo. A reestruturação produtiva busca conferir uma mobilidade cada vez maior ao processo industrial como um todo. Como vivemos um movimento de passagem da primazia de uma economia industrial para a primazia do capital financeiro, este capital tem que se realizar em algum lugar. Hoje, é na terra que parte do capital financeiro tem sido investido, como possibilidade de, através da produção do espaço e por meio dos agentes do mercado imobiliário e do Estado, realizar o mais valor.

No entanto, a mobilidade almejada e conquistada com a reestruturação produtiva tem que ser criada no mercado imobiliário. Então, Fundos de Investimento Imobiliário (FII), certificados de recebíveis imobiliários e a abertura de capital em bolsa de valores são criados e utilizados para trazer mais mobilidade aos capitais investidos no setor imobiliário. Trata-se de um investimento de base imobiliária. Dessa forma, a indústria em geral corre paralela a isso, com exceção da indústria da construção civil. Os investimentos no setor imobiliário não são mais fugas de crise no processo industrial, mas sim como investimentos de capitais. O que está posto é a contradição entre mobilidade e imobilidade, agora mediada pelos investimentos no solo urbano e nos investimentos de base imobiliária.

Retomamos aqui um dos pontos centrais, o par contraditório "mobilidade" e "imobilidade". A articulação entre a base imobiliária dada pelo imóvel (o setor imobiliário) e a mobilidade do mercado de capitais revela duas frações de capital que se realizam de formas diferenciadas no tempo e no espaço. A primeira fração é o capital imobilizado no solo urbano e a segunda possui uma liberdade possível de se mover (por se tratar do mercado mobiliário). É justamente essa aproximação, criando essa interface, que procurará oferecer à fração de capital imóvel uma mobilidade possível. A diferenciação espaçotemporal de realização desses capitais surge como elemento de análise, pois observamos que o mercado de capitais possibilita que o tempo de rotação dos capitais aí aplicados seja menor; por outro lado, a dimensão espacial está posta para a primeira fração pelo motivo de estarmos nos referindo ao capital imobilizado no solo urbano, num determinado lugar da cidade, que não se sabe ao certo o tempo de retorno do capital investido, e a ligação desse processo ao processo de valorização imobiliária e valorização do espaço no contexto metropolitano. Ambas as frações revelam também um movimento entre a imaterialidade do processo e sua materialização. A finalidade é a valorização do capital que se imobiliza momentaneamente (num circuito de rotação potencialmente menor) para produzir mais capital. E ainda se deve refletir sobre essa articulação no sentido em que estamos frente a diferentes sujeitos sociais – na economia e na política – tanto é que nos deparamos com o Estado, com bancos, com investidores, com instituições financeiras, com sindicatos, com empresas e empresários do ramo imobiliário e da construção civil.

Esses obstáculos ou limites possuem uma centralidade essencial, principalmente no pensamento delineado por nosso estudo. Trata-se de um momento no qual, definitivamente, entendemos a negatividade do capital inerente à sua realização e que também está presente no processo de produção capitalista do espaço, ou seja, espaço enquanto lugar da reprodução das relações de produção. Sob o capitalismo, a produção do espaço também possui, no movimento de seu desenvolvimento, momentos de crises imanentes a esse processo, pois as contradições são integrantes do processo de produção espacial imerso na reprodução geral da sociedade. O processo guarda em si uma cisão/separação fundamental: a produção do espaço e o uso social desse espaço mediado pelo mercado de terras/mercado imobiliário.

A partir disso, o mercado imobiliário desenvolvido nas condições específicas e expressando as contradições do modo de produção capitalista aparece como um *mercado imobiliário crítico.* Entretanto, retomamos aqui num outro patamar a ideia da reprodução crítica do capital e a crise inerente a sua realização. Mesmo se reproduzindo criticamente, esses momentos críticos são possibilidades de expansão do próprio capital. Na realidade, trata-se de um momento em que pode ocorrer uma diminuição do ritmo da atividade imobiliária ou uma superação que abre caminhos para a sua reprodução. O que é necessário para a racionalidade do capital é sua permanência no processo de produção e investimento para realizar-se enquanto capital. O que está posto é a superação das contradições e o surgimento de outras, e não a solução dos problemas gerados na reprodução capitalista.

Deixamos em aberto, aqui, algumas possibilidades. Pode acontecer uma expansão da construção para as regiões mais periféricas, lugar onde o preço da terra é mais baixo; pode ainda ocorrer a imobilização de grande quantidade de capital realizando um estoque de terreno, mas essa é uma opção que pode frear o processo do capital. As empresas construtoras e empreendedoras imobiliárias que abriram capital na bolsa estão utilizando dessa estratégia, porém, não parece que estão formando estoque de terra a longo prazo, pois como estão capitalizadas podem construir, "mas para quem?" (aí entra a questão da demanda, que se não for suficiente, o caminho da desvalorização está aberto). Outra possibilidade é a de produzir menos nas áreas mais valorizadas da cidade, que são os lugares de maior infraestrutura.

Nossa preocupação está voltada para compreender todo esse processo através do estudo das estratégias utilizadas pelas empresas imobiliárias que abriram capital na bolsa de valores na realização de seus empreendimentos em São Paulo. Esse processo específico abre caminhos para discussão. O papel da terra, que já possui uma importância ímpar na formação da sociedade brasileira, ganha cada vez mais importância na produção da cidade. O solo urbano passa a possuir uma centralidade acentuada, pois é através dele e do processo de sua reprodução espacial que frações de capital financeiro e industrial vão se realizar na metrópole contemporânea. São os negócios com a terra urbana que vão garantir a realização dos capitais aplicados na compra de ações das empresas imobiliárias. A abertura de ações em bolsa de valores traz a possibilidade de essas empresas aumentarem seu capital e estarem prontas para novos investimentos no setor imobiliário. Esses pequenos capitais estão se valorizando, ao passo que enfrentam a todo o momento a situação crítica do capitalismo mundial, que se encontra, em termos de acumulação, em uma crise que se estende desde os anos 1970. Trata-se de um processo de captação de recursos a baixo custo para a realização de incorporações, compra de terrenos e lançamentos imobiliários, bem como aquisição de outras empresas do ramo que sejam proprietárias de terrenos e que detenham empreendimentos já lançados no mercado que interessem a esses grandes empreendedores. Um exemplo desse tipo de transação de compra de empresas imobiliárias é a empresa Company, que adquiriu as empresas DRV12 Bauinia e DRV10 no ano de 2006. Tais empresas eram de uma incorporadora, a Redev, pertencente ao grupo C&A, que optou por vendê-las. Do ponto de vista da empresa compradora, o atrativo é que os empreendimentos já estavam com terreno aprovado, alguns deles já em processo de comercialização. Ou seja, compra-se algo já em andamento ou pronto por um preço razoável no mercado. Isso significa que se antecipa o crescimento da empresa ao invés de comprar só um terreno e esperar a aprovação de um projeto de construção para só então lançá-lo no mercado. Outra estratégia utilizada é a aquisição de participação majoritária (51%) em loteamentos de outras empresas. Novamente, a empresa Company realizou esta transação com a Real Park Participações e Investimentos Ltda., da qual adquiriu quatro loteamentos. Atualmente, a Company foi adquirida pela incorporadora Brookfield.

É importante destacar que o montante de capital absorvido por essas empresas não é utilizado para a construção de novos empreendimentos. A construção ainda continua sendo financiada pelo Sistema Financeiro da Habitação (SFH). A captação de recursos através de vendas de ações em bolsa aumenta o patrimônio da empresa e permite também que seu crescimento e lucro cresçam consideravelmente, o que torna possível a obtenção de mais dinheiro junto ao SFH para realizar a construção dos empreendimentos imobiliários. Assim, a grande aplicação desses recursos é feita na compra de terrenos, incorporações imobiliárias, lançamentos e outras formas de investimento.

Os investimentos estrangeiros são responsáveis pela compra de mais de 50% das ações emitidas na bolsa pelas companhias em questão. Segundo dados da Bolsa de Valores, as sete maiores empresas que abriram seu capital tiveram mais de 60% de suas ações compradas por investidores estrangeiros, dado que revela uma internacionalização do setor imobiliário em São Paulo.

Para o debate, trazemos um depoimento de Belleza sobre esse tema:

> Está se criando uma superliquidez neste mercado, o que vai fazer com que a produção imobiliária aumente uma barbaridade e cause alguns efeitos bastante interessantes, como, por exemplo, uma das coisas fundamentais é o terreno, terreno virou ouro em pó. O que adianta se você tem muito dinheiro e não tem onde construir? Quem está bem posicionado com terreno, isso é fundamental. Está muito mais fácil arrumar capital do que arrumar terreno, aposto com você. Dinheiro todo mundo pode ter, terreno nem todo mundo tem.[18]

Observamos que os mercados de edifícios corporativos e residenciais possuem especificidades em sua construção e realização na cidade. Os edifícios de escritórios, bem como o setor hoteleiro e de *flats* não podem se localizar fora da expansão do eixo empresarial de São Paulo: são atividades que dependem dessa centralidade e empreendimentos que dependem muito mais da conjuntura econômica, de ciclos econômicos, que refletem no valor da terra, do aluguel, na taxa de vacância no mercado. Portanto, havendo a necessidade de concentração espacial desses empreendimentos, existe uma maior escassez para sua construção. De forma um pouco diferente, o setor imobiliário voltado para empreendimentos residenciais não depende dessa localização estrita, já que ele pode se realizar em vários lugares da metrópole (mas não em qualquer lugar), ressaltando-se que com empresas muito capitalizadas a oferta de terrenos se torna mais ampla. Assim, as empresas passam a produzir nos municípios da grande São Paulo e também do interior (em cidades mais próximas da região metropolitana), de modo que ao procurar diversificar seus investimentos acabam por diversificar também os empreendimentos, ou seja, em bairros nobres trabalham com construções de edifícios residenciais de alto padrão que oferecem um valor de vendas global mais alto, ao passo que em loteamentos mais distantes podem trabalhar com a construção de edifícios e condomínios em maior quantidade, mais baratos e menores, mas com valor de venda global mais reduzido.

Dessa forma, afirmamos que são diferentes as estratégias utilizadas pelo mercado de edifícios comerciais pelo mercado residencial, além de indicar que o residencial está muito mais próximo do valor de uso que os imóveis podem oferecer ao passo que o comercial está muito mais ligado ao valor de troca. No entanto, ambos estão imersos na lógica da acumulação capitalista. Esse mecanismo de financiamento ao setor imobiliário vem se tornando uma saída para as grandes empresas empreendedoras imobiliárias para atrair recursos para o desenvolvimento de seus negócios. Contudo, o uso intenso desse mecanismo pode trazer certo saturamento ao setor, o que indica um caminho no sentido da crise.

A SEGREGAÇÃO PARA ALÉM DOS NÚMEROS

O processo que procuramos desvendar no contexto da produção do espaço urbano da metrópole de São Paulo é um momento de sua urbanização hoje. Temos ciência da forma como esse processo, que possui sua tônica dominante na economia com intensa presença do Estado, exerce grande influência sobre a cidade e o urbano colocando-nos frente a imensos desafios teóricos e práticos quando refletimos a dimensão do social e da vida cotidiana. Porém, mais que discutir o processo imobiliário nos planos do econômico e político, é preciso discuti-lo no plano do social e debater o lugar do processo imobiliário na reprodução capitalista hoje e o da produção do espaço urbano quando estes vão se encontrar com populações de favelas que "impedem" sua reprodução. Estamos diante dos espaços desintegrados que serão integrados a esse processo de valorização espacial, mas cujos habitantes vivem uma situação de constante mobilidade na cidade e de desintegração a esse universo.

A CIDADE COMO NEGÓCIO

A retirada de parte dos moradores de uma favela localizada no bairro Morumbi, próxima à Marginal Pinheiros, o Jardim Panorama, é um caso a ser considerado, pois teve uma de suas partes removida por supostamente ocupar uma porção de terreno da incorporadora JHSF (que abriu capital na bolsa de valores). Nessa ocasião, os moradores da área da favela foram obrigados a aceitar 40 mil reais para deixar o local sob ameaça de demolição de suas casas e barracos caso não aceitassem o dinheiro oferecido. As tentativas reais e já concretizadas de retirada de moradores das favelas dessa região indica que está em jogo a vida de uma parcela dos habitantes da cidade que vive de forma violenta as negatividades do processo de financeirização do imobiliário. Encontramo-nos diante de um desafio de crítica a um processo que solapa a vida desses habitantes e que os expulsa para as regiões mais longínquas da periferia, ao mesmo tempo em que essas ações viabilizam acumulação por meio da produção do espaço urbano. Hoje, parte da favela permanece no lugar e convive com as incertezas de um processo de usucapião coletivo e com a presença desses empreendedores imobiliários, de grupos de advogados e do Estado.

Dessa forma, além de localizar o processo de financeirização do imobiliário na reprodução capitalista, buscamos, ao articulá-lo com a produção social do espaço, revelar as estratégias que permeiam os negócios imobiliários, bem como as estratégias de reprodução da vida desses habitantes na metrópole. Citado anteriormente, o Jardim Panorama e sua relação com a construção do empreendimento imobiliário Parque Cidade Jardim[19] abrem a possibilidade de articular os níveis econômico, político e social com o processo de produção do espaço urbano. Trata-se de um momento que revela, em termos práticos, o conflito entre uso e troca e as estratégias de permanência no lugar por parte dos citadinos, assim como as estratégias utilizadas por uma empresa imobiliária no cenário da constituição de um mercado imobiliário crítico.

Do ponto de vista de nossa análise, a relação global-local ganha potência ao realizarmos uma articulação entre ordem próxima e ordem distante. O plano global-local, pela mediação da metrópole, sinaliza outra contradição importante: a integração/desintegração dos lugares na metrópole em relação aos processos de reprodução geral. Na metrópole, há lugares cuja lógica, usos e funções se ligam diretamente às necessidades de uma divisão espacial do trabalho articulada e definida no plano global em contradição com os lugares em que essa lógica está em desintegração. Nesse sentido, a metrópole concentra uma grande proporção da riqueza nacional que produz a "cidade dos negócios", na qual os espaços tornados produtivos referenciam a produção do valor. Nessa dimensão, as ligações da metrópole ao processo de mundialização acontecem pelo movimento dialético entre integração de São Paulo ao capitalismo internacional – centralização financeira, com o crescimento do setor bancário e dos serviços modernos – e a desintegração do modo de vida tradicional, da organização do trabalho, das relações de vizinhança, deterioração dos espaços públicos, do centro da cidade e das condições de vida na metrópole.

O que fica, então, latente é o conflito entre o uso e a troca, entre uma produção coletiva do espaço e sua apropriação privada. Diante das condições de reprodução capitalista nas quais nos encontramos, a apropriação privada e o consumo produtivo aparecem como fundamento da valorização capitalista do espaço, apontando a segregação urbana não só como produto desse processo, mas também como condição e fundamento, e reforçando uma divisão socioespacial na metrópole cujo conteúdo é a *separação*. O processo de construção e consolidação da nova centralidade de negócios de São Paulo, ao mesmo tempo motor e reflexo de dinamismo, é fator de diferenciação e segregação. O processo em si, ou seja, no plano do processo produtivo e nas mudanças que ele engendra é segregador; entretanto, é ainda mais intenso/tenso ao voltarmos nossas reflexões para a reprodução das práticas socioespaciais. A superação das análises que apenas medem a segregação por meio de índices é necessária, pois essa é mais uma questão da cultura e das práticas urbanas.

NOTAS

[1] Processo analisado por Henri Lefebvre no capítulo I da obra "O direito à cidade".

[2] David Harvey, *The Limits to Capital*, Oxford, Basil Blackwell, 1984.

[3] Jorge Grespan, *O negativo do capital: o conceito de crise na crítica de Marx à economia política*, São Paulo, Hucitec, 1998, p. 27.

[4] Idem, p. 28.

[5] Harvey, 2005.

[6] David Harvey, *The Limits to Capital*, Oxford, Basil Blackwell, 1984; *O novo imperialismo*, São Paulo, Loyola, 2004.

[7] David Harvey, *A produção capitalista do espaço*, São Paulo, Anablume, 2005, p. 156.

[8] Henri Lefebvre, *A revolução urbana*, Belo Horizonte, Editora UFMG, 1999, pp. 146-7.

[9] Robert Kurz, "A segunda bolha financeira: a bolha financeira imobiliária como adiamento da crise", em *Neues Detschland*, Berlim, jun. 2003. Disponível em: <http://obeco.planetaclix.PT/rkurz137.htm>. Acesso em: ago. 2014.

[10] Ana Fani Alessandri Carlos, "São Paulo: do capital industrial ao capital financeiro", em Ana Fani Alessandri Carlos e Ariovaldo Umbelino de Oliveira (orgs.), *Geografias de São Paulo: a metrópole do século XXI*, São Paulo, Contexto, 2004, p. 52.

[11] Adriano Botelho, *O financiamento e a financeirização do setor imobiliário: uma análise da produção do espaço e da segregação socioespacial através do estudo do mercado da moradia na cidade de São Paulo*, São Paulo, 2005, p. 44. Tese (Doutorado em Geografia Humana) – Faculdade de Filosofia, Letras e Ciências Humanas, Universidade de São Paulo.

[12] Idem.

[13] Ana Fani Alessandri Carlos, *A (re)produção do espaço do espaço urbano*, São Paulo, Edusp, 1994, p. 171.

[14] Henry Lefebvre, *Espacio y Política: el derecho a la ciudad II*, Barcelona, Ediciones Península, 1976, p. 39.

[15] Ana Fani Alessandri Carlos, *Espaço-tempo na metrópole*, São Paulo, Contexto, 2001, p. 22.

[16] Henry Lefebvre, *Espacio y Política: el derecho a la ciudad II*, Barcelona, Ediciones Península, 1976, p. 102.

[17] Evidentemente, por uma questão analítica, estamos pensando na realização de um capital, mas é necessário ter em conta que o ciclo do capital é um processo de simultaneidade.

[18] Trecho extraído de entrevista realizada pelo autor com Sérgio Belleza Filho, da corretora Coinvalores.

[19] O Parque Cidade Jardim reúne nove edifícios residenciais, com apartamentos de 237 a 1.807m^2 de área privativa que chegam a custar mais de 20 milhões de reais, um centro comercial com três torres de salas corporativas e o shopping de luxo Cidade Jardim.

BIBLIOGRAFIA

ARRIGHI, Giovanni. *O longo século XX*. São Paulo: Contraponto/Unesp, 1996.

BOTELHO, Adriano. *O financiamento e a financeirização do setor imobiliário*: uma análise da produção do espaço e da segregação sócio-espacial através do estudo do mercado da moradia na cidade de São Paulo. São Paulo, 2005. Tese (Doutorado em Geografia Humana) – Faculdade de Filosofia, Letras e Ciências Humanas, Universidade de São Paulo.

CARLOS, Ana Fani Alessandri. *A (re)produção do espaço do espaço urbano*. São Paulo: Edusp, 1994.

_____. *Espaço-tempo na metrópole*. São Paulo: Contexto, 2001.

_____. "São Paulo: do capital industrial ao capital financeiro". In: CARLOS, Ana Fani Alessandri; OLIVEIRA, Ariovaldo Umbelino de (orgs.). *Geografias de São Paulo*: a metrópole do século XXI. São Paulo: Contexto, 2004.

CHESNAIS, François (org.). *A Mundialização Financeira*. São Paulo: Xamã, 1999.

FERREIRA, João Sette Whitaker. *São Paulo*: o mito da cidade-global. São Paulo, 2003. Tese (Doutorado em Arquitetura e Urbanismo) – Faculdade de Arquitetura e Urbanismo, Universidade de São Paulo.

FIX, Mariana. *Parceiros da Exclusão*. São Paulo: Boitempo, 2001.

_____. *Financeirização e transformações recentes no circuito imobiliário no Brasil*. São Paulo, 2011. Tese (Doutorado em Desenvolvimento Econômico) – Instituto de Economia, Universidade Estadual de Campinas.

FRÚGOLI JR, Heitor. *Centralidade em São Paulo*: trajetórias, conflitos e negociações na metrópole. São Paulo: Cortez, Edusp/Fapesp, 2000.

FUJIMOTO, Nelson Akio. *A produção monopolista do espaço urbano e a desconcentração de terciário de gestão na cidade de São Paulo*: o caso da avenida Eng. Luís Carlos Berrini. São Paulo, 1994. Dissertação (Mestrado em Geografia Humana) – Faculdade de Filosofia, Letras e Ciências Humanas, Universidade de São Paulo.

GRESPAN, Jorge. *O negativo do capital*: o conceito de crise na crítica de Marx à economia política. São Paulo: Hucitec, 1998.

HARVEY, David. *The Limits to Capital*. Oxford: Basil Blackwell, 1984.

_____. *O novo imperialismo*. São Paulo: Loyola, 2004.

_____. *A produção capitalista do espaço*. São Paulo: Anablume, 2005.

KURZ, Robert. "A segunda bolha financeira: a bolha financeira imobiliária como adiamento da crise". *Neues Detschland*, jun. 2003. Disponível em: <http://obeco.planetaclix.PT/rkurz137.htm>. Acesso em: ago. 2014.

LEFEBVRE, Henri. *A re-produção das relações de produção*. Porto: Publicações Escorpião, 1973.

_____. *Espacio y Política*: el derecho a la ciudad II. Barcelona: Ediciones Península, 1976.

_____. *O direito à cidade*. São Paulo: Moraes, 1991.

_____. *A revolução urbana*. Belo Horizonte: Editora UFMG, 1999.

_____. *La Production de l'espace*. Paris: Anthropos, 2000.

MIELE, Sávio Augusto de Freitas. *O movimento da economia financeira na dinâmica imobiliária de São Paulo*. São Paulo, 2007. Dissertação (Mestrado em Geografia Humana – Faculdade de Filosofia, Letras e Ciências Humanas, Universidade de São Paulo.

NAPPI-CHOULAY, I. "Pour une approche immobilière et financière des marches de bureaux". *Revue d'Economie Régionale et Urbaine*. Paris, n. 3, 1995, pp. 482-500.

RONCAYOLO, Marcel. *La ville et ses territoires*. Paris: Gallimard, 1997.

_____. "Métropole: réalités dans le temps ou label d'avenir?". *Lectures de Villes*: formes et temps. Paris: Éditions Parenthèses, 2002.

SANFELICI, Daniel de Mello. *A metrópole sob o ritmo das finanças*: implicações socioespaciais da expansão imobiliáia no Brasil. São Paulo, 2013. Tese (Doutorado em Geografia Humana) – Faculdade de Filosofia, Letras e Ciências Humanas, Universidade de São Paulo.

SANTOS, Milton. *Metrópole corporativa fragmentada*: o caso de São Paulo. São Paulo: Nobel, 1990.

_____. *Por uma economia política da cidade*. São Paulo: Hucitec, 1994.

SASSEN, Saskia. *The Global City*. New Jersey: Princeton University Press, 1991.

SMITH, Neil. "Gentrification, the Frontier, and the Reestructuring of Urban Space". In: FAINSTEIN, Susan S. and CAMPBELL, Scott (ed.). *Readings in Urban Theory*. Cambridge, Massachusetts: Blackwell Publishers, 1996.

SOJA, Edward William. *Geografias pós-modernas*: a reafirmação do espaço na teoria social crítica. Rio de Janeiro: Jorge Zahar, 1990.

A MORADIA COMO NEGÓCIO
E A VALORIZAÇÃO
DO ESPAÇO URBANO METROPOLITANO

Danilo Volochko

Este capítulo traz algumas reflexões sobre os conteúdos atuais do processo de valorização do espaço a partir de uma análise da produção habitacional imobiliária que vem reproduzindo importantes setores econômicos no país, bem como vem se articulando a estratégias políticas ligadas à produção do espaço e produzindo um novo cotidiano desigual para milhões de habitantes.

O debate sobre a valorização do espaço colocou-se como um caminho importante no processo de crítica da geografia que era feita até 1970. Incorporando as categorias trabalho e valor, a geografia se fundamentava na análise marxista como possibilidade de pensar uma superação crítica dos pressupostos positivistas e quantitativos da nova geografia, ao mesmo tempo em que buscava avançar em relação ao caráter descritivo da geografia tradicional, o que já vinha em parte ocorrendo com a chamada geografia ativa. Em sua proposta de superação, a geografia crítica buscou desenvolver sua análise a partir de pressupostos metodológicos implicados na prática social, comprometidos não apenas com uma elaboração teórico-analítica sobre a realidade mas objetivando fundamentalmente a transformação concreta da realidade social. Portanto, os sujeitos sociais em sua prática social e histórica concreta seriam analisados em sua articulação com o espaço, afastando-se cada vez mais da ideia de organização (pragmático-utilitarista) do espaço e caminhando para a compreensão da produção do espaço.

O que buscamos destacar é a importância da retomada de um debate aprofundado sobre a valorização do espaço, pois partimos da hipótese de que compreender a valorização do espaço é central para o desvendamento da produção do espaço urbano atual, haja vista que a valorização do espaço urbano vem ganhando novos conteúdos através das novas dinâmicas do setor imobiliário articuladas à financeirização mundial e às novas ações estatistas. Sobretudo, buscamos refletir se o debate sobre a valorização do espaço se trata de um momento datado e superado na geografia, procurando situar os limites e as possibilidades desse conceito diante dos processos urbanos contemporâneos.

Um movimento a ser feito é o de pensar o processo que parte da valorização fundiária – do solo urbano –, articula-se como momento necessário à valorização imobiliária – do espaço construído, dos bens imóveis, das edificações – para produzir a valorização do espaço como condição, meio e produto[1] das novas e futuras valorizações que reproduzem o capital através da produção contínua de novos espaços. As novas mediações financeiras e institucionais colocam a possibilidade de um mercado de garantias que têm na propriedade imobiliária (imóvel) um ativo flexibilizado e que impõem a realização da moradia como puro negócio econômico (leia-se imobiliário-produtivo e financeiro). Esse movimento produzido pela valorização fundiária/imobiliária/espacial/estatista permite entrever um caminho possível que vai da renda da terra à produção do espaço como forma específica de produção do valor, o que nos fundamenta para a compreensão dos conteúdos atuais do processo de capitalização/valorização dos espaços periféricos, que buscaremos desenvolver.

Para tanto, iniciaremos com algumas colocações que visam situar o debate sobre a renda da terra e sua relação com a produção do espaço urbano, e com isso estabeleceremos uma perspectiva de análise sobre a questão para em seguida analisar as transformações recentes no setor imobiliário, ligadas à financeirização desse setor e que repercutem na produção de novas espacialidades e novos processos de valorização do espaço, os quais imprimem novas formas e conteúdos aos espaços metropolitanos periféricos. Sobretudo, debruçamo-nos sobre a importância de se pensar concretamente a valorização do espaço atualmente.

A VALORIZAÇÃO DO ESPAÇO URBANO E O DEBATE SOBRE A RENDA DA TERRA URBANA

A análise do processo de valorização do espaço não é tarefa simples; muitos autores se dedicaram e vêm se dedicando de modo mais ou menos direto ao debate do papel da terra e do espaço na reprodução do capitalismo, entre os quais poderíamos citar Marx,[2] Lefebvre,[3] Castells,[4] Topalov,[5] Lipietz,[6] Gottdiener,[7] Lojkine,[8] Harvey,[9] Oliveira,[10] Martins,[11] Moraes e Costa,[12] Carlos.[13] Não se trata, evidentemente, de expor e analisar o modo como estes autores entendem o papel da terra e da renda. Partiremos de algumas considerações que a nosso ver avançam na discussão sobre o caráter da terra urbana e seu papel na acumulação. Nosso interesse reside na reflexão sobre o papel da terra e, mais do que isso, do próprio espaço na reprodução social, que permite ler muitos dos conflitos emergentes nas cidades atualmente.

De modo geral, a reflexão sobre a valorização do espaço através da perspectiva da teoria marxista do valor compreende que o trabalho – vivo e morto – materializado nas construções incorpora-se à terra, sendo que "a formação territorial é também uma acumulação desigual de trabalho no espaço", e que "o valor criado, ao incorporar-se ao solo, transforma-se em valor do espaço, condicionando as valorizações posteriores".[14] Gottdiener sintetiza da seguinte maneira a questão da compreensão marxista da renda da terra:

> A teoria marxista da renda deriva da noção ricardiana da terra como fator material da produção. Segundo essa noção, a terra possui uma fertilidade agrícola intrínseca, que [...] pode variar. Renda é o preço pago pelo uso desse recurso. Segundo Marx, em contraste com Ricardo, a capacidade da terra de comandar essa renda surge do caráter classista da sociedade. Particularmente, os proprietários de terra podem reivindicar uma porção da mais-valia produzida pelo trabalho, em virtude da instituição da propriedade privada [...]. Por conseguinte, para ele a renda da terra era diferenciada [...] pela natureza da própria posse da terra com relação à organização social da produção capitalista. Além da concepção de Ricardo, que Marx denominou renda diferencial, foram previstos outros dois tipos de renda: renda absoluta e renda de monopólio.[15]

Poderíamos pensar, baseados nessa visão, que um aspecto central para a definição do caráter da terra para a acumulação capitalista seria o entendimento de que o solo não é produzido pelo trabalho humano, sendo dádiva, portanto, não se trata de algo que possuiria valor, mas que geraria rendas advindas do monopólio/domínio sobre determinada porção do espaço pelos seus proprietários e da especulação que estes fazem com a terra. Esse entendimento da terra como geradora de renda aponta uma perspectiva que a compreende como meio de produção, matéria-prima, e que, pelo seu caráter finito e raro, o preço da terra seria definido a partir das disputas pelas possibilidades de uso e das vantagens da localização para a produção. Ademais, existiria um traço rentista da terra advindo da simples instituição da propriedade privada do solo, que é preciso considerar e que caracteriza um sentido patrimonialista importante derivado do monopólio da terra. Entretanto, segundo alguns autores, como Carlos,[16] para pensar o espaço urbano temos que considerar as diferenças que a cidade coloca para a dinâmica do solo, pois no urbano a terra não poderia ser vista como simples meio de produção, mas como uma mercadoria produzida e reproduzida socialmente através da história, em um processo assentado na produção de valor e de lucros. Gottdiener escreve que:

A CIDADE COMO NEGÓCIO

Nesse estágio da discussão, devo mudar da análise da terra como meio de produção para a análise do espaço como força de produção, e mudar da determinação do valor da terra e seu retorno – renda – para a determinação social do valor da localização no espaço e seu retorno – lucro. Se devemos tratar a questão dos valores da terra e da localização, devemos antes de tudo reintroduzir a teoria de Lefebvre e passar de uma análise da terra per se para a dos bens imóveis, pois são estes que compreendem o espaço capitalista na medida em que esse se opõe ao pré-capitalista.[17]

Lefebvre trata exatamente da necessidade de se considerar uma nova dimensão do espaço como força produtiva, que vai além do debate da terra (e das rendas fundiárias) como meio indireto de produção de valores à produção do espaço como mercadoria específica, que se realiza como momento central da produção do valor e da mais-valia:

O desenvolvimento do mundo da mercadoria alcança o continente dos objetos. Esse mundo não se limita mais aos conteúdos, aos objetos no espaço. Ultimamente o próprio espaço é comprado e vendido. Não se trata mais da terra, do solo, mas do espaço social como tal, produzido como tal, ou seja, com esse objetivo, com essa finalidade (como se diz). O espaço não é mais simplesmente o meio indiferente, a soma dos lugares onde a mais valia se forma, se realiza e se distribui. Ele se torna produto do trabalho social, isto é, objeto muito geral da produção, e, por conseguinte, da formação da mais valia.[18]

O solo urbano possuiria, portanto, um valor como resultado da sua incorporação à dinâmica da cidade, e esse valor é diferenciado pois representa o acúmulo desigual de trabalho social no espaço – infraestruturas, espaços de consumo e lazer, equipamentos urbanos como hospitais, escolas etc. A mercadoria espaço é, portanto, produzida histórica e socialmente e seu valor de troca é determinado pela constante possibilidade de transformação do seu valor de uso, de construção/destruição/reconstrução dos imóveis e infraestruturas. Com isso, a especulação através da retenção da propriedade fundiária e da elevação do seu preço – a capitalização do espaço – é algo sempre presente e que compõe o processo de valorização do espaço, assim como a desvalorização do espaço cria novas possibilidades de mudanças futuras de valores de uso e com isso de futuras valorizações. Podemos pensar que a financeirização da produção do espaço – pelo lado da produção (crédito ao setor imobiliário) e pelo lado do consumo (crédito aos compradores) dos imóveis – acentua processos de valorização do solo e dos imóveis, sendo um momento importante da valorização geral do espaço.

A dinâmica da terra e da renda possuem uma historicidade que constitui na Europa uma classe social, a dos proprietários (senhores feudais), que irá se contrapor fortemente à classe capitalista burguesa. Daí a importância da explicação da renda como tributo exigido pela propriedade (monopólio de uso) por parte de uma classe social específica, revelando disputas pelo poder e a dominação crescente dos capitalistas. O caráter patrimonialista da sociedade brasileira traz como exigência considerar, como o fazem alguns autores,[19] a união da propriedade fundiária com o capital na própria constituição da sociedade brasileira, fazendo com que a classe capitalista seja igualmente a classe proprietária – além de base da constituição histórica das elites políticas e do próprio Estado nacional –, o que permite entender parcialmente a grande concentração fundiária no campo brasileiro (ausência da reforma agrária) e o enorme déficit habitacional em nossas cidades (ausência da reforma urbana).

Embora concentrada de modo geral em nossa sociedade, a propriedade do solo urbano também fragmenta o espaço em distintas formas de apropriação social, a tal ponto que a coordenação do Estado e do mercado imobiliário-financeiro aparecem como o único meio capaz de promover as transformações mais intensas e significativas no espaço, embora isso se trate de uma produção hegemônica e homogeneizante do espaço, que entra em relação com a produção heterogênea, fragmentada, descentralizada e pouco valorizada do espaço pela sociedade como um todo – as inúmeras apropriações sociais possíveis: ocupações, autoconstruções etc.

Consideramos que a teoria da renda da terra tende a tratar a produção do espaço como "melhorias" no espaço, quando se trata de algo diferente. O conceito de produção do espaço parece afastar constantemente a ideia do solo (urbano, sobretudo) como algo finito, não reprodutível, absoluto, e mesmo a propriedade privada do solo nessa perspectiva dialetiza-se ao ser entendida como título negociável de um espaço construído e reconstruído, um espaço-mercadoria que se valoriza de acordo com o processo socioespacial, sendo ainda (a propriedade privada do solo) o pilar das desigualdades.

A questão da renda da terra urbana certamente é um debate aberto e inconcluso. Mas é possível pensar que a renda do solo na cidade se transforma em valor do solo urbano pela sua contínua produção/reprodução social, pelos processos espaciais particulares que a cidade engendra: a centralidade, a raridade, a concentração de diferentes divisões do trabalho e das possibilidades de criação contínua de novas divisões do trabalho, bem como de trabalho novo, a diversidade de valores de uso e das possibilidades de produção de novos valores de uso, a multiplicação do solo em altura pela verticalização, entre outros. Portanto, pensamos que a urbanização é também um processo de transformação da renda do solo em valor do solo, valor dos imóveis e valor do espaço urbano, dados pelo trabalho social e pela constituição de um mercado imobiliário urbano – um mercado de espaços edificados e de espaços com perspectivas de edificação ou de alguma transformação presente ou futura – que certamente especula com essa valorização do espaço para elevar os preços seja da terra, seja dos imóveis construídos ou em construção. Se a teoria da renda da terra ajuda a compreender o peso da propriedade privada do solo – inclusive mantendo a validade da interpretação patrimonialista-rentista da terra transmudada em processos especulativos e de capitalização –, a análise da produção da cidade e da valorização do espaço urbano exige que se avance e se problematize tal teoria.

Há também uma perspectiva de análise da produção imobiliária que foi introduzida por Lefebvre e que posteriormente foi trabalhada por muitos autores – entre eles David Harvey –, ligada à teoria das crises e da mobilidade do capital através de circuitos. Escreve Lefebvre:

> O "imobiliário" [...] desempenha o papel de um segundo setor, de um circuito paralelo ao da produção industrial [...]. Esse segundo setor absorve os choques. Em caso de depressão, para ele afluem os capitais. Eles começam com lucros fabulosos, mas logo se enterram. [...] O capital imobiliza-se no imobiliário. A economia geral [...] logo sofre com isso. Contudo, o papel e a função desse setor não deixam de crescer. Na medida em que o setor principal, o da produção industrial corrente dos bens "mobiliários", arrefece seu impulso, os capitais serão investidos no segundo setor, o imobiliário. Pode até acontecer que a especulação fundiária se transforme na fonte principal, o lugar quase exclusivo de "formação de capital", isto é, de realização da mais-valia. Enquanto a parte da mais-valia global formada e realizada na indústria decresce, aumenta a parte de mais-valia formada e realizada na especulação e pela construção imobiliária.[20]

Como para muitos autores o investimento no setor imobiliário pode ou não representar uma saída à formação de capital, ou uma saída momentânea – já que existe uma imobilização grande de capital –, a financeirização da produção do espaço representada pelos investimentos nos setores imobiliário e da construção, bem como pela concessão de crédito aos compradores, permitiria realizar esses fluxos entre os setores da economia, criando, inclusive, um mercado de garantias imobiliárias com a transformação dos mecanismos de execução das dívidas dos inadimplentes que facilitam a passagem das propriedades imobiliárias dos moradores devedores aos credores financeiros.[21] Vejamos com mais profundidade como a chamada financeirização imobiliária se realiza concretamente, e que espacialidades ela tem (re)produzido.

TRANSFORMAÇÕES RECENTES NO SETOR IMOBILIÁRIO: FINANCEIRIZAÇÃO E PERIFERIZAÇÃO/METROPOLIZAÇÃO

Como analisado em trabalhos anteriores,[22] os dados do mercado imobiliário permitem identificar dois momentos em que despontam o número de imóveis (sobretudo residenciais) lançados: o biênio 1996-1997 e o período 2007-2013. É necessário refletir sobre quais são os motivos que podem explicar esses dois "saltos" na produção imobiliária residencial em nosso país. Em meados da década de 1990 e dez anos depois, em meados dos anos 2000, ocorrem importantes aproximações entre o setor imobiliário e o capital financeiro, que caminham no sentido de incluir cada vez mais os negócios imobiliários no âmbito dos negócios financeiros, como o surgi-

A MORADIA COMO NEGÓCIO E A VALORIZAÇÃO DO ESPAÇO URBANO METROPOLITANO

mento, de acordo com Botelho,[23] de novos instrumentos financeiros que permitiram a transformação de bens imóveis em títulos mobiliários: os Fundos de Investimento Imobiliário (FII) e os Certificados de Recebíveis Imobiliários (CRI).

Também não podemos esquecer que, conforme Bonduki,[24] em 1995 há uma retomada dos financiamentos habitacionais a partir dos recursos do Fundo de Garantia por Tempo de Serviço (FGTS) após um período significativo de paralisação. Ganha destaque, nesse momento, a atuação das diversas cooperativas habitacionais. Já a partir de 2006 há um forte movimento de abertura de capital na Bovespa por parte das maiores incorporadoras, com significativa presença de investidores estrangeiros. Podemos com isso dizer, de modo geral, que os dois "picos" de atividade imobiliária coincidem de algum modo com uma intensificação da relação entre o setor imobiliário e o mercado financeiro – bancário e acionário – em São Paulo.

Mas o que fez com que o mercado imobiliário brasileiro dito de ponta – formado pelas grandes incorporadoras –, sempre tão concentrado e centralizado em áreas valorizadas e já bem equipadas das cidades, se dirigisse a espaços periféricos autoconstruídos e pouco valorizados? O que fez com que tais incorporadoras dirigissem seus negócios para os estratos inferiores de renda da sociedade? De fato, é preciso avançar na compreensão da valorização dos espaços que passam a abrigar novos empreendimentos, o que não é possível sem avaliar as transformações porque passa o setor imobiliário na última década. Este processo inclusive restabelece importantes movimentos de fusão e aquisição parcial ou total realizado pelas companhias imobiliárias, em processo de competição acirrada. São fartos os exemplos de fusões, aquisições, montagem e desmontagem de parcerias que evidenciam o dinamismo desse setor, potencializado pelos recentes investimentos financeiros e políticas de governo.

Vale notar que há uma mudança significativa na tecnologia de construção[25] de moradias para o chamado segmento de "baixa renda", que ocorre no sentido de acelerar o ciclo de construção e com isso agilizar o início do retorno dos investimentos, possibilitando um alargamento da produção. Entre as novas técnicas construtivas que se pode verificar, estão o uso de fôrmas de alumínio, montadas na obra para o preenchimento das paredes dos imóveis com concreto, garantindo que cada unidade – casa ou apartamento – seja montada em poucos dias.

Um processo de padronização construtiva se desenvolve e entra crescentemente na concepção dos projetos de grande parte das maiores incorporadoras. Também se deve notar a grande terceirização (subcontratação) das construções no canteiro de obras – construção efetiva realizada por construtoras menores ou construção de partes da obra por empresas especializadas –, o que atua tanto como maneira de acelerar o ritmo de construção quanto como modo rápido de entrar nos mercados locais – com as facilidades e a *expertise* (experiência de mercado) de empresas locais – e expandir a presença das grandes empresas em diversas cidades do país. De acordo com entrevistas realizadas,[26] o contato e a parceria com os construtores locais possibilitam às grandes incorporadoras adequar os projetos arquitetônicos de seus novos "produtos" de acordo com as características de mercado e as legislações de cada cidade, em relação, por exemplo, ao número de vagas de garagem, altura do pé direito etc.

Mas tal regime de terceirizações, se facilitou a expansão nacional de muitas incorporadoras em um primeiro momento, encontrou também alguns limites quando à padronização que deveria ser (e vem sendo) implantada, pois o controle geral da obra se enfraquece pela dependência de cumprimento de prazos por parte dos terceiros.[27] Ainda assim, esse regime vem sendo adotado por grande parte do setor imobiliário de ponta. Sobretudo, a padronização do projeto e da execução da obra se faz necessária no setor da produção imobiliária de edificações para moradia das classes populares devido à necessidade de um dimensionamento da obra que não prejudique as margens menores de lucro dos "produtos populares" – comparadas com as margens maiores de lucro dos empreendimentos imobiliários denominados de "alto padrão" –, nos quais ("produtos populares") o maior volume requer maior velocidade e maior padronização dos procedimentos de trabalho, aproximando o canteiro de obras de um regime industrial de produção, com trabalhadores desempenhando funções especializadas e utilizando materiais padronizados.[28]

Entre as especificidades das obras no "mercado popular" da habitação, e que ajudam na padronização que se busca atingir, está a simplificação das plantas e da estrutura geral da obra, das instalações, do acabamento,[29] e que, ao final, resultam também em uma redução da qualidade dos materiais e métodos empregados e, consequentemente, em uma piora global da moradia. Nesse contexto, passa a ser importante que grandes incorporadoras adquiram empresas que operavam na construção de moradias para segmentos sociais com faixas de rendimentos menores como estratégia de compra do modelo de distribuição deste novo produto: a habitação popular de mercado, evidenciando a estratégia de "queimar" etapas para ganhar posições no mercado através da incorporação da *expertise* de empresas que já vinham há mais tempo desenvolvendo estruturas – de financiamento, *marketing,* vendas – para o "mercado popular".

Esse processo marca uma estratégia de diversificação dos negócios das maiores incorporadoras, e que elas de modo algum abandonam suas atividades voltadas a atender os estratos superiores de renda da sociedade, ou seja, as grandes incorporadoras seguem produzindo também para o mercado residencial em áreas mais valorizadas, cuja valorização carrega outras mediações e produz outros conteúdos. Observa-se nessa estratégia de diversificação espacial o grande número de lançamentos/construções de empreendimentos residenciais horizontalizados constituídos por sobrados e/ou edifícios com menos de seis pavimentos em conjuntos que frequentemente apresentam um porte que varia de 100 a 500 unidades habitacionais, muitas vezes ultrapassando esse número. Vale observar que as constantes crises – como a crise financeira internacional de 2008 – acarretam reestruturações no setor imobiliário, que impõem às empresas revisões de suas metas de lançamentos. Foi central a articulação política de muitas empresas – com destaque para MRV, PDG, Gafisa, Cyrela, Rodobens, Rossi – em relação à elaboração de um grande programa habitacional em conjunto com o governo federal – Minha Casa Minha Vida (MCMV) – para revigorar os investimentos daquelas e de muitas outras empresas do macrossetor da construção.

A forte expansão do setor imobiliário verificado entre 2005 e 2012 pode ser explicada, *grosso modo*, pelos seguintes processos: a) abertura de capital em bolsa de valores das principais incorporadoras brasileiras, quando passam a se capitalizar (receber investimentos) e se endividar (alavancar financeiramente) para expandir seus lançamentos e aumentar seus lucros; b) relativa estabilidade econômica (inflação e taxa de juros mais reduzidas) com redução do desemprego (em que pese os empregos subcontratados, terceirizados, temporários, precarizados); c) execução do programa habitacional MCMV; d) flexibilização e ampliação da concessão de crédito imobiliário aos compradores; e) alterações na legislação do financiamento imobiliário, com a consolidação da alienação fiduciária de coisa imóvel.

A estratégia de canalizar os investimentos imobiliários para o atendimento das necessidades de moradia das milhões de famílias brasileiras que historicamente permaneceram excluídas do financiamento imobiliário formal para a aquisição da casa própria está relacionada ao fato de que esse mercado, além de muito amplo, apresenta a característica de que para o segmento popular a moradia não deve ser encarada como um bem de consumo, mas como um bem de necessidade, e que na verdade se trata de trocar a "dívida" do aluguel pela "dívida" do pagamento de prestações do financiamento da casa própria – com valores similares aos do aluguel.[30] Então seria a necessidade da moradia em um país como o Brasil que poderia explicar os investimentos na produção da habitação mais ou menos "popular" como uma saída às crises? Esta vem sendo uma hipótese importante. Além disso, esse mercado de habitação popular adquire, a partir de 2009 com o MCMV, um mecanismo de produção/financiamento subsidiado pelo governo federal, o que atesta a forte dependência desse setor em relação ao poder público (ao Estado), sobretudo quanto ao atendimento das necessidades de moradia dos setores inferiores das classes médias e dos mais pobres.

As diferenças entre os "produtos imobiliários" em termos da rentabilidade, das características dos projetos e da escolha dos terrenos giram em torno da necessidade de se aumentar o volume de unidades habitacionais lançadas quanto mais "popular" for o imóvel.[31] Portanto, existem algumas características urbanísticas necessárias à viabilização econômica dos empreendimentos do segmento dito popular: como a lucratividade de cada unidade desses empreendimentos é menor em relação à construção de casas e apartamentos de alto padrão, impõe-se uma alteração nas dimensões espaciais destes empreendimentos. Assim, os terrenos em geral devem ser maiores para abrigar o maior número de imóveis (cujas metragens das unidades são reduzidas).

Isso nos permite entender a necessidade de uma produtividade maior no segmento imobiliário e inclusive localizar a importância das novas tecnologias construtivas vistas também em termos da necessidade de se aumentar a velocidade da execução das obras.

Em relação ao processo de financeirização do setor imobiliário e às ações dos investidores financeiros, é possível observar mudanças constantes na forma como esses investidores avaliam cada incorporadora. De modo geral, os investidores observam apenas as variações numéricas relativas às oscilações de preço das ações das empresas, avaliando principalmente o estoque de terrenos – o *landbank* – e o VGV – valor geral de vendas – potencial de cada incorporadora.[32] No mercado imobiliário, haveria a visão de que os investidores financeiros na verdade não olham para o mercado imobiliário tão a fundo, o que significa que os resultados financeiros das incorporadoras – lucratividade, número de lançamentos, endividamento etc. – acabam por parametrizar as decisões dos investidores financeiros.

Os maiores empreendimentos imobiliários são capazes de produzir profundas transformações socioespaciais, implicando a necessidade de negociação com órgãos públicos, associações de bairro e comerciantes a fim de viabilizar a atratividade para os compradores e diminuir os impactos – aumento do fluxo de veículos, da demanda por transporte público, serviços de saúde, escolas, saneamento, coleta de lixo etc. – causados pelo empreendimento. Nesse sentido, empreendimentos com milhares de unidades habitacionais que ocupam terrenos de dezenas de milhares (ou milhões) de metros quadrados, como aqueles desenvolvidos pela Odebrecht Realizações Imobiliárias,[33] realizam um processo complexo não apenas de construção de imóveis, mas de dotação de algumas infraestruturas urbanas, o que, de um lado, permite desenvolver o processo de loteamento/incorporação/construção em sua globalidade – auferindo lucros maiores –, mas de outro lado institui dificuldades adicionais como as aprovações dos empreendimentos, as negociações com as prefeituras e com moradores etc.

Conforme pesquisa realizada, nota-se que os novos moradores dos condomínios habitacionais produzidos nesse processo são procedentes em sua maioria de espaços já periféricos, embora de periferias menos distantes, o que leva a crer que existe uma sujeição desses grupos a um maior afastamento explicada pela tentativa de tornarem-se proprietários formais de suas casas, o que apenas pode ocorrer em espaços distantes e menos valorizados. Os novos investimentos imobiliários produzidos nos interstícios de tecidos periféricos ora mais ora menos consolidados reforçam as desigualdades no plano do lugar, pois destacam-se as melhores condições de infraestrutura dos novos empreendimentos em relação aos bairros onde estão localizados, trazendo importantes consequências do ponto de vista da dinâmica da valorização do espaço e do aprofundamento da segregação socioespacial na periferia.

Assim, é interessante reconhecer as estratégias da nova espacialidade requerida pelos empreendimentos desenvolvidos para as "classes populares", que envolvem uma

A MORADIA COMO NEGÓCIO E A VALORIZAÇÃO DO ESPAÇO URBANO METROPOLITANO

produção imobiliária em larga escala (elevação do número de unidades habitacionais e da área dos empreendimentos), padronizada, com custos reduzidos (do terreno e do produto final), o que implica uma expansão relativa da atividade imobiliária em direção aos espaços metropolitanos periféricos e uma maior e mais complexa articulação institucional do setor privado com o poder público, inclusive com uma demanda crescente por investimentos públicos em infraestruturas e equipamentos urbanos em tais espaços.

A partir de 2011, observa-se que a periferização/metropolização da atividade imobiliária significou, contraditoriamente, um processo particular de valorização do espaço nas periferias, o que, do ponto de vista da dinâmica das incorporadoras, tem representado uma elevação dos custos de construção – ligados também ao aumento do preço dos materiais e equipamentos utilizados bem como da própria mão de obra –, que, somada ao elevado nível de endividamento dessas companhias,[34] redundou em uma série de atrasos em obras, cancelamentos de vendas e aumento dos estoques de imóveis. Isso fez com que houvesse, entre 2011 e 2013, uma diminuição do ritmo intenso dos lançamentos gerais de imóveis assim como um tímido arrefecimento do processo de periferização/metropolização – observado pelos lançamentos imobiliários em São Paulo e na Região Metropolitana de São Paulo (RMSP) –, arrefecimento incapaz, entretanto, de significar uma reversão dessa metropolização. Os dados que permitem visualizar esse processo estão sintetizados na tabela a seguir:

Tabela 1 – Número de lançamentos de imóveis residenciais (verticais e horizontais) em São Paulo e RMSP – 2006, 2007, 2010, 2011, 2012 e 2013

	2006	2007	2010	2011	2012	2013
São Paulo (cidade)	25.689	38.990	38.199	38.149	28.517	33.198
RMSP (excluída SP)	9.038	23.075	32.532	29.210	25.480	24.945
Lançamentos SP (% do total)	73,98	62,82	53,96	56,64	52,81	57,10
Lançamentos RMSP (% do total)	26,02	37,18	46,03	43,36	47,19	42,90
Total Geral Lançamentos	34.727	62.065	70.781	67.359	53.997	58.143

Fonte: <http://www.secovi.com.br/pesquisas-e-indices/indicadores-do-mercado/>. Acesso em: 29 jul. 2014. (Elaboração do autor)

PENSANDO A REPRODUÇÃO DAS PERIFERIAS URBANAS A PARTIR DE COTIA, NA RMSP

Como compreender as novas temporalidades e espacialidades do atual processo de reprodução metropolitana de São Paulo? Como os espaços periféricos das cidades metropolitanas são integrados às novas estratégias do setor imobiliário articulado às finanças globais? Que mediações a cidade de Cotia, localizada na RMSP, nos fornece para a análise dos processos em andamento na metrópole? A carta-imagem a seguir ajudará a pensar alguns dos processos de reprodução urbana de que estamos tratando:

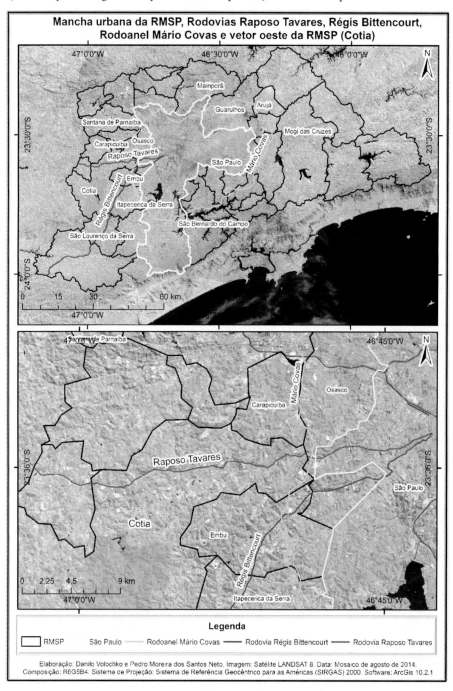

A pesquisa de Carlos, realizada em Cotia na década de 1980,[35] aponta a centralidade da reprodução da indústria paulistana na produção do espaço cotiano:

> [...] o processo de produção espacial do lugar vincula-se a uma produção espacial mais ampla, ligada direta ou indiretamente pelo processo de industrialização.
> [...].
> a expansão industrial passa a ocorrer a partir da capital em direção a outros municípios, em busca de terrenos maiores, de menor preço, mão de obra barata, incentivos e uma rede de comunicação eficiente [...]. A ausência de terrenos para a ampliação de indústrias instaladas, o processo de valorização da terra nas áreas urbanas mais densas [...] têm levado a um rearranjo da localização industrial [...].[36]

De acordo com o estudo feito por Carlos, nesse processo de expansão da metrópole: "[...] as indústrias se instalam devido às condições de infra-estrutura, fundamentalmente a partir da duplicação da Raposo Tavares, pela proximidade da capital metropolitana e mão de obra barata e abundante".[37] Antes desse trabalho e tomando como base outro contexto Langenbuch analisa as transformações que passam a existir nos então "subúrbios rurais e agrícolas" (entre eles Cotia) com o crescimento metropolitano de São Paulo, que ia definindo "eixos de urbanização embrionária" ao longo dos eixos rodoviários.

> [...] o da rodovia Raposo Tavares, desde o município de Osasco até a vila Raposo Tavares [...], cortando o distrito de Cotia. Este [...] é o "eixo de urbanização embrionária" mais evoluído. Provenientes de São Paulo, um pouco após penetrarmos no distrito (e município) de Cotia, vemos o subúrbio Granja Viana [...]. Ao lado há pequeno aglomerado operário e loteamentos destinados ao mesmo fim. Em seguida temos um trecho de estrada, em que algumas fábricas pequenas e médias se intercalam em meio a "subúrbios rurais", caracterizando a zona como eventual embrião de "área industrial de autoestrada".[38]

Nas décadas de 1970 e 1980, foram se instalando indústrias "mecânicas, metalúrgicas, de material elétrico e de comunicação e de material de transporte"[39] no município de Cotia "sem qualquer planejamento global, acelerando o crescimento demográfico e, consequentemente, o parcelamento da terra, que, do modo como foi realizado, contribuiu para piorar ainda mais as condições de vida da classe trabalhadora".[40] A autora analisa detalhadamente as ações dos loteadores que acompanharam esse processo e produziram espaços como a Granja Viana e também muitos outros loteamentos populares:

> [...] a produção do espaço urbano cotiano que se desenvolve tendo como referencial a Raposo Tavares resulta do parcelamento da terra pelo avanço sobre áreas rurais produtivas [...] mas na sua maioria ocupando áreas não produtivas. Com o processo de valorização da terra – decorrente da redefinição do uso do solo e do processo de ocupação da área metropolitana – os terrenos que antes eram vendidos por hectare, passam a ser vendidos por metro quadrado.[41]

A CIDADE COMO NEGÓCIO

Foi nesse processo que surgiram os loteamentos que deram origem a muitos bairros de Cotia, nos eixos de ocupação definidos pelas principais rodovias e estradas. As más condições em que estas áreas se encontram até os dias de hoje nos permite imaginar a precariedade no momento em que os loteamentos foram feitos. Para Carlos:

> [...] ideologia da casa própria para a classe trabalhadora, que prefere morar a dezenas de quilômetros do local de trabalho – o que lhe custa preciosas horas de descanso – a provisoriedade da situação da casa de aluguel, aliada ao fato de que [...] o trabalhador não tem estabilidade no emprego. Não raro, paga-se por uma mercadoria e recebe-se outra. Os loteamentos populares são vendidos, quase sempre, sem quaisquer dos itens de infra-estrutura, como por exemplo, água, luz, esgoto, arruamento, guia ou sarjeta [...]. Isto sem considerar a existência de escolas, pronto-socorros, farmácias, transporte, lazer etc.[...].[42]

Muitos terrenos onde vieram a se instalar empreendimentos imobiliários atuais eram propriedades inscritas como rurais – áreas de terras, sítios, glebas. Os bairros vizinhos a tais empreendimentos se constituíram, em sua maioria, como espaços autoconstruídos pelos trabalhadores, seja em loteamentos regulares ou irregulares, os quais expressavam, em seu bojo, uma projeção de ocupação ligada a um grande crescimento demográfico das classes populares. A Granja Viana, por outro lado, estava sendo efetivada enquanto lugar de moradia de classes bem mais abastadas de São Paulo que buscavam um "afastamento" dos problemas urbanos.

Mas se Cotia foi se configurando como um espaço marcado em grande parte pela reprodução industrial da metrópole paulistana nas décadas de 1970 e 1980 – que produziu muitas formas de ocupação do solo, como os loteamentos – hoje isto ocorre do mesmo modo? Como pensar nas formas atuais da articulação entre o setor produtivo e o setor de serviços, da dependência do setor de serviços em relação às atividades industriais em seus desdobramentos contemporâneos ou ao trabalho sem forma, um trabalho terceirizado, subcontratado, temporário? Qual é o papel das transformações trazidas pela globalização para o plano da reprodução espacial do setor imobiliário? Como a financeirização da economia repercute em uma reestruturação imobiliária? Como o Estado se (re)coloca neste processo? É preciso avançar nessas questões, e o estudo no plano do lugar permite coletar elementos concretos que subsidiem nossas formulações teórico-analíticas.

O próprio trabalho de Carlos já sinaliza uma tendência à perda relativa da importância da atividade industrial em relação ao setor terciário na economia paulista. Em 1980, segundo Carlos,[43] 43,1% da população trabalhadora de Cotia estava empregada em atividades industriais; em 2012, esse percentual cai para 29,02%,[44] número ainda relevante. Se parece correto que os novos empreendimentos imobiliários não estão intimamente inseridos em uma dinâmica socioespacial ligada à industrialização como antes (década de 1980), também é certo que parte dos moradores desses novos espaços trabalha em indústrias.

|110|

A MORADIA COMO NEGÓCIO E A VALORIZAÇÃO DO ESPAÇO URBANO METROPOLITANO

O que está posto no horizonte da produção dos novos condomínios habitacionais – enclaves formalmente construídos em meio a áreas, em sua maioria, autoconstruídas – é uma reprodução, permitida pela dinâmica urbana, justamente da valorização do capital no plano imobiliário e financeiro, enredando certas camadas sociais e mobilizando-as para novos espaços habitacionais nas periferias. Se o processo em tela se liga de um lado à recente expansão imobiliária diretamente engatada no movimento de intensificação da relação com o capital financeiro e com as políticas estatistas, é possível afirmar que a produção dos novos condomínios não visa atender trabalhadores que se deslocam seguindo uma atividade econômica específica, mas uma população urbana constituída por trabalhadores sem acesso ao financiamento imobiliário e à propriedade privada formal do solo. Esse processo de reprodução urbana desloca camadas da população entre periferias menos e mais distantes.

A ideologia do crescimento econômico ilimitado se redireciona para a produção do espaço urbano metropolitano. A relação da atual produção habitacional com a indústria não desaparece sob hipótese alguma, mas muda de sentido. Assim, se antes a indústria estava presente como um forte elemento de atração de trabalhadores que por sua vez se instalavam em lotes sem equipamentos urbanos e autoconstruíam suas casas nos loteamentos "populares" periféricos ou então viviam de aluguel, o processo atual repõe a importância industrial na sua articulação necessária com o setor da construção visando uma verdadeira fabricação habitacional, uma produção imobiliária que segue escalas e métodos crescentemente industrializados, e que se apoia na retórica de um (deturpado) déficit habitacional como poder de barganha para suas estratégias.

Uma das características da globalização – entre as reformas neoliberais e a flexibilização do sistema de planejamento urbano – seria a passagem de um regime de produção fordista para um regime flexível. No caso da produção do espaço, restaria saber se se poderia pensar que se trata de uma tendência, colocada pela própria financeirização, de alavancar uma produção industrializada da habitação nos espaços metropolitanos e nas periferias urbanas como espaço-tempo que articula tanto a reprodução capitalista mundial como os capitais mais locais, no plano da metrópole. Nessa hipótese, seria necessário atentar para os limites desse processo colocados pelas constantes crises financeiras.

Como hipótese, o município de Cotia, pelo seu caráter de "subúrbio rural" até a década de 1980, conservou muitos terrenos de origem agrícola, de tamanhos maiores, que foram sendo absorvidos por loteamentos – para os ricos (Granja Viana) e também por loteamentos (muitos clandestinos) para as "classes populares" –, e que se presta hoje à reinserção dos loteamentos e dos condomínios na reprodução habitacional contemporânea. Em um primeiro momento, a expansão metropolitana se concretizou no bojo do processo de loteamento/parcelamento de glebas rurais analisadas por Carlos e Langenbuch,[45] em um processo de reprodução da metrópole paulistana. Hoje, trata-se bem mais de uma nova reprodução do espaço metropo-

|111|

litano periférico, inserido em novas dinâmicas imobiliárias, financeiras (articuladas a rentabilizações internacionais) e políticas, em uma nova dinâmica social e urbana (espacial) que agrega novos conteúdos aos espaços periféricos, desafiando-nos a compreender os novos termos do processo de valorização do espaço. Verifica-se, por exemplo, a existência de áreas privilegiadas para a localização dos novos lançamentos imobiliários: espaços de desindustrialização, áreas periféricas com grandes terrenos e próximas a vias rápidas, e cidades da RMSP.

Então, se em um primeiro momento as periferias urbanas e os espaços metropolitanos constituem a formação do valor pela mudança de uso com a passagem da terra de rural para terra urbana, em que ocorre já um processo de valorização fundiária ao incorporar virtual ou fisicamente atributos urbanos aos terrenos que serão loteados – rede elétrica, de água, de esgoto, arruamento, entre outros –, nos últimos anos as grandes empresas do setor imobiliário, juntamente com as finanças externas e nacionais e através de ações estatistas, vêm impulsionando a produção habitacional em grande medida em áreas (mais) periféricas. Trata-se de um momento de reprodução espacial das metrópoles e cidades que vem sendo definido pelas necessidades econômicas de acumulação através da reprodução que se dá pela capitalização/valorização do valor do solo formado nas cidades, seja em áreas já altamente valorizadas seja, principalmente, nos últimos anos, em áreas menos valorizadas.

CRISES FINANCEIRAS E PRIVATIZAÇÃO DA POLÍTICA URBANA

Tomando como base as considerações de Harvey[46] a respeito das crises do capitalismo, podemos entender a crise em geral como um mecanismo interno e contraditório do processo do capital, que caminha sempre para crises de superprodução, superespeculação e superacumulação em seu processo reprodutivo. De modo semelhante, Grespan lida com o conceito de crise "como negatividade imanente do capital, enquanto manifestação de uma contradição constitutiva do capital".[47] Assim, a crise financeira originada no sistema imobiliário norte-americano em 2008 espraia-se para os mercados do mundo em uma tentativa de salvar investimentos atrelados às instituições que estavam no epicentro da crise e que mantinham investimentos ao redor do mundo.

A dominância da esfera financeira na valorização do capital nas últimas décadas expõe as possibilidades e limites encontrados pela circulação do capital-dinheiro entre os diferentes espaços-tempos representados pelos países e regiões, o que amiúde opera transformações e reestruturações produtivas. O regime de valorização financeira baseado no par crédito-juros tende a expandir as fronteiras da acumulação, inclusive estabelecendo redes bastante complexas e integradas que asseguram a circulação do capital. E é na conformação dessas estruturas institucionais e jurídicas que entra em cena um sujeito central para o processo de regulação e coordenação capitalista: o Estado. Ora, o papel do Estado no processo de circulação capitalista parece se tornar mais evidente nos momentos de crise. Para Harvey,[48] é o Estado que desenvolverá e coordenará novos arranjos entre os capitais e que tentará administrar as contradições internas ao capital, produzindo também contradições no plano de sua relação com os próprios capitalistas financeiros e industriais.

A partir de meados de 2008, os efeitos da crise começaram a ser sentidos de modo mais contundente também no Brasil. É neste momento que observamos revisões de meta quanto aos lançamentos imobiliários, o que se refletiu em uma saída dos investidores financeiros desse setor, ocasionando desvalorizações das ações das incorporadoras listadas na Bovespa. Nesse contexto turbulento de crise, muitas incorporadoras reavaliam suas parcerias e estratégias de mercado, optando por arriscar menos. Mas o grande motivo que leva as incorporadoras a levar adiante a periferização/metropolização da produção imobiliária da moradia foi o modo como o Estado propôs lidar com a crise no Brasil: privatizando a política urbana no dia 25/03/2009 com o lançamento do Programa MCMV, que conta com intensa participação de grandes incorporadoras em todas as fases.

Através do Programa MCMV, o Estado viabiliza a reprodução imobiliária e financeira facilitando a valorização e produção de fragmentos espaciais de áreas metropolitanas periféricas e assegurando a continuidade das estratégias privadas. A condição de pobreza e em parte de déficit habitacional é então amarrada pelo Estado à acumulação capitalista, que fica assim cada vez mais encarregada da produção da urbanização. Com o Programa MCMV, o Estado canaliza os recursos públicos para aquela produção/acumulação capitalista ocupada com a satisfação de parte das necessidades da reprodução da força de trabalho: a moradia, mas sobretudo para reproduzir os capitais presentes na sua realização como mercadoria.

Após mais de cinco anos de andamento do programa, as críticas convergem para o seguinte ponto: quando se observa o quadro do déficit habitacional[49] no Brasil, vê-se que 89,6% desse déficit diz respeito às famílias com renda mensal entre 0 e 3 salários mínimos, faixa para a qual têm sido contratados menos financiamentos. A arquiteta Ermínia Maricato diz que o MCMV retrocede os avanços conquistados pelo Estatuto da Cidade e entrega ao setor privado o poder sobre a realização da habitação popular.

Poder-se-ia dizer que a crise está posta como momento interno e constitutivo do processo de reprodução do espaço urbano, na medida em que o espaço revela os conflitos entre o econômico, o político e o social na espacialização de suas estratégias. Do ponto de vista da análise teórica, a crise situa uma apreensão dialética da produção do espaço, porque põe em evidência sua natureza contraditória. Dessa maneira, do ponto de vista da reprodução do capital, poderíamos dizer que a produção dos novos empreendimentos imobiliários residenciais nas periferias expressa a um só tempo uma crise da reprodução espacial do capital – a grande valorização do espaço na cidade de São Paulo contribui para a produção de uma raridade e uma sobrevalorização do espaço em áreas centrais – e uma possibilidade de sua superação através da produção de novos empreendimentos em espaços metropolitanos periféricos, que irão recolocar essa contradição novamente, em um outro patamar.

VALORIZAÇÃO FUNDIÁRIA, IMOBILIÁRIA E ESTATISTA: A CAPITALIZAÇÃO/VALORIZAÇÃO DE ESPAÇOS METROPOLITANOS PERIFÉRICOS

Pensamos ser necessário fazer uma separação momentânea, tão somente como recurso analítico, entre diferentes momentos do processo de valorização do espaço. Com efeito, estes quatro momentos – a valorização fundiária, imobiliária, estatista e espacial – não se separam, integram-se uns aos outros no contraditório processo de valorização capitalista do espaço, constituindo-se um através do outro, no outro, pelo outro. A necessidade de distinguir tais momentos se dá pela constatação de que o processo de periferização/metropolização da produção formal capitalista do espaço da moradia no Brasil coloca novos conteúdos ao processo de valorização do espaço, que devem ser analisados concretamente com vistas a superar muitas generalizações. O estudo concreto da valorização do espaço se daria, a nosso ver, a partir de uma pesquisa que envolva estudos sobre as trajetórias fundiárias dos terrenos-alvo dos novos investimentos – o que significa a necessidade de entender o processo e as estratégias de incorporação urbana e imobiliária desses terrenos, retomando as análises sobre as dinâmicas fundiárias de transformação de solo rural em solo urbano, parcelamento (desmembramentos de glebas), loteamento, verticalização –, os processos construtivos dos novos imóveis – o espaço-tempo da construção, suas fases e etapas, tecnologias empregadas, os projetos urbanísticos e arquitetônicos –, as estratégias de comercialização e a relação dessas novas produções com os bairros onde são produzidos, no sentido de entender o alcance da valorização enquanto um processo de transformação mais amplo e global do espaço social, observando também a temporalidade dessa valorização além dos processos de deslocamento de populações pobres.

O sentido da nossa argumentação é o de que não é possível tratar a valorização do espaço de modo genérico, o que significa que estudar a valorização envolve ir além da constatação de que "os preços dos terrenos e dos imóveis subiram também nas periferias" ou de que "os lançamentos imobiliários se voltaram às periferias". Outra questão central é a de que tal estudo envolveria a necessidade de partirmos da escala do lugar como reveladora dos momentos a que nos referimos anteriormente, bem como reveladora da prática socioespacial (re)produzida. Ainda, essa tarefa é também aquela de dialetizarmos o processo de valorização enquanto constituição do espaço abstrato, confrontando-lhe a produção do espaço contraditório, aquele do espaço social. Se os novos negócios são a espacialização da forma lógica da mercadoria imobiliário-financeira, essa espacialização carrega conteúdos particulares em sua realização nas periferias. Há uma valorização diferenciada do solo urbano que expressa estratégias imobiliárias e podem contribuir para o debate das novas formas de segregação em curso, do reforço de algumas centralidades (valorização de áreas já valorizadas) e da criação de novos espaços de valorização.

A lógica espacial da valorização fundiária urbana é comandada pela condição de mercadoria – ancorada na propriedade privada do solo como forma social, política e jurídica – que envolve virtualmente o espaço inteiro, e pelas ações que se desenrolam no sentido de materializar essa condição de mercadoria geradora de valor e de lucros. A valorização do solo urbano e dos imóveis obedece a processos socioespaciais complexos, nos quais múltiplos elementos sociais estão imbricados e no qual a localização participa de modo importante. A mudança de uso do solo é um primeiro e central processo que está na base do aumento dos preços, uma vez que a propriedade passa a integrar uma nova articulação com o espaço construído, possuindo um valor de uso urbano/metropolitano e no caso da construção de imóveis residenciais adquire um valor de uso para a moradia. Se antes a terra possuía um valor de uso ligado muitas vezes à especulação – ou ligado a outras atividades, como a industrial –, a incorporação efetiva de trabalho humano que se materializa na edificação dos novos imóveis e suas ligações com o restante do espaço urbano – conexão à rede elétrica, viária, de saneamento, ao comércio, às centralidades diversas etc. – permite realizar um salto qualitativo em termos do valor de uso desse terreno, o que realiza a valorização do solo incorporado a esse novo valor de uso que socializa as positividades do urbano. Essa valorização fundiária ligada à mudança de uso do solo e que estabelece um valor de uso potencializado faz com que no mercado fundiário esse solo apresente um valor de troca elevado relativamente a outros terrenos que não possuem essas articulações às infraestruturas e equipamentos urbanos. O preço do solo, assim, se eleva.[50]

A valorização imobiliária tem como premissa a valorização fundiária; na verdade, é o setor imobiliário – não apenas as grandes incorporadoras – em articulação com o poder público que vai realizar as mudanças de uso e a produção de novos valores de uso e de troca do espaço, portanto, a valorização fundiária é condição, meio e produto da valorização imobiliária. Do ponto de vista do Estado, ele será responsável pela construção das infraestruturas básicas e de equipamentos urbanos, já os incorporadores/construtores serão responsáveis pela elaboração dos projetos dos novos empreendimentos, viabilização do financiamento das obras, regulamentação das obras às leis urbanas e ambientais e códigos urbanísticos, edificação e comercialização das novas unidades habitacionais.

A CIDADE COMO NEGÓCIO

É importante notar que a valorização imobiliária vai se articular à valorização fundiária através da construção efetiva e das formas e características dessas construções, dos materiais e métodos empregados, das características arquitetônicas, das formas de representação ideológica dos novos produtos – moradias pretensamente "sustentáveis" e "seguras". A questão que colocamos é que o processo de valorização fundiária/imobiliária nas/das periferias produz uma valorização do espaço que não se realiza do mesmo modo como em regiões centrais já amplamente valorizadas, sendo necessário pensarmos nos termos de uma capitalização do espaço como momento da valorização do espaço. Se existe uma superelevação dos preços da terra e dos imóveis nas periferias, a valorização desses espaços como um todo se realiza de modo mais fragmentado e mais lentamente, uma vez que não são atendidos de imediato e em sua totalidade pelos investimentos do Estado, o que é central para realizar de modo mais pleno a valorização do espaço e transformar alguns espaços periféricos em uma escala mais ampla.

Podemos pensar que os trajetos que culminam na construção dos condomínios não são outra coisa que um processo de sucessivas valorizações, necessárias para atingir um patamar que torne viável a lucratividade do empreendimento. Alguns terrenos não edificados, parcial ou totalmente desocupados, que estejam localizados próximos aos novos empreendimentos podem apresentar uma elevação considerável dos preços, uma vez que podem abrigar novos empreendimentos ou um novo comércio para atender aos novos moradores. Também existe alguma elevação geral dos preços dos imóveis contíguos aos novos empreendimentos, que não possuem, a princípio, o ritmo mais intenso da elevação dos preços dos grandes terrenos. A valorização fundiária e imobiliária produzida no e a partir do processo de incorporação e construção de novas moradias produziria uma capitalização geral dos espaços metropolitanos periféricos, sendo um momento necessário para a futura valorização do espaço.

As valorizações fundiária e imobiliária entrariam, juntamente com uma necessária valorização estatista – investimentos públicos em infraestruturas, equipamentos e serviços urbanos –, como condição, meio e produto do processo de valorização do espaço. Nas periferias, esse processo de valorização do espaço é fragmentado, não atinge de modo contíguo (e não estabelece necessariamente contiguidades) nos espaços empobrecidos. Vale notar que o processo de valorização fundiária/imobiliária vai se colocando contraditoriamente como uma possibilidade e ao mesmo tempo uma barreira ao próprio setor imobiliário, já que eleva os custos de construção (preço dos terrenos), o que significa diminuição das margens de lucro. Daí a importância de programas como o MCMV, que, na verdade, subsidiam o setor imobiliário diminuindo tributos, facilitando a aquisição de terrenos, entre outros.

No plano da financeirização, existe uma capitalização das incorporadoras (via Bolsa de Valores e lançamento de ações) assim como das famílias (via crédito bancário). Mediadas por políticas como o MCMV, essas capitalizações se colocam como condição da realização a um só tempo de uma valorização fundiária (do solo) e imobiliária (dos imóveis). Mas o setor imobiliário tem que se ver com o processo local e concreto de valorização do espaço para realizar seus lucros atuais e futuros, demandando a valorização estatista. Além disso, a capitalização como produto das valorizações fundiária e imobiliária (e parcialmente da valorização estatista) e como possibilidade de valorização está ligada em medida crescente às ideologias envolvidas, como a da casa própria, da sustentabilidade, da segurança, que funcionam como uma capitalização simbólica assessória.

Portanto a valorização do espaço se torna mais complexa. No plano imediato do lugar, quando o novo condomínio possui uma vizinhança já consolidada por áreas de autoconstrução, a valorização fica mais restrita ao interior do grande empreendimento, cercado que está o novo condomínio por bairros periféricos cujas extensões de desvalorização ele não poderia valorizar como um todo e tão rapidamente. Quando o condomínio é construído em meio a bairros autoconstruídos porém mais centrais, ladeados por outros terrenos vazios, novos investimentos podem ser atraídos para esses terrenos vazios. Numa escala mais ampla, se a região possuir grandes glebas e terrenos localizados próximos a rodovias e que estejam disponíveis este espaço inteiro se capitaliza ficticiamente pela simples compra de terras ou pela simples perspectiva das incorporadoras construírem nesses locais.

Essa valorização do espaço atualizaria a contradição entre a necessidade de ampliação dos grandes ganhos imobiliários e financeiros e a necessidade de produzir habitações mais baratas para uma população com recursos financeiros limitados. Essa contradição é em parte resolvida pelo Estado (através do MCMV), que paga ao setor privado a capitalização do espaço e garante a demanda. Paralelamente à ação das grandes incorporadoras, loteadores, pequenas e médias construtoras, o próprio Estado – Companhia de Habitação Popular (COHAB), Companhia de Desenvolvimento Habitacional e Urbano (CDHU) – e as famílias atuam na produção do espaço metropolitano periférico, produzindo loteamentos, imóveis, condomínios fechados, conjuntos habitacionais. Essas ações constituem a trama da valorização do espaço e devem ser analisadas concretamente para que se afastem os riscos das generalizações.

CONSIDERAÇÕES FINAIS

A periferização/metropolização da produção habitacional integra uma das modalidades do processo de valorização do espaço, que se coloca como uma das possibilidades de aumento da base social da acumulação capitalista através da produção do urbano. Outros processos de produção do espaço a ela se somam: as revalorizações das áreas dos centros urbanos, os novos investimentos em áreas de desindustrialização, a

A CIDADE COMO NEGÓCIO

produção do espaço agrário vinculado ao desenvolvimento do chamado agronegócio, a produção de grandes infraestruturas no território nacional, a produção do espaço ligado à realização do turismo e dos denominados megaeventos (Copa do Mundo e Olimpíadas), entre outros.

A moradia vem sendo amplamente produzida como negócio urbano financeirizado sobretudo através das grandes incorporadoras, que rasgam a política urbana e contribuem para o aprofundamento dos processos valorização do espaço, espoliação e segregação, reproduzindo periferias e produzindo novas periferias. O desenvolvimento desse processo aponta como horizonte o afastamento dos mais pobres entre os empobrecidos para mais longe, agudizando e aprofundando a segregação socioespacial, a fragmentação e hierarquização nas periferias. Assim, podemos concluir que os novos conteúdos da valorização do espaço periférico integram a atual reprodução capitalista – imobiliário-financeiro-estatista –, que produz o espaço abstrato da moradia homogênea e novas práticas socioespaciais como condição e meio de sua própria reprodução. Mas as contradições desse processo não param de emergir, seja no plano da reprodução do capital, seja, principalmente, pelos processos de luta urbana que vêm incorporando a perspectiva da totalidade do urbano na moradia, como possibilidade de realização do direito à cidade.

NOTAS

[1] Cf. Ana Fani Alessandri Carlos, *A (re)produção do espaço urbano,* São Paulo, Edusp, 2008.
[2] Karl Marx, *Formaciones económicas pré-capitalistas,* México, Siglo Veintiuno Ediotres, 2004; *Grundrisee: manuscritos económicos de 1857-1858,* São Paulo, Boitempo, 2011.
[3] Henri Lefebvre, *De lo rural a lo urbano,* Barcelona, Ediciones Península, 1973; *A revolução urbana,* Belo Horizonte, Ed. UFMG, 2004; *Espaço e política,* Belo Horizonte, Ed. UFMG, 2008.
[4] Manuel Castells, *A questão urbana,* Rio de Janeiro, Paz e Terra, 2006.
[5] Christian Topalov, *Le profit, la rente et la ville: elements de théorie,* Paris, Economica, 1984.
[6] Alain Lipietz, *Le tribut foncier urbain,* Paris, François Maspero, 1974.
[7] Mark Gottdiener, *A produção social do espaço urbano,* São Paulo, Edusp, 2010.
[8] Jean Lojkine, *O Estado capitalista e a questão urbana,* São Paulo, Martins Fontes, 1997.
[9] David Harvey, *A justiça social e a cidade,* São Paulo, Hucitec, 1980; *Los limites del capitalismo y la teoria marxista,* México, Fondo de Cultura Económica, 1990
[10] Ariovaldo Umbelino de Oliveira, "Renda da terra", em *Orientação,* São Paulo, Universidade de São Paulo/Instituto de Geografia, n. 5, out, 1984, pp. 94-95; "Renda da terra diferencial I e Renda da terra diferencial II", em *Orientação,* São Paulo, Universidade de São Paulo/Instituto de Geografia, n. 5, dez. 1985, pp. 93-104; "Renda da terra absoluta, Renda da terra de monopólio, renda da terra pré-capitalista e Preço da Terra", em *Orientação,* São Paulo, Universidade de São Paulo/Instituto de Geografia, n. 7, dez. 1986, pp. 77-85.
[11] José de Souza Martins, *O cativeiro da terra,* São Paulo, Contexto, 2010.
[12] Antônio Carlos Robert Moraes e Wanderley Messias Costa, *A valorização do espaço,* São Paulo, Hucitec, 1999.
[13] Ana Fani Alessandri Carlos, *A (re)produção do espaço urbano,* São Paulo, Edusp, 2008.
[14] Antônio Carlos Robert Moraes e Wanderley Messias Costa, *A valorização do espaço,* São Paulo, Hucitec, 1999, pp.126-7.
[15] Mark Gottdiener, *A produção social do espaço urbano,* São Paulo, Edusp, 2010, pp.176-7.
[16] Ana Fani Alessandri Carlos, *A (re)produção do espaço urbano,* São Paulo, Edusp, 2008.
[17] Mark Gottdiener, *A produção social do espaço urbano,* São Paulo, Edusp, 2010, p.185.
[18] Henri Lefebvre, *A revolução urbana,* Belo Horizonte, Ed. UFMG, 2004, p.142.

A MORADIA COMO NEGÓCIO E A VALORIZAÇÃO DO ESPAÇO URBANO METROPOLITANO

[19] José de Souza Martins, *O poder do atraso*, São Paulo, Hucitec, 1999; Lígia Osório Silva, *Terras devolutas e latifúndio*, Campinas, Ed. Unicamp, 2008.

[20] Henri Lefebvre, *A revolução urbana*, Belo Horizonte, Ed. UFMG, 2004, pp.146-7.

[21] A partir da instituição da Alienação Fiduciária de Bens Imóveis, discutida em outros trabalhos.

[22] Nos remetemos aos estudos realizados em nossa tese de doutorado.

[23] Adriano Botelho, *O urbano em fragmentos: a produção do espaço e da moradia pelas práticas do setor imobiliário*, São Paulo, Annablume/Fapesp, 2007, p.166.

[24] Nabil Georges Bonduki, "Política habitacional e inclusão social no Brasil: revisão histórica e novas perspectivas no governo Lula", em Arq.urb: revista eletrônica de arquitetura e urbanismo, São Paulo, n. 1, 2008, pp. 78-79. Disponível em: <http://www.usjt.br/arq.urb>. Acesso em: 18 out. 2011.

[25] Nos trabalhos de Shimbo (2012) e Tone (2010) encontra-se uma análise das inovações das tecnologias de construção no canteiro de obras (processo de trabalho).

[26] As entrevistas a que nos referimos foram feitas em nossa pesquisa de doutorado.

[27] Idem.

[28] Idem.

[29] Idem.

[30] Conforme entrevistas realizadas na tese de doutorado.

[31] Idem.

[32] Idem.

[33] Através da empresa *Bairro Novo*, estudada em nossa tese de doutorado.

[34] A alavancagem financeira elevada representa uma relação em que a dívida líquida das empresas por vezes excede ao patrimônio líquido das mesmas.

[35] Além do trabalho de Langenbuch (1971), tomamos o trabalho de Carlos (2008) como possibilidade de apreender as relações contraditórias entre a reprodução da metrópole e a produção atual do espaço em Cotia.

[36] Ana Fani Alessandri Carlos, *A (re)produção do espaço urbano*, São Paulo, Edusp, 2008, pp. 101-3.

[37] Idem, p.112.

[38] Cf. Langenbuch, 1971, pp. 300-1.

[39] Cf. Carlos, 2008, p.114.

[40] Idem, p. 125.

[41] Idem, p. 137; 143.

[42] Idem, p. 153.

[43] Idem, p. 125.

[44] Fonte: Ministério do Trabalho e Emprego – MTE. Relação Anual de Informações Sociais – RAIS 2012. Disponível em: <http://produtos.seade.gov.br/produtos/perfil/perfilMunEstado.php>. Acesso em: 27 jul. 2014.

[45] Cf. Carlos, 2008, p. 101; 102-3; Langenbuch, 1971, p. 216.

[46] David Harvey, *Los limites del capitalismo y la teoría marxista*, México, Fondo de Cultura Económica, 1990.

[47] Jorge Grespan, *O negativo do capital: o conceito de crise na crítica de Marx à economia política*, São Paulo, Hucitec/Fapesp, 1999, p. 27.

[48] David Harvey, *Los limites del capitalismo y la teoría marxista*, México, Fondo de Cultura Económica, 1990

[49] "Déficit" cuja definição guarda um amplo debate de metodologias que não iremos aqui aprofundar. Atemo-nos à definição da Fundação João Pinheiro (FJP).

[50] O estudo da valorização deve considerar os movimentos de compra e venda de terrenos (e os valores negociados), seu parcelamento, uso do solo e transformações.

BIBLIOGRAFIA

BONDUKI, Nabil Georges. "Política habitacional e inclusão social no Brasil: revisão histórica e novas perspectivas no governo Lula". *Arq.urb: revista eletrônica de arquitetura e urbanismo*, São Paulo, n. 1, 2008. Disponível em: <http://www.usjt.br/arq.urb>. Acesso em: 18 out. 2011.

BOTELHO, Adriano. *O urbano em fragmentos*: a produção do espaço e da moradia pelas práticas do setor imobiliário. São Paulo: Annablume; Fapesp, 2007.

CARLOS, Ana Fani Alessandri. *A (re)produção do espaço urbano*. São Paulo: Edusp, 2008.

CASTELLS, Manuel. *A questão urbana*. Rio de Janeiro: Paz e Terra, 2006.

GOTTDIENER, Mark. *A produção social do espaço urbano*. São Paulo: Edusp, 2010.

GRESPAN, Jorge. *O negativo do capital*: o conceito de crise na crítica de Marx à economia política. São Paulo: Hucitec; Fapesp, 1999.

HARVEY, David. *A justiça social e a cidade*. São Paulo: Hucitec, 1980.

_____. *Los límites del capitalismo y la teoría marxista*. México: Fondo de Cultura Económica, 1990.

LANGENBUCH, Juergen Richard. *A estruturação da Grande São Paulo*: estudo de Geografia Urbana. Rio de Janeiro: Instituto Brasileiro de Geografia, Departamento de Documentação e Divulgação Geográfica e Cartográfica, 1971.

LEFEBVRE, Henri. *A Revolução Urbana*. Belo Horizonte: Ed. UFMG, 2004.

_____. *De lo rural a lo urbano*. Barcelona: Ediciones Península, 1973.

_____. *Espaço e política*. Belo Horizonte: Ed. UFMG, 2008.

LIPIETZ, Alain. *Le tribut foncier urbain*. Paris: François Maspero, 1974.

LOJKINE, Jean. *O Estado capitalista e a questão urbana*. São Paulo: Martins Fontes, 1997.

MARTINS, José de Souza. *O cativeiro da terra*. São Paulo: Contexto, 2010.

_____. *O poder do atraso*. São Paulo: Hucitec, 1999.

MARX, Karl. *Formaciones económicas precapitalistas*. México: Siglo Veintiuno Editores, 2004.

_____. *Grundrisse*: manuscritos econômicos de 1857-1858. São Paulo: Boitempo Editorial, 2011.

MORAES, Antônio Carlos Robert; COSTA, Wanderley Messias. *A valorização do espaço*. São Paulo: Hucitec, 1999.

OLIVEIRA, Ariovaldo Umbelino de. Renda da terra. *Orientação*, São Paulo: Universidade de São Paulo/Instituto de Geografia, n. 5, out. 1984, pp. 94-5.

_____. Renda da terra diferencial I e Renda da terra diferencial II. *Orientação*, São Paulo: Universidade de São Paulo/Instituto de Geografia, n. 5, dez. 1985, pp. 93-104.

_____. Renda da terra absoluta, Renda da terra de monopólio, renda da terra pré-capitalista e Preço da Terra. *Orientação*, São Paulo: Universidade de São Paulo/Instituto de Geografia, n. 7, dez. 1986, pp. 77-85.

SHIMBO, Lúcia Zanin. *Habitação social de mercado*: a confluência entre Estado, empresas construtoras e capital financeiro. Belo Horizonte: C/Arte, 2012.

SILVA, Ligia Osório. *Terras devolutas e latifúndio*. Campinas: Unicamp, 2008.

TONE, Beatriz Bezerra. *Notas sobre a valorização imobiliária em São Paulo na era do capital fictício*. São Paulo, 2010. 158 p. Dissertação. (Mestrado em Arquitetura e Urbanismo) – Faculdade de Arquitetura e Urbanismo, Universidade de São Paulo.

TOPALOV, Christian. *Le profit, la rente et la ville*: eléments de théorie. Paris: Economica, 1984.

VOLOCHKO, Danilo. *Novos espaços e cotidiano desigual nas periferias da metrópole*. São Paulo, 2012. Tese (Doutorado em Geografia Humana) – Faculdade de Filosofia, Letras e Ciências Humanas, Universidade de São Paulo.

AS ESCALAS DE ACUMULAÇÃO
NA PRODUÇÃO DAS CIDADES

Daniel Sanfelici

Nas últimas duas décadas, a pesquisa acadêmica em geografia[1] e em outros campos das ciências sociais avançou consideravelmente na teorização das dimensões escalares dos processos socioespaciais. Enquanto que o predomínio, durante a maior parte do século XX, do Estado-nação como unidade espacial básica de contenção, disciplinamento e transformação das relações sociais fundamentais do capitalismo concedeu ao conceito de território um prestígio considerável no discurso geográfico, pode-se afirmar que as forças de reestruturação econômico-políticas desatadas após a crise do capitalismo fordista na década de 1970 têm dirigido a atenção de um número crescente de pesquisadores para o caráter multiescalar da espacialidade da acumulação capitalista e da regulação estatal. Com efeito, é reconhecido, hoje, que a dissolução dos arranjos institucionais e mecanismos reprodutivos que garantiram a expansão acelerada do capitalismo do pós-guerra engendrou um reordenamento das hierarquias escalares constitutivas da espacialidade social, colocando, efetivamente, em questão o predomínio da escala nacional como nível prioritário de estruturação e regulação das relações sociais.

Ao enfocar as transformações que se abateram sobre as cidades brasileiras na esteira da expansão imobiliária iniciada em meados da década de 2000, pretende-se, nesta contribuição, colocar em relevo as dimensões escalares da produção das cidades brasileiras nos anos recentes. A proposição central deste capítulo é a de que as transformações recentes das cidades brasileiras têm raízes em uma articulação nova e essencialmente contraditória entre agentes, processos e estratégias que priorizam diferentes escalas espaciais de ação. Esse entrelaçamento escalar é um alicerce básico da intensificação do processo de acumulação na produção das cidades e tem como resultado o recrudescimento da propensão das metrópoles brasileiras de funcionarem como espaço voltados, prioritariamente, aos negócios urbanos, mormente em prejuízo de suas demais funções ou potencialidades. Com o propósito de desenvolver a argumentação em questão, fixando suas coordenadas teórico-conceituais, partimos, inicialmente, de uma breve revisita ao debate sobre as escalas espaciais na geografia, de modo geral, e na teoria urbana, em particular. Segue-se, então, uma releitura das transformações econômicas que sustentaram o curto *boom* imobiliário experimentado pelo Brasil a partir, principalmente, da metade da década de 2000. Procuraremos, nessa releitura, identificar os principais agentes privados envolvidos, suas práticas e estratégias principais, e suas escalas espaciais prioritárias de atuação. Na terceira e última seção, procuramos aportar elementos para uma discussão dessa articulação escalar como um processo fundamentalmente contraditório de coordenação econômica cujos beneficiários são, em significativa medida, grandes investidores financeiros de atuação global, como fundos mútuos, fundos de pensão, seguradoras e seus intermediários na gestão de portfólios de ativos.

SOBRE A DIMENSÃO ESCALAR DA PRODUÇÃO DO ESPAÇO

É incontestável que a trajetória dos conceitos, visto que se origina de uma prática socialmente enraizada como o é a prática científica, guarda estreita relação com a situação sociocultural e econômica vigente em determinado contexto histórico. Mas também é igualmente verdadeiro que o debate científico, enquanto produto de um campo de práticas relativamente autônomas em relação aos demais campos da prática social,[2] é corriqueiramente tomado de uma preferência por certas ideias e conceitos em detrimento de outros que não necessariamente são menos reveladores da realidade subjacente. Nesse sentido, não é com pouco interesse que deve ser observada a recente visibilidade adquirida pelo conceito de escala geográfica, que havia permanecido, por muito tempo, à margem de outros conceitos mais amplamente utilizados no debate sobre a globalização, como os de rede e (des)territorialização.

Há, evidentemente, diferentes maneiras de conceber e problematizar a escala, sua natureza teórica e sua operacionalidade na pesquisa geográfica. Iná Elias de Castro,[3] em texto consagrado no debate brasileiro, adota uma abordagem epistemológica da questão ao tratar, com inspiração em Merleau-Ponty, a escala como um ponto de vista que o pesquisador elege ao confrontar o objeto de pesquisa; em outras palavras, para Castro a escala consiste em "uma forma de dividir o espaço, definindo uma realidade percebida/concebida, [...] uma forma de dar-lhe uma figuração, uma representação [...].[4] Essa abordagem, designada perspectivista por Vainer,[5] diferencia-se de uma abordagem que poderíamos denominar ontológica, no sentido de que compreende as escalas não como escolhas metodológicas à disposição do pesquisador, mas como elementos constitutivos da realidade social. É no âmbito dessa última abordagem que se pode interpretar as transformações recentes no processo urbano brasileiro como uma reconfiguração nas relações entre escalas espaciais. É preciso retomar alguns momentos-chave do debate.

Sem dúvida, os anos 1980 constituem um marco importante da reflexão sobre escala na Geografia e demais ciências sociais. Não se trata, evidentemente, de sugerir que não se tivesse notícia, antes disso, de reflexões atentas às diferentes escalas espaciais que conformam os processos sociais fundamentais da sociedade moderna. Diversos autores – entre eles Marx – desenvolveram reflexões que encerram, de forma mais ou menos implícita, narrativas escalares[6] ou incorporam determinadas premissas escalares.[7] No entanto, é somente a partir dos anos 1980 que surgem análises que se propõem a teorizar, reflexivamente, sobre a escala geográfica enquanto dimensão fundamental da espacialidade do capitalismo e da produção do espaço social.[8]

No âmbito desse debate nascente, Neil Smith sem dúvida teve um papel central com a discussão desenvolvida em *O desenvolvimento desigual*.[9] Nesse livro, Smith aborda as escalas geográficas e seu arranjo hierárquico como dimensões fundamentais da diferenciação do espaço geográfico sob o capitalismo. Para ele, não apenas o capitalismo transforma as escalas espaciais herdadas de outros modos de produção, mas também as modifica permanentemente, uma vez que "é pela contínua determinação e diferenciação interna da escala espacial que o desenvolvimento desigual do capitalismo é organizado".[10] No entanto, pode-se afirmar que ainda não há, em Smith, uma concepção plenamente historicizada das escalas espaciais e seus arranjos, já que Smith apenas admite a transformação *interna* a cada escala espacial. Como observa Neil Brenner,[11] não há ainda uma preocupação, da parte de Smith, de historicizar a própria estruturação hierárquica das escalas espaciais.

O próprio Neil Smith avançou na sua conceituação da escala em um artigo em que aborda a produção e reprodução do espaço urbano a partir das práticas espaciais dos moradores de rua.[12] No contexto da análise de um experimento com um veículo não motorizado que dava maior mobilidade aos moradores de rua de Nova York, Smith cunha o termo "política de escala" para referir-se ao fato de que a produção da escala é, necessariamente, um processo social aberto à luta política. Dito de outra forma, porque as escalas e seus limites circunscrevem e, por isso mesmo, condicionam determinados processos sociais, disputas políticas emergem em torno de sua definição e transformação.[13] Smith sintetiza, em texto subsequente, os avanços na concepção de escala que tal perspectiva proporcionou:

A escala geográfica foi tradicionalmente tratada como uma medida neutra do espaço físico: escalas específicas de atividade social são entendidas como predeterminadas, tal como na distinção [cotidiana] entre eventos e processos urbanos, regionais, nacionais e globais. Há atualmente, contudo, uma literatura considerável que argumenta que as escalas geográficas da atividade humana não são "dados" neutros, não são universais fixos da experiência social, nem tampouco uma escolha metodológica ou conceitual arbitrária [...]. A escala geográfica é socialmente produzida como simultaneamente uma base [*platform*] e um continente [*container*] de certos tipos de atividade social. Longe de serem neutras e fixas, portanto, as escalas geográficas são um produto de atividades e relações econômicas, políticas e sociais; como tal, elas são tão modificáveis quanto essas próprias relações [...].[14]

Essa formulação mais reflexiva, relacional e historicizada da questão da escala abriu caminho para inúmeros estudos que procuraram (re)interpretar diversos fenômenos e processos associados à globalização e à reestruturação da acumulação capitalista como produtores de novas relações, hierarquias e articulações entre diferentes escalas geográficas. O estudo de Neil Brenner[15] sobre a governança urbana na União Europeia fornece um exemplo claro das possibilidades abertas por essa reformulação conceitual. Brenner investigou as mudanças nas formas e modalidades de regulação político-institucional do processo de urbanização na Europa, demonstrando que a reestruturação capitalista após 1980 acarretou uma reconfiguração dos arranjos escalares que haviam alicerçado a intervenção estatal durante o período de expansão keynesiano-fordista. Enquanto que o período de expansão do pós-guerra havia sido caracterizado por um forte predomínio da escala nacional na regulação institucional dos processos contraditórios de acumulação de capital e reprodução social, as profundas transformações desencadeadas pela crise do fordismo depois de 1970 e a redefinição das prioridades do Estado criam um desarranjo nessa estrutura escalar. Por um lado, as escalas local e regional ganham força na definição e implementação de políticas de desenvolvimento econômico, como o fomento à competitividade industrial e os incentivos à atração de investimentos. Por outro, novas formas de governança na escala supranacional, como é o caso da União Europeia no estudo de Neil Brenner, retiraram parte da capacidade de coordenação econômica que o Estado nacional até então detinha, transferindo-a para essas escalas superiores. Em suma, o deslocamento das prioridades políticas do Estado na esteira da crise do fordismo materializou-se através de um rearranjo das escalas geográficas da institucionalidade estatista.[16]

Para além do trabalho de Neil Brenner, surgiram, nos anos recentes, inúmeras outras pesquisas que se valem das escalas geográficas e suas transformações como recortes analíticos decisivos para elucidar as relações de poder engendradas pela globalização da economia capitalista.[17] Por interessantes que sejam esses trabalhos, não é nosso propósito, aqui, apresentá-los e discuti-los. É oportuno, porém, antes de prosseguir, pontuar sinteticamente os avanços teóricos mais valiosos dessa rodada de debates, sobretudo tendo em vista o objetivo deste capítulo. Cientes de que esse procedimento exigirá insistir em aspectos e proposições já aludidos anteriormente, poderíamos extrair cinco importantes contribuições do debate sobre escalas que têm pertinência para refletir sobre a trajetória recente da produção do espaço urbano no Brasil: (1) as escalas geográficas não são arenas ou continentes fixos, neutros e naturalizados da ação social; antes, as escalas e as relações hierárquicas entre escalas são socialmente produzidas, historicamente condicionadas e, portanto, sujeitas a transformações e rearranjos; (2) as escalas geográficas não podem ser compreendidas em si mesmas, mas precisam ser apreendidas relacionalmente, ou seja, com base nas relações verticais e horizontais que estabelecem com outras escalas geográficas; (3) cada processo econômico, político ou social em particular exibe uma determinada configuração escalar, de modo que não há, necessariamente, uma sobreposição ou coincidência nos arranjos e hierarquias escalares engendrados por esses diferentes processos;[18] (4) as escalas e as relações hierárquicas entre escalas são o resultado, e ao mesmo tempo um objeto privilegiado, de lutas por poder; dito de outra forma, a definição dos conteúdos das relações – interescalares é parte fundamental da disputa por poder entre diferentes grupos e classes sociais, de tal forma que a resistência a uma determinada ordem social, bem como a construção de uma ordem diferente passam, frequentemente, pela reconfiguração e rearranjo das escalas geográficas; (5) as relações – interescalares não são, na maior parte das vezes, relações estáveis e harmônicas; antes, essas relações encerram tensões, instabilidades e contradições, decorrentes das divergências, descompassos ou mesmo antagonismos entre agentes e processos que operam (prioritariamente) em níveis escalares diferentes; e, finalmente, (6) a produção da escala é somente uma dimensão ou aspecto da produção do espaço, e, por isso mesmo, não abrange toda a extensa gama de processos socioespaciais contidos no último conceito; por isso, ao desvendar determinado objeto de pesquisa, não se pode desconsiderar a articulação de um determinado processo identificado como relevante (por exemplo, a produção da escala) com outros processos socioespaciais – como a regionalização, a formação de redes e de territórios etc. – que possam ser pertinentes no desvendamento do objeto.[19]

A ARQUITETURA MULTIESCALAR DO *BOOM* IMOBILIÁRIO NO BRASIL

Não será necessário aqui fazer uma detida exposição sobre as circunstâncias econômicas e políticas que viabilizaram o *boom* imobiliário que teve início no Brasil em meados da década de 2000, tendo em vista a existência de uma literatura relativamente extensa sobre o assunto.[20] Nosso propósito é, antes, examinar as mudanças ocorridas no mercado imobiliário brasileiro como expressivas de uma articulação singular de

A CIDADE COMO NEGÓCIO

agentes, processos e forças que operam em diferentes escalas geográficas. Para isso, será preciso sublinhar as principais mudanças ocorridas nesse mercado e relacioná-las com o surgimento e/ou fortalecimento de determinados agentes e de novos padrões de interação entre esses agentes. Essa nova trama de relações econômicas permitirá, então, caracterizar o momento atual como estruturalmente diverso do que havia predominado até então na produção das cidades.

A principal transformação ocorrida no mercado imobiliário brasileiro desde os anos 1990 foi, sem dúvida, sua crescente internacionalização. Por muito tempo, o mercado imobiliário havia sido um mercado estritamente local, geralmente sob controle de empresas comandadas por famílias influentes na região, que transferiam capitais acumulados em outros segmentos para investimentos em incorporação e construção. Nesse contexto de predomínio de mercados restritos, poucas empresas investiam capitais em projetos fora da sua região de origem e o setor imobiliário funcionava, prioritariamente, como um campo de acumulação auxiliar que permitia a preservação e expansão da riqueza excedente produzida em outros ramos de negócios. Em algumas poucas aglomerações maiores, uma especialização e profissionalização emergiu já na década de 1970 no mercado imobiliário, mas mesmo nesses casos, o caráter local ou regional da acumulação subsistia como um traço importante do setor imobiliário.

A partir dos anos 1980 e, principalmente, 1990, algumas mudanças mais significativas se observam. Em primeiro lugar, há uma incipiente expansão geográfica de empresas de construção e incorporação, que passam a buscar estratégias de diversificação regional. Esse é o caso da falida Encol, mas também de outras empresas ainda hoje atuantes, como a Rossi. Embora um fenômeno marginal, essa tentativa de atuar em escalas supralocais já constitui um sinal do que viria a se consolidar na década seguinte. Em segundo lugar, são regulamentados os fundos de investimento imobiliário, entidades que capturam recursos de investidores no mercado financeiro para investi-los em projetos imobiliários geradores de fluxos de renda. Embora sua presença ainda fosse restrita no mercado imobiliário brasileiro, no final dos anos 1990 e nos primeiros anos da década de 2000, diversos projetos imobiliários em São Paulo (principalmente no mercado de edifícios corporativos de alto padrão) são financiados por essas entidades.[21] Também se observa no mercado imobiliário paulistano, sobretudo no segmento de escritórios corporativos de alto padrão, a presença de incorporadoras internacionais em parceria com construtoras brasileiras em projetos específicos.[22] Trata-se, portanto, de um passo inicial no sentido de uma reorganização escalar do mercado imobiliário urbano.

Essa transformação só viria a se consolidar no curso da década de 2000, quando ocorre efetivamente um entrelaçamento dos circuitos de valorização imobiliária com a dinâmica do mercado de capitais. O impulso inicial para essa transformação veio de um grupo de incorporadoras e construtoras brasileiras que diversificaram suas fontes de financiamento quando enxergaram uma oportunidade de crescer mais rapidamente em face de uma demanda que se robustecia pela injeção de crédito habitacional. Inicialmente muitas dessas empresas recorreram a fundos de *private equity* dispostos a injetar recursos e a orientar seus esforços de reestruturação administrativa e operacional.[23] A presença desses fundos ajudou as incorporadoras a formularem planos de expansão que fossem atrativos na visão dos mercados financeiros, um passo imprescindível para a abertura de capital na bolsa de valores. A onda de oferta inicial de ações por empresas do segmento de incorporação e construção ocorreu entre 2005 e 2007, quando um grupo de 21 empresas obteve um volume elevado de recursos para investir na expansão dos negócios.[24] A maioria dos investidores que adquiriram participação acionária nesse grupo de empresas foram instituições financeiras como fundos de pensão, seguradoras, fundos mútuos, entre outros, sediados tanto no Brasil quanto no exterior. Diferentemente dos bancos comerciais, os investidores institucionais, como são denominados os principais agentes da finança globalizada,[25] operam em mercados secundários de papéis (bolsas de valores) em que os preços dos ativos são informados em tempo real. Esse atributo dos mercados abertos lhes permite estabelecer comparações instantâneas entre ativos lastreados em uma gama variada de atividades econômicas (ações, títulos da dívida pública, títulos privados etc.).

O relacionamento travado entre esses acionistas, portadores de um determinado perfil de investimento, e as empresas do setor da incorporação e construção constituiu o foco das pesquisas que examinaram as transformações recentes sob o ângulo da financeirização – ou seja, da influência decisiva exercida pela dinâmica dos mercados de capitais sobre o funcionamento do mercado imobiliário e, consequentemente, sobre as transformações que afetaram as cidades brasileiras nos anos recentes.[26] A caracterização do processo como expressivo da financeirização da economia é, em nosso ver, pertinente e se coaduna com tendências que são, para todos os efeitos, globais.[27] Todavia, é mister evitar abordar a financeirização como um processo universal e onipresente capaz de explicar toda e qualquer dinâmica que ocorre no mercado imobiliário. Além disso, é igualmente equivocado interpretar a financeirização nesse setor como um processo unidirecional de oligopolização do mercado imobiliário, em que haveria um controle quase absoluto das empresas de capital aberto sobre a oferta habitacional no país.

Nesse sentido, algumas considerações e ressalvas são importantes para o argumento que pretendemos elaborar. Em primeiro lugar, é preciso frisar que a influência dos investidores financeiros sobre mercado imobiliário brasileiro se manifesta, prioritariamente, no âmbito da oferta imobiliária (e menos da demanda): é mais precisamente através do poder acionário exercido, direta ou indiretamente, sobre os grupos empresariais do setor imobiliário e suas decisões de investimento que se observa a influência do mercado de capitais na dinâmica da promoção imobiliária brasileira.

Esse processo diferencia qualitativamente o que ocorreu no Brasil das dinâmicas que caracterizaram a expansão e crise imobiliária nos Estados Unidos e em outros países – como a Espanha e a Irlanda – onde a circulação de créditos hipotecários em mercados internacionais de ativos financeiros constituiu o fulcro da formação de bolhas imobiliárias.

Em segundo lugar, e de modo relacionado, o circuito de financiamento habitacional no Brasil continua tendo como agentes fundamentais os bancos públicos e privados, que funcionam em um modelo de crédito não securitizado. Houve, sem dúvida, um avanço da securitização de créditos imobiliários, sobretudo após a regulamentação mais transparente desses mecanismos,[28] mas a securitização de créditos habitacionais ainda é marginal se considerado o volume total do crédito habitacional concedido no país. Isso significa que a dívida habitacional contraída pelos mutuários não circula, em sua maior parte, em mercados secundários de hipotecas, mas permanece no balanço dos bancos comerciais. Por isso a dinâmica de financiamento habitacional sofre menor influência das oscilações nos mercados financeiros abertos do que é o caso em outros países onde a securitização de ativos ganhou terreno.

Em terceiro lugar, se é verdade que esse grupo de empresas com receita anual comumente superior a R$ 1 bilhão imprime marcas cada vez mais visíveis nas metrópoles brasileiras, não é menos verdadeiro o fato de que incorporadoras pequenas e médias continuam constituindo importante presença no mercado de imóveis, até mesmo em cidades como São Paulo e Rio de Janeiro. A presença dessas empresas menores não é um resíduo que será eliminado com o avanço inexorável das grandes incorporadoras, nem tampouco uma particularidade de um setor dito "atrasado" em relação a outros que incorporam maior densidade de capital fixo. O mercado imobiliário é fundamentalmente diferente de outros mercados de bens duráveis e suas características singulares configuram uma situação em que a centralização do capital é sempre parcial, não resultando em um mercado oligopolizado como em outros setores de bens duráveis.[29] Assim, as grandes empresas precisam se relacionar com outras empresas, frequentemente de menor dimensão, seja como parceiras ou como concorrentes.

Essas considerações nos conduzem a pensar as transformações que afetaram o mercado imobiliário brasileiro nos últimos anos em termos da emergência de uma nova matriz de relações entre agentes econômicos que operam em diferentes escalas espaciais. Isso significa afirmar que a influência determinante exercida pelos investidores financeiros não se consuma senão através do estabelecimento de redes de relações transescalares[30] que permitem territorializar o capital financeiro global em projetos imobiliários urbanos. Essas relações, entretanto, não são necessariamente harmônicas; ao contrário, elas frequentemente expõem divergências e contradições entre agentes cujas estratégias e lógicas de operação são diversas, em parte porque operam em horizontes escalares diferentes. Antes de adentrar nessa discussão, é preciso identificar os principais agentes dessa arquitetura multiescalar a que estamos nos referindo.

AS ESCALAS DE ACUMULAÇÃO NA PRODUÇÃO DAS CIDADES

Tabela 1 – Dimensões escalares dos negócios imobiliários urbanos

Escalas	Agentes	Processos e ações
Global	Investidores institucionais (fundos de pensão, seguradoras etc.) e seus intermediários (gestores de ativos)	Aquisição de papéis com lastro no mercado imobiliário (ações e debêntures emitidos por incorporadoras) como parte de estratégia de formação de carteiras de ativos diversificadas em termos de segmento (renda fixa ou variável, setores da economia etc.) e região geográfica (países "emergentes" ou desenvolvidos).
	Fundos de *private equity*	Aquisição de participação e protagonismo na reorganização administrativa das empresas anterior à abertura de capital (revenda da sua participação após o IPO)
	Agências de avaliação de risco	Emissão de *scores* padronizados, baseados em critérios afeitos aos investidores financeiros, que avaliam o grau de credibilidade dos devedores
Nacional	Fundos de investimento imobiliário (FII)	Aquisição e gerenciamento de carteiras diversificadas de imóveis com fins de rendimento (shopping centers, torres de escritórios, condomínios logísticos etc.)
	Incorporadoras e construtoras de capital aberto	Abertura de capital na Bovespa e financiamento do investimento mediante recurso ao mercado de capitais
		Dispersão territorial do investimento e monitoramento centralizado dos resultados operacionais e financeiros
	Bancos comerciais nacionais	Aquisição de Certificados de Recebíveis Imobiliários (CRIs) ou repasse de sua carteira de empréstimos hipotecários para companhias securitizadoras
		Ampliação do direcionamento de recursos para o financiamento habitacional
	Companhias securitizadoras	Securitização de portfólios pulverizados de financiamento imobiliário e oferta de Certificados de Recebíveis Imobiliários (CRIs) no mercado de capitais.
Local/Urbana	Incorporadoras e construtoras parceiras	Estabelecimento de parcerias com construtoras/incorporadoras nacionais em segmentos específicos
		Aquisição de terrenos e oferta de megaempreendimentos com forte impacto sobre a dinâmica de preços local e sobre a estruturação do espaço urbano
	Proprietários de terrenos	Venda ou permuta de terrenos com as incorporadoras financeirizadas para promoção de grandes projetos
	Pequenas incorporadoras familiares	Prestação de serviços à construtoras maiores por subempreitada.

Fonte: Elaboração do autor.

A CIDADE COMO NEGÓCIO

A tabela anterior oferece um quadro sinóptico dos (principais) agentes e processos envolvidos na reconfiguração do circuito imobiliário urbano no Brasil, bem como dos posicionamentos escalares (predominantemente) ocupados por esses agentes. Na coluna da direita estão, ademais, listadas algumas das principais práticas econômicas empreendidas por esses agentes. Uma breve visualização da tabela permite reconhecer algumas das transformações aludidas nos parágrafos anteriores.

Em primeiro lugar, é inegável que a relevância assumida pela escala global nas cadeias de circulação de valor nos negócios imobiliários é a novidade mais importante do período recente. É evidente que não é de todo inédita a presença de investidores estrangeiros no setor imobiliário, e os exemplos históricos são relativamente abundantes – desde a especulação com terrenos por firmas especializadas em serviços urbanos no início do século XX (como é o notório caso da Light em São Paulo), passando pelas *joint ventures* entre empresas estrangeiras e nacionais no mercado imobiliário do turismo no Nordeste brasileiro nos anos 1990, até a presença direta de construtoras/incorporadoras internacionais no mercado de escritórios de alto padrão em São Paulo. A questão não é tanto o ineditismo da presença de capitais internacionais, mas a densidade e regularidade das interações travadas entre investidores globais e os circuitos de valorização do capital nos negócios imobiliários no Brasil.

A presença mais constante de investidores globais no circuito imobiliário brasileiro não é, evidentemente, um desdobramento natural da abertura dos mercados, mas repousa sobre uma série de reformas e regulamentações implementadas a partir da década de 1990 no Brasil.[31] Essas reformas viabilizaram a transmutação dos ativos imobiliários em ativos financeiros, formas de capital fictício negociáveis em mercados secundários. A criação desses novos ativos financeiros lastreados em negócios imobiliários constitui uma condição imprescindível para que o investimento imobiliário torne-se atrativo para fundos de investimento que operam em mercados abertos, uma vez que permite contornar o problema do longo tempo de rotação dos investimentos imobiliários[32] e ajustar esse circuito às estratégias (de curto prazo) de administração de ativos empreendidas por esses fundos.[33]

As duas principais vias de entrada desses investidores globais no recente *boom* imobiliário brasileiro foram a compra de participação nas construtoras e incorporadoras brasileiras e a aquisição de cotas nos fundos de investimento imobiliário (embora, nesse último caso, os dados referentes à identidade dos cotistas sejam sigilosos). Essa injeção de recursos permitiu às incorporadoras implementar planos ambiciosos de ganho de participação no mercado imobiliário, sobretudo através da diversificação, setorial e geográfica, dos investimentos.[34] Houve, efetivamente, um salto escalar desse grupo de incorporadoras, que, de pequenas e médias firmas operando em mercados regionais restritos, subitamente tornam-se grandes grupos empresariais com alcance nacional. Os fundos de investimento imobiliário, por sua vez, conseguiram, sobretudo a partir de 2009, levantar recursos para diversificar suas

|130|

carteiras de investimento em ativos imobiliários, embora nesse caso a diversificação regional seja bem menos expressiva.

Esse salto escalar das incorporadoras e construtoras não teria sido possível, outrossim, se os bancos comerciais (principalmente públicos) não houvessem simultaneamente direcionado recursos das cadernetas de poupança e do Fundo de Garantia do Tempo de Serviço (FGTS) para o crédito habitacional. Isso é mais evidente, sobretudo, a partir de 2009. As mudanças macroeconômicas observadas no primeiro governo Lula (2003-2006), bem como a política de estímulo ao financiamento habitacional representada pelo Minha Casa Minha Vida a partir de 2009, foram determinantes para a elevação do volume de crédito concedido. Essa atuação em escala nacional dos bancos foi imprescindível para a criação de nova demanda solvável, tanto em termos de segmentos de renda antes sem acesso ao mercado imobiliário (sobretudo camadas de renda média-baixa), como em termos regionais, na medida em que a ampliação do espectro de adquirentes potenciais tornava viável a entrada das incorporadoras de capital aberto em outros mercados regionais ao permitir ganhos de escala (não sem contradições, como veremos mais adiante).

A dispersão territorial das incorporadoras capitalizadas com o objetivo de ampliar mercados forçou-as a travar relações com inúmeros agentes locais, como proprietários de terrenos, pequenas e médias incorporadoras regionais, empresas subcontratadas, fornecedores de materiais, escritórios de arquitetura etc. Por isso, para além da trama que vincula agentes financeiros globais com grupos empresariais brasileiros que atuam em escala nacional, a reorganização do mercado imobiliário brasileiro também inaugurou relações novas entre o que sucede nas escalas nacional e local. É preciso insistir na ressalva, feita anteriormente para o caso dos laços entre as escalas global e nacional, de que relações entre esses níveis escalares estão longe de constituir uma novidade no mercado imobiliário brasileiro. A política habitacional inaugurada pelo regime militar já se alicerçava sobre uma interação entre um arcabouço institucional e regulatório estruturado na escala nacional (o Sistema Financeiro da Habitação, supervisionado pelo Banco Nacional da Habitação – BNH), por um lado, e construtoras e/ou cooperativas que, organizadas na escala local, asseguravam a utilização dos recursos (financiamentos e subsídios) no provimento de habitação. O que há de novo é a mudança na natureza dos vínculos entre esses níveis escalares de acumulação: não são apenas os circuitos de financiamento que funcionam, hoje, na escala nacional, mas também as estratégias de investimento dos grandes grupos de incorporação imobiliária e dos fundos de investimento imobiliário.

A densidade de relações econômicas que materializa esse arranjo multiescalar é, sem dúvida, mais complexa do que pode ser representado esquematicamente em uma tabela. Entretanto, mais do que caracterizar e descrever a miríade de relações e processos econômicos que articulam esses diferentes níveis escalares, nosso propósito aqui é problematizar a constituição e reprodução desse arranjo entre escalas. A pertinência desse percurso justifica-se uma vez que se coloca em questão uma certa naturalização das relações econômicas interescalares que tacitamente transparece em muitas abordagens sobre as transformações econômicas engendradas pela globalização. Desse ponto de vista, o arranjo escalar identificado até aqui precisa ser perscrutado como um problema de coordenação econômica.

AS RELAÇÕES INTERESCALARES SOB O PRISMA DO PROCESSO DE COORDENAÇÃO ECONÔMICA

A abordagem econômica convencional, assentada no paradigma do equilíbrio geral, concebe o processo de coordenação econômica como um resultado espontâneo de relações travadas entre sujeitos econômicos portadores de uma racionalidade aprioristicamente postulada.[35] Nessa concepção essencialmente a-histórica, o funcionamento adequado do sistema de preços, fonte primordial de informação à disposição dos sujeitos econômicos, é tudo o que é preciso para coordenar as ações de indivíduos e firmas e, assim, atingir um estado de equilíbrio entre oferta e demanda. A crítica a essa vertente teórica foi a tônica de muitas escolas de pensamento na economia política, sociologia econômica e geografia econômica surgidas nas últimas décadas. Embora muito diversas em suas metodologias básicas e em seus pressupostos teóricos, essas correntes heterodoxas são uníssonas na condenação dos pressupostos básicos do paradigma do equilíbrio ao assinalar que a coordenação entre os agentes econômicos não pode se efetivar sem a mediação fundamental de instituições (estatais e não estatais), convenções, normas, rotinas e redes de cooperação que permitem enraizar social e territorialmente as transações econômicas.

A interpretação das transformações econômicas ocorridas no mercado imobiliário brasileiro sob esse ponto de vista permite enxergar a articulação interescalar dos agentes em questão como um processo contraditório de coordenação econômica. Para esclarecer o que se está dizendo, é preciso assinalar, em primeiro lugar, que a construção de vínculos escalares é primordialmente aqui uma decorrência da procura, pelos agentes econômicos hegemônicos, de horizontes de acumulação mais alargados, que contribuam para potencializar o processo de valorização de seus capitais. Entretanto, essas relações econômicas travadas entre agentes que operam (prioritariamente) em escalas geográficas distintas são, frequentemente, atravessadas por tensões e contradições que refletem as diferentes lógicas, temporalidades e espacialidades que norteiam suas práticas econômicas predominantes. Além disso, as múltiplas formas de regulação – estatal e não estatal – das interações entre esses agentes não necessariamente são bem-sucedidas no sentido de estabilizar a configuração escalar emergente. Pretendemos ilustrar esse processo colocando em relevo, com base em pesquisa anterior,[36] algumas das contradições que afloraram no curso do *boom* imobiliário brasileiro iniciado por volta da metade da década passada.

Um primeiro ângulo de observação é aquele das relações estabelecidas entre investidores financeiros globais e os grupos incorporadores nacionais. Vistas superficialmente, essas relações se colocam apenas como aquisições anônimas de ações e títulos por investidores ou grupos financeiros, motivadas pelas expectativas de rendimento que as condições econômicas vigentes no setor imobiliário permitiam. No entanto, inúmeras camadas institucionais e regulatórias tornaram possível as relações econômicas entre esses agentes.

Em primeiro lugar, o florescimento do mercado de capitais brasileiro não foi um desdobramento espontâneo da abertura comercial iniciada na década de 1990. Como observa Leda Paulani,[37] o caminho para que o Brasil se tornasse uma "plataforma de valorização financeira" envolveu, primeiramente, a construção gradativa de uma "credibilidade" do país aos olhos de investidores financeiros e suas agências de avaliação de risco. Para isso foram importantes os sucessivos compromissos do Estado brasileiro em obter superávits orçamentários que garantissem o serviço da dívida pública, porquanto os títulos da dívida pública viriam se tornar o pilar básico da liquidez no mercado de capitais brasileiro. Assim, se em diversas ocasiões houve desconfiança dos investidores em relação à capacidade do governo brasileiro de honrar seus compromissos financeiros, houve também uma disposição imediata dos governos – seja do PSDB ou do PT – em assegurar a comunidade financeira de que a prioridade nos gastos do Estado é o serviço da dívida – daí a preocupação com superávits primários e o monitoramento do chamado "risco Brasil".

Para além dessas condições macroeconômicas básicas, os sucessivos governos, desde o primeiro mandato de Fernando Henrique Cardoso, criaram as condições para uma remuneração excepcional dos ativos financeiros: por um lado, ficou mantida em patamares elevados (em alguns momentos elevadíssimos) a taxa básica de juros do país; de outra parte, inúmeras isenções e benefícios fiscais foram concedidos a aplicações em títulos, ações e demais papéis financeiros. Essas reformas foram criando as bases para garantir maior profundidade e liquidez ao mercado de capitais brasileiro, que começa a exibir um crescimento exponencial na década de 2000.

No plano específico do acesso dos grupos empresariais imobiliários ao mercado de capitais, foi necessário, além disso, que essas empresas se comprometessem com padrões internacionais de governança corporativa que são vistos como indispensáveis pelos investidores financeiros.[38] Na Bolsa de Valores de São Paulo (Bovespa), para uma empresa ser listada entre aquelas com padrão mais elevado de governança corporativa, consonante com as diretrizes internacionais preconizadas por instituições como o Banco Mundial, é preciso que ela se comprometa a divulgar, com periodicidade regular, uma série de informações detalhadas sobre seu desempenho operacional e financeiro. A adesão a esses princípios de governança corporativa é avaliada positivamente pelos investidores institucionais porque, ao dar maior transparência aos negócios das empresas, favorecem as decisões de aplicação e a liquidez nos mercados secundários.[39]

Essas diversas camadas (sobrepostas) de regulação assentaram as bases para a associação entre investidores globais e as incorporadoras nacionais a partir de meados da década de 2000. Elas não impediram, no entanto, a ocorrência de tensões e contradições entre essas escalas espaciais de ação econômica, expressivas do divórcio entre os horizontes espaciais e temporais que regem a administração de carteiras por parte de grandes fundos de aplicação financeira e aqueles que condicionam as atividades do setor imobiliário.

Para elucidar a natureza dessas tensões, é preciso compreender, em primeiro lugar, que a formação de preços de ativos nos mercados financeiros raramente reflete uma análise rigorosa, da parte dos operadores desses mercados, dos fundamentos da atividade econômica subjacente aos papéis negociados. Em outras palavras, os preços dos ativos (ações e títulos) raramente refletem com fidelidade as oportunidades reais de acumulação em determinado setor. Antes, os preços de ativos em mercados financeiros possuem um conteúdo fortemente autorreferencial, no sentido de que exprimem um estado de expectativas compartilhadas pela comunidade de investidores em um determinado momento. Tais expectativas formam convenções que estabilizam temporariamente os preços, mas essas convenções podem se dissolver repentinamente como consequência de decisões de investidores que vão no sentido contrário às expectativas compartilhadas.[40]

Não é de todo surpreendente, nesse contexto, que os papéis emitidos pelas incorporadoras brasileiras tenham sido sujeitos a oscilações amplas, após um período de euforia subsequente à abertura de capital. Com efeito, conforme entrevistas realizadas entre 2010 e 2012, o conhecimento pouco profundo dos investidores financeiros acerca das particularidades do mercado imobiliário brasileiro levou à formação de convenções baseadas em parâmetros instáveis. Assim aconteceu nos primeiros meses após a abertura de capital, quando o tamanho do banco de terrenos das empresas tornou-se o critério privilegiado para a formação de expectativas acerca do seu potencial de crescimento. Esse parâmetro foi em breve substituído por outro não menos unilateral: estimava-se que as empresas que apresentassem planos de expansão de lançamentos mais robustos seriam aquelas que, futuramente, agraciariam os investidores com melhores resultados em termos de ganhos de capital e de distribuição de dividendos.

Essas oscilações nas convenções financeiras seriam de escasso interesse caso não afetassem as decisões dos gerentes das empresas em foco. No entanto, é justamente porque as decisões de investimento dos grupos do setor imobiliário foram, em grau maior ou menor, direcionadas por essas convenções que se pode pensar em termos de tensões entre escalas espaciais de ação econômica. Conforme relatado por dirigentes entrevistados, a ênfase inicial dos mercados financeiros na dimensão dos bancos de terrenos (*landbanks*) levou algumas incorporadoras a uma corrida em busca de terrenos urbanos que, ao que tudo indica, contribuiu para o início da elevação nos preços de imóveis no Brasil. Algo semelhante ocorreu quando a prioridade dos investidores se deslocou para as previsões de lançamentos – o chamado *guidance*, cujo indicador fundamental é o valor estimado da soma dos lançamentos a serem feitos no ano. As incorporadoras partiram, motivadas por essas expectativas, para uma estratégia mais agressiva de lançamentos: de uma parte, apostaram em empreendimentos maiores, que permitiam acelerar o ritmo de lançamentos ao abreviar o tempo gasto com trâmites burocráticos, como aprovação de projetos e estudos de impacto ambiental; por outro lado, enxergaram na diversificação regional um oportunidade de aumentar rapidamente o volume lançado, sobretudo explorando melhor os mercados do interior paulista e das demais metrópoles brasileiras.

Nem todas, evidentemente, seguiram o mesmo roteiro. Para aquelas empresas que acataram mais prontamente as injunções dos mercados financeiros, primordialmente com o objetivo de manter os preços de suas ações em patamares elevados, algumas decisões tiveram consequências preocupantes tanto para seu desempenho econômico quanto para a produção das cidades. A constituição de grandes bancos de terrenos, por exemplo, imobilizou o capital das incorporadoras em ativos pouco líquidos. A crise de 2008, que gerou um aperto de liquidez nos mercados financeiros internacionais e acabou por atingir também o sistema bancário brasileiro, deixou algumas empresas sem capital de giro para dar continuidade às suas operações. Somente um resgate do governo federal, através da oferta de linhas de crédito por meio dos bancos estatais, permitiu evitar um desfecho mais grave. Um salto especulativo semelhante foi observado quando as incorporadoras procuraram acelerar suas projeções de lançamentos como efeito de demonstração do seu potencial de crescimento. A prioridade concedida aos grandes projetos bem como a dispersão territorial em busca de novos mercados encontram explicação nesse compromisso, selado com investidores e acionistas, de acelerar os lançamentos e ampliar as receitas.[41] Como era previsível, a expansão precipitada para outros mercados e multiplicação de megaprojetos esbarraram, em vários casos, em problemas como excesso de oferta, custos de construção subestimados, prazos atrasados etc. (ver a seguir), não sem deixar marcas no espaço das cidades.[42]

Assim, é possível afirmar que as formas de regulação que favoreceram a articulação entre investidores globais e grupos imobiliários nacionais não impediram que aflorassem contradições entre essas escalas espaciais de acumulação. Essas contradições exprimem os desencontros entre os horizontes espaciais e temporais de acumulação que regem as práticas econômicas dos agentes envolvidos – de uma parte, a busca de ganhos de curto prazo por parte dos grandes fundos de aplicação financeira, que baseiam suas decisões de investimento em expectativas voláteis, formadoras de convenções financeiras temporárias, muitas vezes pouco atentivas às condições reais de acumulação; de outra parte, as particularidades de um setor que obedece a um tempo de rotação mais lento, no qual a maturação dos investimentos requer um planejamento de longo prazo com uma atenção redobrada à evolução da demanda (determinada pelo crescimento da renda, pela disponibilidade e tendências do crédito à moradia e, finalmente, pelo déficit de habitações).

Tabela 2 – Síntese das relações interescalares e suas tensões

Relações interescalares	Formas de regulação	Tensões e contradições
Global – Nacional	• Adesão das empresas do segmento imobiliário aos princípios de governança corporativa • Fortalecimento institucional e regulatório dos mercados de capitais no Brasil. • Incentivos fiscais às aplicações financeiras e aos rendimentos gerados.	• Convenções voláteis formam-se no mercado financeiro e influenciam nas estratégias adotadas pelas incorporadoras. • Expansão dos lançamentos baseada em expectativas otimistas de acionistas e investidores financeiros esbarra nas condições reais de mercado.
Nacional – Local	• Patrimônio de afetação (maior segurança jurídica ao comprador). • Flexibilizações na legislação de uso e ocupação do solo, facilitando os negócios em grande escala. • Convenções sobre os papéis a serem desempenhados pelas empresas em uma divisão do trabalho	• Empresas parceiras não estavam adaptadas aos ritmos, custos e qualidade de construção exigidos pelas empresas maiores. • Desconhecimento das idiossincrasias dos mercados regionais resultou em projetos fracassados ou pouco rentáveis. • Desacordo entre as empresas acerca do papel a ser desempenhado por cada uma.

Fonte: Elaboração do autor.

Contradições interescalares também se manifestaram no âmbito das relações travadas entre as escalas nacional e local de acumulação. Evidentemente, as formas de entrelaçamento entre essas escalas são igualmente multiformes: para ficar numa ilustração básica, as políticas de financiamento habitacional, elaboradas na escala nacional, se traduzem em estratégias (territoriais) de concessão de crédito por parte de bancos comerciais (públicos e privados). Essas decisões de financiamento, tomadas nos altos escalões da hierarquia dos grandes bancos, têm um forte impacto nas condições de acumulação no setor construtivo e imobiliário na escala local na medida em que afetam as características da demanda solvável por imóveis. Aqui, contudo, enfocaremos outra dimensão das relações nacional-local: as modalidades de articulação entre as construtoras e incorporadoras nacionais, em vias de expansão territorial na busca de novos mercados, e as construtoras familiares locais.

Em primeiro lugar, é preciso frisar as circunstâncias econômicas que tornaram esse tipo de associação quase inevitável. Como vimos, as grandes incorporadoras se viram, na esteira da abertura de capital, forçadas a expandir rapidamente seus lançamentos, justificando, assim, os recursos levantados nos mercados financeiros e preparando o portfólio para futuras captações. Nesse contexto, em que pese a densidade econômica da metrópole paulista, a solução vislumbrada para acelerar a construção de imóveis foi a dispersão para mercados distantes. Entre 2005 e 2009, grandes incorporadoras como Cyrela, Gafisa, PDG, MRV, Rossi, entre outras, expandiram rapidamente os mercados de operação para incluir estados das regiões Sul, Nordeste, Centro-Oeste e mesmo Norte (embora em menor grau). Em alguns casos mais extremos, essa abertura de novas frentes de acumulação reduziu marcadamente a participação relativa da capital paulista no total de lançamentos de algumas construtoras.

Entretanto, a organização da atividade de incorporação imobiliária encontra barreiras decisivas quando se trata de operar em escalas supralocais. Deparamo-nos, aqui, com algumas singularidades do circuito imobiliário que torna os negócios com o solo urbano atividades obstinadamente locais. Esse enraizamento local deriva da própria natureza do imóvel enquanto mercadoria: sua fixidez no solo obriga a firma que investe no setor imobiliário a deslocar as condições de produção para o local de consumo final. Esse deslocamento seria um problema logístico relativamente simples se não envolvesse dimensões mais sutis e intangíveis, relacionadas com a necessidade de um conhecimento das especificidades locais do mercado imobiliário: tendências de evolução dos preços, áreas de maior potencial de crescimento, legislação de uso do solo e, mais importante, a tessitura de relações cotidianas entre empresários, gestores públicos, engenheiros, políticos, trabalhadores, que circunscreve as oportunidades de acumulação no local.[43]

A necessidade de elevar rapidamente o montante de lançamentos em mercados pouco conhecidos tornou quase obrigatória, portanto, a parceria com empresas locais que detinham conhecimento mais apurado dos atributos e especificidades desses mercados. Apesar das variadas formas contratuais que selaram essas parcerias, a maioria delas envolveu uma divisão do trabalho em que as firmas financeirizadas se encarregavam da elaboração do projeto, do marketing e da gestão financeira, ao passo que as empresas regionais se dedicavam ao processo de construção ao mesmo tempo que cediam sua marca, mais conhecida no mercado local, aos projetos lançados.

Embora menos visíveis, algumas formas de regulação viabilizaram formas de coordenação econômica entre essas escalas de acumulação. Uma delas o regime conhecido como Patrimônio de Afetação, aprovado em lei em 2004 (Lei 10.931), que protege o adquirente de uma unidade em condomínio no caso de falência da incor-

A CIDADE COMO NEGÓCIO

poradora ao segregar a contabilidade de um empreendimento do restante do balanço contábil da empresa.[44] Esse regime impede, portanto, que as grandes incorporadoras, que regularmente administram um número grande de canteiros dispersos pelo país, transfiram recursos de projetos superavitários para aqueles que apresentem maiores dificuldades financeiras – procedimento antes corriqueiro que determinou, em grande medida, a falência da construtora Encol nos anos 1990. Para além disso, numerosas flexibilizações nas legislações de uso e ocupação do solo urbano municipais – as mais conhecidas sendo as operações urbanas consorciadas – foram essenciais para garantir a oferta de grandes empreendimentos imobiliários.

As tensões que surgiram nessas associações decorreram, em grande medida, das exigências e requisitos colocados pelas grandes construtoras e da limitada capacidade que detinham as construtoras locais de responder adequadamente a essas exigências. Com efeito, em inúmeros casos as firmas nacionais, premidas pela necessidade de aumentar o volume de lançamentos, estabeleceram parcerias com empresas que careciam de capacidade operacional para viabilizar a construção de empreendimentos na escala e dentro dos parâmetros de custo e qualidade desejados pelas parceiras. Por isso, grande parte das dificuldades enfrentadas pelas incorporadoras financeirizadas ocorreu em mercados regionais distantes. Os empecilhos à valorização nesses mercados forçaram muitas firmas a romper contratos de parceria e, em alguns casos, a rever suas estratégias de diversificação regional.

Porém, mesmo quando os atritos entre as firmas em cooperação não atingiram o ponto de ruptura, a dispersão territorial dos grandes grupos imobiliários coloca em foco outras contradições entre essas escalas de acumulação. Em primeiro lugar, é preciso destacar a pouca variabilidade técnica e arquitetônica dos empreendimentos propostos pelas grandes construtoras, sobretudo nos segmentos de renda baixa e média. Um dos artifícios empregados pelas grandes construtoras para cortar custos foi padronizar os projetos,[45] limitando suas variações a duas ou três tipologias básicas. Essa estratégia, conquanto eficiente para diminuir custos, ignora as singularidades da demanda por imóvel em um país marcado por grande diversidade cultural e ambiental, bem como técnicas construtivas adotadas pelas empresas locais mais adaptadas a essa variabilidade. Daí que muitos desses projetos não tenham recebido a mesma aceitação em diferentes mercados regionais, o que se refletiu no desempenho das firmas maiores nesses mercados.

Em segundo lugar, ainda que a cooperação com empresas locais tenha permitido às incorporadoras abreviar o tempo de aprendizado necessário para operar nos mercados regionais, as dificuldades que se opõem às estratégias de acumulação na escala nacional se repõem em outros planos. Mesmo recorrendo às estratégias amplas de subcontratação e terceirização para ingressar nesses novos mercados sem investimentos muito pesados, a presença em um mercado distante ainda exige o deslocamento de atividades administrativas relacionadas à supervisão dos canteiros de obra, à administração dos custos de construção, à gestão de contratos com fornecedores etc.

Essa gama de custos fixos torna a decisão de permanência no mercado fortemente dependente das condições de crédito habitacional, que alargam a demanda solvável e permitem, assim, tornar mercados distantes mais atrativos ao proporcionar uma escala mínima de negócios. Contudo, basta uma pequena alteração das condições de financiamento habitacional para colocar em risco a permanência em um mercado com menor demanda agregada, reconduzindo as estratégias para os mercados mais consolidados (São Paulo e Rio de Janeiro).

Finalmente, em muitos casos as empresas locais passaram a questionar os acordos e rotinas que sustentavam a divisão (interescalar) do trabalho que as unia com as grandes incorporadoras. Conforme relatado em entrevistas, em alguns casos os acordos incluíam, formalmente, a possibilidade de as empresas locais proporem empreendimentos que julgassem oportunos diante da demanda local. Na prática, porém, as construtoras maiores deixaram poucas margens de autonomia às construtoras locais, subordinando-as às suas estratégias em escala nacional. Isso deixou muitas delas insatisfeitas com esse gênero de cooperação e, em alguns casos, as parcerias foram encerradas.

A discussão brevemente desenvolvida acerca desses processos de articulação entre escalas espaciais de acumulação na produção das cidades evidencia, portanto, que tais arranjos escalares assentam-se sobre formas instáveis e voláteis de coordenação econômica entre agentes cujas estratégias de acumulação se diferenciam decisivamente em função da escala geográfica em que procuram desenvolver seus negócios. Inúmeras formas de regulação (em sentido lato) conferem certa estabilidade a essa arquitetura escalar, mas não impedem, de todo, a emergência de desarranjos e dissonâncias recorrentes entre as estratégias (escalares) de acumulação. Daí que a reflexão sobre a reprodução das condições gerais de acumulação, que constitui o *leitmotiv* da abordagem regulacionista, ganhe novos contornos quando são incluídas as dimensões escalares desse processo. Trata-se não apenas de compreender como se imbricam (contraditoriamente) os diferentes níveis ou escalas de acumulação em determinado contexto histórico-social ou, mais restritamente, em determinado setor da economia, mas também de localizar e refletir sobre a congruência ou os desencaixes entre escalas de acumulação e escalas de regulação social.

CONCLUSÃO

Um dos traços mais marcantes da produção do espaço na atualidade refere-se à rapidez com que se processam as transformações urbanas e a profundidade das marcas que deixam no cotidiano da metrópole. É necessário, porém, reconhecer que a produção do espaço, enquanto conceito mais abrangente para lidar com a espacialidade do desenvolvimento social, engloba variadas dimensões e encerra inúmeros processos. Parece pertinente sugerir, nesse sentido, que a atenção à dimensão escalar da produção do espaço permite iluminar esse último processo sob ângulos renovados, desvendando aspectos antes pouco teorizados do desenvolvimento urbano. Tal assertiva ganha maior validade quando se observa que as profundas transformações ocorridas nas metrópoles brasileiras desde o início do século alicerçam-se, em grande medida, sobre novos arranjos interescalares. Com efeito, a ideia de financeirização das cidades, referida como a influência crescente dos mercados financeiros e dos grandes fundos de investimento no direcionamento do crescimento urbano, ganha maior densidade de conteúdo quando compreendida como um entrelaçamento essencialmente contraditório de escalas diferenciadas de acumulação (ainda que sob o predomínio das estratégias elaboradas na escala global). Evita-se, assim, uma abordagem unidirecional segundo a qual as mudanças partem do global para o local, sendo as escalas intermediárias unicamente correias de transmissão dos impulsos originados nos mercados globais. Antes, o que uma abordagem (multi)escalar explicita, no caso em tela, é que o predomínio da escala global de acumulação, representada pelos grandes fundos de aplicação financeira, não ocorre sem inúmeras contradições e fricções com outras escalas de ação econômica. Essas demais escalas de acumulação (nacional, regional, local) não são simplesmente receptoras passivas das forças econômicas globais, mas reconfiguram essas forças de formas pouco previsíveis.

Convém, ainda, colocar duas observações para concluir. Em primeiro lugar, se é verdade que a reflexão sobre os negócios imobiliários urbanos e os arranjos e hierarquias escalares produzidos pelas estratégias dos diferentes agentes envolvidos nesse circuito contribuem para desvendar a produção do espaço urbano na atualidade, não se deve, contudo, reduzir a produção do espaço à acumulação de capital no setor imobiliário, mesmo quando se tem por objetivo prioritário iluminar os mecanismos econômicos que reestruturam o uso do solo urbano das metrópoles. Embora os negócios com a propriedade imobiliária urbana sejam a face mais visível – e, em alguns casos, mais importante – da produção do espaço das metrópoles, a dinâmica territorial de acumulação em outros setores econômicos desempenha um papel não desprezível em produzir novas polarizações e centralidades no tecido metropolitano.[46] Daí que uma investigação sobre as escalas de acumulação na produção do espaço deva perscrutar, também, a reestruturação econômica mais ampla das cidades, incluindo o surgimento de novos segmentos industriais e de serviços responsáveis por desatar forças de mudança na estruturação do tecido socioespacial urbano.

A segunda observação consiste em um alerta quanto aos limites do conceito de escala. Se a utilização desse conceito possibilitou iluminar dimensões antes pouco exploradas da produção do espaço, é preciso insistir que esse último processo não pode ser reduzido à produção da escala. Nesse sentido, é necessário ter clareza quanto aos limites teóricos do conceito de escala, para não incorrer em extrapolações que, ao fetichizá-lo, reduzam seu potencial explicativo. Por isso, é o objeto de estudo e as suas determinações fundamentais que devem nortear a escolha dos conceitos mais apropriados para desvendar sua espacialidade.

NOTAS

[1] Este capítulo retoma e desenvolve algumas ideias já apresentadas em Sanfelici (2013b).

[2] Bourdieu, 2004.

[3] Castro, 1995.

[4] Idem, p. 136.

[5] Vainer, 2006.

[6] Idem.

[7] Brenner, 2000.

[8] Idem, 2001.

[9] Smith, 2008 [1984].

[10] Idem, p. 181.

[11] Brenner, 2001.

[12] Smith, 1992.

[13] Ver também Delaney e Leitner, 1997.

[14] Smith, 1995, pp. 60-1, tradução nossa.

[15] Brenner, 2010.

[16] Brenner, 2010; ver também Swyngedouw, 2004 e Cano e Fernandes, 2005. O texto de Cano e Fernandes salienta, corretamente em nosso ver, a continuidade da importância da escala nacional de regulação estatal, uma advertência imprescindível face aos argumentos mais extremados sobre a retomada de importância das escalas local e global. Entendemos, no entanto, que Cano e Fernandes não diferenciam suficientemente dois argumentos cujas implicações políticas são bem distintas: (1) o que afirma que a perda de importância da escala nacional é equivalente à perda de importância do Estado, uma posição alinhada à ideologia neoliberal da globalização; (2) o que rejeita a ideia de perda de importância do Estado, mas reconhece que houve uma reestruturação escalar da intervenção estatal, com outros níveis escalares ganhando maior importância na regulação do processo de acumulação.

[17] Gough, 2004; Peck, 2002; Macleod e Goodwin, 1999; Collinge, 1999; Swyngedouw, 2004; Delaney e Leitner, 1997; Vainer, 2006; Cano e Fernandes, 2005; Mackinnon, 2011.

[18] Brenner, 2009.

[19] Brenner et al. 2008.

[20] Royer, 2009; Shimbo, 2010; Fix, 2011; Cardoso e Aragão, 2013.

[21] Botelho, 2007; Volochko, 2008.

[22] Fix, 2007.

[23] Os fundos de *private equity* são entidades especializadas em adquirir participação em empresas em estágio inicial de crescimento, geralmente com o objetivo de vender sua participação alguns anos mais tarde em uma eventual oferta inicial de ações.

[24] Shimbo, 2010; Fix, 2011; Sanfelici, 2013a.

[25] Aglietta, 1998; Chesnais, 2002.

[26] Shimbo, 2010; Fix, 2011; Volochko, 2012; Rufino, 2012; Sanfelici, 2010; 2013a.

[27] Gotham, 2006; Renard, 2008; Aalbers, 2008; Newman, 2009; Theurillat et al, 2010; Harvey, 2012; Rolnik, 2013; Halbert e Rouanet, 2014.

[28] Royer, 2009.

[29] Ball, 2003; Wood, 2004; Buzzelli e Harris, 2006. Entre estas características básicas, destaca-se as limitadas barreiras de entrada, na medida em que um baixo investimento de capital permite um investidor entrar no ramo de negócios.

[30] Halbert e Rouanet, 2014.

[31] Botelho, 2007; Royer, 2009.

[32] Harvey, 1999.

[33] Aglietta, 2004; Blackburn, 2006.

[34] Sanfelici, 2013a.

[35] Aglietta, 2000.

[36] Sanfelici, 2013a.

[37] Paulani, 2008.

[38] Sanfelici, 2013a.

[39] Soederberg, 2003; Grun, 2003.

[40] Aglietta, 2004.

[41] O que não quer dizer que se tratasse exclusivamente de delírio especulativo. Na verdade, as principais variáveis macroeconômicas justificavam uma estratégia de crescimento relativamente rápido e a maior parte dos lançamentos foi absorvida. Mas a expectativa dos investidores certamente teve um papel em levar as incorporadoras a saltos especulativos que redundaram em perdas grandes.

[42] Ver Sanfelici e Santos, neste livro.

[43] Wood, 2004; Buzzelli e Harris, 2006.

[44] Ver Royer, 2009.

[45] Shimbo, 2010.

[46] Scott, 2011.

BIBLIOGRAFIA

AALBERS, Manuel. The financialization of home and the mortgage market crisis. *Competition & change*, v. 12, n. 2, 2008, pp. 148-66.

AGLIETTA, Michel. *A theory of capitalist regulation*: the us experience. New York: Verso, 2000.

_____. *Macroeconomia financeira*: mercado financeiro, crescimento e ciclos. São Paulo: Loyola, 2004.

BALL, Michael. Markets and the structure of the housebuilding industry: An international perspective. *Urban Studies*, v. 40, n. 5-6, 2003, pp. 897-916.

BLACKBURN, Robin. Finance and the fourth dimension. *New Left Review*. London, v. 39, 2006, p. 39.

BOTELHO, Adriano. *O urbano em fragmentos*. São Paulo: Annablume, 2007.

BOURDIEU, Pierre. *Usos sociais da ciência*. São Paulo: Editora da Unesp, 2004.

BRENNER, Neil. The urban question as a scale question: reflections on Henri Lefebvre, urban theory and the politics of scale. *International journal of urban and regional research*, v. 24, n. 2, 2000, pp. 361-78.

_____. The limits to scale? Methodological reflections on scalar structuration. *Progress in human geography*, v. 25, n. 4, 2001, pp. 591-614.

_____. Restructuring, rescaling and the urban question. *Critical Planning*, v. 16, n. 4, 2009.

_____. A globalização como reterritorialização: o reescalonamento da governança urbana na União Europeia. *Cadernos Metrópole*, v. 12, n. 24, 2010, pp. 535-64.

BRENNER, Neil; JESSOP, Bob; JONES, Martin. Theorizing sociospatial relations. *Environment and Planning D*: Society and Space, v. 26, 2008, pp. 389-401.

BUZZELLI, Michael; HARRIS, Richard. Cities as the industrial districts of housebuilding. *International Journal of Urban and Regional Research*, v. 30, n. 4, 2006, pp. 894-917.

CANO, Wilson; FERNANDES, Ana Cristina. O movimento do pêndulo: justiça social e escalas espaciais no capitalismo contemporâneo. In: DINIZ, Clélio Campolina; LEMOS, Mauro Borges (orgs.). *Economia e território*. Belo Horizonte: Ed. UFMG, 2005.

CARDOSO, Adauto Lúcio; ARAGÃO, Thêmis Amorim. Do fim do BNH ao Programa Minha Casa Minha Vida: 25 anos da política habitacional no Brasil. In: CARDOSO, Adauto Lúcio (org.). *O Programa Minha Casa Minha Vida e seus efeitos territoriais*. Rio de Janeiro: Letra Capital, 2013.

CASTRO, Iná Elias de. O problema da escala. *Geografia*: conceitos e temas. Rio de Janeiro: Bertrand Brasil, 1995, pp. 117-40.

CHESNAIS, François. A teoria do regime de acumulação financeirizado: conteúdo, alcance e interrogações. *Economia e Sociedade*, v. 11, n. 1, 2002, pp. 1-44.

COLLINGE, Chris. Self-organisation of society by scale: a spatial reworking of regulation theory. *Environment and Planning D*: Society and Space, v. 17, 1999, pp. 557-74.

DELANEY, David; LEITNER, Helga. The political construction of scale. *Political geography*, v. 16, n. 2, 1997, pp. 93-7.

FIX, Mariana. *São Paulo cidade global*. São Paulo: Boitempo, 2007.

_____. *Financeirização e transformações recentes no circuito imobiliário no Brasil*. Campinas, 2011. Tese (Doutorado em Economia) – Instituto de Economia, Universidade Estadual de Campinas.

GOUGH, Jamie. Changing scale as changing class relations: variety and contradiction in the politics of scale. *Political Geography*, v. 23, n. 2, 2004, pp. 185-211.

GOTHAM, Kevin Fox. The Secondary Circuit of Capital Reconsidered: Globalization and the us Real Estate Sector. *American Journal of Sociology*, v. 112, n. 1, 2006, pp. 231-75.

GRUN, Roberto. Atores e ações na construção da governança corporativa brasileira. *Revista Brasileira de Ciências Sociais*, v. 13, n. 52, 2003.

HALBERT, Ludovic; ROUANET, Hortense. Filtering risk away: transcalar territorial networks and the (un)making of city-regions: an analysis of business property development in Bangalore, India. *Regional Studies*, v. 48, n. 3, 2014.

HARVEY, David. *The limits to capital*. New York: Verso, 1999.

_____. The urban roots of financial crises: reclaiming the city for anti-capitalist struggle. *Socialist register*, v. 48, n. 1, 2012, pp. 1-34.

MACKINNON, Danny. Reconstructing scale: Towards a new scalar politics. *Progress in Human Geography*, v. 35, n. 1, 2011, pp. 21-36.

MACLEOD, Gordon; GOODWIN, Mark. Space, scale and state strategy: rethinking urban and regional governance. *Progress in Human Geography*, v. 23, n. 4, 1999, pp. 503-27.

NEWMAN, Kathe. Post-Industrial Widgets: Capital Flows and the Production of the Urban. *International Journal of Urban and Regional Research*, v. 33, n. 2, 2009, pp. 314-31.

PAULANI, Leda. *Brasil delivery*. São Paulo: Boitempo, 2008.

PECK, Jamie. Political economies of scale: fast policy, interscalar relations, and neoliberal workfare. *Economic geography*, v. 78, n. 3, 2002, pp. 331-60.

RENARD, Vincent. La ville saisie par la finance. *Le débat*, n. 1, 2008, pp. 106-17.

ROLNIK, Raquel. Late neoliberalism: the financialization of homeownership and housing rights. *International Journal of Urban and Regional Research*, v. 37, n. 3, 2013, pp. 1058-66.

ROYER, Luciana. *Financeirização da política habitacional*: limites e perspectivas. São Paulo, 2009. Tese (Doutorado em Arquitetura) – Faculdade de Arquitetura e Urbanismo, Universidade de São Paulo.

RUFINO, Maria Beatriz Cruz. *Incorporação da metrópole*: centralização do capital no imobiliário e nova produção de espaço em Fortaleza. São Paulo, 2012. Tese (Doutorado em Arquitetura) – Faculdade de Arquitetura e Urbanismo, Universidade de São Paulo.

SANFELICI, Daniel de Mello. O financeiro e o imobiliário na reestruturação das metrópoles brasileiras. *Revista da Anpege*, v. 6, 2010, pp. 3-16.

_____. *A metrópole sob o ritmo das finanças*: implicações socioespaciais da expansão imobiliária no Brasil. São Paulo, 2013a. Tese (Doutorado em Geografia Humana) – Faculdade de Filosofia, Letras e Ciências Humanas, Universidade de São Paulo, São Paulo, 2013a.

_____. A financeirização como rearranjo escalar do processo de urbanização. *Confins*: Revue Franco-brésilienne de géographie, n. 18, 2013b, pp. 1-16.

SCOTT, Allen J. Emerging cities of the third wave. *City*, v. 15, n. 3-4, 2011, pp. 289-321.

SCOTT, Allen J.; STORPER, Michael. Regions, globalization, development. *Regional studies*, v. 37, 2003, pp. 579-93.

SHIMBO, Lúcia Zanin. *Habitação social, habitação de mercado*: a confluência entre Estado, empresas construtoras e capital financeiro. São Carlos, 2010. Tese (Doutorado em Arquitetura) – Escola de Engenharia de São Carlos, Universidade de São Paulo.

SMITH, Neil. *Uneven development*: Nature, capital, and the production of space. Atlanta: University of Georgia Press, 2008.

_____. Contours of a spatialized politics: homeless vehicles and the production of geographical scale. *Social Text*, v. 33, n. 1, 1992, pp. 55-81.

_____. Remaking scale: competition and cooperation in prenational and postnational Europe. In: ESKELINE, H.; SNICKARS, F. (orgs.). *Competitive European peripheries*. Berlin: Springer Verlag, 1995.

SOEDERBERG, Susanne. The promotion of 'Anglo-American' corporate governance in the South: who benefits from the new international standard?. *Third World Quarterly*, v. 24, n. 1, 2003, pp. 7-27.

SWYNGEDOUW, Erik. Globalisation or 'glocalisation'? Networks, territories and rescaling. *Cambridge review of international affairs*, v. 17, n. 1, 2004, pp. 25-48.

THEURILLAT, Thierry; CORPATAUX, Jose; CREVOISIER, Olivier. Property sector financialization: the case of Swiss pension funds (1992–2005). *European Planning Studies*, v. 18, n. 2, 2010, pp. 189-212.

VAINER, Carlos. Lugar, região, nação, mundo: explorações históricas do debate acerca das escalas da ação política. *Revista Brasileira de Estudos Urbanos e Regionais*, v. 8, n. 2, 2006.

VOLOCHKO, Danilo. *A produção do espaço e as estratégias reprodutivas do capital*: negócios imobiliários e financeiros em *São Paulo*. São Paulo: labur edições, 2008.

_____. *Novos espaços e cotidiano desigual nas periferias da metrópole*. São Paulo, 2012. Tese (Doutorado em Geografia Humana) – Faculdade de Filosofia, Letras e Ciências Humanas, Universidade de São Paulo.

WOOD, Andrew. The scalar transformation of the US commercial property-development industry: a cautionary note on the limits to globalization. *Economic Geography*, v. 80, n. 2, 2004, pp. 119-40.

PRODUÇÃO ESTRATÉGICA DO ESPAÇO E OS "NOVOS PRODUTOS IMOBILIÁRIOS"

Rafael Faleiros de Padua

Estudar o espaço que é produzido através de estratégias cada vez mais elaboradas para a realização econômica não é tarefa fácil, pois os conteúdos do processo se ligam necessariamente ao uso e à vida das pessoas na cidade, revelando o espaço como uma mercadoria especial, já que é nele que a sociedade se materializa e se reproduz. Hoje, os negócios relacionados aos produtos imobiliários conquistaram um destaque no conjunto das atividades econômicas e necessitam de uma série de condições para se realizar. Uma das dificuldades que o mercado imobiliário de São Paulo apresenta é a escassez de terrenos nas regiões mais valorizadas,[1] razão pela qual se busca criar novas frentes de valorização no espaço urbano metropolitano e estender o centro já expandido de São Paulo. Isso implica em avançar sobre lugares da metrópole que apresentam essa possibilidade de crescimento imobiliário, com potencial para construção de novos empreendimentos. Entre as áreas propícias estão as antigas regiões industriais, que se tornam visadas para esses novos investimentos por apresentarem grandes terrenos disponíveis e onde os processos de incorporação imobiliária não se realizam plenamente, permitindo, em perspectiva, uma rápida valorização do espaço. No entanto, para a concretização das estratégias dos empreendedores imobiliários, surge a necessidade de uma profunda reestruturação dos lugares, já que se trata de áreas com diversos galpões industriais desocupados, fachadas deterioradas e, geralmente, uma grande quantidade de pequenas casas entre os galpões que eram destinados ao uso industrial, onde habita uma população antiga naquela localidade. Portanto, a fim de constituir uma frente de valorização é preciso, se não produzir um novo lugar, ao menos forjar aquele que seja propício para a chegada de uma população com maior poder de consumo. Uma população que irá "consumir o lugar".

Essa expressão define bem a mudança nas regiões de desindustrialização, pois os lugares são tomados como produtos a serem "planejados" para o consumo produtivo. Os lugares, gradativamente, passam a ser consumidos e se transformam em espaços de consumo. Empreende-se um esforço muito grande nesse sentido, que envolve, inclusive, recursos públicos na produção do lugar, na instalação de infraestrutura para suportar seu consequente adensamento, pois são incorporados por operações urbanas que buscam "requalificar" essas regiões, decadentes do ponto de vista econômico.

Este capítulo reflete acerca da transformação promovida pelo avanço do setor imobiliário sobre essas regiões de desindustrialização, analisando, sobretudo, a produção dos novos condomínios residenciais, que representam uma grande parte do consumo dos espaços disponíveis nas áreas de desindustrialização e produzem um novo modo de vida. Esse movimento de transformação dos lugares revela a produção de uma nova sociabilidade, que mostra um outro tipo de apropriação da cidade pelos moradores, evidenciando a segregação como fenômeno revelador dos conteúdos da produção do espaço e a autossegregação como desejo de consumo.

Nesse momento da expansão do setor imobiliário na metrópole, observa-se que há novos padrões das construções, revelando o que se pode chamar de "novos produtos imobiliários", os quais são o refinamento contínuo do produto imobiliário, apresentando grandes empreendimentos com uma enorme gama de detalhes internos e apelos de propaganda. Entender a produção dos novos e grandes condomínios e a sociabilidade que eles produzem nos lugares revela-se fundamental para compreender a urbanização contemporânea da metrópole envolvida por lógicas que buscam a realização da cidade como negócio.

À medida que a cidade vai sendo preenchida pelos "objetos" cada vez mais elaborados do setor imobiliário, o significado do espaço para o conjunto da cidade se empobrece, pois ele é cada vez mais reduzido a funções específicas e, consequentemente, é vivido de forma fragmentada, em espaços definidos e momentos determinados. Em resumo, aumenta a programação da vida tanto para aqueles que consomem a realidade dos "novos produtos imobiliários" quanto para aqueles que vivem de forma passiva o avanço do setor imobiliário. Em outras palavras, para todos os moradores dos lugares, a vida se transforma nesse movimento que podemos definir em dois sentidos: a partir da própria paisagem, pela quantidade de grandes empreendimentos novos e em construção presentes nesses lugares, com a mudança acelerada do próprio espaço físico; e, num segundo momento, é preciso pensar a transformação na vida concreta das pessoas, com um novo modo de apropriação da cidade que vai se impondo aos lugares.

PRODUÇÃO ESTRATÉGICA DO ESPAÇO E OS "NOVOS PRODUTOS IMOBILIÁRIOS"

É evidente que há hoje tanto um novo padrão de tipo de condomínio como também um novo padrão na localização dos empreendimentos lançados ou em processo de lançamento. Os lançamentos nas áreas mais centrais e valorizadas são raros, tratam-se de empreendimentos menores, de uma torre, com metragem privativa do apartamento maior. A maioria dos anúncios publicitários de lançamentos imobiliários refere-se a empreendimentos residenciais verticais em regiões de desindustrialização (Vila Leopoldina, Santo Amaro, Mooca, Belenzinho, Ipiranga) e lugares mais periféricos às áreas mais valorizadas, assim como cidades da grande São Paulo (residenciais verticais e horizontais).[2]

Para empreendimentos residenciais, nota-se a presença de lançamentos em toda a cidade, onde haja espaços incorporáveis, mas não se observa a necessidade de formação de eixos de valorização, embora isso aconteça onde há maior disponibilidade de terrenos. Outro aspecto da expansão do setor imobiliário na Grande São Paulo refere-se à construção de grandes condomínios residenciais nas periferias mais distantes, para classes mais empobrecidas, devido à generalização do crédito para níveis de renda menores.[3] No segmento de empreendimentos comerciais e corporativos, há uma concentração no eixo sudoeste da cidade, que transborda para regiões que estão em expansão do segmento residencial e têm boas opções de acessibilidade, como a Vila Leopoldina, nas proximidades da avenida Marginal do Rio Pinheiros, onde começam a ser construídos edifícios comerciais.

Uma série de discursos envolve a produção imobiliária em São Paulo e é fundamental para sua realização, apresentando-se como conteúdos da realidade da cidade. Um deles explora a concentração da cidade de São Paulo, o seu congestionamento, passando uma ideia de que morar em cidades próximas representa um ganho na qualidade de vida das pessoas, pois se está perto de São Paulo, mas se passa o tempo mínimo necessário na cidade, vivendo um tempo menos apressado, com mais possibilidade de lazer, espaço verde etc. Para os condomínios localizados nas regiões de desindustrialização periféricas às regiões mais valorizadas na cidade de São Paulo, o discurso também se liga à qualidade de vida, ao lazer, ao verde, mas oferecendo isso em grandes condomínios, construídos com diversos equipamentos de lazer e serviços. Segundo uma corretora de um desses empreendimentos, eles são voltados para "quem quer sair de São Paulo, mas que não pode sair de São Paulo".[4] A especificidade do avanço dos grandes condomínios nas regiões de desindustrialização é a seguinte: com a disponibilidade de terrenos e com a tendência à valorização, há uma produção consolidada ou em consolidação do que podemos chamar genericamente de novos condomínios-clube, que passam a concretizar uma valorização mercantil dos lugares, os quais são transformados em meras localizações na metrópole através dessa produção estratégica.[5] Nesse sentido, o próprio esforço de renomear os lugares a partir de vizinhanças mais valorizadas evidencia que são reduzidos a localizações a serem manejadas.[6]

|147|

No discurso reproduzido pelos corretores de imóveis que ficam de plantão nos estandes de vendas dos empreendimentos, eles aparecem como uma revitalização dos lugares, como se a instalação desses condomínios com essas características, por si só, conduzisse a uma "renovação" dos lugares, que apresentam ainda vestígios do predomínio da produção industrial, evidenciando que a realização de cada condomínio depende também do entorno, do lugar, apesar dos projetos dos grandes condomínios negarem a cidade e o lugar.

Em inúmeras falas de corretores dessas regiões, todo esse avanço acelerado do setor imobiliário aparece como "revitalização", "reurbanização", ressaltando que os condomínios vêm preencher algumas das novas "necessidades" do momento atual, que são "o verde", "o lazer", "a qualidade de vida". Há uma instrumentalização do bairro e do lugar: o bairro é paisagem que, se não for agradável, é dissimulada pela qualidade do projeto do condomínio e pela perspectiva de valorização e, consequentemente, do "embelezamento" do lugar. Esse movimento revela, tanto no discurso para a realização dos empreendimentos como na sua concretização, a negação da memória operária, que vai sendo rapidamente apagada com as transformações dos lugares,[7] pois as estratégias os envolvem como se fossem espaços vazios.

Nesse esforço de negação dos lugares e buscando potencializar os ganhos, os empreendimentos procuram se distinguir oferecendo diferentes "conceitos", relacionados ao lazer, aos esportes e a uma vida saudável, à sustentabilidade, à ecologia, ou ainda a uma nobreza, requinte, exclusividade.

Os novos empreendimentos residenciais e comerciais são realizados em grandes terrenos, construídos com técnicas avançadas, que permitem uma velocidade maior na construção, realizando todo o processo em três anos, em média, entre o lançamento, as vendas e a entrega. Apresentam grande quantidade de equipamentos de lazer e serviços instalados, tanto na área privativa como na área comum.

Nesse contexto, o produto "moradia" toma um conteúdo que não é só de moradia, mas também de investimento. Não podemos dizer que essa é uma característica do momento atual, mas ela toma força hoje, quando o processo de valorização está diretamente ligado à produção do espaço. O investimento imobiliário, mesmo para pequenos investidores, reforça-se como alternativa de grande rentabilidade e com garantias, o que demonstra o desenvolvimento de novas formas de aplicação em fundos imobiliários.[8] Assim, o próprio apartamento, mesmo comprado para moradia, aparece também como um investimento.

Entre os novos produtos imobiliários estão aqueles que unem no mesmo empreendimento a moradia e o trabalho, em condomínios residenciais contíguos, ou no mesmo edifício, com condomínios comerciais. A construção desse tipo de produto imobiliário vem crescendo nos últimos anos em São Paulo.[9] Os empreendimentos mistos são uma dessas novas criações do mercado imobiliário, retomando ideias concretizadas de empreendimentos antigos ("o Conjunto Nacional, na avenida Paulista, inaugurado nos anos 1960"[10]), mas que ganham novos atributos no momento atual, apresentando-se como um lugar onde se pode realizar todos os momentos da vida cotidiana, mesmo o trabalho e o lazer. Para nós, trata-se do aprofundamento da metamorfose do morador em usuário, consumidor (Lefebvre, 1981), em que todos os momentos da vida estão envolvidos pela mediação da mercadoria de maneira crucial.

> Morar ao lado do trabalho e com serviços à sua disposição a um passo de casa. É com esse desejo que o mercado imobiliário pretende suprir com sua aposta em lançamentos de uso misto. São empreendimentos que reúnem torres residenciais e escritórios. Alguns chegam a ter lojas, hotéis e estacionamento no mesmo terreno.[11]

É dessa maneira que a reportagem apresenta o novo tipo de empreendimento imobiliário, dizendo que é um "desejo que o mercado imobiliário pretende suprir", o que, na realidade, coloca-se como um novo produto criado pelo mercado imobiliário numa contínua reelaboração de seus produtos, para instituir uma diferenciação necessária para a realização da valorização. É importante ressaltar que matérias de jornal de cadernos como os de Imóveis, se, de um lado, informam-nos dos novos produtos do mercado imobiliário, atuam, por outro lado, como difusores das tendências desse mercado. As informações contidas nas matérias têm, na maioria das vezes, a função de mostrar as novas tendências propostas pelo mercado imobiliário, como se essas fossem uma realidade acabada, o presente, o futuro e o conteúdo da metrópole. Sempre há por detrás desses mecanismos de difusão de informações (jornais, revistas, televisão, internet) um comprometimento com a ideia de crescimento econômico como verdade dada, o que justifica os seus "efeitos colaterais" (a homogeneização dos lugares, a expulsão dos pobres, a segregação) e apaga os conflitos inerentes a este tipo de produção do espaço. A pesquisa em jornais revela também a rapidez com que se transformam as tendências e com que são desenvolvidos os novos produtos imobiliários. Isso revela a importância das ideias que envolvem os projetos, as quais são elaboradas cuidadosamente para aumentar a rapidez de realização dos investimentos imobiliários, buscando diminuir o impacto dos momentos críticos de sua realização.[12]

No processo de avanço do setor imobiliário, fica evidente que, de um lado, há a importância que o espaço e a produção do espaço ganham hoje no âmbito da valorização financeira. Por outro lado, é o caráter essencialmente crítico da valorização o que impõe a necessidade de mobilização de inúmeros elementos materiais, ideológicos, estatais etc., para garantir a valorização. É preciso transformar os lugares, as cidades, produzir ideias continuamente, num movimento garantido por um Estado policial que permita às estratégias de avanço das fronteiras econômicas no urbano se realizarem.

Nesse movimento, nota-se o aprimoramento do espaço tomado e produzido como mercadoria e, consequentemente, o aprofundamento da fragmentação do espaço, impondo aos lugares novas lógicas para a sua apropriação. Para o comprador do produto "moradia", nos grandes condomínios, vive-se um contexto cujos significados estão um tanto quanto dados.

> Este todo, parcial, permanece aberto. Ele remete a 'outra coisa': à finalidade, de um lado, do outro o 'sujeito', e além destes dois termos, a totalidade e o sentido. Cada habitante de um pavilhão, cada 'sujeito' (indivíduo ou família) acredita encontrar nos objetos um microcosmo seu, muito 'personalizado', e sua felicidade nele. Ora, estes microcosmos, estes 'sistemas' se assemelham estranhamente. Os mesmos fornecedores vendem estes bens, estes objetos, estes modelos de pavilhão no estilo normando ou basco 'moderno'. Cada sujeito poderia se instalar alhures e também estaria bem. Ele viveria aí a mesma felicidade, meia-fictícia, meia-real. A finalidade – a felicidade – é em todos os lugares apresentada da mesma maneira, ou seja, indicada, significada, mas indicada em sua ausência: reduzida à significação. O que é significado – a felicidade, a pessoa – é escamoteado ou apagado, e aparece somente como natureza ou naturalidade (o jato d'água, as flores, a grama, o céu e o sol etc.) Da mesma forma o trabalho quanto a criatividade, a produção material e suas relações quanto a atividade que produz obras, são colocados em suspenso e à distância. O sentido, é o absurdo. Na naturalidade, se encontram para se restituir singularmente em uma espécie de sonho acordado, a felicidade 'vivida' e a consciência que o vive, a ilusão e o real. Este sonho acordado, é o discurso do pavilhonar, seu discurso cotidiano, pobre para os outros, rico para ele.[13]

Nota-se que a sociabilidade imposta/proposta por esse tipo de moradia está em grande parte dada de antemão, devido à programação e à normatização internas e às ideias que norteiam a sua "apropriação". Os condomínios fechados ganham uma nova dimensão, tanto pelo tamanho, quanto pela quantidade de equipamentos internos. O funcionamento desse aparato, aliado ao fato de a população dos condomínios ser grande, exige uma organização por parte da administração do condomínio e, nesse contexto, surge a figura do gerente predial, que substitui o zelador.

O gerente predial aparece quando a moradia carrega um sentido mais amplo, que engloba o lugar do lazer e da segurança, o clube e o lugar que manifesta a posição dos moradores na hierarquia social, o *status*, assim como o patrimônio desses moradores. Ou seja, para sustentar todo esse rol de características, os novos condomínios dependem do funcionamento de uma série de serviços, como entregadores de correspondências, empresas de manutenção, empresas de segurança, funcionários de limpeza, jardineiros etc., e, para fazer funcionar todos esses serviços, implanta-se uma administração empresarial, em que o síndico é o representante do conjunto dos sócios, que são os proprietários, quem delega responsabilidades e supervisiona o desempenho do gerente predial. Este, por sua vez, resolve as pendências necessárias ao funcionamento do condomínio. Dessa forma, há uma mudança de conteúdo na passagem do zelador para o gerente predial, e o condomínio vai cada vez mais se tornando também uma empresa, com hierarquias, conselhos, funcionários graduados, patrimônio e uma extrema vigilância em todo o seu espaço interno. Esse novo cargo reforça a metamorfose do cidadão em usuário, consumidor do produto "moradia", da mesma maneira que revela ainda mais todo o controle necessário para a realização desse produto.

Tendo em vista todo o aparato que já do lado de fora constrange o pedestre que se aproxima, a questão da segurança foi tomando importância para se pensar a sociabilidade nos novos condomínios. Na fala dos gerentes prediais, fica evidente que uma grande parte da eficiência do conjunto de equipamentos e do próprio cotidiano dos moradores se dá pela preservação e proteção do condomínio em relação ao espaço público, à rua, ou seja, o condomínio depende, para funcionar bem, de um refinado esquema de segurança. No entanto, entrando em contato mais próximo com os procedimentos presentes nos condomínios e pensando a questão da segurança no contexto da urbanização de São Paulo hoje, podemos indicar que, mais do que fazer parte de um tipo de sociabilidade que coloca a necessidade da segurança, ela é parte importante de um conjunto de práticas que produzem certo tipo de sociabilidade. A segurança passa a induzir novas práticas de "apropriação" do local de moradia, como evidencia toda a vigilância interna do condomínio. Os moradores se acostumam a abdicar de uma parcela de sua privacidade, em nome do controle absoluto de seu espaço comum, aceitando com isso o procedimento de sempre ser tratado como suspeito. Os porteiros não são mais porteiros, mas seguranças, que são treinados para suspeitar de todas as pessoas que chegarem próximas ao condomínio. Os esquemas de segurança tornaram todos suspeitos, inclusive pesquisadores, pedestres e até parentes próximos dos moradores. A rua e o espaço público em geral passaram a ser evitados, a cidade (como ideia, como discurso) se tornou um espaço perigoso.[14] As desigualdades socioespaciais expressas com a expansão dos grandes condomínios nessas regiões de desindustrialização é também uma força produtiva para o setor da segurança, que está voltado para a preservação do patrimônio das classes com maior renda.

Da parte dos moradores, esse empenho para a preservação do patrimônio é grande, tendo em vista que se abdica da própria integridade, pois se vive uma fragmentação entre o oásis seguro dentro do condomínio e a insegurança da rua e da cidade, constrangendo, nesse processo, quem passa na rua, em frente ao condomínio, com seguranças armados, luzes que se acendem automaticamente, como se todos fossem suspeitos. São os aparatos necessários para a autossegregação, que se tornou *status*, a separação absoluta entre o condomínio fechado e a rua. Os esquemas de segurança se tornaram parte importante da valorização dos empreendimentos, o que os leva a serem cada vez mais aperfeiçoados, buscando a infalibilidade, através da implantação de sistemas informatizados de identificação, como já se faz na entrada de edifícios comerciais e corporativos.

Nesse sentido, percebe-se que o morador se torna usuário de um produto "exclusivo", elevando a questão da necessidade da segurança total como prioridade e que é expandida para toda a cidade e para toda a sociedade.[15] Naturaliza-se o fato de que a apropriação da cidade está ligada ao poder aquisitivo, à classe social de cada pessoa, o que é algo violento, pois se naturaliza a própria segregação, que é também violenta. A sociabilidade que vamos entendendo aí é o aprofundamento do individualismo, pois cada usuário (condômino e não morador) paga suas contas de condomínio, e pode exigir em função do que paga e não em função da sua condição de morador. Torna-se consumidor de um produto "moradia" que lhe oferece o lazer, o verde, a segurança e, sobretudo, o *status* de poder morar em um condomínio que lhe ofereça tudo isso. O morador vai se tornando um consumidor de uma série de produtos envolvidos no produto "moradia", inclusive de produtos que são pura ideia abstrata, ideologia, a da qualidade de vida sendo a mais forte delas. O individualismo vai a par com a elevação dos muros da autossegregação, com o distanciamento entre os moradores e a rua, entre o espaço privado e o espaço público. É o aprimoramento da cidade do transporte individual e das relações baseadas no poder de compra, revelando a perda de sentido da vizinhança, num ambiente que, teoricamente, seria propício ao encontro e à proximidade entre moradores.

Dessa maneira, a qualidade de vida é um produto explorado no mercado imobiliário e torna-se uma nova raridade, indicando que quanto maior poder de compra, maior qualidade de vida.[16] A prática social carrega os signos do que é bom, seguro, aceitável, saudável etc., indicando como a cidade deve ser apropriada no momento atual. O espaço público é cada vez mais empobrecido como espaço de sociabilidade, a calçada se torna mediação entre o mundo do privado e do consumo e a rua, espaço dos carros. A rua como lugar de sociabilidade se empobrece, torna-se lugar de passagem. A "urbanização" proposta por esse movimento de expansão do setor imobiliário esvazia o conceito de urbanização, pois revela mais um processo desurbanizante, que se utiliza dos elementos do urbano para se realizar, do que uma efetiva concretização dos elementos do urbano. Os condomínios fechados simulam a cidade, pois dentro deles há locais diversos, como "praças", "alamedas", pistas para caminhadas, grande aparato de lazer e esporte, espaços verdes, "cinema", academia, ou seja, uma série de elementos que simulam espaços públicos e serviços característicos da cidade, mas que se realizam negando a cidade, incutindo a ideia de que o morador resolverá grande parte de sua vida dentro de seu condomínio blindado contra a cidade violenta e hostil, congestionada e estressante. Identifica-se o processo de negação da cidade quando os grupos sociais se resguardam do que lhes é diferente, *a priori* hostil, o que

PRODUÇÃO ESTRATÉGICA DO ESPAÇO E OS "NOVOS PRODUTOS IMOBILIÁRIOS"

Paulo César da Costa Gomes aponta através do que ele chama de confinamento social, quando diz que

> é possível compreender uma tendência que vem se afirmando em alguns segmentos das classes médias metropolitanas brasileiras: morar em ambientes cada vez mais homogêneos e isolados. Os condomínios exclusivos são vendidos como cidades dentro da cidade. Trata-se de grandes conjuntos de prédios de apartamentos ou casas, em áreas de valorização imobiliária, em geral distantes do centro antigo da cidade. [...] Assim, os condomínios exclusivos trabalham a imagem de um quadro de vida alternativo de alto padrão, onde seria possível encontrar calma, segurança, lazer e prestígio.
>
> Nesses condomínios, procura-se reproduzir todos os equipamentos urbanos possíveis. [...] Os limites com o mundo externo são muito bem demarcados, e o controle e a vigilância são elementos fundamentais em seu funcionamento. As mensagens publicitárias para a venda desses imóveis exploram bastante a ideia de um ambiente planejado que reproduzirá toda a qualidade de vida do ambiente urbano, com a vantagem da segurança e da homogeneidade social.[17]

No sentido do aprimoramento do produto, do ponto de vista do marketing, é preciso consolidar a ideia de que o lugar em que o condomínio está não é um lugar qualquer no contexto da metrópole de São Paulo, por sua localização, acessibilidade, conjunto de serviços próximos etc. Dessa forma, o produto da urbanização não são somente os condomínios, mas o próprio lugar, a própria "urbanização" que eles conduzem. Isso mostra a complexidade dos produtos envolvidos, e como o espaço é uma produção especial, pois envolve a vida concreta das pessoas, daquelas que podem comprar esses produtos e também daquelas que não podem comprar e que moram nesses lugares. Na venda do produto apartamento estão embutidas as possibilidades de valorização do lugar. Com o lugar, vende-se também um determinado tipo de vida, integrado no que ditam as "necessidades" do momento atual. Vende-se a qualidade de vida, o verde, o estilo de vida saudável, o lazer infinito, enfim, vende-se a possibilidade da felicidade, construída em uma redoma em meio ao "caos" da metrópole. Nesse processo, realizam-se uma série de mediações abstratas que se concretizam no urbano, que induzem a apropriação da cidade. A blindagem em relação à cidade, a homogeneidade que evita os diferentes, questões evidenciadas pelo cotidiano nos condomínios, a "urbanização" baseada na produção de lugares fechados passam a ser objetos almejados, que implicam no consumo de imensos espaços no interior da cidade que se tornam exclusivos aos que têm um poder de consumo compatível. O espaço da segregação se amplia, pois novos espaços são incorporados para o consumo produtivo das classes de maior renda. A cidade produzida como consumo dessas classes abastadas homogeneíza grandes espaços da cidade, negando o urbano, lugar das diferenças. As diferenças são negadas quando o que não é igual passa a ser evitável *a priori*, quando o diferente (geralmente o mais pobre) é identificado

A CIDADE COMO NEGÓCIO

imediatamente como o violento; a negação das diferenças se torna uma medida preventiva e uma força produtiva no sentido econômico.

É preciso deixar claro que a mercantilização do espaço, a produção do espaço mediando a produção da vida na cidade, penetra no cotidiano, induz novas formas de "apropriação" do espaço. Nesse processo, a segregação aparece com toda a sua força. A segregação, seja em sua forma de autossegregação, seja de segregação propriamente dita para aqueles que a sofrem, produz, dessa forma, um tipo de "urbanização", um tipo de "apropriação" da cidade, um tipo de sociabilidade, aquela que afirma a negação ao encontro das diferenças, as separações.

Insistimos na necessidade de aprofundar a crítica à "urbanização" induzida pela produção de lugares fechados, pois é um processo que representa a degradação da vida urbana, apresentando-se, ideologicamente, como a solução dos problemas em uma metrópole com a complexidade de São Paulo. Uma questão fundamental a ser resgatada nesse tipo de urbanização é a separação entre o espaço público e o espaço privado, relação na qual o bairro, em um sentido qualitativo, seria a mediação, e é central para pensar a vida cotidiana nas cidades.[18] Nas estratégias dos empreendedores imobiliários, é evidente que o bairro é uma criação abstrata. Na fala dos moradores mais antigos da Vila Leopoldina, por exemplo, vislumbramos uma história do espaço, que é ao mesmo tempo a criação de relações sociais que apontam para a formação de um bairro e a destituição do bairro pelo próprio processo de urbanização. Na lógica da valorização, o bairro aparece como uma localização privilegiada no contexto da metrópole, com boa acessibilidade, com boas opções de consumo, como shoppings, ou de lazer, como parques. Na verdade, o bairro foi implodido, tornou-se uma abstração construída pelo mercado imobiliário, pois o processo de urbanização se encaminha na direção da negação do espaço público, assim como na destituição dos espaços qualitativos do bairro, lugares da permanência das relações e de pertencimento dos moradores, como os locais de convivência, os pequenos bares, a rua etc. Esses espaços da sociabilidade tradicional vão sendo incorporados pelo mercado no sentido da transformação do bairro em espaço produtivo economicamente.

No espaço urbano, são necessárias mediações entre o espaço público e o espaço privado. Na urbanização contemporânea, essas mediações são subvertidas para a realização de uma programação e de um controle da vida, promovida por uma sociabilidade de lugares fechados homogêneos, cuja mediação entre a esfera do público e do privado são os espaços "comuns" dos condomínios (ou das academias, hipermercados, shoppings, escolas etc.), que também são estritamente controlados. A separação entre o espaço público e o espaço privado revela uma degradação do espaço urbano, pois o espaço público próximo à moradia, espaço de mediação entre o público e o privado é essencial para a vida urbana.[19]

|154|

Assim, o limite público/privado, que parece ser a estrutura fundadora do bairro para a prática de um usuário, não é apenas uma separação, mas constitui uma separação que une. O público e o privado não são remetidos um de costas para o outro, como dois elementos exógenos, embora coexistentes; são muito mais, são sempre interdependentes um do outro, porque, no bairro, um não tem nenhuma significação sem o outro.[20]

Portanto, a "revitalização" do "bairro" promovida pelo movimento expansivo do setor imobiliário trata-se mais de uma desurbanização, pois aprofunda radicalmente a destituição de elementos do urbano, utilizando-os como simulacros. O espaço urbano como mercadoria, instrumentalizado, representa uma dessocialização do espaço, um aprofundamento da raridade do espaço, e produção da segregação socioespacial.

A cidade é, no sentido forte, "poetizada" pelo sujeito: este a re-fabricou para o seu uso próprio desmontando as correntes do aparelho urbano; ele impõe à ordem externa da cidade a sua lei de consumo de espaço. O bairro é, por conseguinte, no sentido forte do termo, um objeto de consumo do qual se apropria o usuário no modo da privatização do espaço público. Aí se acham reunidas todas as condições para favorecer esse exercício: conhecimento dos lugares, trajetos cotidianos, relações de vizinhança (política), relações com os comerciantes (economia), sentimentos difusos de estar no próprio território (etologia), tudo isso como indícios cuja acumulação e combinação produzem, e mais tarde organizam o dispositivo social e cultural segundo o qual o espaço urbano se torna não somente o objeto de um conhecimento, mas o lugar de um conhecimento.[21]

Fica claro nesta perspectiva que o uso concreto do espaço urbano exige uma gratuidade, um consumo gratuito, em uma mistura do espaço público com o espaço privado (privatização do espaço público pelo cidadão), que é quebrada quando se impõem separações cada vez mais fortes entre o espaço público e o espaço privado, que se dá pela ampliação das estratégias que transformam o espaço em espaço produtivo no sentido econômico.

Chegamos ao ponto que o "consumo" invade toda a vida, em que todas as atividades se encadeiam do mesmo modo combinatório, em que o canal das satisfações se encontra previamente traçado, hora a hora, em que o "envolvimento" é total, inteiramente climatizado, culturalizado.[22]

Embora o consumo invada toda a sociedade, há parcelas dela que não consomem, ou ainda, que são mobilizadas para que o consumo produtivo do espaço se realize. Para nós, expande-se a perspectiva de que a cidade é tomada pela lógica da mercadoria de forma cada vez mais aprimorada e que a reprodução geral da sociedade é totalizada por uma reprodução econômica. Afirma-se a mediação do mercado na apropriação da cidade, o que a torna paulatinamente mais segregada, determinada em grande parte, produzida e vivida por mediação de discursos e ideias cada vez mais potentes na sociedade.

Nesse processo, em que avançam as diversas mistificações da realidade, é preciso entender em que bases discursivas se assenta essa expansão do setor imobiliário e que tipo de sociabilidade é produzida nesse movimento. Os discursos hegemônicos são fundamentais para o mascaramento das relações que produzem essa realidade, fazendo parte do processo de produção da realidade como verdadeiras forças produtivas, induzindo, também eles, um certo tipo de vida na cidade. Acreditamos que devemos considerar esse avanço do setor imobiliário em São Paulo (especialmente nos espaços de desindustrialização) tanto em sua extensão física, ocupando espaços, destruindo antigas formas espaciais e produzindo um espaço novo, quanto no seu impacto nas relações socioespaciais dos lugares, que preexistem a esse avanço e ganham novos conteúdos materiais e subjetivos, no âmbito da vida concreta dos moradores.

É preciso ressaltar que os produtos imobiliários atuais têm uma efemeridade maior enquanto produtos do marketing. O desenvolvimento do produto "moradia" é cada vez mais detalhado e acelerado, tornando rapidamente desatualizados formas e discursos relativamente recentes ligados à realização da produção imobiliária. Nesse sentido, vivemos hoje uma aceleração da produção de ideias envolvidas na produção do espaço, em um movimento auxiliado pelo desenvolvimento das mediações técnicas.

Essas novas produções espaciais têm uma forma específica, os grandes condomínios-clube, que se realizam também através de discursos já difundidos socialmente no presente, trazem novos elementos à reflexão, contribuindo para a produção de uma nova sociabilidade, transformando os lugares. Essa afirmação ganha força tendo em vista que a construção de novos condomínios apresenta certa magnitude, produzindo novos ritmos, nova paisagem, novos hábitos, induzindo novos padrões de circulação viária e novas maneiras de uso da cidade, diferentes dos modos pretéritos de apropriação do espaço e do tempo na cidade.

Entretanto, essa produção espacial e de novas práticas socioespaciais não são naturais, elas se inserem (e são parte integrante) no movimento de reprodução da metrópole no momento atual, num processo em que se expandem as fronteiras econômicas no espaço urbano. Como base para a realização dos novos produtos imobiliários, há não só uma intensificação das técnicas modernas no processo construtivo, mas também um grande investimento ideológico. Seja através da publicidade e marketing dessas "novas formas de morar" na metrópole, seja através de diversos outros meios de difusão (televisão, jornais, revistas, internet).[23]

Portanto, devemos identificar essas bases ideológicas da produção do espaço, pois elas são parte importante da produção da vida social na metrópole hoje, na produção de novas maneiras de se usar o espaço urbano.

Identificamos três principais matrizes discursivas: sustentabilidade (a preocupação com o verde, a ecologia); a qualidade de vida (lazer, saúde, bem-estar) e a segurança.

Essas matrizes discursivas aparecem e se expandem como possíveis soluções para os problemas que assolam os grandes centros urbanos: no caso da sustentabilidade, a poluição em seus diversos tipos, a escassez de recursos naturais, a falta de áreas verdes na cidade, remetendo também a questões no nível do global (aquecimento do planeta, por exemplo); a qualidade de vida pretende responder ao estresse da vida na cidade, onde se apresentam inúmeras dificuldades, entre elas a de mobilidade, os congestionamentos, o sedentarismo, a escassez de momentos de lazer etc.; a segurança, por sua vez, procura dar conta da violência presente nas cidades. Contraditoriamente, a solução proposta é muitas vezes efetivamente o aprofundamento do problema que ela se propõe a resolver, e as próprias questões problemáticas presentes no espaço urbano acabam se tornando, através dos discursos, força produtiva na reprodução capitalista da metrópole.

Nesses discursos, analisamos aquilo que aparece como recorrência nas fontes de pesquisa, o que é insistente como forma de representação da realidade, que se repete nos aparelhos difusores de ideias e aparece até mesmo na universidade; elementos que ganham um aspecto de transparência enquanto representação da realidade social.

O discurso sobre a sustentabilidade passa a fazer parte da mercadoria apartamento (ou condomínio). Ela passa a ser incorporada entre os itens da exclusividade dos empreendimentos, embutindo neles o espectro do ecologicamente correto.

Algo que aparece como a nova prática sustentável é o chamado "consumo consciente", que pressupõe que o indivíduo é consumidor e não cidadão. Os selos de certificação do que é ecologicamente correto, que ganham espaço também para os produtos imobiliários, têm a medida e o critério da produtividade capitalista, necessariamente expansionista espacialmente, o que impõe limites para pensar a certificação como um elemento que garanta a "sustentabilidade" desse ou daquele empreendimento. Um dos setores que mais busca a certificação hoje é o da construção civil,[24] o que garante uma valorização a mais para os empreendimentos.

É evidente que a certificação e as ideias de sustentabilidade envolvidas nesse processo respeitam estritamente a lógica do consumo, que para continuar se reproduzindo cria novos padrões de raridade e de "exclusividade", com seus discursos respectivos.

Os próprios veículos de comunicação representam a afirmação social de certos valores das classes mais abastadas – ideologias de classe – para os leitores com poder de consumo no caso dos jornais e das revistas, embora sejam recebidas por todo o conjunto da sociedade. Essas ideias dominantes (entre as quais uma das mais sobressalentes é a da sustentabilidade) fazem parte da produção do cotidiano, tendo por base o alto-consumo, que se difunde para toda a sociedade, inclusive para aqueles que não têm poder de consumo, e são segregados. Esses discursos (segregadores) são reproduzidos por todas as esferas da sociedade, dado o seu poder enquanto ideologia.

A esfera do alto-consumo, para continuar potente em um contexto de crise ecológica evidente (escassez de recursos em uma sociedade de consumo), reproduz-se no momento atual lançando as bases da "sustentabilidade", que, por outro lado, tem seu papel como argumento para remoções de comunidades empobrecidas e favelas, sendo uma peça no processo de segregação necessária à realização da valorização do espaço em São Paulo. A sustentabilidade, que se apresenta como exclusividade, é cara e impõe novas barreiras para o uso da cidade, fazendo parte do quadro de elementos da produção da segregação no avanço das fronteiras econômicas na metrópole. Ela se realiza primeiramente como discurso, ideia, ilusão; segundo, como exclusividade, raridade; e, finalmente, revela-se como valorização mercantil na produção do espaço em São Paulo. O "sustentável" passa a tomar o lugar do "não ecológico", do "não sustentável", da pobreza.[25]

É nesse contexto ideológico que aparece a necessidade de um "consumo consciente", que supere a superficialidade ideológica e a contradição de um consumo sustentável.[26] No entanto, a contradição continua, pois a ideia de sustentabilidade vai continuar mascarando os fundamentos da produção da sociedade de consumo, gastadora de energia e recursos naturais.

É evidente a redução do indivíduo a consumidor, contraindo o seu papel de cidadão a um consumo eficiente. Nessa perspectiva, a ligação dos indivíduos com a sociedade é sua condição de consumidores. Mesmo aqueles que pregam o consumo consciente e apontam a contradição do limite da sustentabilidade frente ao consumo, ou mesmo relacionam a ideia de consumo consciente à realização das pessoas, também difundem um discurso extremamente ideológico, visto que o consumo toma o papel central da produção da vida social, o que esconde as relações de produção da sociedade. Esses discursos bem intencionados também carregam uma força de verdade inquestionável, nesse momento em que a ideia de consumo consciente e sustentabilidade passam a ser centrais na reprodução das relações de produção.[27]

Para dar mais elementos a essa nossa argumentação, basta lembrar que, via de regra, nesses veículos de informação, sejam jornais ou revistas de construtoras, há propagandas de lojas de design com produtos sustentáveis, dicas de objetos ecologicamente corretos, indicando a loja onde comprá-los e os preços. É a lógica do consumo (do alto-consumo) que se "reinventa", se reproduz com todo esse esforço ideológico, deixando intactos os fundamentos da sociedade que produzem a insustentabilidade. A ordem social, nesse sentido, continua sendo: "consuma!", "compre!", mas com novas normas, novos ingredientes que deixem os produtos mais atraentes. Assim, verificamos que o discurso da sustentabilidade se desloca para o do "consumo consciente", reduzindo o papel social dos indivíduos à sua condição de consumidores. Nesse deslocamento, uma série de imperativos vai direcionando a prática dos indivíduos-consumidores: "faça isso!", "compre isso!", "mude os valores!", "seja consciente!" etc.

PRODUÇÃO ESTRATÉGICA DO ESPAÇO E OS "NOVOS PRODUTOS IMOBILIÁRIOS"

Articulado a esse discurso da sustentabilidade, identificamos também aquele da qualidade de vida, não menos ideológico que o anterior, mas muito mais inconsistente. A qualidade de vida nos grandes condomínios residenciais aparece como as inúmeras atrações que os condomínios apresentam para o morador evitar de sair de casa, tendo o lazer, a academia, a pista de *cooper*, o "verde" junto à moradia. Assim, essa qualidade de vida é um pacote que se recebe ao comprar o apartamento, a promessa de um "estilo" de vida, no qual a cidade em sua dimensão de espaço público é negada. Nos edifícios comerciais, também aparece a questão da qualidade de vida, em acessórios novos que os empreendimentos passam a ter, como sala de massagem e quadra de tênis.

Outros anúncios exploram, além dos atributos de lazer que os condomínios apresentam, a localização, que se apresenta não como o lugar próximo, não remete mais ao entorno, mas aos equipamentos de consumo no eixo onde está inserido. Nesse sentido, os empreendimentos da porção norte de Santo Amaro (Várzea de Baixo) vão se remeter aos shoppings, casas de espetáculos, vão ressaltar a "proximidade" com áreas de centralidades de negócios, como a região da avenida Engenheiro Luís Carlos Berrini, ou seja, vão inserir os empreendimentos no eixo de valorização, ressaltando que a união do luxo do empreendimento à sua localização conferiria um poder a quem for ali morar. Em relação a espaços públicos, os únicos elementos lembrados são as vias de circulação e parques (áreas verdes). *Status*, opções de lazer dentro do condomínio, luxo, consciência ecológica, localização, esses elementos de uma pseudoconcreticidade na metrópole compõem o quadro da "qualidade de vida", resultados de uma fragmentação ainda maior da vida cotidiana, eludindo as contradições produzidas no processo de produção do novo lugar.

Articulado a esse movimento, em que uma parcela da população vai se encastelar nesses novos condomínios em busca de "qualidade de vida", outro discurso-chave de realização desse novo modo de vida na metrópole é aquele da segurança.[28] A violência aparece como o fator irrefutável para que as pessoas vejam a necessidade de se fechar ainda mais da cidade, autossegregarem-se em relação ao restante da sociedade, em relação aos "diferentes" que fazem parte do conjunto da população da cidade. Essa é uma questão central para a negação do espaço público como norma, naturalizando-se no contexto social.

O avanço do setor imobiliário sobre lugares da metrópole significa a imposição de uma outra sociabilidade, uma forma de viver (e de ver) a cidade baseada em um totalitarismo, em um "Medo à Liberdade" (como indica Erich Fromm), quando, para viver uma presumida liberdade, representada pelo condomínio como espaço de moradia, pelas facilidades que ele pode oferecer em termos de localização e serviços, abdica-se da liberdade, vive-se fechado nos lugares do cotidiano (casa, trabalho, lazer) e nos carros, resguardando-se contra o espaço público e as pessoas que nele estão, reduzidos à ideia da violência generalizada na metrópole. A construção e a difusão desse modo de vida, em que a separação física (e não somente ela) se naturaliza como forma de enfrentamento da violência, leva à negação da cidade, pois estabelece totalitarismos como mediações da vida cotidiana. É quando o individualismo acaba com a individualidade, o urbanismo com a urbanidade, e o totalitarismo com a totalidade, revelando uma cidade fragmentada. É quando a forma da cidade apresenta uma violência transparente, evidente, cujo combate restringe as possibilidades de uma cidade e uma sociedade realmente socializadas.

Erich Fromm mostra que a segurança do homem é a cooperação com os outros.[29] O individualismo exacerbado, expresso até nas formas espaciais, nega esse compartilhamento, porque se trata de um compartilhamento sem compartilhar nada, realizando-se através de separações, da negação do diferente, tomado como perigo e ameaça. Ao mesmo tempo em que se trata de uma sociedade cada vez mais "socializada" no sentido das necessidades do movimento de acumulação, é a sedimentação de uma sociedade da indiferença generalizada que tem condicionantes sociais e produz relações sociais. Assim, difundem-se formas "sociais" da vida "urbana" que transformam o cidadão em indivíduo isolado, que se protege, segundo suas possibilidades financeiras, de uma sociedade repleta de problemas. Há nesse movimento uma naturalização das formas totalitárias, através dos diversos tipos de autoblindagem como formas legítimas da vida na cidade. Mas não somente a legitimação da blindagem, é também a legitimação da prevenção violenta contra a violência, ou seja, a violência, aqui mais como realidade discursiva do que concreta legitima a violência contra todo o restante da sociedade que não seja igual. Segundo Erich Fromm,

> O sentimento de isolamento e incapacidade do homem moderno é ainda reforçado pelo caráter assumido por todas as relações humanas. O relacionamento concreto de um indivíduo com outro perdeu seu caráter direto e humano, assumindo um espírito de manipulação e instrumentalidade. Em todas as relações sociais e pessoais, as leis do mercado são a regra. É claro que o relacionamento entre concorrentes tem de ser baseado em mútua indiferença humana; do contrário, qualquer um deles ficaria paralisado na satisfação de seus encargos econômicos – lutar um contra o outro e abster-se da efetiva destruição econômica do outro desde que necessária.[30]

Acrescentamos aqui que, no caso dos processos concretos na cidade, a indiferença é não somente em relação à destruição econômica dos outros, mas também diante da destruição das condições de vida dos outros, quando os processos expulsam as pessoas de seus lugares, quando perdem as suas casas e com elas as referências, os vizinhos, os amigos, os lugares da memória. Quando a parcela pobre da sociedade está sempre ameaçada de mobilização arbitrária, sendo destituída de todo o seu investimento físico (sobre-trabalho), financeiro e subjetivo (afetivo-emocional) para a construção e melhoramento contínuo da própria moradia. Ou seja, a indiferença como condição da reprodução da cidade hoje permite a destruição da vida de parcelas pobres da sociedade, naturalizando a mobilização violenta e contínua dessa população pela cidade, gerida violentamente pelos mecanismos estatais.

A destruição material de parcelas da cidade para a realização dos processos de valorização é também a destruição indiferente da vida de parcela da população, a mais pobre, obrigada a reconstruir suas próprias condições de vida na metrópole, seu cotidiano, em bases cada vez mais empobrecidas no urbano. Nos processos de resistências ao processo avassalador de expansão do imobiliário sobre regiões da cidade, quando comunidades carentes são expulsas e resistem à expulsão, escancaram-se as contradições da vida urbana e os conteúdos segregadores da urbanização contemporânea. No entanto, revela-se também conteúdos concretos da vida urbana, a irredutibilidade do morar como instância fundamental da vida humana, a partir do qual chegamos a outras necessidades concretas do homem: o habitar, o urbano e a cidade. Na expansão do indiferente encontramos a busca pela diferença, mesmo que diluída no esmagamento das possibilidades concretas da apropriação da cidade, ela aparece como momentos de subversão da lógica da urbanização contemporânea, instalando o conflito e evidenciando outras possibilidades de produção do urbano.

NOTAS

[1] Nas entrevistas com corretores de empreendimentos nos lugares estudados, eles citaram essa escassez de terrenos nas áreas mais valorizadas de São Paulo.

[2] Pesquisa de anúncios publicitários de lançamentos imobiliários em jornais de grande circulação no ano de 2011.

[3] Veja o capítulo "A moradia como negócio e a valorização do espaço urbano metropolitano", de Danilo Volochko neste livro.

[4] Entrevista com uma corretora de um empreendimento em pré-lançamento localizado em Santo Amaro realizada em 13/05/09.

[5] Quando falamos das estratégias dos empreendedores imobiliários nos espaços de desindustrialização, trata-se das grandes empresas incorporadoras, construtoras e imobiliárias que atuam em São Paulo e no Brasil, sendo que algumas delas contam com capital estrangeiro.

[6] Na Vila Leopoldina, por exemplo, a maioria dos empreendimentos se dizem localizados no Alto da Lapa, porque Vila Leopoldina ainda passa a ideia de um lugar industrial e Alto da Lapa é uma área mais valorizada. Onde se assume como Vila Leopoldina, nos terrenos mais próximos da Companhia de Entrepostos e Armazéns de São Paulo (Ceagesp), onde ainda há um aspecto industrial, coloca-se o nome de Vila Nova Leopoldina, reforçando o caráter de estetismo das novas construções. Em Santo Amaro, dá-se o mesmo procedimento: para a Várzea de Baixo, os empreendimentos se definem localizados na Chácara Santo Antônio ou na Granja Julieta; em Jurubatuba, na falta de regiões mais valorizadas conhecidas nas proximidades, explora-se as características temáticas dos empreendimentos ou ainda a proximidade com o Golf Club, um grande clube de golfe voltado para as classes com renda mais alta, situado próximo à Avenida Eusébio Steveaux.

A CIDADE COMO NEGÓCIO

[7] Sobre essa questão no contexto da metrópole de São Paulo, veja o capítulo "O patrimônio como negócio", de Simone Scifoni neste livro.

[8] Sávio Augusto de Freitas Miele. 2007.

[9] Jordana Viotto, "Cresce número de lançamentos com apartamentos e escritórios", em *Folha de São Paulo*, Caderno Imóveis, São Paulo, 11 set. 2011.

[10] Idem.

[11] Idem.

[12] Adriano Botelho (2007) mostra a necessidade do setor imobiliário em lidar continuamente com as barreiras que se colocam para a sua realização no espaço urbano.

[13] Henri Lefebvre, *Critique de la vie quotidienne III*, Paris, L'Arche, 1981.Tradução livre do autor.

[14] É o discurso, mais do que a realidade concreta, definindo a prática.

[15] A ideia da necessidade de se proteger cada vez mais contra a cidade e contra o espaço público.

[16] Assim, quanto mais exclusividade e excelência desse produto, mais o patrimônio será valorizado e mais seu proprietário será identificado ao status que seu local de moradia lhe traz.

[17] Paulo César da Costa Gomes, 2006, p.186.

[18] Michel Certeau; Luce Girard; Pierre Mayol, 2008

[19] Idem.

[20] Idem.

[21] Idem.

[22] Jean Baudrillard, 2007, p.19.

[23] Tomamos por fonte prospectos de empreendimentos, revistas das construtoras e incorporadoras, revista de anúncio de imóveis, vídeos publicados na internet, informes publicitários das grandes construtoras/incorporadoras publicados em jornais de grande circulação, matérias sobre o mercado imobiliário em jornais de grande circulação, matérias de revistas e jornais.

[24] Ana Paula Mestieri, "Produtos certificados ou maquiagem verde?", em *Folha de São Paulo*, Caderno Especial Ambiente, São Paulo, 5 jun. 2011.

[25] Nesses discursos, segmentos da sociedade que, por não possuir recursos, teriam concretamente uma prática cotidiana extremamente "sustentável", já que se utilizam fundamentalmente de transporte coletivo, constroem a própria casa com o material estritamente necessário, aos poucos, ocupando espaços menores, tem um baixo consumo de objetos perdulários etc., os pobres da cidade, aparecem muitas vezes como poluidores e destruidores do meio ambiente por ocuparem margens de córregos ou áreas de mananciais.

[26] Dario Caldas, "Consumo Sustentável. Contradição em termos", em *Folha de São Paulo*, Caderno Especial Ambiente, São Paulo, 5 jun. 2011.

[27] Nesse sentido, veja: *Revista Rossi*, Especial Sustentabilidade, São Paulo, ano 5, n. 24, abril/maio/junho de 2011, p. 47.

[28] É interessante notar a lógica dos discursos ideológicos, que dualizam os problemas, capitalizando os problemas através das soluções propostas. Temos, com isso, a segurança como solução para a violência; a qualidade de vida para resolver o estresse, o sedentarismo, enfim, para suprir a falta do conjunto de elementos que são apontados como qualidade de vida; a sustentabilidade para conter a insustentabilidade. Devemos aqui revelar a insustentabilidade concreta sobre a qual se assentam esses discursos, cuja realização aprofunda os problemas a que se propõem a resolver, produzindo novas contradições no nível do social.

[29] Erich Fromm, 1967.

[30] Idem, pp.105-106.

BIBLIOGRAFIA

BAUDRILLARD, Jean. *A sociedade de consumo*. Lisboa: Edições 70, 2007.

BOTELHO, Adriano. *O urbano em fragmentos. A produção do espaço e da moradia pelas práticas do setor imobiliário*. São Paulo: Annablume/Fapesp, 2007.

CARLOS, Ana Fani Alessandri. *Espaço-tempo na metrópole*: fragmentação da vida cotidiana. São Paulo: Contexto, 2001.

CERTEAU, Michel; GIRARD, Luce; MAYOL, Pierre. *A invenção do cotidiano*: morar, cozinhar. 7. ed. Petrópolis: Vozes, 2008, v. 2.

CALDAS, Dario. "Consumo Sustentável. Contradição em termos". *Folha de São Paulo*. Caderno Especial Ambiente. São Paulo, 5 jun. 2011.

FROMM, Erich. *O medo à liberdade*. Rio de Janeiro: Zahar Editores, 1967.

GOMES, Paulo César da Costa. *A condição urbana*: ensaios de geopolítica da cidade. 2. ed. Rio de Janeiro: Bertrand Brasil, 2006.

LEFEBVRE, Henri. "Introduction". In: RAYMOND, Henri; HAUMONT, Nicole; RAYMOND, Marie Geneviève; COONAERT, M. *L'habitat pavillonnaire*. Paris: Centre de recherche d'urbanisme, 1965.

_____. *Critique de la vie quotidienne III*. Paris: L'Arche, 1981.

MESTIERI, Ana Paula. "Produtos certificados ou maquiagem verde?". *Folha de São Paulo*. Caderno Especial Ambiente. São Paulo, 5 jun. 2011.

MIELE, Sávio Augusto de Freitas. *O movimento da economia financeira na dinâmica imobiliária de São Paulo*. São Paulo, 2007. Dissertação (Mestrado em Geografia) – Faculdade de Filosofia, Letras e Ciências Humanas, Universidade de São Paulo.

PADUA, Rafael Faleiros de. *Espaços de desindustrialização na reprodução da metrópole*. São Paulo, 2012. Tese (Doutorado em Geografia) – Faculdade de Filosofia, Letras e Ciências Humanas, Universidade de São Paulo.

PEREC, Georges, *Les Choses*. Paris: Éditions J'ai lu, 1965.

REVISTA ROSSI. Especial Sustentabilidade. São Paulo: Ano 5, n. 24, abr./maio/jun. 2011, p. 47.

VIOTTO, Jordana. "Cresce número de lançamentos com apartamentos e escritórios". *Folha de S.Paulo*. Caderno Imóveis. São Paulo, 11 set. 2011.

POLÍTICA HABITACIONAL
E POLÍTICAS SOCIAIS:
URGÊNCIAS, DIREITOS E NEGÓCIOS

Cibele Saliba Rizek
Caio Santo Amore
Camila Moreno de Camargo

O Programa Minha Casa Minha Vida (MCMV) tem sido apresentado como uma das grandes realizações dos governos Lula e Dilma e vem marcando as cidades brasileiras de forma indelével. No âmbito desse programa, foram contratadas 3,4 milhões e entregues 1,7 milhões de unidades habitacionais – incluindo todas as faixas de renda e todas as modalidades de produção. Este capítulo tem como objeto a modalidade "Entidades", que compõe a chamada faixa um do programa (atendendo famílias de até 1.600 reais de renda mensal). A produção dessa modalidade é contratada não por construtoras, mas por organizações populares, associações, cooperativas, que compõem o universo de "entidades" que se responsabilizam integralmente pela indicação das famílias e por todo o processo de produção – da pesquisa do terreno à entrega das chaves, passando pelo desenvolvimento e aprovações de projeto e execução das obras civis. Como se demonstra ao longo do texto, trata-se, por um lado, de uma produção ínfima em termos quantitativos, se comparada a toda produção do programa; por outro, a presença e permanência (para não dizer insistência) dessa modalidade tem uma dimensão política paradigmática, apoiando-se na tradição de políticas habitacionais autogestionárias, envolvendo os mais representativos movimentos de luta por moradia e reforma urbana do país.[1]

CONTEXTUALIZAÇÃO: POLÍTICA HABITACIONAL COMO POLÍTICA SOCIAL

Da perspectiva do momento em que se desenha o Programa Minha Casa Minha Vida e sua modalidade "Entidades", em 2009, é preciso ter como referência o fato de que um conjunto nada desprezível de processos e injunções tinham levado o Brasil a se configurar como a sexta economia capitalista do mundo, combinando[2] crescimento econômico e suas oscilações com a reprodução de desigualdades que parecem – ao que indicam alguns autores – diminuir relativamente menos do que a pobreza e a miséria. Foram tempos marcados por uma relativa estabilidade do mercado de trabalho, apesar da desaceleração dos anos recentes,[3] pela criação de empregos formais, embora caracterizados por baixos salários e pela precariedade dos postos de trabalho. O momento aponta, assim, duplicidades, disjunções, processos de conformação complexa que parecem se relacionar a uma transformação da composição do emprego a partir das redefinições da inserção brasileira nos processos mundializados de financeirização desde os anos 1990. Há um deslocamento de parcelas do emprego, bem como uma reabsorção de amplas parcelas desempregadas (em especial aquelas expulsas do mercado entre 1994 e 2002) por um setor de serviços, com salários médios em torno de mil reais e que abarca cerca de 60% dos postos de trabalho do país.[4] Em conjunto com a ampliação da base do assalariamento, o período também foi marcado pela instituição das políticas sociais redistributivas, como o Bolsa Família, e por um significativo aumento do salário mínimo, desde o início do primeiro governo Lula. Ao mesmo tempo, com o aumento da massa de empregados, alguns autores indicam um recrudescimento das condições de trabalho, que é notado pelo número de acidentes e mortes no trabalho, pela rotatividade da força de trabalho e pelo aumento das terceirizações.

Se é possível constatar que nos últimos 20 anos – e de modo acentuado a partir da última década – a economia brasileira vem se transformando em praça de valorização financeira, na esfera produtiva, os processos em curso parecem acentuar o seu papel internacional vinculando-a à exportação de produtos primários, o que explica uma forte proeminência do agronegócio[5] e os importantes incentivos econômicos que o setor recebe. Mas, se há uma proeminência do agronegócio, ela se combina com algumas iniciativas como o Programa Nacional de Desenvolvimento da Agricultura Familiar (PRONAF), que incentivam a agricultura familiar como dimensão de acomodação e gestão de conflitos no campo. O mesmo parece se repetir no âmbito do Ministério do Trabalho e Emprego, com uma pequena Secretaria de Economia Solidária diante, por exemplo, dos frequentes incentivos fiscais à indústria automobilística; ou com os apoios financeiros do Banco Nacional de Desenvolvimento Econômico e Social (BNDES) (que, não à toa, suprime de seu slogan o "S" do "social" que compõe a sigla); ou ainda com programas de acesso de estudantes de baixa renda ao ensino superior privado (Programa Universidade para Todos – PROUNI), que, ao mesmo tempo, financiam redes de universidades e centros universitários privados. Do nosso ponto de vista, é isso que ocorre com o Programa Minha Casa Minha Vida: produção habitacional em escala, altamente subsidiada e voltada às famílias de mais baixa renda (numa proporção que talvez nem os mais otimistas do campo da reforma urbana imaginariam) como forma de incentivo econômico à cadeia produtiva da construção civil (da fabricação de insumos à indústria de mobiliário, eletrodomésticos e linha branca), com importantes desdobramentos relativos aos vínculos entre capital financeiro e capital imobiliário (grandes construtoras a frente), alta generalizada de preços de imóveis e aluguéis, produção de novas periferias e aprofundamento da segregação socioterritorial. Dentro dessa complexa engrenagem, o Programa MCMV, na modalidade "Entidades", segundo dados oficiais coletados na pesquisa (e a despeito de sua baixa confiabilidade), tinha contratado menos de 1% de todas as unidades habitacionais do MCMV até o final de 2013, não obstante a meta de que compusesse 3% de toda a produção do programa em âmbito nacional. Portanto, seria possível indicar vínculos complexos, com transformações nada desprezíveis, entre os agentes envolvidos no programa. O amplo apoio dos movimentos de luta por moradia e reforma urbana às transformações efetuadas no âmbito da política urbana e habitacional do governo, incluindo a formulação da versão "Entidades", com consequências importantes para um rearranjo do campo de forças nas relações e tensões entre essas partes, para a operação de um novo diagrama de relações entre produção de moradia e luta pela apropriação da cidade (ou seu avesso, mais uma vez na disjunção entre moradia e cidade que perpassa a produção pública de moradias desde o Banco Nacional da Habitação – BNH); assim como limites porosos entre as práticas de Entidades e movimentos ligados ao programa, o mercado imobiliário e a construção de mercadorias políticas.[6]

Pensados no âmbito mais geral das políticas sociais brasileiras, esses processos permitem identificar uma dualidade ou uma disparidade que apontaria para o fato de que o crescimento da economia brasileira buscou impulsionar processos de crescimento econômico sem suprimir importantes déficits de direitos sociais, remediados de modo bastante focalizado e pontual, na medida das urgências mais flagrantes, entre as quais, a moradia. Esses déficits, as carências de resolução mais urgente[7], foram sendo construídos ao longo da história brasileira em um processo de contínua atualização e, sob essa perspectiva, a acelerada transformação econômica de 1930 a 1980 não foi capaz de promover redistribuição de renda e de riqueza que pudesse alterar os marcos e as formas mais agudas de desigualdade, sobretudo no que se refere às relações de classe.

Como Oliveira[8] afirmou em texto clássico, o avanço capitalista no país foi feito sob a égide do atraso, o que parece, à primeira vista, um paradoxo, mesmo que seja necessário redefinir a cada momento da história econômica e sociopolítica do país o que se entende por atraso e por modernização. Ao contrário de atribuir eternamente à raiz colonial e escravista ou ao patrimonialismo a matriz da desigualdade e das formas da sociabilidade brasileira, talvez se possa apontar para o fato de que as formas de dominação que marcam a sociabilidade política do país utilizaram, atualizaram e modularam esse suposto "atraso", bem como formas de dominação, quase como "modo de regulação". Essas formas de dominação, suas atualizações e suas refrações em uma miríade de aspectos e modulações determinam as próprias tentativas de pensar as assimetrias, os contornos e arranjos das relações de poder e de exploração ao longo da história recente do país. Desse modo, a especificidade do *ethos* brasileiro tornou-se tópico clássico da ensaística nacional, indo da versão edulcorada da dominação em Gilberto Freyre às formulações definitivas do "homem cordial" de Sérgio Buarque de Holanda. O tema comparece em obras clássicas do Brasil e sobre o Brasil que apontam a convivência e o embaralhamento entre ordem e desordem, entre progresso e atraso. Em momento mais recente, Francisco de Oliveira, que já havia registrado na figura do ornitorrinco as disjunções do Brasil na era neoliberal, apontou as manifestações correntes do "jeitinho" brasileiro,[9] transformado em regra não escrita das relações micro e macrossociais.

É nesse conjunto de questões sobre a sociabilidade política brasileira, suas conformações e seus deslizamentos, que se inserem a reflexão e a pesquisa a respeito das políticas sociais recentes. Bolsa Família, PRONAF, PROUNI, Minha Casa Minha Vida são saídas para a extrema pobreza? São gestão das urgências? Constroem portas de saída para as desigualdades? As respostas devem ser contempladas a partir de um programa complexo de pesquisa e reflexão, mas é fundamental perceber que, do ponto de vista cultural e político, o alívio das carências enseja situações bastante diversas, indica perspectivas de conquista de direitos voltados à redução das desigualdades sociais, expressa melhoria das condições de vida privada, sem necessariamente sinalizar para um maior envolvimento com as questões públicas e políticas. Através dessas incursões no campo das políticas sociais, tem sido possível identificar um novo diagrama de relações, em que se ancoram permanências e redefinições de um campo de forças e de tensões entre sociabilidades e suas formas de expressão, quer no âmbito da politização, quer no âmbito da despolitização das relações entre pobreza e cidade.[10] Há, portanto, um amplo conjunto de dimensões socioculturais e político-ideológicas relevantes a investigar, especialmente em regiões periféricas das grandes cidades, onde populações de baixa renda ou submetidas à vulnerabilidades de toda ordem estão em interação com uma diversidade de novos agentes nos últimos 15 a 20 anos, incluindo Organizações Não Governamentais (ONG), Organizações Sociais de Saúde (OSS), fundações e associações/entidades de diversas origens (desde aquelas vinculadas a movimentos sociais até aquelas de origem empresarial, passando por entidades confessionais), coletivos culturais, funcionários públicos de diversas instâncias e grupos político-partidários, estabelecendo relações que remetem a práticas de assistência social, de cultura, de qualificação profissional, de melhorias urbanas, regularização e acesso à moradia, entre outras. Esse novo contexto vem implicando reconfigurações nos modos de pensar, viver e compreender as desigualdades e a pobreza, as perspectivas de melhora ou alívio das situações de urgência que as afligem: vão de uma melhor inserção no mercado de trabalho – através de "capacitações" das mais diversas, ou de incursões no universo do empreendedorismo no âmbito econômico, social ou cultural – até a demanda por direitos da cidadania, passando por uma suposta integração à cidade pela propriedade (ou da promessa da) da habitação, assim como por formas de inserção "social" através de cursos e atividades. Assim, o rendimento obtido pelo Programa Bolsa Família, o acesso à casa própria pelo Programa Minha Casa Minha Vida, entre as demais ações de integração dos pobres citadas anteriormente, poderiam se configurar como direitos, seriam novas figurações, conformariam sujeitos de direitos? Esses direitos descortinariam novas linguagens do que sejam direitos, novas reivindicações por direitos ao propiciar expectativas de redução das enormes desigualdades sociais? Ou estaríamos diante de outras questões, de cunho econômico – especialmente em relação ao aquecimento do mercado imobiliário com lançamentos relativos ao segmento econômico e/ou aquecimento da economia a partir da incorporação pelo consumo e pelo crédito? Ou ainda, de uma combinação aparentemente insólita e nebulosa entre políticas anticíclicas de cunho econômico e a constituição de clientelas de novo tipo, dimensões que se dissolvem umas nas outras?[11] Seria possível flagrar, pela análise do Programa Minha Casa Minha Vida "Entidades", um outro diagrama de leitura e de inteligibilidade das muitas relações entre movimentos, associações, Estado, formas de operação e populações-alvo, cujas narrativas, descrições e análises estejam ancoradas em novas formas de nomeação e categorização, que combinam as velhas e as novas precariedades e formas de pobreza, bem como velhos e novos modos de enquadrá-las, geri-las, acomodá-las na dobra entre programas e políticas sociais, no encolhimento e enquadramento da ação de movimentos, associações e lideranças no avesso da constituição de sujeitos políticos dotados de um horizonte de autonomia?

Como apontam alguns autores, os países da América Latina se apresentam como uma espécie de "laboratório" de uma nova geração de políticas sociais, tidas como intermediárias entre a proteção social e a luta contra a pobreza. Essas políticas são o palco da ação de um conjunto de atores – instituições públicas, nos seus respectivos níveis territoriais, organizações internacionais, nacionais e locais, ONGs, empresas, associações e uma grande diversidade de atores privados "intermediários". Políticas e programas que têm contribuído para um processo de conquista e emergência de "direitos" poderiam ser considerados (como de fato são por alguns autores) a continuidade da luta por direitos que acompanhou a constituição de sujeitos e atores políticos dos processos de democratização. Entretanto, diante das reformas econômicas em curso no âmbito dos estados, ou mesmo das transformações da economia, em especial no que se refere aos mercados de trabalho, esses direitos não estão necessariamente garantidos. Além de tendências de caráter internacional e suas formas de circulação,[12] trabalhos recentes apontam para a dificuldade de delimitação de um percurso, uma história da transformação e de uma trajetória das políticas nacionais (Argentina, Brasil, Chile, México) como de sua periodização.[13] Torna-se, então, uma "questão de pesquisa" a necessidade de desvendar, em cada faixa de políticas e programas, permanências, continuidades e pontos de inflexão que permitiriam perguntar sobre os critérios de periodização, redefinições, deslizamentos, reconfigurações.[14]

Assim, se é possível utilizar as políticas sociais como dimensão importante para caracterizar o contexto contemporâneo, é preciso perguntar a respeito do que permanece em relação a outras formas de ver e de combater carências, sobretudo do ponto de vista dos programas habitacionais.[15] Haveria um ponto de inflexão em meio a permanências e redefinições da trama de desigualdades e das desigualdades de acesso à cidade em particular?[16] Ou ainda, esse ponto de inflexão poderia estar relacionado às mudanças nas formas de coalizão que sustentaram e estruturaram continuidades e descontinuidades no âmbito da política de habitação brasileira e seus formuladores?[17]

Além da caracterização de pontos de inflexão e de sua magnitude, é possível acompanhar alguns pesquisadores que apontam a importância das relações entre setores e políticas setoriais no que tange ao nível das intermediações e seus agentes entre o Estado e a assim chamada "sociedade civil", isto é, os operadores dessas políticas.[18] Dessa forma, para além de tentar flagrar supostas "lógicas" nacionais ou setoriais, talvez seja necessário buscar os mecanismos que levam tanto à mitigação como à (re) produção das desigualdades sociais no seu âmbito mais visível – a produção do espaço urbano, as grandes cidades.

Os embates conceituais se assentam, em geral, na relação entre superação e reposição das desigualdades sociais (assim como os confrontos teórico-políticos que envolvem). Entretanto, para além desses embates – conceituais e políticos – é preciso compreender que as políticas sociais que enquadram, no âmbito dessa perspectiva de pesquisa, os programas de habitação, constituem-se como "mediações que substituem as antigas estruturas de regulação de caráter societário e a sua legitimação tradicional e 'autoritária'",[19] o que não implicaria necessariamente em democratização ou modernização dessas estruturas. Como a História brasileira demonstra, as formas de modernização conservadora são familiares, repondo-se não raro ao longo da História Social brasileira, mesmo quando parecem se anunciar as possibilidades de sua reversão de cunho emancipatório e publicizante. Assim, a dimensão fortemente vinculada às ideias de bem-estar social, autonomia e igualdade formal, vinculadas às formas de reflexão modernas são "fundamentos da objetividade, não se constituem apenas como 'mitos', mas integram o campo das práticas sociais como 'operadores' ou 'reguladores' normativos e como expressão de 'finalidades'"[20] fazendo-se valer como horizontes que definem a questão social como problema sociológico, como invenção moderna do social com todas as suas ambiguidades. As situações de carência e desigualdades habitacionais e urbanas se conformam, assim, como um dos índices mais evidentes e visíveis das modulações contemporâneas da questão social brasileira.[21] Se essa afirmação tem alguma validade, se ela ganha um contorno significativo dessa invenção moderna do social – tão bem flagrada por Hannah Arendt – é possível apontar que, por ela, se desenham alguns dos principais embates sobre a pobreza, sobre suas configurações, para além do traçado e dos caminhos que conduzem para uma reflexão sociológica da adaptação e legitimação das formas de contagem, classificação, cálculo, gestão, governo moral[22] e controle dos "pobres". A discussão sociológica clássica subsidia, de fato, uma reflexão sobre a natureza das proteções sociais. São direitos? São dispositivos que criam sujeitos e objetos (os públicos-alvo) segmentados? São desdobramentos dos mínimos sociais ou não passam de expedientes econômicos de monetarização? No caso dos programas de habitação, como parte de uma complexa cadeia produtiva de importância econômica inegável, são dimensões de dinamização econômica que se sobrepõem à dimensão da moradia como direito ou sobre a dimensão do direito à vida urbana e à cidade? As políticas recentes de provisão de moradia dizem respeito à moradia como direito e forma de inserção urbana ou se constituem principalmente como desdobramentos da produção de uma habitação social de mercado[23]– no caso da pesquisa relatada, supostamente mediada por associações e movimentos de cunho popular? É possível problematizar as dimensões e os resultados dos programas de produção de moradia no cruzamento entre formas de integração ao universo da propriedade da casa (dispositivo que merece e precisa ser questionado e tensionado como tal) e ao universo urbano (condição inescapável de mais de 80% da população brasileira), bem como de reprodução e aprofundamento de importantes desigualdades socioespaciais?[24]

Considerando a política habitacional como parte das políticas sociais, cabe apontar sua centralidade em relação a uma polêmica inconclusa que atravessa a montagem, a narrativa e os projetos que conferiram forma e sentido à questão social e seus paradoxos, bem como seus desdobramentos contemporâneos no Brasil. Das grandes questões às concepções de "pobreza, desigualdades, exclusão e vulnerabilidade social" como formas de nomeação e identificação e, nessa medida, como dimensões políticas, essas "noções impõem normas de percepção do próprio objeto, em seu processo de apropriação, que se inscrevem como realidade, conformando a prática dos sujeitos sociais. Assim, a pesquisa e as estatísticas formuladas por instituições, como o Estado, articulam-se diretamente com o mundo social e

A CIDADE COMO NEGÓCIO

constituem um construto que resulta e interfere, constantemente, sobre as práticas de atores e agentes sociais". Talvez, dessa perspectiva, as nomeações e cálculos do déficit de moradias no Brasil seja de fato exemplar. Mas "a objetivação das noções e categorias de natureza científica, quando se transformam apenas na agregação de informações, sem referências às condições de produção da história social, acabam por se instituir como técnica dissociada das formas concretas de como se reproduzem dimensões políticas e injunções sociais".[25] Como parecem demonstrar a fragilidade e a incerteza relativas aos dados sobre a produção de moradia do Programa MCMV e, especificamente de sua modalidade "Entidades", é preciso observar um vínculo entre as formas de identificação e assinação da pobreza e as questões históricas que emolduram as relações entre pobreza e industrialização, pobreza e suas expressões urbanas desde a colônia, bem como o binômio que ocupou parte significativa do debate das ciências sociais na segunda metade do século XX: os vínculos contraditórios entre desenvolvimento e pobreza.[26] Se houve uma assimilação da pobreza às situações informais de trabalho que receberam nomes diversificados ao longo da história social brasileira, a dissociação entre pobreza e trabalho parece se conformar claramente a partir da reversão das expectativas de integração pelo trabalho assalariado, pelo que se poderia identificar como condição salarial. Mais recentemente, a partir dessa reversão, é possível encontrar exemplos de formalização mais ou menos aparentes[27] a partir de políticas de estímulo ao empreendedorismo popular sob o manto da qualificação profissional e pessoal, de empreendedorismo de si[28] e de "empreendedorismo social".[29] Nessas "zonas cinzentas"[30] entre formalização e informalidade, direito e negócio, movimento social e empresariamento, tais políticas (assistência social, saúde, trabalho e renda, programas de incentivo às artes e à cultura, assim como relativas ao microempreendedorismo e economia solidária, construção em mutirão e, mais recentemente, o MCMV "Entidades"), de modo geral, apresentariam uma face de comprometimento e participação, enfatizariam o ideário participacionista e autogestionário. Mas, de fato, poderiam ser identificadas, pelo menos no âmbito discursivo, como "políticas de ativação",[31] como expedientes de natureza em alguma medida individualizante, conforme a retórica e o horizonte neoliberal.[32] Assim, modulam-se as dimensões e os significados da pobreza e do enigma brasileiro com algumas das passagens que conduzem do indolente à massa marginal, dessa marginalidade à condição de trabalhador, mesmo que na informalidade, do trabalhador informal ao excluído e da "exclusão" (de certo modo tornada "fetiche") à condição de apartação social, do beneficiário de programas e políticas ao microempreendedor capacitado. Mas as relações entre as palavras e as coisas, os modos de enunciação e de designação acabam por se configurar como um segundo enigma que se repõe e se redesenha no horizonte das ciências sociais no Brasil.

Nos anos 2000, a polarização das políticas sociais e a criação crescente de um fosso entre um horizonte de acesso aos direitos de tipo universalista e de possibilidades efetivas de inserção social e profissional (através de políticas de acesso à saúde, assistência, moradia ou trabalho e renda), ou seja, a emergência de um potencial de conflito e de luta por direitos, encontraria desdobramentos na concretização das políticas e programas habitacionais. Em suas formas "autogestionárias", ainda que residuais em termos quantitativos, confere-se importância e peso às entidades de intermediação, de cunho político, comunitário, privado, religioso, articuladas ou não com a história dos movimentos populares e com os movimentos luta por moradia em particular. Essa articulação parece ser um dos eixos mais interessantes das considerações relativas ao Programa MCMV em sua modalidade "Entidades".

O PROGRAMA MINHA CASA MINHA VIDA – "ENTIDADES": ESPECIFICIDADES, QUANTIDADES E QUESTÕES DE PESQUISA

A modalidade "Entidades" foi cavada no contexto do programa MCMV, conquistada a fórceps pelas interações entre os movimentos de moradia de articulação nacional e governo federal, presença institucional nos Conselhos Participativos ou interlocução permanente entre lideranças e técnicos do Ministério das Cidades e da Caixa Econômica Federal. O discurso sobre a inserção de movimentos e entidades populares no Programa afirma frequentemente que "não tinham opção" se quisessem "participar da festa", atender às suas bases e realizar uma produção de outra natureza, que se diferenciasse qualitativamente da produção convencional.

A produção do "Entidades" se localiza na chamada faixa um do Programa (atende famílias com renda de até 1.600 reais) e se submete praticamente às mesmas regras da produção empreendida pelas construtoras, com algumas especificidades. Herdeira do programa Crédito Solidário, operando o mesmo fundo, Fundo de Desenvolvimento Social (FDS), agora alimentado com recursos orçamentários da União, a modalidade se diferencia no contexto geral do MCMV por confiar à entidade organizadora a responsabilidade pelo contrato, seleção, organização e indicação dos beneficiários – os quais devem se enquadrar nas regras gerais do Programa, passar pelos critérios do Cadastro Único, no qual devem necessariamente estar inseridos, ou dos sistemas de avaliação do agente financeiro. O "Entidades" também se diferencia pela possibilidade de se estabelecer um contrato preliminar, específico para a compra do terreno e pagamento antecipado dos projetos. Essa foi uma "vantagem competitiva" dada às associações nas disputas por terra em um mercado bastante aquecido pelo próprio MCMV, permitindo que os proprietários recebessem os valores relativos ao terreno tão logo se comprovasse junto à Caixa a viabilidade técnica e financeira do empreendimento. Com o terreno "na mão", inicia-se uma nova (e longa) jornada, que envolve licenciamentos nos órgãos públicos, desenvolvimento de projetos executivos (implantação, redes de infraestrutura interna, arquitetura, estrutura e fundações, instalações), orçamentos e suas aprovações. São processos que levam, no mínimo, um ano e meio e podem chegar a quatro anos facilmente. Só então se contrata a obra propriamente dita, a qual pode ser executada em regime de administração direta – em que compras e contratações de materiais e serviços são feitas diretamente pela entidade com a supervisão de uma assessoria ou de técnicos responsáveis pelas obras – ou por empreitada global – em que a entidade contrata uma construtora para executar a obra integralmente. Nos processos executados em administração, surge outra especificidade, ou "vantagem competitiva", que leva em conta a natureza sem fins lucrativos das associações e a consequente inexistência do capital de giro: a execução das obras ocorre com a antecipação de até duas parcelas dos recursos, dando boas condições de negociação nas compras e nas contratações pelas entidades.

O "Entidades" tem, portanto, os requisitos que caracterizam a produção habitacional autogestionária à brasileira (ou o discurso sobre essa produção): permite que os futuros beneficiários, potencialmente selecionados e conhecidos antes dos processos de obra, participem dos projetos e das obras, conheçam os terrenos e seus entornos, opinem na concepção, acompanhem o modo como os recursos são empregados na execução das obras, apropriem-se dos excedentes que resultam de bons processos de compra e contratações e reinvistam-nos na melhoria da qualidade das moradias. Esses processos, tão ricos quanto complexos, poderiam representar uma cunha no contexto geral do MCMV.

Mas não é exatamente o que temos visto como resultado da pesquisa. Nessa espécie de gincana ou corrida de obstáculos, a dimensão urbana desses conjuntos torna-se, aos olhos das entidades promotoras e dos "beneficiários", quase secundária. Praticamente a totalidade dos empreendimentos contratados no estado de São Paulo está sendo viabilizada em terrenos comprados no mercado, localizados em bairros periféricos precariamente consolidados ou nas franjas da mancha urbana metropolitana. Reproduzem, de modo não raro agravado, a má localização dos empreendimentos produzidos pelas outras modalidades, numa integração precaríssima daqueles que Rolnik chamou de "os sem-cidade". Com o valor do terreno embutido no valor da unidade, vale a velha lógica do terreno mais barato, com dimensões que tornem o empreendimento economicamente viável também pela quantidade de unidades a serem produzidas. Terrenos de menor porte e bem localizados, com acesso a equipamentos, serviços urbanos e comércio que atendam, não apenas à demanda existente, mas comportem o aumento da população do bairro decorrente da implantação dos conjuntos, não cabem no programa.

É esse o contexto que açambarca, inclusive, a ação de movimentos historicamente vinculados à luta por moradia no centro, que, desde os fins dos anos de 1990, promoveram uma série de ocupações em edifícios vazios nas áreas centrais.

Como já flagrara Maia,[33] em pesquisa de cunho etnográfico em edifícios ocupados no centro paulistano, a conquista da moradia definitiva pelas famílias que moravam nas ocupações se realizava mediante um retorno à periferia, às regiões Sul e Leste do município, em especial a Cidade Tiradentes, que continuava a ser o destino das famílias submetidas a remoções e reintegrações de posse dos imóveis das áreas centrais. Movimentos como o Fórum de Cortiços e o Movimento de Moradia da Cidade de São Paulo (MMC, que mudou o significado do "C" de sua sigla de Centro para Cidade), por exemplo, estão viabilizando empreendimentos nos bairros periféricos do Lajeado, Guaianases e Cidade Tiradentes, depois de anos de luta e depois de frustrações com as possibilidades de produção habitacional no centro. As dimensões dos terrenos "viáveis" – viáveis pelo alto potencial construtivo, pela quantidade de unidades a serem construídas – têm levado a uma prática de "consórcios" de movimentos e associações, situação que Maia[34] também já tinha notado nas ocupações que eram compartilhadas por diversas siglas de movimentos e suas bases. Entidades habilitadas junto ao Ministério das Cidades, muitas vezes com trajetórias e filiações políticas distintas, têm estabelecido parcerias, compondo e constituindo "demandas", indicando famílias de suas bases, para que se viabilizem conjuntos que chegam à marca de mil unidades habitacionais, dividindo o empreendimento em diversos contratos para que sejam respeitados os limites de 300 unidades da normativa que regulamenta o Programa.

Essas práticas configurariam uma guinada e/ou uma nova caracterização para os movimentos de moradia? Em outros termos, quais as redefinições desses campos de força que tangenciam a questão das lutas pela moradia, as conformações e as espacializações da pobreza e da precariedade, os movimentos e as formas de associativismo e suas reconversões? Como pensar ainda a reconversão de entidades que passaram a se constituir como "máquinas de produção" (na verdade, de "contratação") de unidades habitacionais? O MCMV "Entidades" se constitui, enfim, como um enorme campo de consenso fora do qual é impossível vislumbrar uma saída, outra possibilidade de conquista organizada da moradia. Não é por acaso, portanto, que as ações do Movimento dos Trabalhadores Sem-Teto (MTST) em São Paulo, que envolveram milhares de famílias em duas grandes ocupações de terra – a Nova Palestina, no extremo Sul, e a Copa do Povo, nos arredores do estádio do Itaquerão –, desembocam em negociações em torno do MCMV.[35]

Habilitar-se junto ao Ministério das Cidades, pesquisar de terrenos, negociar com proprietários, realizar ocupações e ações diretas, negociações com prefeituras; organizar, selecionar e cadastrar possíveis beneficiários, realizar estudos de viabilidade, licenciamentos, orçamentos, gerir os processos produtivos no canteiro são eventos-chave de uma verdadeira *via crucis*, revelando uma sequência de entraves que ajudam a justificar uma produção que é ínfima e muito inferior às metas estabelecidas, a despeito das imprecisões e baixa credibilidade dos dados oficiais, obtidos de fontes diversas. Nacionalmente, o "Entidades" representa 0,25% dos recursos investidos e 0,83% das unidades habitacionais contratadas no programa MCMV como um todo. Mais que isso, mostra-se menos efetivo que as demais modalidades, pois apenas 0,36% de todas as moradias concluídas e 0,18% das entregues, com todas as legalizações exigidas no programa, pertencem à modalidade.

No estado de São Paulo, até novembro de 2013, eram 39 contratos, os quais, depois de uma análise mais cuidadosa que eliminou as duplicidades representadas pelos contratos de "Compra Antecipada" e as divisões dos conjuntos entre entidades consorciadas, representam três empreendimentos. Desses, apenas um empreendimento é considerado entregue, outros três estão com as obras concluídas, somando quatro conjuntos habitados (apenas dois na Região Metropolitana de São Paulo); seis estão com obras contratadas; seis, com obras iniciadas e sete estão apenas com os terrenos comprados, enfrentando os árduos processos de licenciamentos e desenvolvimento de projetos e orçamentos.

Como se pode perceber há, ao longo da pesquisa em curso, na intersecção entre o Programa MCMV "Entidades" e uma articulação complexa de políticas e programas sociais,[36] um conjunto múltiplo de indagações que permitiria apontar que, tanto a partir das grandes injunções políticas quanto desde um conjunto de transformações nas formas de sociabilidade que se estende às representações e aos invólucros ideológicos, talvez estejamos diante de uma mudança de patamar socioeconômico e sociopolítico no Brasil, impossível de ser explicada a partir das categorias do desenvolvimento/subdesenvolvimento, marcadas pelos parâmetros que relacionavam desigualdade e o horizonte do assalariamento formal, em especial, no setor secundário. Se essa indagação ganha corpo, ela acabaria por exigir também novas lentes, novos prismas, que permitam qualificar o capitalismo brasileiro em sua face financeirizada, conformando, de maneira até certo ponto inédita, as relações de classe, as modulações das formas de sociabilidade política e das relações de poder. Haveria, assim, uma nova conformação dos modos de dominação e de construção (mais ou menos frustrada ou bem sucedida) de hegemonia e consenso nos quais os programas e políticas sociais de transferência de renda e de moradia, recobertos pela aura do protagonismo, da autogestão, dos empreendedorismos sociais, da participação da "sociedade civil", ocupariam um lugar central. Dentro desses rearranjos e reconfigurações, tampouco seria possível qualificar as classes populares como protagonistas clássicas desse novo "patamar de desenvolvimento", marcado assim por truncamentos que operam entre e nas situações e dimensões estruturantes das classes assim como em suas formas de atuação e expressão cultural e política. Seria então possível perguntar quais as relações entre esses truncamentos, obstruções e o chamado lulismo, por suas determinações, bem como pelos seus campos de conflito e relações de força, por suas ambiguidades e coalizões.

Ao buscar um exame da ponta mais frágil do Programa MCMV, a modalidade "Entidades", algumas dimensões sociopolíticas acabam despontando como questões possivelmente estruturantes do problema de pesquisa que se desdobra neste capítulo. Ele diz respeito a uma pergunta sobre a face da pobreza no Brasil urbano, sobre suas eventuais especificidades contemporâneas, sobre a impossibilidade de caracterizar o momento presente como avanço ou retrocesso, exigindo de fato que se enfrente sua nova conformação, o que acaba por demandar, de um lado, procedimentos descritivos que permitam apreender tanto o desenho e a proposição do Programa e suas transformações como sua ponta final na produção e reprodução do espaço e da vida da cidade.

Flagrar continuidades e pontos de inflexão talvez também seja tarefa que exija um esforço teórico de percepção dos processos de financeirização e seus sentidos e em seus vínculos com a produção do espaço, seus desdobramentos cotidianos, novas clivagens e recomposições, que talvez coloquem no horizonte, ao lado da necessidade de pensar o presente, um esforço de construção de novas categorias, de atualização de nomeações, de apreensão de deslizamentos que permitam afinal perguntar: que cidade é essa? Como vêm se reconfigurando a pobreza e a desigualdade urbanas e que tensões, torções e conflitos vêm ganhando densidade? Que Brasil urbano emerge desse conjunto múltiplo de processos? Quais diagramas permitem descrever e pensar as novas configurações que combinam cidade, pobreza, programas e políticas públicas, seus operadores, programas de produção de moradia, movimentos sociais e suas mutações, em particular no âmbito da cidade de São Paulo?

CONSIDERAÇÕES FINAIS: ENTRE O DIREITO E O NEGÓCIO

Ainda sem necessariamente sistematizar as informações provenientes da pesquisa etnográfica nos dois empreendimentos selecionados, mesmo que essa constelação de informações seja inevitavelmente subjacente, as informações e a reflexão que compõem este capítulo permitem apontar algumas conclusões e problematizações que cruzam a política habitacional com as políticas sociais do Brasil lulista.

A primeira diz respeito ao modo pelo qual o Programa acaba por se constituir em profunda despolitização da questão da moradia e, sobretudo, do acesso à cidade. A "construção da demanda", dos grupos de candidatos a beneficiários empreendimentos, se dá, sobretudo, através de relações de âmbito privado – relações de parentesco ou amizade, oriundas de relações pessoais – e é raro entre os grupos pesquisados encontrar alguém com nítida trajetória de luta no movimento de moradia, com tempo de participação que exceda o tempo de formação do grupo para a assinatura do contrato.[37] São relações que acabamos por denominar "associativismo de ocasião". Nesse contexto, é no mínimo curioso perceber que, mesmo em São Paulo – sede dos quatro movimentos de articulação nacional[38] que têm assento no Conselho Nacional das Cidades, capacidade institucional para interferir nos rumos da política pela proximidade e interlocução com o governo federal, responsáveis diretos pelas formulações e reformulações do Programa –, mais da metade dos empreendimentos (12 entre os 23) tenham sido contratados por entidades que não possuem nenhum vínculo com esses quatro grandes movimentos. Uma situação que pode ser lida pelo viés "republicano" do acesso a qualquer associação (com origens e práticas diversas na assistência social, educação popular, melhorias urbanas e regularização fundiária), desde que consiga superar os vários obstáculos. No entanto, esse elemento oferece novas pistas para uma potencial despolitização do problema da moradia e das possibilidades que o Programa em sua modalidade "Entidades" permite: a amplitude do escopo dessas mesmas associações e sua (des)vinculação possível com a longa e difícil trajetória de luta urbana e habitacional nas cidades brasileiras no âmbito das lutas pela reforma urbana e pelo "direito à cidade".[39] Essas associações "externas" acabaram se convertendo à produção da moradia (não mais na perspectiva de melhorias, urbanização, regularização fundiária) a partir das oportunidades de "negócio", ou de uma espécie de nicho de mercado criado pelo Programa.

A obtenção da casa se configura como ponto de chegada de uma trajetória vista e vivida como pessoal, que resulta do esforço em permanecer e acreditar nas lideranças e grupos das associações. A conquista se reveste, assim, de um caráter moral que premia a persistência e a "fé" de que "minha casa vai sair". A construção da demanda pelas entidades também passa por técnicas de produção de informações e por estratégias de cadastro que viabilizem o teto de renda, 1.600 reais por mês, o que em São Paulo significa pouco mais de dois salários mínimos regionais. São essas estratégias que se somam a tantas outras num processo de transformação dos movimentos, entidades e associações deles resultantes, em "máquinas de produção de casas", em operadores do Programa e em intermediários entre a Caixa Econômica Federal e os agenciamentos do mercado imobiliário onde quer que ainda seja possível encontrar um terreno que satisfaça às exigências desenhadas no âmbito do "Entidades". Essa operação é frequentemente uma poderosa armadilha e toda sorte de "negócios" imobiliários acaba por compor uma frente que combina preços, acessos, contatos em um contexto de forte valorização de terrenos nas regiões metropolitanas. Além de determinar localizações distantes de equipamentos, infraestrutura e serviços urbanos do que seria possível considerar como "cidade plenamente constituída", "de costas" para esta cidade, nas bordas do tecido urbano, as negociações imobiliárias para as quais o programa empurra as entidades resultam em procedimentos que estão nas dobras entre o lícito e o ilícito, entre as dimensões legais e ilegalidades que são praticadas no mercado imobiliário.

Esses elementos, em um campo de forças que guarda importantes afinidades com certo empresariamento social e associativo, permitem que se entreveja que a produção de moradia pelo Programa tem um caráter paradigmático no que se refere à construção e à manutenção de pactos e que essa mesma produção – que afinal acontece onde é possível, isto é, nas piores localizações –, subsidiada por fundos públicos, acabe por reforçar, quando não agravar severamente, as linhas de segregação socioespacial. Casa de pobre para pobre, lugar de pobre para pobre, mesmo quando foi possível perceber uma melhora importante de qualidade de projeto e de execução, isto é, quando houve intermediações importantes de movimento social organizado e de assessorias técnicas e políticas – experiências excepcionais/virtuosas, nos termos de Oliveira[40]–, as formas de segregação determinadas pelas regras do mercado de terras mostraram-se soberanas. Talvez esse resultado seja o elemento sobre o qual é preciso refletir no cruzamento do universo dos direitos, da casa e da cidade como direitos, e do que Lautier chamou "governo moral dos pobres", entre conquista e negócio, entre politização e tecnologias de acomodação e gestão da vida.

NOTAS

[1] Este capítulo apresenta resultados ainda em processo de uma pesquisa realizada nos últimos dois anos e busca explicitar reflexões que permearam (e ainda estão no horizonte inconcluso do processo de pesquisa) a coleta de dados e de depoimentos: as incursões etnográficas ainda não inteiramente concluídas; as sistematizações e análises de dados quantitativos secundários fornecidos pela Caixa Econômica Federal ou por outras fontes oficiais. A pesquisa é o resultado de um projeto submetido e aprovado em edital do Ministério das Cidades e do CNPq que tem envolvido pesquisadores ligados ao IAU (Instituto de Arquitetura e Urbanismo da Universidade de São Paulo – *campus* São Carlos) e à assessoria técnica Peabiru e que recortou as contratações e produção realizada pelo "Entidades" no estado de São Paulo, muito embora a sistematização de informações secundárias necessária para o dimensionamento e a reflexão sobre o programa se estenda em âmbito nacional. Depois de um primeiro momento exploratório de pesquisa, que visava à apreensão do conjunto dos empreendimentos contratados, em obras ou concluídos, foram selecionados dois empreendimentos em função de uma série de características e especificidades do local onde estão (ou serão) implantados; dos aspectos urbanísticos, arquitetônicos e produtivos dos conjuntos; da composição/criação da "demanda", públicos-alvo ou beneficiários das unidades habitacionais; das origens e formas de organização das Entidades, suas tramas e tessituras associativas. Resulta e procura alimentar as reflexões mais amplas sobre programas e políticas sociais, uma vez que o Programa MCMV, particularmente em sua modalidade "Entidades", ajuda a desvendar o lugar (em sentido metafórico e literal) das políticas urbanas e sociais no Brasil dos anos 2000; na observação das dimensões relativas à inserção e (novas e velhas) formas de segregação urbanas, reproduzidas ou aprofundadas pelo ciclo de produção de moradias periféricas nas bordas da Região Metropolitana de São Paulo. Além dos autores, a equipe de pesquisa é constituída por Andrea Quintanilha de Castro (mestranda pelo IAU-USP/SC e arquiteta/urbanista da Peabiru), Rafael (mestrando pela FAU-USP e arquiteto/urbanista da Peabiru), Daniela Perre Rodrigues (arquiteta/urbanista da Peabiru), Marina Barrio Pereira (arquiteta/urbanista da Peabiru), além dos estudantes de graduação Ana Teresa Carvalho (FAU-USP), Caio Jacyntho e Giovanni Bussaglia (IAU-USP/SC), que participaram em períodos diverso

[2] André Singer et al.,*Capitalismo e modernização periférica no Brasil do Século XXI: desigual e combinado*, CENEDIC, FFLCH, 2013, mimeografado.

[3] Leite, 2011.

[4] Braga, 2012; Cenedic, 2013.

[5] *Cf.* Leda Paulani, *Brasil Delivery*, São Paulo, Boitempo, 2008. *A inserção da economia brasileira no cenário mundial: uma reflexão sobre a situação atual à luz da história*, 2012, mimeografado. De 2000 a 2007, são estes os dados do Instituto de Pesquisa Econômica Aplicada (Ipea): R$ 1,268 trilhão para os portadores de títulos governamentais; 310,9 bilhões para a saúde; 149,9 bilhões para a educação (Janio de Freitas, em *Folha de S. Paulo*, 13 nov. 2008).

[6] Quanto a essa noção, ver Michel Misse, *Rio como um bazar, a conversão da ilegalidade em mercadoria política*, Rio de Janeiro, Insight Inteligência, 2002, v. 3, n. 5, pp. 12-16. Disponível em: <http://www.necvu.ifcs.ufrj.br/images/2oriocomoumbazar.pdf>. Acesso em: 23 ago. 2013.

[7] A questão do déficit de moradia não é simples nem pode ser naturalizada. Como se sabe, há uma importante discussão a esse respeito entre arquitetos, urbanistas e cientistas sociais brasileiros. Basta lembrar que o número de imóveis desocupados se equipara a um suposto déficit, cuja composição se ancora fortemente na carência de habitações para a faixa de renda de zero a três salários mínimos.

[8] Oliveira, 1972 e 2003.

[9] Francisco de Oliveira, "Jeitinho e jeitão", em *Piauí*, outubro de 2012. Oliveira ainda aponta que, dentro dessa matriz da sociabilidade do jeitinho/da proximidade/cordialidade ou dos antagonismos em equilíbrio ou do horror às distâncias, está a falta de uma solução para a questão do estatuto social do trabalho. Ele se configura em uma das maiores marcas do moderno atraso brasileiro combinado e talvez pouco superado pelas formas de nossa modernização, constituindo um complexo de características que poderiam definir um *ethos* transversal às relações sociais.

[10] Em algumas das reuniões dos grupos formados pelas entidades em consórcio, encontramos os mais pobres entre os pobres em situações muito evidentes de nomadismo urbano involuntário, marcado não raro por situações de violência de gênero, por expulsões, remoções ou mesmo violências domésticas, cujos relatos permitem pensar em situações que autores como Agamben caracterizariam como "vida nua".

[11] Esta dimensão tem como pano de fundo as questões colocadas pela hipótese da hegemonia às avessas (Bello, 2012 e Oliveira, 2007, Oliveira, Braga e Rizek, 2010), uma vez que ela sugere que a perspectiva dos direitos teria sido muito enfraquecida por processos que estariam contribuindo para a naturalização da desigualdade reproduzida pelo mercado. Nesse contexto, o aumento da integração social e os ganhos salariais das categorias mais mobilizadas não estariam propiciando uma significativa politização acerca daquelas questões tendendo a manter os seus interesses circunscritos ao plano da estrita necessidade.

[12] Maranhão, 2011.

[13] Ceballos, 2012.

[14] Dessa perspectiva, cabe mencionar, com Sanfelici (2013), que cumpre notar "o empenho de especialistas e arautos desse novo modelo de crédito imobiliário em apresentá-lo como uma solução para o equacionamento do déficit habitacional no Brasil, como bem frisou Luciana Royer (2008). Essa necessidade de justificar o modelo liberalizante através de metas sociais para cuja solução ele visivelmente não está apto leva algumas publicações a ambiguidades notáveis. A publicação da Fundação Getúlio Vargas 'Projetos sobre crédito imobiliário', por exemplo, reconhece a concentração do déficit habitacional brasileiro nos estratos de renda até 5 salários mínimos e admite a necessidade de subsídios para erradicar esse déficit. Porém, após elogios aos modelos de financiamento securitizado implantados em países como Espanha, EUA e Chile, o documento sugere que quase 80% do déficit no Brasil pode ser eliminado por mecanismos de mercado. Além disso, no que se refere aos subsídios oferecidos para os restantes 20%, o documento recomenda que o país reproduza o modelo chileno de condicionalidades para a concessão dos subsídios: o pretendente ao subsídio deveria comprovar uma poupança prévia, algo como 15% do valor do imóvel financiado [...] o próprio documento admitira, poucas páginas antes, que o modelo chileno deixou de fora justamente a população mais pobre que é, por razões óbvias, incapaz de poupar..." (Sanfelici, 2013: 107).

[15] Ivo, 2008.

[16] Rizek, 2009.

[17] Dessa perspectiva seria possível indagar as mudanças e permanências entre o Plano Nacional de Habitação – herdeiro do Projeto Moradia, elaborado por quadros do Partido dos Trabalhadores e por intelectuais vinculados à questão urbana – e o Programa Minha Casa Minha Vida.

[18] Rizek, 2013.

[19] Ivo, 2008, p. 54.

[20] Idem, p. 54.

[21] Dessa perspectiva, cabe salientar alguns eventos no âmbito da cidade de São Paulo que permitem problematizar por um lado a diferença entre déficit habitacional e demanda do PMCMV e MCMV – Entidades. Por outro lado, algumas ocupações na zona Sul e Leste da cidade, especialmente aquelas que foram lideradas pelo Movimento dos trabalhadores sem teto (MTST) – Nova Palestina e Copa do Povo, parecem apontar algumas dimensões que permitem afirmar que os programas e políticas sociais estão longe de se configurar um equacionamento mais permanente dosdesdobramentos da questão social no âmbito da moradia e da cidade.

[22] Ver a esse respeito "Gouvernement moral des pauvres et dépolitisation des politiques publiques en Amérique latine", em Natacha Borgeaud-Garciandía, Bruno Lautier, Ricardo Peñafiel, Ania Tizziani (dir.), *Penser le politique en Amérique latine: la recréation des espaces et des formes du politique*, Paris, Karthala, pp. 19-36.

[23] Shimbo, 2012.

[24] Ver a esse respeito um conjunto de referências como, por exemplo, Anete Brito Ivo, onde se lê: "Além das questões relativas à abrangência de tais soluções, especialmente nas sociedades periféricas, em que a grandeza quantitativa do 'excedente' (setor informal) torna ainda mais urgente e, ao mesmo tempo, mais complexa a ação do Estado, o confronto dessas colaborações recoloca, no centro do debate, as relações intrínsecas e contraditórias entre a proteção da cidadania e o universo do trabalho e dos trabalhadores. Ou seja, até que ponto a generalização dos 'mínimos', nos programas de renda mínima de cidadania, por exemplo, contribuem para reduzir formas de integração no âmbito da sociedade do trabalho ou contribuem, igualmente para aprofundar as condições das desigualdades sociais? (Ivo, 2008: 107); (Shimbo, 2012); (Rolnik e Nakano, 2009).

[25] Ivo, 2008, p. 107.

[26] Essa discussão de escopo macro social desenha e redesenha a pobreza como marginalidade, massa marginal, trabalho excedente, exclusão e *apartheid* social, entre outras designações ao longo do pensamento social brasileiro. Pode se citar como exemplo a discussão sobre as categorias subemprego ou subocupação entre os anos de 1970 e 1980.

[27] Georges e Vidal, 2012.

[28] Machado da Silva, 2002.

[29] E talvez aqui seja necessário perceber as iniciativas e empreendimentos habitacionais dos movimentos e associações populares sob o signo de práticas e discursos relativos às dimensões desse mesmo "empreendedorismo" social.

[30] A noção é utilizada por Telles e Cabanes, bem como por Azaïs, mas está ancorada, ao que tudo parece indicar em Giorgio Agamben, *Homo Sacer: o poder soberano e a vida nua*, Belo Horizonte, UFMG, 2002, e *Estado de Exceção*, São Paulo, Boitempo, 2004. Ver a esse respeito Vera Telles e Robert Cabanes (org.), *Nas tramas da cidade: trajetórias urbanas e seus territórios*, São Paulo, Humanitas, 2006.

[31] Desde as iniciativas de organizações internacionais, tais o Banco Mundial, o Banco Interamericano de Desenvolvimento – BID, é possível identificar como políticas de ativação aquelas que exigem ação individual em contrapartida aos benefícios alcançados, na contramão de sua concepção como direitos. A ideia está ancorada, em especial, em Cibele Rizek e Isabel Georges, *Emergência e reinvenção: novas e velhas políticas sociais no Brasil*, op. cit.

[32] Hibou, 2011; Dardot e Laval, 2013.

[33] Maia, 2012.

[34] Idem.

[35] Cf. André Dal Bó e Cibele Rizek, *O MTST: origens e lutas*, São Paulo, 2014, mimeografado.

[36] Cabe mencionar, como se verá adiante, que os projetos e empreendimentos do Programa MCMV "Entidades" exigem a inclusão dos futuros moradores no Cadastro Único de assistência, configurando necessariamente uma demanda de baixa renda para os empreendimentos. A inscrição no Cadastro Único é parte da *via crucis* de construção da possibilidade de efetivação dos empreendimentos.

[37] Entre as entidades pesquisadas, há uma exceção, na qual os beneficiários tinham trajetória mais antiga, com participação frequente em atos, manifestações e ocupações.

[38] Confederação Nacional de Associações de Moradores (CONAM), Central de Movimentos Populares (CMP), Movimento Nacional de Luta pela Moradia (MNLM) e União Nacional por Moradia Popular (UNMP).

[39] É interessante notar o deslizamento da bela noção de Lefebvre no âmbito de sua apropriação pelos movimentos que integraram a luta pela reforma urbana ou a luta pelo direito à moradia no Brasil. Essas apropriações com sentidos diversos do original acabaram por configurar a expressão "direito à cidade" como uma espécie de "categoria nativa" com significados próprios ao longo das últimas décadas no Brasil.

[40] Oliveira, 2007.

BIBLIOGRAFIA

AGAMBEN, Giorgio. *Homo Sacer*: o poder soberano e a vida nua. Belo Horizonte: UFMG, 2002.
_____. *Estado de exceção*. São Paulo: Boitempo, 2004.
AZAÏS, Christian. "As zonas cinzentas no assalariamento: proposta de leitura do emprego e trabalho". In: AZAÏS, Christian; KESSLER, Gabriel; TELLES, Vera da Silva (orgs.). *Ilegalismos, cidade e política*. Belo Horizonte: Fino Traço, 2012, pp. 167-98.
BELLO, Carlos Alberto. *Governos Lula*: consenso, coerção e hegemonia às avessas. São Paulo:, 2012, mimeografado.
BRAGA, Ruy. *Política do precariado*: do populismo à hegemonia lulista. São Paulo: Boitempo, 2012.
CABANES, Robert. *Cartas Filmadas Clichy sous Bois* – Guaianases: um projeto de oficina de vídeo. Proposta do coletivo Association Collectif Liberté, Egalité, Fraternité, Ensemble (ACLEFEU). Paris, 2013, mimeografado.

CEBALLOS, Marco. Le *"détour du social" et les programmes de transferts monétaires conditionnés en Amérique Latine*: les cas de l'Argentine, du Brésil, du Chili et du Mexique. Paris, 2012. Tese (Doutorado) – Institut d'Étude de Developpement Économique et Social (iedes), Université Paris I.

CENEDIC 2013. Projeto de Pesquisa aprovado pelo CNPq. São Paulo, 2013, mimeografado.

LAVAL, Christian; DARDOT, Pierre. *La nueva razón del mundo.* Barcelona: Gedisa, 2013.

GEORGES, Isabel. "Trabalho precário ou inclusão social e econômica? O caso dos agentes comunitários de saúde e dos agentes de proteção social da Região Metropolitana de São Paulo, Brasil". In: GEORGES, Isabel; LEITE, Marcia de Paula (orgs.). *Novas configurações do trabalho e economia solidária.* São Paulo: Annablume, 2012.

GEORGES, Isabel, SANTOS, Yumi Garcia dos. "A produção da 'demanda': viés institucional e implicações políticas da terceirização do trabalho social na periferia de São Paulo". In: CUNHA, Neiva Vieira da; FELTRAN, Gabriel de Santis. *Sobre periferias*: novos conflitos no espaço público. Rio de Janeiro: Faperj/Lamparina, no prelo.

GEORGES, Isabel; VIDAL, Dominique, "La formalisation de l'emploi à l'épreuve du travail invisible. Deux cas de figure de travailleuses de service au Brésil". *Sociétés contemporaines*, n. 87, 2012, pp. 25-47.

HIBOU, Béatrice. *Anatomie politique de la domination.* Paris: La Découverte, 2011.

IVO, Anete Brito. *Viver por um fio, pobreza e política social.* São Paulo: Annablume, 2008.

LAUTIER, Bruno. "La diversité des systèmes de protection sociale en Amérique latine: une proposition de méthode d'analyse des configurations de droits sociaux". *Revue de la régulation, Capitalisme, institutions, pouvoirs.* n. 11, Revue en ligne, 2012.

LEITE, Marcia de Paula. "O trabalho no Brasil dos anos 2000: duas faces de um mesmo processo". In: VÉRAS DE OLIVEIRA, Roberto, GOMES, Darcilene; TARGINO, Ivan (orgs.). *Marchas e contramarchas da informalidade do trabalho*: das origens às novas abordagens. João Pessoa: UFPB, 2011, pp. 29-63.

MACHADO DA SILVA, Luis Antônio. "Da informalidade a empregabilidade: reorganizando a dominação no mundo do trabalho". *Caderno CRH, Revista do Centro de Recursos Humanos da Universidade Federal da Bahia.* Salvador, n. 37, jul/dez 2002. pp. 81-109.

MAGALHÃES, José Cesar. "As entidades sociais e o surgimento de uma gestão concorrencial do engajamento cívico". In: CABANES, Robert, GEORGES, Isabel, RIZEK, Cibele, TELLES, Vera (orgs.). *Saídas de emergência, ganhar/perder a vida em São Paulo.* São Paulo: Boitempo, 2011.

MAIA PEREIRA, Olívia. *Lutas urbanas por moradia*: o centro de São Paulo. São Carlos, 2012. Tese (Doutorado em Teoria da História da Arquitetura e do Urbanismo) – Escola de Engenharia de São Carlos, Universidade de São Paulo.

MARANHÃO, Tatiana. "O sentido político das práticas de responsabilidade social empresarial no Brasil". In: CABANES, Robert, GEORGES, Isabel, RIZEK, Cibele, TELLES, Vera (orgs.). *Saídas de emergência, ganhar/perder a vida em São Paulo.* São Paulo: Boitempo, 2011, pp. 237-56.

MARICATO, Ermínia. *Impasse da política urbana no Brasil.* Petrópolis: Vozes, 2011

MINISTÉRIO DO DESENVOLVIMENTO SOCIAL E COMBATE À FOME. Brasil Sem Miséria. Data Social. Disponível em: <http://aplicacoes.mds.gov.br/sagi/simulacao/layout/teste/miv_novo.php>. Acesso em: 9 nov. 2012.

OLIVEIRA, Francisco de. "A crítica à razão dualista" - Novos Estudos Cebrap São Paulo, 1972.

_____. *Crítica à razão dualista/O ornitorrinco.* São Paulo: Boitempo, 2003.

_____. Política numa era de indeterminação: opacidade e reencantamento. In: _____; SALIBA, Cibele. *A era da indeterminação.* São Paulo: Boitempo, 2007.

OLIVEIRA, Francisco de; RIZEK, Cibele Saliba. *A era da indeterminação.* São Paulo: Boitempo, 2007.

_____; BRAGA, Ruy. *Hegemonia às avessas*: economia, política e cultura na era da servidão financeira. São Paulo: Boitempo, 2010.

_____. "Jeitinho e jeitão". *Revista Piauí.* Ed. 73, out. 2012. Disponível em: <http://revistapiaui.estadao.com.br/edicao-73/tribuna-livre-da-luta-de-classes/jeitinho-e-jeitao >. Acesso em: 24 out. 2014.

PAULANI, Leda. *Brasil Delivery.* São Paulo: Boitempo, 2008.

REGO, Walquíria Leão; PINZANI, Alessandro. *Vozes do bolsa família*: autonomia, dinheiro e cidadania. São Paulo: Unesp, 2013.

RIZEK, Cibele Saliba. "Nomear e compreender a pobreza no Brasil contemporâneo". *Revista Brasileira de Ciências Sociais.* São Paulo, v. 24, n. 71, out. 2009.

_____. "Políticas sociais e políticas de cultura – territórios e privatizações cruzadas", *Revista Brasileira de Estudos Urbanos e Regionais*, v. 15, n. 2, 2013.

_____; SANTO AMORE, Caio; CAMARGO, Camila. M. et al. *A inserção urbana através da produção do Programa* MCMV-*Entidades*: abordagem etnográfica de casos selecionados. Projeto de pesquisa aprovado pelo Ministério das Cidades/ CNPq, São Paulo, 2012, mimeografado.

POLÍTICA HABITACIONAL E POLÍTICAS SOCIAIS: URGÊNCIAS, DIREITOS E NEGÓCIOS

_____; GEORGES, Isabel. *Emergência e reinvenção*: novas e velhas políticas sociais no Brasil. Centro de Estudos dos Direitos da Cidadania (Cenedic)/Instituto de Pesquisa para o Desenvolvimento (IRD), Projeto de cooperação, São Paulo, 2013, mimeografado.

RODRIGUES, Edilson; MINEIRO, Evaniza. "Do Crédito Solidário ao MCMV Entidades: uma história em construção". In: IAGO, Luciana Corrêa. *Autogestão habitacional no Brasil*: utopias e contradições. Rio de Janeiro: Letra Capital, Observatório das Metrópoles, 2012.

ROLNIK, Raquel; NAKANO, Kazuo. As armadilhas do pacote habitacional. *Le Monde Diplomatique*, 2009. Disponível em: <http://www.diplomatique.org.br/artigo.php?id=461>. Acesso em: 24 out. 2014.

_____. 10 anos do estatuto da cidade: das lutas pela reforma urbana às cidades da copa do mundo. Disponível em: <https://raquelrolnik.files.wordpress.com/2013/07/10-anos-do-estatuto-da-cidade.pdf>. Acesso em: 1 abr. 2015.

ROYER, Luciana. *Financeirização da política habitacional*: limites e perspectivas. São Paulo, 2009. Tese (Doutorado em arquitetura e urbanismo) – FAU/USP.

SANFELICI, Daniel de Melo. *A metrópole no ritmo das finanças*: implicações socioespaciais da expansão imobiliária no Brasil. São Paulo, 2013. Tese (Doutorado em Geografia Humana) – FFLCH/USP.

SANTOS, Yumi Garcia dos. "A gestão sexuada do social: os novos programas sociais na saúde e na assistência e reprodução das relações tradicionais de gênero". *Relatório de pesquisa*. Fundação de Amparo à Pesquisa do Estado de São Paulo/Centro de Estudos da Metrópole. São Paulo, 2012.

SHIMBO, Lúcia. *Habitação social de mercado*: a confluência entre Estado, empresas construtoras e capital financeiro. Belo Horizonte: C/Arte, 2012.

SINGER, André. *Os sentidos do lulismo*: reforma gradual e pacto conservador. São Paulo: Cia das Letras, 2011.

_____ et al. *Capitalismo e Modernização periférica no Brasil do Século XXI*: desigual e combinado. 2013, Centro de Estudos dos Direitos da Cidadania (Cenedic), Faculdade de Filosofia, Letras e Ciências Humanas, mimeografado.

_____ et al. Desigual e combinado: capitalismo e modernização periférica no Brasil do século XXI, Cenedic,), Faculdade de Filosofia, Letras e Ciências Humanas, Projeto aprovado pelo CNPq, Edital MCTI/CNPq n. 14/2013, São Paulo: 2013, mimeografado.

TELLES, Vera da Silva; CABANES, Robert (orgs.). *Nas Tramas da Cidade*: trajetórias urbanas e seus territórios. São Paulo: Humanitas, 2006.

ZIBECHI, Raúl. *Política & Miseria*: una propuesta de debate sobre la relación entre el modelo extractivo, los planes sociales y los gobiernos progresistas. Buenos Aires: Lavaca, 2011.

CONFLITOS E ESTRATÉGIAS DE CLASSE A PARTIR DE UMA OPERAÇÃO URBANA

Lívia Maschio Fioravanti

As operações urbanas são objeto de muitos estudos, nas mais diversas áreas do conhecimento, que, com frequência, se limitam à descrição dos pormenores dos projetos de requalificação urbana ou à indicação de quais metas foram ou faltam ser alcançadas em relação à determinada intervenção urbanística. Este capítulo se dedica à Operação Urbana Vila Sônia–Butantã (OUVSB), na região Oeste da metrópole de São Paulo, propondo uma análise que se afasta dessa abordagem e de esmiuçar os detalhes dos projetos de requalificação urbana previstos por essa Operação.

Tratamos as operações urbanas a partir das novas estratégias de reprodução do capital por meio do espaço, nas quais os projetos de requalificação urbana aparecem como forma dos mecanismos de valorização. Considerando que os processos que envolvem as requalificações urbanas apresentam as mesmas tendências totalizantes de reprodução da lógica da dinâmica capitalista, é possível buscar pontos em comum e caminhos semelhantes nos estudos a esse respeito.

Nesse sentido, Donzelot ressalta que o que produz uma requalificação urbana deve se ler primeiro no processo de sua elaboração, não cabendo averiguar se ela "alcançou suas promessas ou fracassou em relação aos seus objetivos declarados".[1] Seria preciso analisar "o porvir produzido por essa política, a linha de transformação da questão urbana que ela produz".[2]

A CIDADE COMO NEGÓCIO

Portanto, não se trata aqui de criticar, no plano da forma, aquilo a que os instrumentos urbanísticos se propõem, no discurso, a fazer (como supostas melhorias na circulação, nos espaços públicos, nas condições habitacionais da população de menor renda etc., no caso das operações urbanas). Trata-se de demonstrar as contradições e as estratégias dos agentes hegemônicos e não hegemônicos da produção do espaço. Ao mesmo tempo em que é preciso relacionar a OUVSB a outros processos que relevam o papel central do espaço à reprodução capitalista, também cabe elucidar o que essa Operação Urbana apresenta de particular, bem como quais estratégias hegemônicas podem justificar sua elaboração.

Silva afirma que se pode entender o surgimento dessa proposta a partir do "contexto da reprodução de novas operações urbanas, de modo a manter um estoque de potenciais adicionais de construção, sob o discurso da qualificação e renovação urbanas".[3] Sales ressalta que essa Operação Urbana começou a ser elaborada em 2004 devido aos "possíveis processos de valorização e transformações socioespaciais que seriam gerados com a implantação da Linha Amarela do metrô e as inaugurações das estações Morumbi, Vila Sônia, Butantã e Pinheiros" (Carta 1).[4] Nesse contexto, a minuta de lei do projeto da operação urbana, datada de 2006, apresentava como elemento principal do projeto da OUVSB a implantação desta linha de metrô, a qual conectará a estação Luz, no centro da cidade, à estação Vila Sônia.

CONFLITOS E ESTRATÉGIAS DE CLASSE A PARTIR DE UMA OPERAÇÃO URBANA

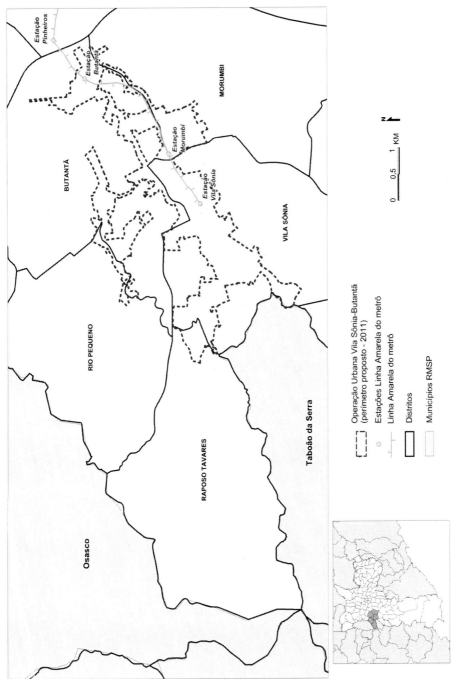

Carta 1. Localização da Operação Urbana Vila Sônia-Butantã e da Linha Amarela do metrô na subprefeitura do Butantã. Elaboração cartográfica da autora.

Alavanca para novos investimentos, a Linha Amarela impulsionou a valorização imobiliária da região antes mesmo da inauguração da estação Butantã em março de 2011. É a principal particularidade do projeto da OUVSB em relação àqueles das demais operações urbanas também previstas no Plano Diretor Estratégico de 2002. Silva,[5] justificando o interesse do poder público municipal nesta operação em específico, destaca que o Vetor Sudoeste[6] estendeu sua influência e pujança ao além-Rio Pinheiros, onde não havia, contudo, uma única via férrea de transporte de massa até a inauguração da estação Butantã. Uma vez que a realização de investimentos é fundamental para que os agentes do mercado imobiliário sejam atraídos a investir, associamos a elaboração da OUVSB a um processo maior ligado à Linha Amarela, a qual, por sua vez, contribui para a expansão dos negócios urbanos além-Rio Pinheiros.

Tendo contextualizado o que a OUVSB apresenta de geral e de particular, alertamos que todos os estudos referentes à sua elaboração foram paralisados em novembro de 2011 por determinação da Justiça. Houve uma Ação Civil Pública impetrada pelo Ministério Público Estadual, em conjunto com movimentos e organizações de moradores da região, formados principalmente por grupos de médio e de alto poder aquisitivo. O principal motivo da paralisação da Operação Urbana foi o que os moradores e o Ministério Público consideraram uma ausência de participação popular de acordo com o previsto no Estatuto da Cidade.

A OUVSB foi paralisada com base nos artigos do Estatuto que asseguram o direito da população em participar inclusive da formulação das intervenções previstas pela Operação Urbana[7] e em histórico – organizado por um grupo de moradores – das mobilizações exigindo maior participação e explicações sobre as transformações espaciais planejadas.

Independentemente das decisões judiciais relacionadas à continuidade ou interrupção dos estudos referentes à Operação Urbana, com o projeto de Lei de Revisão do Plano Diretor Estratégico (PL n. 688/13), novas diretrizes aos projetos de requalificação urbana também passaram a ser previstas. Esse momento é relevante, uma vez que as operações urbanas, segundo o artigo 32 do Estatuto da Cidade, devem ser previstas em lei específica baseada no Plano Diretor. Este, por sua vez, delimita as áreas passíveis à aplicação deste instrumento. Com a mudança de gestão municipal em 2013 – fim do mandato de Gilberto Kassab (Partido Social Democrático (PSD), 2006-2012) e início do de Fernando Haddad (Partido dos Trabalhadores (PT)) –, outras intervenções foram delineadas. Na gestão Haddad, o principal projeto de requalificação é o Arco do Futuro, o qual abrange áreas lindeiras às Marginais (importantes vias de circulação viária na cidade de São Paulo) e não alcança o Butantã.

Mesmo sem o processo judicial de embargo da Operação Urbana, a aprovação do projeto de lei referente a ela na Câmara Municipal de Vereadores poderia ter ocorrido no ano de 2012, ou ainda em 2011, impulsionada pela inauguração da estação Butantã da Linha Amarela do metrô e elevação dos preços dos imóveis na região.

A paralisação da Operação Urbana ou sua suspensão devido às mudanças de gestão não invalida a relevância de nosso estudo. Ao contrário, as lógicas que conduziram a sua elaboração e as transformações espaciais por ela engendradas, independentemente de sua implantação, permitem-nos apreender importantes processos da produção do espaço. Nesse sentido, é por meio do recorte espacial da Operação Urbana e tendo em vista a articulação dos níveis econômico, político e social que revelamos algumas das contradições da sociedade e da urbanização contemporâneas.

Como elucidaremos brevemente neste capítulo, a imbricação dos níveis econômico e político, necessária à realização das operações urbanas, gera consequências profundas no nível social, especialmente à população de menor renda. Dentre elas, podemos citar desde a perda ou transformações drásticas nos lugares de sociabilidade e do encontro (parques e praças, por exemplo) às desapropriações e remoções, com a expropriação das condições básicas à realização da vida.

A abrangência da Operação Urbana Vila Sônia–Butantã em lugares cujos moradores apresentam diferentes faixas de renda trouxe-nos como problemática quais processos poderiam explicar interesses dos moradores tão diferentes entre si em relação às intervenções da Operação Urbana. Reunidos em organizações e associações de bairro, representando, cada um, interesses de diferentes segmentos da sociedade, também defendiam concepções e projetos de cidade, por vezes, opostos. Assistir a reuniões de moradores ou do poder público municipal possibilitou iluminar o modo como a diferenciação socioespacial é vivida concretamente no plano do lugar (a partir do que cada um pode pagar pelo acesso, sobretudo, à moradia) e a maneira pela qual resulta em reivindicações distintas em relação ao Estado.

As organizações de moradores que surgiram em oposição a alguns dos projetos previstos pela Operação Urbana – e desempenharam papel crucial para sua suspensão – apresentam pontos de vistas determinados pelos espaços e classes sociais dos quais se originaram. Como destaca Carlos, "a existência da sociedade de classes, apoiada na concentração da riqueza, determina acessos e modos de uso aos espaços-tempos da realização da vida diferenciados".[8] Segundo a autora, as lutas de classe se desdobram em lutas pelo espaço, havendo possibilidades e desejos distintos de acordo com a maneira pela qual são construídas as relações socioespaciais no plano do lugar.

Considerando os diversos agentes na produção do espaço, Lefebvre afirma que o "avanço e as pressões dos grandes grupos sociais modelam o espaço de modo diferencial".[9] Segundo o autor, esses grupos compreendem classes ou frações de classes, assim como instituições, e "agem uns com e/ou contra os outros. As qualidades e as 'propriedades' do espaço urbano resultam de suas interações, de suas estratégias, seus êxitos e derrotas. A forma geral do urbano engloba, reunindo-as, essas diferenças múltiplas". Nesse contexto, uma sociedade de classes e seus acessos desiguais permitem-nos compreender a produção do espaço fundada na diferenciação socioespacial.

No lugar, as estratégias de classe entram em conflito e revelam projetos de cidade opostos, traduzindo-se em lutas pelo espaço. É a partir desse plano que apreendemos os acessos diferenciais à riqueza socialmente produzida. Esses acessos resultam em necessidades e desejos também determinados – seja em relação à Operação Urbana seja em relação a quaisquer demandas ao poder público sobre os lugares em que se vive e se pretende produzir. De acordo com o lugar e o acesso a ele, existem visões de classe e de cidade desiguais: há a preocupação com o preço e valor do imóvel, com a manutenção de áreas verdes e espaços de lazer e ainda com necessidades mais básicas relacionadas ao morar e à própria permanência no lugar.

Gerado a partir do acesso desigual da sociedade às parcelas do espaço com valores diferenciados, o conflito em torno dos lugares abrangidos pela Operação Urbana ilumina as contradições do processo de produção do espaço capitalista: entre uso e troca; entre apropriação e dominação. Nesse sentido, para Carlos, é no plano do lugar que se vive "a contradição principal (reveladora de outras) que funda o processo de produção do espaço: o processo de produção social do espaço em conflito com sua apropriação privada".[10]

Em uma perspectiva teórico-metodológica baseada na produção do espaço, apreendemos a Operação Urbana Vila Sônia–Butantã enquanto um projeto de valorização do espaço, elucidando as diferentes demandas e estratégias de luta que grupos de moradores de poderes aquisitivos distintos entre si apresentaram diante das intervenções previstas pela Operação. Desvelamos, assim, estratégias de classe em disputa pelo espaço.

A OPERAÇÃO URBANA VILA SÔNIA–BUTANTÃ E OS USOS DO LUGAR

As operações urbanas apenas se realizam por uma articulação entre interesses dos agentes do mercado imobiliário (com capital para investir) e do Estado, com poder para intervir no espaço. Não são, contudo, quaisquer instrumentos do planejamento estatal. Seu principal objetivo é permitir a valorização do espaço através da realização de projetos de requalificações urbanas ou de grandes intervenções espaciais em áreas predeterminadas pelo poder público municipal, com recursos estatais. A justificativa é a de que estes seriam recuperados por meio de contrapartidas pagas pelos empreendedores imobiliários para construir além do inicialmente permitido pela legislação municipal para essas áreas.

Tendo em vista as operações urbanas previstas ou já implantas na metrópole paulistana, podemos afirmar que se constituem como uma grande e diversa "plataforma de exceção". Envolvem porções significativas das metrópoles e consolidam-se como um "guarda-chuva" de objetivos, diretrizes e projetos (com as ditas melhorias ambientais, urbanísticas, sociais) com o objetivo de dar continuidade aos negócios urbanos.

Procurando fugir de análises ingênuas sobre os processos socioespaciais vinculados às requalificações urbanas, é crucial ressaltar que o espaço é, conforme Lefebvre,[11] instrumental e político, cuja racionalidade e dominação apenas se mantêm pelo Estado. Nesse contexto, compreendemos a Operação Urbana Vila Sônia– Butantã segundo a noção de Ribeiro de "política de espaço".[12] Capitaneadas pelo Estado, são projetos de valorização inseridos na "trama de negócios de urbanização". Retomando ideias de Lefebvre, Ribeiro caracteriza as políticas de espaço como "estratégias para a valorização na medida em que são um conjunto de ações que redefinem usos, funções e estruturas com o direcionamento do fluxo de investimentos a determinados lugares da metrópole [...]".[13]

As políticas de espaço ganham as mais diversas formas nas roupagens de requalificações urbanas, de projetos de revalorização urbana nos centros das cidades, na implantação de infraestruturas ou na construção de empreendimentos residenciais. Nesse contexto em que as políticas de espaço realizam os negócios no e do urbano, Alvarez ressalta que a finalidade das operações urbanas é "garantir a continuidade da valorização" e "abrir e antecipar a possibilidade de valorização na metrópole, enquanto estratégia de reprodução".[14]

Essa continuidade da valorização – possibilitada pelas operações urbanas ou demais formas das políticas de espaço – é essencial ao capitalismo em um momento no qual o espaço é produzido enquanto raridade. Para Carlos, devido às "necessidades impostas pela reprodução do capital, o espaço produzido socialmente – e tornado mercadoria, no processo histórico – é apropriado privativamente, criando limites à sua própria reprodução".[15] Essa raridade se apresenta, portanto, como condição e produto da própria reprodução do capital, criando barreiras ao desenvolvimento capitalista. Este, por sua vez, instaura constantemente estratégias renovadas para criar áreas passíveis de serem incorporadas pelo mercado imobiliário.

A partir do processo pelo qual o espaço é produzido enquanto raridade e face à necessidade própria ao capitalismo de incorporação de novas fronteiras à realização do econômico, desvela-se a importância da OUVSB e das operações urbanas de modo geral enquanto projeto de valorização.

A CIDADE COMO NEGÓCIO

Uma vez que a reprodução dos negócios urbanos não ocorre sem conflitos, partimos do plano do lugar para analisar as várias reações de parcelas da sociedade às estratégias espaciais hegemônicas. A partir dos conflitos pelo e no espaço enfatizamos as mobilizações que surgiram na Praça Elis Regina e no Parque da Previdência, nos quais se previa a construção de um túnel, e na favela Jardim Jaqueline, onde o projeto da OUVSB pressupunha o que denominou de "urbanização".[16] Analisamos brevemente um terceiro lugar, no qual os moradores de classes de médio e alto poder aquisitivo tiveram como demanda junto ao poder público a anulação da estação de metrô Três Poderes e de um terminal de ônibus.

Fragmentados e articulados entre si, cada um desses lugares se caracteriza por grupos de renda relativamente homogêneos (Carta 2), nos quais as diferentes estratégias e interesses dos moradores revelam-nos modos de apropriação do espaço desiguais. É a partir da afirmação de Ribeiro de que "esmiuçar as condições da diferenciação e como ela se realiza e é produzida nos direciona ao plano do lugar"[17] que guiaremos nossa análise para organizações de moradores desses três lugares abrangidos pela OUVSB.

Verificamos que enquanto os negócios urbanos se realizam também pela diferenciação socioespacial, as mobilizações em relação à Operação Urbana nesses três lugares também a revelam e a reforçam.

CONFLITOS E ESTRATÉGIAS DE CLASSE A PARTIR DE UMA OPERAÇÃO URBANA

Carta 2. Operação Urbana Vila Sônia-Butantã, renda por setor censitário e localização dos lugares cujos processos são estudados neste capítulo. Elaboração cartográfica da autora.

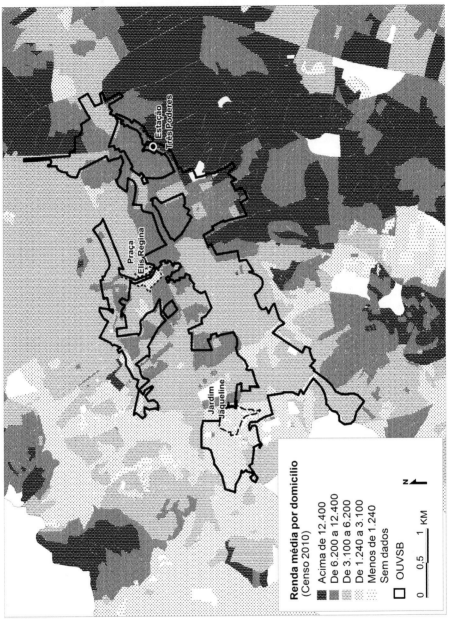

A construção do túnel

No primeiro lugar, as intervenções chamaram significativa atenção da população uma vez que se previa a construção de um túnel de 800 metros passando sob um parque (Parque da Previdência) e continuando sobre uma praça (Praça Elis Regina). A obra causaria danos ambientais em cerca de 91.000 m² de área verde e destruição de espaços públicos – a praça é utilizada pelos moradores, abrigando festas e feiras de artesanato. Além disso, traria também desapropriações e aumento da poluição sonora e do trânsito da região.

A polêmica sobre o projeto começou no ano de 2005 como um desdobramento de uma reunião para discutir o Plano Regional Estratégico da Subprefeitura do Butantã. Desde então, organizações de moradores foram criadas para facilitar os questionamentos em relação a este projeto e demais intervenções previstos pela Operação Urbana. Foram realizadas indagações técnicas e jurídicas. Dentre elas, podemos citar a largura de uma avenida menor do que apresentada no Estudo e Relatório de Impacto Ambiental (EIA-RIMA), a ausência de Estudos de Impacto de Vizinhança na elaboração do projeto da OUVSB e dos mecanismos previstos no Estatuto de Cidade de participação popular na elaboração e na execução das operações urbanas.

Nessas mobilizações de moradores de médio e alto poder aquisitivo, observou-se ainda significativa participação de professores e funcionários da Cidade Universitária e de escolas da região, o que parece facilitar a realização de estudos técnicos e a obtenção de contatos para a realização de eventos e palestras relacionados à Operação Urbana.

Desde o início das mobilizações, houve forte participação também de funcionários da Universidade de São Paulo (principalmente da Faculdade de Arquitetura e Urbanismo), já que muitos professores e alunos também moram e trabalham no Butantã. Um artigo de um professor que participou de algumas das mobilizações foi publicado em 2011 para retratar o embate, "marcado pela ausência de diálogo" que a população estava travando com o poder público sobre a OUVSB.[18]

As reuniões em oposição ao projeto do túnel retomaram força nos anos de 2009 e de 2010. Diante das demandas e das dúvidas que surgiram em relação ao projeto, realizaram-se diversas reuniões a partir das quais se organizou um abaixo-assinado (com mais de três mil assinaturas) e um site. Houve significativo destaque na mídia às críticas ao projeto, com reportagens em jornais de grande circulação, em canais de televisão ou entrevistas a estações de rádio. As mobilizações dos moradores exigindo esclarecimentos sobre o projeto levaram, mais de dois anos após diversas solicitações de reuniões com o poder público, à promessa de técnicos da Secretaria Municipal de Desenvolvimento Urbano (SMDU) de que o traçado do túnel seria alterado.

Foram ainda os moradores desse lugar que realizaram diversas reuniões questionando o túnel para, por fim, questionar a própria Operação Urbana por meio de um Inquérito Civil (transformado em Ação Civil Pública) na Promotoria de Habitação e Urbanismo do Ministério Público. Para isso foi crucial a organização de grupos de moradores, que tinham protocolados os pedidos de reuniões e esclarecimentos em relação à OUVSB com o poder público desde 2006, bem como reuniram diversos documentos que comprovaram ao Ministério Público a falta de diálogo da SMDU com os moradores na elaboração de projetos da Operação Urbana.

A "urbanização" da favela

A favela Jardim Jaqueline tem presença majoritária de população de menor renda no perímetro da Operação Urbana. Com questões vinculadas diretamente à moradia, a população enfrentou caminhos mais tortuosos de diálogo, com informações ainda menos claras sobre as intervenções previstas do que os moradores do primeiro lugar analisado.

Enquanto a implantação do túnel no primeiro lugar analisado gerou muitos debates desde 2006, a considerada "urbanização" do Jardim Jaqueline, que implicaria a destruição de muitas ruas e casas, não teve a mesma repercussão entre os moradores do Butantã. Diferentemente do projeto do túnel, a "urbanização" era desejada pelos moradores envolvidos pelo projeto, desde que realizada conjuntamente entre o poder público e a população.

As associações de moradores do Jardim Jaqueline encontraram dificuldades para expressar reivindicações diretas relacionadas à Operação Urbana, cobrando, por exemplo, a participação no projeto da "urbanização". Verificamos que, enquanto as cobranças das classes sociais de maior poder aquisitivo à Prefeitura envolviam preocupações ambientais, técnicas ou urbanísticas vinculadas especificamente à OUVSB, as do Jardim Jaqueline, referindo-se à moradia, não possuíam relação direta com Operação Urbana. Nesse sentido, muitas das discussões realizadas pelos moradores do Butantã não "alcançavam" o Jaqueline: as mobilizações dos moradores de classe média da Praça Elis Regina e do Parque da Previdência dirigiam-se, em alguns momentos, basicamente ao túnel e os moradores da favela Jaqueline apresentavam outras demandas – como a segurança jurídica da posse – além daquelas vinculadas a uma operação urbana que poderia ou não ser implantada.

É importante destacar que esse lugar não estava inicialmente previsto no perímetro inicial da Operação Urbana datado de 2002, tendo sido incorporado ao projeto em 2006. Como detalha Silva,[19] o perímetro da OUVSB de 2006 incorporou áreas verdes e favelas, ratificando os objetivos legais e institucionais do que se prevê para uma Operação Urbana segundo o artigo 32 do Estatuto da Cidade, com destaque para "melhorias sociais e valorização ambiental". A OUVSB ganhou, portanto, com a ampliação do perímetro, álibis social e ambiental para legitimar seu projeto de valorização.

Em agosto de 2011, técnicos da SMDU afirmaram que 30% da verba arrecadada com a venda das contrapartidas pagas pelos empreendedores imobiliários seriam destinadas a Habitações de Interesse Social (e não apenas o mínimo de 10% previsto no Estatuto da Cidade). Essa alteração pode ter sido resultado dos diversos questionamentos feitos desde 2006 pelas organizações de moradores principalmente ao projeto do túnel, bem como um meio de "silenciar" algumas entidades e ganhar apoio de grupos de moradores (mesmo que eles questionassem o projeto de "urbanização" da favela do modo como é colocado).

Assim, o poder público atendia parte das reivindicações dos moradores: enfatizando a "urbanização" de favelas como principal meta do projeto e retirando o projeto do túnel como um objetivo principal da OUVSB, deslocava o foco das discussões ambientais e técnicas para as sociais. Diante da mobilização dos moradores e ampla divulgação na mídia de críticas do urbanismo que vinha sendo colocado até então, o álibi social surgiu nesse momento como uma estratégia para permitir a continuidade do projeto da Operação Urbana.

Vale ressaltar, nesse contexto, que a "realização de investimentos sociais está inserida em um novo momento da reprodução do capital",[20] seja com a privatização de determinados serviços seja como condição geral da produção, na qual a própria "urbanização de favelas" se constitui como um grande negócio. Não negamos a necessidade das melhorias na infraestrutura no Jardim Jaqueline e em outros lugares, mas salientamos as contradições que pertencem a esse processo. Parcela dos moradores do Jardim Jaqueline tende a ser expulsa para outros lugares, em função tanto da valorização de toda a região abrangida pela OUVSB quanto do próprio aumento de infraestruturas especificamente na favela.

Nas operações urbanas já vigentes em São Paulo, pouco foi realizado em relação à população de menor renda. Segundo Nobre,[21] baseado em dados da SP Urbanismo (2010) as operações urbanas Centro, Água Branca, Água Espraiada e Faria Lima renderam aos cofres públicos quatro bilhões de reais, com 95% deste valor gastos na Operação Urbana Água Espraiada e Faria Lima. "Essas áreas apresentam 232 vezes a mais de recursos para gastar do que o restante da cidade. Apenas 10% dos recursos das quatro Operações foram destinados para verbas sociais, com 70% gastos em obras viárias".[22]

Desde o início da elaboração da OUVSB, os moradores ainda não tiveram pleno acesso ao que se planeja exatamente para a "urbanização" do Jardim Jaqueline. Apenas souberam dessa intervenção no ano de 2011 por meio da Secretaria Municipal de Habitação, sete anos após o início de sua elaboração e cinco após ser incorporado ao perímetro. Além das críticas ao projeto de "urbanização" do modo como estava sendo colocado, os moradores também ressaltaram – nas poucas reuniões organizadas pelo poder público em que tiveram direito à fala – que têm "direito à urbanização" e que irão permanecer no local.

A anulação da estação de metrô

Para nos aprofundarmos no movimento pelo qual a diferenciação socioespacial se traduz em demandas diferenciadas em relação ao lugar que cada classe social produz e do qual se apropria, realizaremos um pequeno desdobramento em relação à Operação Urbana, analisando o cancelamento, em 2005, de um terminal de ônibus e da construção da estação Três Poderes da Linha Amarela de metrô.

Podemos afirmar, simplificadamente, que a reivindicação principal dos moradores desse lugar, cujo entorno é basicamente residencial, é pela manutenção e pela preservação do que se considera ser "qualidade de vida". As mobilizações com questionamentos à construção da estação Três Poderes iniciaram-se em 2003 com discussões em audiências públicas do Plano Diretor Estratégico. Naquele mesmo ano, moradores descobriram que na região, além da estação de metrô, também seria construído um terminal de ônibus com capacidade para 42 linhas de ônibus em um terreno de 9.750 m².

Moradores reunidos em associações enviaram, então, uma carta à Companhia de Metrô questionando a construção do terminal e da estação. Além disso, também organizaram um abaixo-assinado, com cerca de 600 adesões. Segundo Izidoro,[23] a pressão dos moradores foi "um dos fatores que levaram o governo de Geraldo Alckmin (Partido da Social Democracia Brasileira – PSDB) a excluir a estação do plano das obras", prevista "há praticamente dez anos no projeto da Linha Amarela". O pedido foi ouvido, porém, segundo os moradores da região, sobretudo para atender questões técnicas, uma vez que foram encontrados diversos problemas relacionados à implantação da Linha.

Como meio de mobilização, as organizações de moradores se reuniram para processos no Ministério Público, sendo que muitas conhecem – da mesma forma que alguns moradores das proximidades da Praça Elis Regina e do Parque da Previdência – caminhos institucionais. Alguns faziam parte de movimentos maiores como o Movimento Defenda São Paulo (MDSP). Da mesma maneira que os moradores que conseguiram a anulação da OUVSB, também ressaltaram a falta de legitimidade dos projetos e de comprometimento do poder público para acompanhar as intervenções realizadas, além da ausência de debate com a população. Muitos têm conhecimento das normas urbanísticas previstas para a cidade de São Paulo e questionaram, por exemplo, a localização da estação de metrô e do terminal de ônibus em uma área residencial bem como irregularidades técnicas na construção da estação de metrô Três Poderes.

CLASSES E DEMANDAS DETERMINADAS

O estudo dos processos observados nesses três lugares revela-nos a diferenciação socioespacial e lutas pelo espaço em diferentes patamares: pela defesa de um parque e uma praça, pela regularização fundiária ou pela anulação de uma estação de metrô e terminal de ônibus. Permite-nos refletir ainda sobre como a produção desigual do espaço urbano implica em demandas e estratégias também diferenciadas em relação ao poder público. A partir das reivindicações dos grupos analisados desses lugares, verificamos que os interesses dos moradores de menor poder aquisitivo são distintos e, muitas vezes, opostos àqueles encontrados nos lugares onde mora uma população de maior renda.

A partir dessa constatação, é preciso revelar as contradições, uma vez que o discurso de bem comum (que justifica as operações urbanas) também é adotado pelas organizações de moradores, ocultando interesses de classe. O bem comum dos moradores de mais alta renda que não desejam metrô ou terminal de ônibus próximos de suas casas (pela razão que seja) não é o mesmo daquele do morador da periferia do Butantã. A ideia de bem comum retira o potencial contestador do debate e se constitui como uma armadilha ao tratar a sociedade como um todo homogêneo e harmonioso.[24] Nesse sentido, concordamos com Villaça, para quem é preciso mostrar que "os grupos e classes sociais têm não só poderes político e econômico muito diferentes, mas também diferentes métodos de atuação, diferentes canais de acesso ao poder e, principalmente, diferentes interesses".[25]

As mobilizações realizadas pelos moradores desses lugares ajudam a desvelar as contradições do espaço e apontam o conflito entre as estratégias de classe no e pelo espaço, tendo em vista que estão colocados usos opostos do lugar. Essa situação é revelada na fala de moradora do Butantã que participou das mobilizações: "Porque a hora em que a gente fala, 'vamos derrubar casa no Previdência', aparece todo mundo! Agora, a hora que fala, 'vai derrubar a Favela da Jaqueline, vamos passar por cima de um monte de barraco', a gente, infelizmente, não costuma ter tanta mobilização".[26] Notamos que outros moradores também têm consciência de que as demandas são diferentes e os interesses, muitas vezes, inconciliáveis.

Outro exemplo emblemático do caráter de classe observado nas mobilizações e organizações de moradores no Butantã ocorreu em reunião organizada pela SMDU para discutir intervenções previstas pela Operação Urbana.[27] Nessa reunião, uma moradora de uma Zona Exclusivamente Residencial (ZER) próxima à Cidade Universitária indagou os técnicos da Prefeitura Municipal de São Paulo sobre os "paredões de prédios de 14 andares que iriam se formar entre o seu bairro e a Universidade de São Paulo (USP), criando grandes corredores de vento". A discussão se alongou com temas sobre mudança de gabarito construtivo, coeficiente de aproveitamento, a verticalização de uma rua no bairro e Zonas Exclusivamente

Residenciais. Durante o debate, a moradora finalmente pergunta: "Mas qual pedaço você está falando? Porque o meu pedaço é esse pedaço...!". Em outras reuniões realizadas sobre a OUVSB, esses interesses individuais apareceram de forma ainda mais clara.

Nesse contexto, ressaltamos que o uso dos lugares para o morar implica não somente a luta pela preservação do espaço de apropriação e de realização da vida, mas também a preocupação com a valorização ou a desvalorização de determinada propriedade. O discurso técnico da moradora aparentemente preocupada com as consequências que as intervenções da OUVSB trariam para "toda a cidade" ocultava possivelmente uma preocupação com a queda do valor de seu imóvel.

A discussão sobre a construção de uma estação de metrô ajuda a revelar parte desses interesses de classe e surge como polêmica entre aqueles que usariam o transporte e os moradores dos arredores da estação. Se o metrô aparece como uma possibilidade de transporte público mais eficiente – embora ainda precária – majoritariamente para aqueles de menores rendimentos, aos moradores de maior renda aparece também como um elemento de desvalorização da propriedade. A fala de uma moradora da Companhia Metropolitana de Habitação de São Paulo (COHAB) Raposo Tavares é esclarecedora a respeito da implantação da estação Três Poderes:

> Toda aquela parte da Vila Sônia não queria o metrô [...]. Eu vi o projeto do metrô na mão de deputado em 1997. Sugeri que tivesse metrô na Raposo. O pessoal aqui da COHAB ia adorar um metrô! Nós daqui queríamos, e o pessoal de lá não. Eu saí sugerindo as ruas que eu achava que poderia dar certo, que atenderia bastante gente...[28]

O valor de determinada parcela do espaço urbano é alterado de acordo com a relação lugar-cidade, bem como pela sua inserção no movimento de valorização-desvalorização e sua apropriação por determinada classe social. Como afirma Harvey – a partir de análise dos países desenvolvidos, mas que pode ser extrapolada ao nosso estudo – a casa própria leva "uma facção da classe trabalhadora a comprometer sua luta inevitável pela apropriação do valor nas sociedades capitalistas", colocando-a ao lado "do princípio da propriedade privada e frequentemente a leva a se apropriar de valores à custa de outras facções da classe trabalhadora".[29] Todas as classes tendem a defender a propriedade, mesmo que umas o façam por especulação (com ênfase no valor de troca) e outras por necessidade (priorizando-se o valor de uso). Da mesma forma, o que para uma classe surge como elemento de valorização, para outra, pode ser um elemento de desvalorização, como uma estação de metrô ou uma grande avenida.

A importância da propriedade – ao menos no Brasil – conduz a uma luta constante pela manutenção ou, se possível, aumento de seu valor. Isso porque, mesmo que para determinadas frações de classe seja mais valorado o valor de troca do que o valor de uso, ou vice-versa, a propriedade privada também é uma estratégia de sobrevivência ou de segurança (podendo ser, por exemplo, vendida em caso de desemprego) na produção do espaço capitalista. Destacamos, contudo, que essa condição de proprietário também pode ser suspensa quando é barreira ao processo de valorização, gerando desapropriações no contexto, por exemplo, das operações urbanas ou demais formas de políticas de espaço.

Os discursos realizados por determinadas classes nos lugares estudados mascaram as estratégias conflituosas próprias à produção do espaço. Preenchidos dos mais diversos álibis, procuram esconder uma preocupação com a desvalorização da propriedade e ocultar o fato de que, na cidade capitalista, "para uns é priorizado o valor-de-uso da propriedade, para outros o valor de troca".[30] Esses conflitos em relação à OUVSB, aliados à busca pela manutenção ou aumento do valor da propriedade, revelaram que inclusive em mesmos grupos ora era priorizado o espaço para a troca ora o espaço para a realização da vida. Os processos decorrentes da elaboração da Operação Urbana também atingem de maneira diferenciada proprietários (defendendo a propriedade tanto como mercadoria quanto como possibilidade do uso e realização da vida por meio da moradia) e inquilinos (que tendem a ser expulsos para áreas mais distantes devido ao aumento do aluguel).

A fala em defesa da propriedade de alguns desses moradores, representando interesses de classe, é permeada por um discurso técnico, o qual com frequência legitima as políticas espaciais. O "discurso competente",[31] fundado na técnica e no domínio da informação e da ciência, passa a ser o discurso neutro da cientificidade ou do suposto conhecimento, sendo crucial para a manutenção de estratégias de classe. Esse discurso, ao mesmo tempo em que é utilizado pelo poder público para legitimar políticas de espaço, é incorporado pela classe média (também ligada ao Estado) e foi crucial para a suspensão da OUVSB por meio do Ministério Público Estadual. Como afirma Chauí, o discurso competente é aquele no qual "não é qualquer um que pode dizer a qualquer outro qualquer coisa em qualquer lugar e em qualquer circunstância". Conforme destaca a autora, "o conteúdo e a forma já foram autorizados segundo os cânones da esfera de sua própria competência".[32]

Como os próprios moradores dos lugares de classe média e alta destacaram, no Butantã – e especialmente nas proximidades da Cidade Universitária – há muitas pessoas com domínio técnico e das estruturas do Estado, apresentando o mesmo discurso competente (mesmo que nesse caso com interesses opostos) que os técnicos do Estado. Foi necessário o discurso competente das classes médias, mesmo que ao longo de sete anos de mobilizações, para suspender a OUVSB. Segundo morador que participou do processo para paralisação da OUVSB, um professor da USP ajudou a população a fazer uma simulação dos impactos ambientais e urbanísticos da Operação Urbana.

> [...] A comunidade estava se municiando. No Butantã tem muita gente que é do ramo, que é da Arquitetura, que sabe dos impactos, e essas pessoas foram

se agregando a nós e trazendo a visão do que aconteceria no Butantã, caso uma operação como estava sendo prevista se tornasse realidade.[33]

Os moradores que contestaram a construção do túnel ou da estação de metrô e terminal de ônibus recorreram ao Movimento Defenda São Paulo para resolver algumas de suas questões. Não se pode esquecer, porém, que o MDSP representa interesses de classe. Se este desempenhou papel importante nos trâmites jurídicos das mobilizações dos moradores que cobravam da SMDU participação da população na elaboração dos projetos da OUVSB, dificilmente atuaria conjuntamente às organizações de moradores do Jardim Jaqueline.

O MDSP auxilia diferentes movimentos ou associações de bairro, mas esse apoio é pontual e restrito aos casos em que essas reivindicações estejam em consonância com as suas. Nesse contexto, Burnnet destaca que "potenciais aliados da trabalhadora",[34] movimentos como o MDSP podem, entretanto, "se expressar como forças contrárias à regularização de áreas populares, pois as leis do mercado imobiliário ameaçam com a desvalorização as vizinhanças que apresentem heterogeneidade social". O Defenda São Paulo representa um interesse de classe ao afirmar, a partir de um discurso ambiental, que as Zonas Exclusivamente Residenciais (ZER) são um "patrimônio de toda a cidade", nas quais não se deveriam realizar obras como estações de metrô. De acordo com o Plano Diretor de 2002, nesse tipo de zoneamento não era possível a construção de Habitações de Interesse Social. Poderíamos perguntar-nos, então, "zonas exclusivamente residenciais" para quem?

O caráter "intocável" das ZER – as quais ocupam, segundo Villaça, 5,22% da área urbana do município e abrigam "moradores de incrível poder político"[35] – é evidenciado pelo próprio perímetro do projeto da OUVSB, do qual as mesmas foram excluídas. Além disso, a proximidade com áreas de ZER foi um dos argumentos utilizados pelos moradores em oposição ao projeto do túnel. Nesse sentido, a construção de uma estação de metrô ou a implantação de uma Operação Urbana em áreas próximas de Zonas Residenciais traz elementos que os moradores desses lugares buscam evitar, tais como barulho provocado pelo maior fluxo de automóveis, sombra devido ao aumento da verticalização e trânsito.

Esses supostos incômodos, ao mesmo tempo em que atingem os moradores de classe média e de maior renda, também podem ser inconvenientes aos moradores mais pobres, muitos dos quais moram na periferia. Entretanto, estes possuem outras demandas e necessidades: mais importante do que se preocupar com sombra, barulho ou trânsito é ter emprego, comida, escola para os filhos. Desse modo, se o barulho de um ônibus ao morador de ZER significa um empecilho ao considerado sossego e "qualidade de vida", para o morador da periferia (mesmo que este também possa se incomodar

A CIDADE COMO NEGÓCIO

com o barulho) significa a possibilidade de transporte público na porta de casa e é, talvez, um dos elementos daquilo que ele pode considerar como "qualidade de vida".

Assim, a luta pelo espaço no Jardim Jaqueline não é a mesma luta pelo espaço dos moradores de áreas de ZER ou de maior poder aquisitivo. Na primeira, os moradores lutam principalmente pelo valor de uso do lugar que ocuparam, buscando a regularização fundiária como segurança (embora não absoluta) contra uma possível remoção. Já na segunda, os proprietários se preocupam, sobretudo, com o valor de troca ou com possíveis mudanças próximas ao lugar, que possam desvalorizar a propriedade (como aumento de barulho de automóveis, construção de grandes prédios, circulação de ônibus).

Nesse sentido, a diferenciação espacial estudada nesta pesquisa a partir da OUVSB resultou em demandas opostas: a reivindicação dos moradores do Jardim Jaqueline pelo atendimento adequado de serviços básicos como luz, água e esgoto é completamente diferente daquilo que alguns dos moradores consideraram como problemas do Butantã, tais como voos de helicópteros em horários proibidos.

Embora seja preciso fazer a ressalva de que, em algumas reuniões, moradores de classe média alertaram para o fato de que era preciso "levar a discussão até o Jaqueline", essas preocupações não romperam com barreiras de classe. Em relação às estratégias de classe em relação à OUVSB, Silva destaca que:

> [...] Em primeiro lugar, tais "dificuldades" de mobilização pareceram também atingir os moradores de "classe média", não somente aqueles das "classes mais baixas", que se mobilizaram e se movimentaram, sobretudo nos momentos mais "críticos", quando, por exemplo, o túnel-avenida se avizinhava como uma ameaça real à condição daqueles moradores e daqueles bairros atingidos. Em segundo lugar, pareceu que o simples ritmo da vida quotidiana afastava esses moradores de localidades diferentes e impedia tais encontros, que se deram entre "os pares" dos bairros e localidades, ou ainda entre "os iguais". [36]

A escolha dos locais das reuniões realizadas para discutir a OUVSB também revela uma escolha de classe. Por um lado, a realização das reuniões no Centro de Educação Unificado (CEU) Butantã, devido à proximidade e possibilidade de deslocamento a pé, contou com maior participação dos moradores do Jardim Jaqueline. Por outro, algumas outras reuniões realizadas na Faculdade de Arquitetura e Urbanismo da USP ficaram esvaziadas ou tiveram como público majoritário estudantes da própria faculdade. Em uma reunião, moradores de maior renda chegaram inclusive a propor que a audiência com o Ministério Público sobre a suspensão da OUVSB fosse realizada na "Cidade Universitária, já que no CEU Butantã não haveria local para estacionar".

Modos desiguais de apropriação do espaço urbano levaram a demandas diferenciadas em relação ao lugar ocupado por cada classe social ou grupo de classe analisados, possibilitando embates com o poder público menos difíceis para aqueles que obtêm com mais facilidade o acesso à informação e ao, segundo termo de Chauí,[37] discurso competente.

Nas organizações de moradores analisadas nesses lugares envolvidos pelo projeto da Operação Urbana, verificamos que o maior acesso às estratégias de mobilização e obtenção de informações foi realizado pelos moradores de classe média e de maior poder aquisitivo, como no caso da Praça Elis Regina e do Parque da Previdência. Os diferentes acessos à informação e à técnica, o domínio do discurso competente, bem como a mobilização de estratégias capazes de questionar a Operação Urbana, aparecem, desse modo, como alguns dos fatores que contribuem à diferenciação socioespacial.

A relativa dificuldade dos moradores do Jaqueline em obter informações, ou contestar o projeto de "urbanização" previsto pela OUVSB, é um dos elementos que reforça a diferenciação, uma vez que a ausência dessa dificuldade poderia resultar, minimamente, em questionamentos sobre determinados aspectos da realidade. Esse fato foi muito claro quando a SMDU se negou inúmeras vezes a fornecer as apresentações realizadas em audiências públicas, os documentos para discussão nas poucas reuniões agendadas, ou ainda a primeira e a segunda versão do EIA-RIMA.

Essa informação, quando é divulgada e permeada de álibis e discursos espaciais, circula, no geral, entre os mesmos grupos de pessoas, dando mais mobilidade de questionamento e de protesto àqueles que já possuem acesso às outras possibilidades (acesso à moradia, educação, serviços, contatos em associações ou nos meios de comunicação etc.). A informação, da mesma forma que é técnica, é usada para o domínio do espaço e das estratégias espaciais, constituindo um instrumento de dominação e de controle de classe. O Estado e os agentes do mercado imobiliário deixam apenas parte das informações ser divulgada a respeito de suas artimanhas espaciais.

Por um lado, a informação – estruturada, como afirma Chauí, à intimidação social e resultado do que já está instituído e confirmado – e a técnica são instrumentos de dominação do espaço. Por outro lado, também aparecem como importantes instrumentos no embate, mesmo que institucional, por outro espaço, na medida em que podem fornecer maior mobilidade de escolhas e maior visibilidade às necessidades e aos desejos de parcela da população.

Os moradores de classe média – ancorados na técnica, na informação e no discurso competente – colaboraram à suspensão da OUVSB exatamente com base naquilo que Lefebvre chamou de "mito da participação",[38] no qual há a participação da população apenas para legitimar o que já está decidido em relação aos negócios do urbano. Na maioria das reuniões, o discurso competente coube aos técnicos da SMDU, com a considerada competência para falar e decidir, havendo do outro lado os "incompetentes sociais", segregados também no momento da voz. Evidentemente, não estamos aqui reduzindo à voz ou ao voto, nos mecanismos já instituídos de participação, a produção de um espaço urbano menos desigual.

|203|

AS OPERAÇÕES URBANAS CONTINUAM

O traçado da Operação Urbana nos revelou diferenciações de classe e os modos pelos quais as contradições intrínsecas à produção do espaço urbano capitalista aparecem no lugar. Estas revelam um espaço como condição, meio e produto tanto da reprodução do capital e da acumulação quanto da vida e da apropriação.

A partir de cada lugar estudado e das organizações de moradores deles oriundas, foi possível vislumbrar os conteúdos da produção do espaço. Os conflitos decorrentes das diferentes intervenções previstas no projeto da OUVSB revelaram, nessa perspectiva, a luta pelo espaço de apropriação (que envolve, primordialmente, a luta pela conquista e pela manutenção da moradia, condição básica de sobrevivência e de realização da vida) e a luta pelo espaço de dominação (atendendo às necessidades da lógica hegemônica e reproduzindo um espaço voltado à acumulação capitalista). Como consequência desse embate de interesses entre os agentes da produção do espaço, as intervenções previstas pela minuta de lei da Operação Urbana Butantã–Vila Sônia foram alteradas diversas vezes desde o início de sua elaboração em 2004.

Em uma sociedade de classes, os acessos dos diferentes grupos de moradores aos meios de mobilização em oposição às intervenções urbanísticas previstas pela Operação Urbana, assim como as necessidades e os desejos em relação ao espaço que produzem, são determinados pelo acesso desigual à riqueza produzida e consequente acesso desigual à propriedade privada. É esse acesso à propriedade o que determina os demais acessos e modos de apropriação do espaço urbano.

Por um lado, as relações das classes mais abastadas com o poder público municipal e seu acesso mais privilegiado às possibilidades dadas ao que já é instituído (informações, leis, normas) foram fundamentais para a defesa de seus interesses e para a suspensão da Operação Urbana via Ministério Público. As estratégias desses grupos (com acesso à técnica, informação, ao discurso competente, às estruturas do Estado, aos meios de comunicação) foram fundamentais à defesa de seus interesses.

Por outro, as estratégias de conquista da função social da propriedade se mostram mais difíceis para os moradores do Jardim Jaqueline: além de não possuírem a mesma facilidade de acesso a algumas das estratégias dos moradores de classe média, a função social da propriedade não interessa à lógica hegemônica capitalista, baseada na propriedade privada. Esses moradores não estão tão próximos do poder político e do poder econômico quanto os moradores de classe média e alta dos lugares estudados na OUVSB.

As estratégias de classe são intrinsecamente segregadoras ao manterem apartados aqueles que não têm o acesso à propriedade, ratificando-a. É nesse sentido que as estratégias de lutas pelo espaço das diferentes classes de renda estudadas a partir da Operação Urbana (com interesses e possibilidades desiguais) não podem ser as mesmas.

Diante dos conflitos da produção do espaço urbano, Lefebvre afirma que a estratégia "resulta sempre de um encadeamento de acessos e de necessidades sempre particulares; as confrontações entre forças diversas e desiguais".[39] O autor destaca, nesse embate, o "papel dos objetivos, dos interesses, das vontades e das representações" dos diversos agentes. Nesse sentido, por meio da OUVSB foi possível elucidar que as estratégias dos moradores do Butantã variam de acordo com a classe social a que pertencem e com o espaço que produzem.

Visando realizar a reprodução do capital, as estratégias espaciais são constantemente renovadas e atualizadas, dando diferentes formas aos projetos de valorização (operações urbanas, Arco do Futuro, renovações urbanas, além da construção de infraestruturas para os famigerados megaeventos) e legitimando-os pelos discursos espaciais. Esses discursos ocultam os conflitos próprios a uma produção do espaço urbano fundada na contradição entre uso e troca e permitem a realização de estratégias de classe que levam à diferenciação e à segregação socioespaciais. A criação de novas condições à continuidade dos negócios urbanos é crucial para capitalismo em um momento no qual a reprodução do capital implica a própria reprodução do espaço. Assim, os processos que originaram a Operação Urbana estão sendo sempre repostos.

O projeto da OUVSB contou com várias descontinuidades até haver uma ruptura, devido à paralisação no final de 2011. Essa ruptura foi no plano formal (a impossibilidade da efetivação da operação urbana enquanto projeto de lei), mas não na possibilidade de realização de investimentos. Dessa maneira, embora com descontinuidades devido às diferentes conjunturas políticas ou às pressões dos moradores por sua anulação e dos agentes do setor imobiliário para sua aprovação, a continuidade da valorização no Butantã se manteve bem como a reprodução do capital por meio do espaço.

A partir de nossas observações em reuniões e da realização de entrevistas, podemos afirmar que o caráter e a visão de classe durante as mobilizações de questionamento à Operação Urbana não foram abalados e a crença no planejamento foi mantida. As organizações de moradores apresentaram, em sua maioria, um caráter predominantemente de resposta às políticas de espaço ou de reivindicações ao Estado, sem chegarem a questionar as contradições fundadas na apropriação privada do espaço produzido socialmente. A mobilização dos moradores em oposição a algumas das intervenções previstas pela OUVSB foi fundamentada, em grande medida, na defesa do bem comum e da preservação ambiental, sendo estes em parte, o mesmo discurso espacial adotado pelo mercado imobiliário e pelo Estado.

A realização das estratégias capitalistas não ocorre, porém, sem conflitos, que criam impasses e barreiras a sua realização. No plano do lugar, ao mesmo tempo em que apreendemos as intervenções da Operação Urbana ou das demais requalificações urbanas, também desvelamos as transgressões e resistências. Se, por um lado, a

A CIDADE COMO NEGÓCIO

reprodução do espaço se repõe, levando às diferenciações e renovando as formas de políticas de espaço, por outro, existem rupturas, o que não é incorporado e resiste (ou tenta resistir) às estratégias hegemônicas. Essas resistências criam descontinuidades e obstáculos à acumulação capitalista.

Embora as mobilizações observadas em todos os lugares analisados sejam permeadas, como destaca Silva[40] pela crença no planejamento e na democracia participativa, não se pode negar a importância da mobilização realizada pelos moradores, sobretudo de classe média, ao suspenderem uma operação urbana na metrópole de São Paulo. Além disso, conforme observamos nas organizações de moradores, algumas reivindicações específicas sobre a Operação Urbana resultaram em questionamentos maiores sobre a maneira pela qual a metrópole de São Paulo é pensada pelos planejadores e vivida por seus habitantes. Em alguns momentos e discussões era o uso da cidade (mesmo que permeado de contradições) o que estava sendo colocado em questão e reivindicado.

Embora sem rupturas com os processos da lógica hegemônica da produção do espaço capitalista, os questionamentos dos moradores não deixam de ter positividade. Alguns descobriram, na prática, o motivo pelo qual resistem, realizando não apenas respostas às políticas de espaço, mas também afirmando e reivindicando outro possível projeto de cidade. Se foi no cotidiano que se manifestaram as visões de classe de alguns movimentos (ter ou não metrô, preservar uma praça, lutar pela segurança jurídica da posse) e as diferentes concepções sobre a cidade e seu futuro, é a partir dele que virá a transformação espacial, inevitavelmente marcada por contradições e conflitos.

NOTAS

[1] Donzelot, 2012, p. 233.
[2] Idem.
[3] Silva, 2013: p. 213.
[4] Sales, 2005. Disponível em: <http://www.vitruvius.com.br/ arquitextos/arq000/esp310.asp>. Acesso em: 23 fev. 2010.
[5] Silva, 2013
[6] Expressivo eixo de valorização imobiliária e de realização do capital financeiro na metrópole de São Paulo formado a partir do desdobramento da centralidade do centro da cidade para a avenida Paulista e para a região das avenidas Faria Lima, Berrini e Marginal Pinheiros.
[7] Segundo o Estatuto (Lei Federal n. 10.257, de 10 de julho de 2001), capítulo I, artigo 2, inciso II, a gestão democrática da cidade envolve a "participação da população e de associações representativas dos vários segmentos da comunidade na formulação, execução e acompanhamento de planos, programas e projetos de desenvolvimento urbano". No artigo 45 do capítulo IV, o Estatuto assegura que "os organismos gestores das regiões metropolitanas e aglomerações urbanas incluirão obrigatória e significativa participação da população e de associações representativas dos vários segmentos da comunidade, de modo a garantir o controle direto de suas atividades e o pleno exercício da cidadania".
[8] Carlos, 2011b, p. 51.
[9] Lefebvre, 2004, p. 119.
[10] Carlos, 2011b, p. 83.
[11] Lefebvre, 2008.
[12] Ribeiro, 2012.
[13] Idem, p. 231.

[14] Alvarez, 2008, pp. 216-22.
[15] Carlos, 2011a, p. 69.
[16] O termo "urbanização" é utilizado pelo poder público para designar melhorias na infraestrutura em uma favela, tais como asfalto, iluminação etc. Quando utilizarmos "urbanização" (entre aspas) nos referirmos a esse processo.
[17] Ribeiro, 2012, p. 28.
[18] Gonçalves, 2011.
[19] Silva, 2013.
[20] Alvarez, 2008, p. 112.
[21] Nobre, 2011.
[22] Idem.
[23] Izidoro, 2005.
[24] Burnett, 2011.
[25] Villaça, 2005, p. 50.
[26] Fala de moradora em reunião da Rede Butantã no dia 16 out. 2012.
[27] Fala em reunião sobre uso e ocupação do solo realizada no dia 22 out. 2011.
[28] Entrevista com moradora da COHAB Raposo Tavares, realizada no dia 18 jun. 2011.
[29] Harvey, 1982, p. 14.
[30] Rodrigues, 2009, p. 259.
[31] Chauí, 1986.
[32] Chauí, 2011, p. 19.
[33] Fala em reunião da Rede Butantã no dia 29 set. 2012.
[34] Burnett, 2011, p. 71.
[35] Villaça, 2005.
[36] Silva, 2013, p. 386.
[37] Chauí, 2011.
[38] Lefebvre, 1970.
[39] Lefebvre, 1973, p. 90.
[40] Silva, 2013.

BIBLIOGRAFIA

ALVAREZ, Isabel Aparecida Pinto. *A reprodução da metrópole*: o projeto Eixo Tamanduatehy. São Paulo, 2008. Tese (Doutorado em Geografia Humana) – Faculdade de Filosofia, Letras e Ciências Humanas, Universidade de São Paulo.

BURNETT, Frederico Lago. *Da tragédia urbana à farsa do urbanismo reformista*: a fetichização dos planos diretores participativos. São Paulo: Annablume, 2011.

CARLOS, Ana Fani Alessandri. Da "organização" à "produção" do espaço no movimento do pensamento geográfico. In: CARLOS, Ana Fani Alessandri; SOUZA, Marcelo Lopes de; SPOSITO; Maria Encarnação Beltrão. *A produção do espaço urbano*: agentes e processos, escalas e desafios. São Paulo: Contexto, 2011a.

_____. *A condição espacial*. São Paulo: Contexto, 2011b.

CHAUÍ, Marilena. *Conformismo e resistência*: aspectos da cultura popular no Brasil. São Paulo: Brasiliense, 1986.

_____. *Cultura e democracia*: o discurso competente e outras falas. São Paulo: Cortez, 2011.

DONZELOT, Jacques. *À quoi sert la rénovation urbaine?* Paris: PUF, 2012.

GONÇALVES, Fábio Mariz. Operação Urbana Consorciada Vila Sônia e a possibilidade de diálogo. *Estudos Avançados*. Dossiê São Paulo Hoje, v. 25, n. 71, 2011. Disponível em: <http://www.scielo.br/pdf/ea/v25n71/en_14.pdf>. Acesso em: out. 2014.

HARVEY, David. "O trabalho, o capital e o conflito de classes em torno do ambiente construído nas sociedades capitalistas avançadas". *Revista Espaço e Debates*. São Paulo, n. 6, jun./set. 1982.

IZIDORO, Alencar. "Alckmin 'apaga' metrô rejeitado por vizinho. *Folha de S.Paulo*, 29 out. 2005.

LEFEBVRE, Henri. *Du rural à l`urbain*. Paris: Anthropos, 1970.

_____. *A re-produção das relações de produção*. Porto: Publicações Escorpião, 1973.

_____. *A revolução urbana*. Belo Horizonte: Humanitas, 2004.

_____. *Espaço e política*. Belo Horizonte: UFMG, 2008.

NOBRE, Eduardo. Material da disciplina de pós-graduação da Faculdade de Arquitetura e Urbanismo Avaliação de Grandes Projetos Urbanos: crítica da prática recente. Disponível em: <http://www.usp.br/fau/docentes/depprojeto/e_nobre /index.html>. Acesso em: 10 nov. 2011.

RIBEIRO, Fabiana Valdoski. *A luta pelo espaço*: da segurança da posse à política de regularização fundiária de interesse social em São Paulo. São Paulo, 2012. Tese (Doutorado em Geografia Humana) – Faculdade de Filosofia, Letras e Ciências Humanas, Universidade de São Paulo.

RODRIGUES, Arlete Moisés. *Na procura do lugar o encontro da identidade* – um estudo do processo de ocupação de terras: Osasco. São Paulo: Labur, 2009.

SALES, Pedro Manoel Rivaben. Operações Urbanas em São Paulo: críticas, planos e projetos. Parte 4: Operação Urbana Butantã-Vila Sônia. Texto de maio 2005. Disponível em: <http://www.vitruvius.com.br/ arquitextos/ arq000/esp310.asp>. Acesso em: 23 fev. 2010.

SILVA, Márcio Rufino. *A reprodução do espaço nas tramas da metrópole*: Operação Urbana Consorciada Vila Sônia. São Paulo, 2013. Tese (Doutorado em Geografia Humana) – Faculdade de Filosofia, Letras e Ciências Humanas, Universidade de São Paulo.

VILLAÇA, Flávio. As ilusões do Plano Diretor. Texto de 2005. Disponível em: <http:// www.flaviovillaca. arq.br/ livros01.html>. Acesso em: 21 fev. 2010.

O PATRIMÔNIO COMO NEGÓCIO

Simone Scifoni

Algo relativamente novo acontece nas políticas de patrimônio cultural no Brasil desde o começo deste século, embora tenha sido pouco evidenciado no debate acadêmico sobre o tema. De um lado, a literatura especializada em patrimônio ainda não demonstrou interesse em destrinchar esta problemática recente; de outro, a produção de uma leitura urbana de viés crítico, mas não especificamente nascida dentro da área de patrimônio, tem produzido conclusões generalizantes que, por abordarem apenas um determinado lado da questão, não correspondem à realidade das cidades brasileiras.

Essa questão já foi tratada em texto anterior[1] e diz respeito à afirmação, para a realidade urbana brasileira, da instrumentalização do patrimônio na atual gestão urbana, relacionada à nova condição de centralidade da cultura na sociedade contemporânea. O texto anterior buscava mostrar o "outro lado da cultura" na gestão urbana, problematizando uma discussão que, no Brasil, tem sido profundamente influenciada pelas conclusões que o debate acadêmico europeu tem produzido sobre uma realidade que não é a nossa.

Assim, a intenção daquele texto era mostrar que o modelo europeu de reabilitação do patrimônio, com a instalação de equipamentos de animação ligados à cultura erudita, ou seja, um modelo que usa determinado setor da cultura como instrumento de promoção da cidade, muito embora tenha sido reproduzido em cidades brasileiras, não explica a atual condição do patrimônio e nem nos permite concluir ou generalizar uma centralidade da cultura na gestão urbana do modo como os europeus concluíram. Procuramos mostrar que esse modelo foi senão pontualmente utilizado, mas que isso não reflete e nem explica o quadro geral do que representa o patrimônio e a cultura na agenda política urbana, uma vez que existem profundas contradições derivadas de uma natureza desigual do patrimônio no Brasil.

Dessa forma, a proposta de debate do "patrimônio como negócio", objeto do presente capítulo, não percorrerá esse caminho. Propomos aqui uma leitura sobre aspectos até agora não suficientemente analisados a respeito do patrimônio no Brasil, ou seja, buscamos compreender de que forma ele tem sido *ajustado* com o objetivo de eliminar uma barreira à produção da cidade como negócio. Dito de outro modo, procuramos analisar em que condições o Estado produz políticas públicas voltadas para o *ajuste do patrimônio* sintonizado com as necessidades da reprodução da cidade como negócio.[2] Para tanto, tomamos por alicerce o aporte teórico da geografia urbana crítica, aquela de fundamentação marxista-lefebvriana, de modo a contribuir com uma leitura geográfica sobre o patrimônio, mas que não esteja alinhada à produção feita atualmente pela geografia cultural.

Trata-se de pensar o patrimônio cultural na perspectiva do processo de produção do espaço urbano, refletindo sobre como as políticas públicas de preservação são também políticas espaciais. Nesse sentido, o ajuste do patrimônio será pensado como necessidade e condição de determinado momento do processo de valorização espacial na metrópole.

Para tal discussão, faremos uso da análise de três estudos de caso na metrópole de São Paulo, os quais permitirão compreender e problematizar questões em direção a um pensamento teórico explicativo. Dois desses estudos de caso correspondem a patrimônios tombados situados no contexto do processo de valorização espacial vinculado à área da Operação Urbana Faria Lima, portanto no interior da centralidade dos negócios da metrópole de São Paulo: é o caso da sede do Sítio Itaim e do Parque do Povo, bens tombados de caráter completamente diversos em função dos sentidos e significados culturais atribuídos a eles. Já o terceiro estudo de caso envolve um patrimônio situado em uma das franjas periféricas metropolitanas, a Estrada de Ferro Perus-Pirapora, localizada entre o bairro popular de Perus, na capital, e o município de Cajamar.

EM QUE CONSISTE O AJUSTE DO PATRIMÔNIO?

No âmbito das políticas públicas de patrimônio levadas a cabo no estado de São Paulo, sobretudo a partir dos anos 2000, tem-se observado recorrentes casos de aprovações de intervenções em bens tombados cada vez mais estranhas à ideia do que se entende por proteção da memória que estes representam. O sentido dessas aprovações pode ser apreendido quando se analisa a inserção desses bens no processo de produção do espaço urbano da metrópole de São Paulo.

Em alguns casos, essas aprovações viabilizam-se por meio da alteração integral do *corpus* legal que sustenta a preservação, como a mudança dos termos de uma resolução de tombamento, por exemplo. Em outras situações, as alterações são feitas, ao contrário, pontualmente, à semelhança de intervenções cirúrgicas, incidindo em determinados itens da legislação, o que acaba transformando aquilo que deveria ser um conjunto de diretrizes de regulamentação em uma verdadeira colcha de retalhos, carente de coerência interna. Outras vezes, apresentam-se como estratégias mais sutilmente implementadas, já que não há mudança alguma imposta; pelo contrário, as aprovações de intervenções se dão ignorando os requisitos indispensáveis, o que, em linguagem jurídica, significa fazer algo ao arrepio da lei.

Essas diferentes estratégias políticas fazem parte do que chamamos aqui *ajuste do patrimônio*, momento atual das políticas públicas de preservação. Assim, este compreende um conjunto de mecanismos por dentro do Estado e por meio dele, com o objetivo de viabilizar a aprovação de empreendimentos privados e grandes projetos públicos que, pelas práticas institucionais apoiadas na *expertise* no campo do patrimônio ou pelo *corpus* legal, não seriam possíveis anteriormente. O ajuste permite produzir legalidade onde antes não existia tal possibilidade e, com isso, garantir a realização do valor e o lucro máximo na produção imobiliária a partir do momento em que elimina uma barreira ou obstáculo: o patrimônio.

Inicialmente, é necessário examinar no que consiste a ideia do patrimônio como obstáculo. É preciso que se entenda que o patrimônio não é, *a priori,* barreira, como se fosse uma condição natural, uma vez que "a preservação inviabiliza novas intervenções", como o senso comum muitas vezes dita. Não é disso que se trata. A preservação contempla novos usos e possibilidades de implantação de projetos e alterações nos bens tombados, desde que orientada por critérios e parâmetros que buscam proteger o significado cultural dos bens, algo que acontece com muita frequência nas cidades.

Entretanto, o patrimônio pode tornar-se barreira e isso se dá sob determinadas condições. A primeira delas, a ser examinada nesse capítulo, dá-se quando a sua preservação inviabiliza a implantação de empreendimentos atrelados à concepção de um determinado projeto voltado para a realização máxima do valor e do lucro na produção imobiliária. Nesse caso, poder-se-ia perguntar se isso não se resolveria pela alteração ou adequação do projeto às condições da preservação? Em teoria seria esse o caminho, mas a experiência tem mostrado na prática que, quando determinadas situações da proteção impedem a realização do lucro máximo na produção imobiliária, a solução dada pelas políticas públicas tem sido a do ajuste do patrimônio.

Mas o patrimônio torna-se obstáculo, também, quando o seu uso e apropriação social não se adaptam à lógica hegemônica que produz o espaço urbano homogêneo como condição de sua valorização. Nesse caso, sobretudo, tem-se um uso vinculado às classes populares, quer como moradia, trabalho ou formas de lazer coletivo, que se constitui como barreira à valorização e, quando isso acontece, o patrimônio pode ser compreendido a partir da noção de resíduo, conforme discute Lefebvre.[3] Assim sendo, o uso é o que faz com que o patrimônio cultural se constitua como um resíduo dentro do processo de produção do espaço urbano.

O resíduo é, para o autor, aquilo que escapa ao repetitivo, ao programado, à imposição da racionalidade e da lógica da mercadoria, e que se apresenta como irredutível. O uso do patrimônio que o torna um resíduo na metrópole luta contra a imposição da produção de um espaço homogêneo, ou seja, luta contra o postulado da uniformidade. Para a lógica que busca coesão e coerência os resíduos são intoleráveis, sendo preciso aprisioná-los e transformá-los em modelos uniformes, como escrevem Nasser e Fumagalli.[4] Para as autoras, o resíduo luta contra a tentativa de se reduzir tudo a mesma coisa, uma diferença que nasce resistindo contra o idêntico:

> Essas diferenças que não sucumbem à opressão da equivalência são, pois *"resíduos"*: são o que não se deixou capturar, aprisionar em modelos; são o novo que emerge do movimento dialético de inclusão e exclusão de conteúdos momentaneamente portadores ou não da diferença.[5]

Assim sendo, o resíduo é obstáculo ao processo que busca homogeneizar o espaço e essa condição residual faz do uso popular do patrimônio, em áreas submetidas à valorização espacial, uma barreira que deve ser superada.

A perspectiva da compreensão do patrimônio no contexto do processo de produção do espaço urbano, quer como obstáculo ou como resíduo que se contrapõe ao homogêneo, permite situar o que chamamos aqui de ajuste do patrimônio como uma política pública de cultura que se torna, também, política espacial, na medida em que busca superar o limite daquilo que se apresenta como barreira à produção da cidade como negócio.

Mas como isso se dá? Essa é a questão que deve ser explicitada aqui.

O ajuste implica em superar o obstáculo do *corpus* legal que protege o patrimônio, flexibilizando-o. Isso significa produzir legalidade, que se dá concretamente alterando aquilo que constitui a normativa que regulamenta os bens protegidos, ou seja, as Resoluções de Tombamento. A experiência tem mostrado que a alteração ocorre de duas formas: ou pontualmente, modificando determinados artigos, ou integralmente, por meio da edição de nova resolução. Mas há ainda a produção da legalidade que se dá sem alterar a normativa, ou seja, por meio de decisões de aprovação que ignoram a base legal, transformando a ilegalidade no seu contrário. A explicitação dos casos a seguir mostrará concretamente como isso se dá.

Motivada unicamente pela necessidade de viabilização de determinados interesses econômicos, essa produção de legalidade torna-se, assim, um artifício por dentro do Estado, no interior das políticas públicas. É o que Lefebvre[6] chamou de *produção política* pela ação do Estado. O autor explica que a prática e a experiência política no mundo moderno permitem que se amplie o conceito de produção, estendendo-o para além da produção de coisas, objetos e mercadorias. A produção política é aquela que se liga ou provém do Estado, ou quando ele a conduz. Ainda segundo o autor, nesse momento a produção política envolve o paradoxo expresso no fato de que quanto maior é o peso e a atuação do econômico, menos ele aparece como explicação para o fato, uma vez que se encontra dissimulado sob a aparente autonomia das instituições políticas.

A produção da legalidade se dá, na prática, a partir do momento que o Estado percebe que é possível aproveitar-se da própria estrutura institucional dos órgãos de patrimônio, ou seja, daquilo que os torna peculiares: Conselhos de Patrimônio são instâncias colegiadas, formadas por uma diversidade de representações de outras instituições, e que detêm o poder de aprovação e deliberação.

Contraditoriamente, os colegiados são formados por representantes do poder público e da sociedade civil e são, em teoria, formas mais democráticas e participativas de gestão do patrimônio. Mas tem sido por meio dessas instâncias colegiadas que se tem garantido legitimidade para os ajustes do patrimônio, produzindo assim a legalidade necessária.

É a instância colegiada que permite superar a barreira das normativas anteriores, consideradas restritivas às necessidades dos empreendimentos, possibilitando, ela própria, não respeitar essas normativas. Ela tem legitimidade para isso, que é dada pela sua composição colegiada, "democrática" o suficiente para justificar a superação das normativas. Mas, para que essas instâncias colegiadas atuem dessa forma, dando respostas satisfatórias ao imperativo do econômico, é preciso, antes, que o Estado controle esta participação, garantindo os apoios necessários. Esse controle se dá na seleção dos representantes das instituições internas, mas também nas consideradas externas a ele, aquelas que, em tese, teriam total autonomia e isenção em relação aos interesses de Estado.

A experiência e a prática política na condução do processo, ao longo dos anos, mostraram a necessidade desse controle das instâncias colegiadas decisórias, e isso se deu não somente no âmbito do patrimônio cultural, mas é também extensivo ao campo da gestão ambiental no estado de São Paulo. Entretanto, nem sempre é possível conseguir posições totalmente alinhadas com os interesses políticos hegemônicos, de modo que, às vezes, algo escapa ao controle. Mas, infelizmente, isso não chega a conseguir mudar muito o rumo das coisas. O caráter participativo e democrático das decisões nas instâncias colegiadas torna-se, assim, mera ilusão.

Para tornar mais concreta essa discussão, trazemos à luz alguns exemplos a partir dos quais buscamos problematizar as experiências vivenciadas no campo das políticas de patrimônio, tentando esclarecer as diferentes estratégias utilizadas no sentido do ajuste do patrimônio.

A "PRESERVAÇÃO" QUE VIRA DESTRUIÇÃO: O CASO DA SEDE DO SÍTIO ITAIM

A casa que funcionou como sede do antigo Sítio Itaim, situada em terreno que se localiza hoje na avenida Brigadeiro Faria Lima,[7] encontra-se protegida pelo órgão de patrimônio estadual[8] desde outubro de 1980, quando o conselho decidiu pela abertura do processo de tombamento, que foi finalizado em 1982 com a edição da Resolução SC n° 46/1982. O tombamento foi iniciado em um momento em que o antigo sanatório que ocupava o imóvel não estava mais em atividade no local. De acordo com as informações do processo de tombamento, desde os anos 1920 a edificação abrigava o Sanatório Bela Vista. Em 1980, a propriedade foi vendida ao grupo Selecta, do empresário Naji Nahas, que após receber a notificação da instauração do tombamento iniciou a demolição das edificações, o que foi seguido de embargo e ação judicial.

A demolição parcial e o abandono provocado pelos proprietários desde então resultou em um bem tombado composto por ruínas formadas por paredes grossas de taipa de pilão, consideradas testemunho relevante da típica arquitetura da casa rural do século XVIII. A questão a ser problematizada aqui envolve a reflexão sobre a solução adotada para recuperar esse patrimônio tombado e sobre as estratégias para o ajuste do patrimônio.

O Sítio Itaim se destaca como um caso no qual a solução dada "em nome da preservação" resultou em destruição do sentido e significado do próprio patrimônio, ou seja, a sua essência. Isso ocorreu em função de dois motivos. Em primeiro lugar, a solução para a recuperação foi recompor ou reconstruir a casa, a partir de suas ruínas, o que vai na contramão da *expertise* constituída neste campo de atuação e inclusive contra as recomendações internacionais. Em relação a isso, Kühl[9] alerta que muitas intervenções, como se nota no caso das reconstruções ou das transformações radicais, explicitam um desprezo pelo conhecimento produzido e acumulado ao longo da constituição desse campo disciplinar, "[...] e tem-se a impressão de se estar percorrendo o mesmo caminho empírico iniciado há séculos, para reinventar a roda, cometendo, com esta atitude, destruições e deturpações de documentos".

Em segundo lugar, a destruição do sentido do patrimônio se deu uma vez que a solução adotada ignorou a existência do terreno como sítio arqueológico, o que levou a sua degradação quando tiveram início as obras de escavação para realização das fundações e subsolo de garagens. O ajuste do patrimônio viabilizou a solução.

No que diz respeito à opção pela reconstrução do bem tombado, em pelo menos dois momentos do processo de tombamento do Condephaat encontram-se pareceres que a desaconselhavam como medida a ser tomada. Em um dos pareceres técnicos emitidos no início da discussão sobre qual deveria ser o partido a ser adotado na recuperação do imóvel, o arquiteto Samuel Kruchin assim afirmava:

Dadas as condições atuais do edifício *fica evidente a impossibilidade de resgatar sua forma primitiva*, a menos que queiramos aproximá-lo de algo como um neo-bandeirismo, já que o dado de recomposição contemporânea em muito sobrepassa o referencial físico primitivo que, ao nosso ver, é o que deve ser enfatizado já que, mesmo no estado atual ainda permite uma leitura importante (ainda que parcial) do seu contexto espacial primitivo. Uma "plástica restauradora" provocaria, ainda, a *negação de sua historicidade contemporânea* e de seu sentido transcendente face a preservação no Brasil hoje.[10]

O arquiteto defendia a ideia de valorização das ruínas através da criação de uma estrutura de linguagem contemporânea que se diferenciasse e deixasse explícito o desejo de proteger o bem, mas não de recriá-lo, afirmando, ainda, que era importante que a intervenção se vinculasse a possibilidade de novo uso, ao invés de optar pela musealização da ruína.

Semelhante é a posição defendia pelo superintendente do Instituto do Patrimônio Histórico e Artístico Nacional (Iphan) e conselheiro relator do processo em 1987, o arquiteto Antonio Luiz Dias de Andrade, que além de não recomendar a reconstrução em virtude do estado que se encontravam as ruínas, também alertava para a necessidade de se proceder à pesquisa arqueológica para dar respaldo a qualquer projeto de intervenção:

> É urgente, ademais, providenciar a execução dos serviços de prospecção e pesquisa arqueológica do bem cultural, imprescindíveis para se repensar novo projeto de estabilização e consolidação das estruturas remanescentes, tido o atual estado de conservação do edifício que, *desaconselha qualquer tentativa de reconstituição ou reconstrução*, independentemente dos problemas de natureza técnico-conceitual suscitados pela análise crítica do projeto inicialmente formulado pelo Conselho.[11]

Apesar de a reconstrução ter sido desconsiderada como opção válida por duas vezes ao longo do processo de tombamento e mesmo com as recomendações internacionais, como a Carta de Burra,[12] também a condená-la, acabou por ser a solução adotada para a recuperação do bem. Contrariando o artigo 18 da Carta, a intervenção no Sítio Itaim significou a construção da maior parte da chamada "substância do bem" e não apenas acréscimos para completar o que faltava, conforme estabelece o documento internacional. No que diz respeito ao artigo 19, as partes reconstruídas deveriam permitir sua distinção do que é original, o que também não aconteceu com a obra. Desta forma, a solução aprovada pelo órgão de patrimônio nos parece um contrassenso, pois, conforme lembra Kühl,[13] o Condephaat, sendo membro institucional do Icomos-Brasil, deveria atuar de acordo com as cartas e doutrinas estabelecidas por este conselho internacional, assim como atender as convenções internacionais e recomendações da Unesco.

Além da reconstrução, o projeto englobou uma área de entorno com um jardim para favorecer a ambientação da casa rural paulista. Ambos, a casa e o jardim, em face de sua localização quase central no terreno, implicaram-se na incorporação ao projeto arquitetônico do novo edifício, chamado de Pátio Vitor Malzoni. O resultado foi um enorme bloco de edifício espelhado, com um vão central aberto que emoldura o bem tombado circundado pelo jardim. Inserido fisicamente no projeto do novo edifício, o patrimônio reconstruído tornou-se um simulacro da casa rural paulista oitocentista no novo eixo empresarial da Faria Lima.

Acreditamos que a ideia do *ajuste do patrimônio* pode nos ajudar a compreender como uma intervenção rechaçada pela própria *expertise* no campo patrimonial pode, por meio da aprovação da instância colegiada, legitimar-se acima de tudo, tornando-se, inclusive, inquestionável do ponto de vista jurídico.

Mas no caso do Sítio Itaim, o ajuste do patrimônio foi para além disso, pois significou a superação de ilegalidades envolvidas na destruição do sítio arqueológico, que se deu em 2009, quando se iniciaram as obras do Pátio Malzoni. Apesar da proteção aos sítios arqueológicos estar prevista no âmbito da legislação federal,[14] sendo incumbência do Iphan,[15] as obras para a construção do novo edifício no terreno, em particular o rebaixamento do solo em 20 metros para a realização das fundações, iniciaram-se sem qualquer consulta ou pedido de autorização para o órgão. Isso resultou em paralisação das obras em 2009, quando a Justiça Federal acatou ação do Ministério Público. Mesmo assim, já era tarde demais e o sítio arqueológico havia sido reduzido apenas ao subsolo da casa, o que inviabilizou o conhecimento e o resgate de peças arqueológicas que poderiam contribuir para a leitura histórica da ocupação do bairro.

A decisão da Justiça chegou tarde, porém, já estava explícita a ilegalidade da obra diante da legislação de proteção ao patrimônio arqueológico desde 2008, quando o Ministério Público solicitou informações aos órgãos de preservação para esclarecer a existência ou não de pesquisa arqueológica realizada. O Condephaat esclareceu, na oportunidade, que as pesquisas foram realizadas em apenas três meses de trabalhos de campo no ano de 1988 e que havia sido prevista uma segunda fase de escavações, a qual não teria sido viabilizada, de modo que a pesquisa estaria incompleta, o que deveria impediria a liberação da área para intervenções. Já a resposta do Iphan, além de apresentar dados equivocados informando que o Condephaat ficara dois anos realizando as pesquisas, o que pode ter induzido o Ministério Público a concluir que a obra estava legalizada, foi também evasiva, já que caberia a este órgão informar a inexistência de pesquisas arqueológicas encaminhadas àquela instância federal, dada a sua responsabilidade legal para atuar na preservação dos sítios arqueológicos.

O PATRIMÔNIO COMO NEGÓCIO

Como é possível compreender a falta de atuação de ambos os órgãos no que diz respeito à proteção de um sítio arqueológico de tamanha importância, relativo a um empreendimento de grandes dimensões, em uma das áreas mais valorizadas da cidade? Como é possível que os pareceres que conduziram à aprovação do empreendimento não tenham levado em conta esse "mero detalhe" da necessidade de se proceder ao salvamento arqueológico na área?

A ironia do caso é que, apesar das problemáticas relativas à preservação desse patrimônio, o Pátio Vitor Malzoni recebeu em 2012 o Prêmio Master, considerado o mais importante do setor imobiliário, justamente pelo seu caráter de "resgate histórico". O projeto foi vencedor ainda, nessa mesma premiação, dentro da categoria Profissionais, por ter proporcionado a "preservação do patrimônio", sendo o *case* denominado de "Restauração da Casa Bandeirista do Itaim Bibi". Segundo um dos arquitetos do projeto, o que poderia ser um aspecto inicialmente negativo tornou-se elemento definidor do projeto desse edifício que é considerado o mais caro de São Paulo.

Constatamos, assim, que as ruínas tombadas não chegaram a se configurar propriamente um obstáculo aos negócios da urbanização; nesse caso, pelo contrário, foram incorporadas à lógica da mercadoria potencializando o seu valor de troca em função do significado simbólico atribuído ao patrimônio e, mais que isso, em função de sua produção como simulacro de casa rural preservada.

O ajuste do patrimônio, neste caso, significou adequá-lo às necessidades do projeto arquitetônico, comprometendo a pesquisa sobre o sítio arqueológico e indo na contramão das recomendações sobre intervenções e restauro do patrimônio. Acreditamos que a compreensão desse ajuste do patrimônio deve passar pela busca de sua inserção no contexto do processo de reprodução da metrópole e do papel que essa nova centralidade empresário-comercial representa para os negócios da urbanização.

Se o terreno ficou durante mais de duas décadas sem qualquer destinação, foi a partir da implementação da Operação Urbana Faria Lima que se criou uma nova perspectiva de valorização fundiária para aqueles trechos da cidade. Conforme discutiu Carlos[16] (2001), a operação urbana permitiu superar a condição de raridade do espaço: por meio da alteração do zoneamento e do aumento do coeficiente de construção garantiram-se novas possibilidades de adensamento em bairros que originariamente tinham perfil residencial e horizontal, possibilitando a reprodução do espaço urbano sob a forma de novas áreas a serem incorporadas para a construção de edifícios de escritórios. E o ajuste do patrimônio serviu à viabilização dos interesses econômicos envolvidos nessa nova centralidade dos negócios em São Paulo.

|217|

ELIMINAR A CULTURA POPULAR:
O CASO DO PARQUE DO POVO

No conjunto do patrimônio protegido no estado de São Paulo, há de fato pouquíssimos bens que podemos dizer que são representativos das classes populares ou que se encontram ligados à identidade, ação e memória desses grupos sociais, como é o caso dos trabalhadores urbanos ou rurais.

Dos poucos exemplos que temos dessa categoria de patrimônio que envolve a cultura popular, os dois casos a serem tratados a partir deste momento envolvem ajustes do patrimônio mais drásticos, pois resultaram na eliminação do próprio bem tombado ou de partes significativas dele que inviabilizaram sua leitura como bem cultural. O que ambos os casos têm em comum é o significado social desse patrimônio ligado à memória dos trabalhadores e à cultura popular, ou seja, patrimônios que não detêm o mesmo prestígio que os seus congêneres associados à elite política, econômica ou religiosa. Isso significa que podemos pensar que é justamente a vinculação destes patrimônios a esses grupos sociais *sem poder* que implica soluções de projeto mais drásticas, que eliminam os bens, desrespeitando totalmente as memórias desses grupos?

Isso foi o que aconteceu no Parque do Povo, bem tombado pela instância estadual em 1995 e que está situado nas proximidades da mesma Avenida Brigadeiro Faria Lima, portanto, em um mesmo contexto espacial de centralidade dos negócios da metrópole que, no caso anterior, era exemplificado pelo Sítio Itaim.

Esse parque, cujo nome relaciona-se às formas de apropriação histórica que se deram no local, foi tombado como um bem representativo da cultura popular em função de se constituir na última das praças de campos de futebol de várzea na metrópole. À época do tombamento, eram oito campos de futebol de terra batida, cercados por eucaliptos que foram plantados pelos próprios usadores da área, além de instalações como vestiários, banheiros, área social dos clubes, moradia de vigias e zeladores, e os botecos, indispensáveis e inerentes à prática do futebol de várzea.

Nas palavras do historiador José Sebastião Witter, consultor do estudo de tombamento:

> Esse "Parque do Povo" é, hoje, o local que materializa, nos clubes que nele mantêm suas sedes, aquilo que a História não pode reviver, o jogo puro do futebol verdadeiro: o jogo jogado, não a disputa competitiva e organizada, que gera lucros e quase determina a caminhada de um jovem que chega a um grande clube. No "Parque do Povo" (como depoimentos e pesquisas realizadas poderão provar) o básico de tudo é o lúdico. [...] Esse esporte amador, varzeano, na cidade de São Paulo, só poderá sobreviver enquanto espaços geográficos como esse continuarem a existir, sem excesso de regras ou intrincada burocracia, mas com uma ordenação espontânea dos próprios participantes dos encontros futebolísticos [...].[17]

A área começou a ser utilizada pelos clubes populares nos anos 1930, mas à medida que, a partir de 1950, as várzeas de rios foram sendo integradas ao espaço produtivo da metrópole, conforme analisou Seabra,[18] os clubes da cidade foram perdendo seus espaços tradicionais e migrando para lá, tornando assim o Parque do Povo um espaço residual.

O uso do lugar pelo corpo traduz a sua condição como resíduo. Partidas de futebol eram realizadas principalmente nos horários da noite e finais de semana, já que o parque era uma centralidade lúdica para o trabalhador da metrópole após sua estressante jornada de trabalho. O estudo de tombamento mostrou que os usadores do parque eram provenientes de diferentes lugares da capital, uma parte do próprio Itaim Bibi, outra parte de bairros da zona Sul, como Santo Amaro e Capela do Socorro, mas também provinham de bairros centrais como Consolação e Bela Vista. Em sua grande maioria, eram trabalhadores do comércio do bairro: vendedores, caixas e balconistas, mas também muitos serventes, cozinheiros, garçons, copeiros e *pizzaiolos.*

O processo de valorização espacial consolidado a partir das obras da Operação Urbana Faria Lima tornariam o uso popular no Parque do Povo um grande inconveniente a superar. Iniciou-se a partir dos anos 2000 uma verdadeira campanha de desqualificação e deslegitimação do uso popular conduzida em grande parte pela Sociedade Amigos do Itaim Bibi (Saib), com o objetivo de levar a cabo um projeto de requalificação da área no qual o futebol de várzea não teria mais vez. Conforme estudo realizado por Scifoni,[19] a Saib contratou um laudo pericial de dois engenheiros não especialistas em patrimônio que desqualificaram e criminalizaram os usos, mas também abriu ações individuais contra todos os grupos ocupantes da área, que tramitaram em várias Varas de Justiça, de forma que isso, além de inviabilizar pelo judiciário uma leitura e compreensão global do que representava aquele patrimônio, também dificultou a organização e luta coletiva dos clubes, que tiveram individualmente que se defender na justiça.

Apesar de o tombamento garantir, em tese, a proteção integral da área e, portanto, do seu uso e apropriação popular, essa campanha de desqualificação resultou, no ano de 2006, na destruição do objeto de preservação: a prefeitura da capital não somente expulsou os clubes que usavam o Parque, como também destruiu os campos de futebol e todas as suas instalações. De forma totalmente ilegal, a prefeitura da capital implantou um novo parque, desmatou os eucaliptos existentes, construiu pista de caminhada e corrida, instalou gramados e novas espécies de árvores e equipamentos de ginástica.

Destruiu-se aquilo que, segundo Zukin, poderia ser chamado de paisagem vernacular. Segundo a autora,

> Arquitetos e historiadores de arte utilizam o termo "vernacular" ao se referirem às tradições comuns de um lugar ou cultura. Entretanto, prefiro usar "vernacular" para me referir à construção tanto de edifícios quanto das relações sociais feitas pelos desprovidos de poder, em contraste – e frequentemente em conflito – com a paisagem imposta pelos detentores de poder. Dessa forma, em contraste com os palácios dos governadores coloniais ou as catedrais dos bispos, temos o vernacular das pequenas casas dos pobres e das favelas. Há sempre alguma tensão entre o que as instituições poderosas, entre elas o Estado, querem construir – em razão da glória e do lucro – e as criações dos sem-poder.[20]

A intervenção realizada pelo poder público municipal tinha claramente o objetivo de eliminar o uso de caráter popular, uma vez que ele representava para os negócios imobiliários no local um cenário que contribuía para a desvalorização dos imóveis das imediações.

No contexto da realização da Operação Urbana Nova Faria Lima que criou novas possibilidades de negócios imobiliários, o Parque do Povo deveria também adequar-se as novas condições da reprodução do espaço da metrópole. O uso popular, que criou à sua imagem e semelhança uma paisagem popular (ou vernacular para Zukin) não era passível de incorporação física ou simbólica, como foi no caso da reconstrução da sede do Sítio Itaim. Assim sendo, o uso do lugar pelo corpo não era passível de internalização pela economia política do espaço. Era preciso, desta forma, eliminar este obstáculo ao processo de valorização, à realização do valor de troca e ao imperativo do econômico.

A destruição do lugar tombado e sua posterior reconstrução sob novas formas foram feitas de maneira ilegal, em 2006, mas aprovadas pelo Condephaat no ano seguinte sem nenhuma medida de punição ou de compensação, ou qualquer nota de repúdio ao descumprimento das normativas. O ajuste do patrimônio regularizou o que se encontrava ilegal, criando uma situação esquizofrênica do ponto de vista da legislação, uma vez que a Resolução de Tombamento SC n.24 de 03/06/1995, que protege os campos de futebol como base física para práticas populares, ainda permanece em vigor.

O PATRIMÔNIO DILACERADO: O CASO DA ESTRADA DE FERRO PERUS-PIRAPORA

Até aqui vimos o ajuste do patrimônio como resultado da pressão exercida pelo processo de valorização do espaço e que levou, consequentemente, ora à incorporação da lógica da mercadoria e da promoção imobiliária, como no caso do Sítio Itaim, ora à sua destruição, como no caso do Parque do Povo.

Mas não se pode pensar que se trata de um processo unicamente relacionado às áreas centrais da metrópole; ele está presente, também, nas franjas periféricas quando estas recebem a infraestrutura que permite incorporá-las a uma nova lógica de produção espacial.

Aqui, especificamente, estamos tratando das novas condições de mobilidade urbana criadas nas franjas periféricas a partir da abertura do Rodoanel, em seus trechos oeste e sul. A obra permitiu recriar a periferia como lugar estratégico de investimentos, especificamente relacionados ao setor de logística e armazenamento de mercadorias a serem distribuídas na capital. Através da aquisição, num primeiro momento, de vastas porções de terra barata e, posteriormente, da instalação de empreendimentos imobiliários de grande porte, constituídos por galpões de armazenagem de mercadorias que são alugados para empresas da capital, zonas de corredores logísticos tem se constituído nas franjas periféricas da metrópole, como ao longo do Rodoanel Sul, em Embu e Itapecerica da Serra e nos trechos a oeste, entre Cajamar e Perus. Tais empreendimentos situados nas periferias, assim como a produção capitalista de moradia em massa para os mais pobres, estudados por Volochko,[21] fazem parte, nas palavras do autor, de estratégias dos negócios do setor imobiliário-financeiro que capitalizam e valorizam os espaços periféricos metropolitanos como meio e condição de sua própria reprodução.

Trata-se de novos produtos do mercado imobiliário que têm mudado a paisagem das periferias cortadas pelos trechos do Rodoanel. No caso específico que abordaremos a partir daqui, a viabilização de um corredor de logística entre Jordanésia/Cajamar e o bairro de Perus/Capital encontrou pela frente o patrimônio tombado da Estrada de Ferro Perus-Pirapora. Tal qual ocorreu no Parque do Povo, a solução encontrada para este bem cultural situado na periferia foi eliminar parte do que era o objeto de proteção legal.

A Estrada de Ferro Perus-Pirapora, em seus trechos entre as minas de calcário do município de Cajamar e a Fábrica de Cimento situada em Perus, bairro da capital, foi tombada em 1987. A demanda pelo tombamento partiu de um grupo com fortes ligações afetivas e identitárias com a ferrovia e a fábrica, tais como antigos trabalhadores, aposentados, filhos de ferroviários e operários. Trata-se de um dos raros exemplos que destoam do conjunto patrimonial, uma vez que está ligado à memória e a cultura operária que continuam, ainda hoje, mais de vinte anos após o tombamento, extremamente presentes e fortalecidas com a organização popular do Movimento pela Reapropriação da Fábrica de Cimento Perus.

Como o último exemplar remanescente no país de ferrovia com bitola estreita, de 60 cm, essa estrada de ferro foi construída nas primeiras décadas do século XX para viabilizar a produção de cimento na Fábrica de Cimento Portland Perus, transportando os trabalhadores e, principalmente, o minério de calcário extraído das lavras em Cajamar. A estrada era formada por três pontas: Pátio de Cajamar, onde o calcário era extraído; Pátio de Gato Preto, onde acontecia um primeiro nível de processamento do minério; e Fábrica de Cimento Portland de Perus, a unidade de produção de cimento que era destinado a abastecer todo o país. Além de se constituir em marco da industrialização de São Paulo e do país como uma fábrica pioneira na produção de cimento, sua importância relaciona-se também a expansão da construção civil em todo o país, alimentada pelo cimento de Perus.

Mas a fábrica e a estrada de ferro ficaram publicamente conhecidas a partir da deflagração de movimento grevista de longa duração conduzido pelo Sindicato dos Queixadas em função de não pagamento de salários, busca por direitos trabalhistas e, mais tarde, pelos efeitos da poluição sobre a saúde dos trabalhadores. Em 1987, a produção foi paralisada em função de impostos e dívidas trabalhistas, e fábrica e ferrovia foram desativadas.

É nesse contexto que estrada de ferro foi tombada. Num primeiro momento, a situação conflituosa envolvendo a fábrica e o sindicato talvez tenha desviado a atenção do órgão de preservação para a leitura do patrimônio enquanto conjunto indissociável, como um sistema fabril. Nesse sentido, apenas a linha férrea, seu material rodante e instalações foram protegidas pela Resolução SC n.5 de 19/01/1987. Em 1995, foi elaborada uma proposta de regulamentação deste tombamento que buscou resgatar esse sentido do sistema fabril representado pela fábrica, vilas operárias e ferrovia, incorporando os três Pátios e algumas de suas instalações como parte do perímetro de tombamento. Aprovada pelo Conselho em 1995, porém não editada na forma de Resolução, essa proposta acabou por ficar só no papel.

Nos anos 2000, enquanto o governo do estado elaborava os estudos para a abertura do Rodoanel em seu primeiro trecho cortando as terras dessa franja periférica, as pressões em torno do tombamento da ferrovia tiveram início. Isso porque além da linha férrea tombada, a legislação estadual de preservação previa uma área envoltória de 300 metros de cada lado de seus trechos que deveria receber regulamentação de uso e ocupação, tendo em vista proteger o chamado entorno do bem. Ou seja, tem-se aí uma vastidão de terras submetidas à legislação de patrimônio.

Desde a abertura do Rodoanel em seu trecho oeste, formou-se em Cajamar, ao longo da Rodovia Anhanguera, um corredor linear de empreendimentos ligados ao setor de logística que vem se expandindo para o sul. O Pátio de Gato Preto, contando com casas operárias singelas, trechos da linha férrea, galpões e equipamento de beneficiamento do minério, e sua respectiva área envoltória estavam, assim, no meio do caminho da consolidação desse corredor. Ao mesmo tempo, o Pátio de Cajamar encontrava-se, também, ameaçado pela reativação da atividade minerária de calcário.

O ajuste do patrimônio significou a eliminação, do perímetro do tombamento, de todas as três pontas da estrada de ferro, ou seja, os Pátios de Gato Preto, Cajamar e Fábrica de Cimento. Isso foi feito com o aproveitamento da proposta elaborada em 1995, aquela que estendia o tombamento, que foi aprovada e já dispunha de minuta de resolução elaborada. O artifício utilizado para ajustar o patrimônio foi modificar os termos dessa minuta, cortando partes significativas, principalmente na descrição do perímetro tombado. Imperceptível para quem lê o processo, já que grande parte do texto da minuta se manteve na resolução, inclusive as justificativas iniciais do estudo de 1995 que, ao final, ficam incoerentes diante do despedaçamento realizado no bem tombado.

As alterações não foram de pequena expressão, já que eliminavam os obstáculos à retomada e expansão da lavra minerária em Cajamar, possibilitavam a realização de projeto imobiliário em Perus e, principalmente, a construção do Cajamar Industrial Park, um condomínio para armazenagem industrial que, segundo sua propaganda institucional, foi "desenvolvido para atender as mais exigentes especificações de armazenagem e distribuição". O condomínio também ganhou o Prêmio Master em 2012 na categoria Empreendimento Comercial e vende o discurso da sustentabilidade.

O resultado foi conseguido a partir da edição de uma nova normativa, a Resolução SC n. 56 de 13/12/2000, que fragmentou o objeto do tombamento e com isso impossibilitou sua compreensão como bem cultural, já que doravante o tombamento teria início no Km 2 da estrada de ferro, no meio do nada, e terminaria em um ponto chamado de entroncamento, bem antes da chegada aos dois Pátios, de Cajamar e de Gato Preto. Questiona-se aqui o sentido de manter um bem tombado fragmentado em sua essência, uma ferrovia sem início nem fim, desarticulada de sua história, que foi a do trabalho e da indústria.

O ajuste do patrimônio tem produzido, nos três casos aqui estudados e, em outros mais que poderiam ser citados, bens culturais cada vez mais incompreensíveis do ponto de vista da memória que eles representaram um dia, transformando-se em meras mercadorias de uso turístico, objetos reificados com um uso "cultural" elitizado e perverso, porque implicam em expropriação de memórias dos grupos populares, de usos, formas de apropriação e fruição espontânea.

O AJUSTE E A VALORIZAÇÃO ESPACIAL: EM BUSCA DA SÍNTESE FINAL

A compreensão das questões relacionadas à preservação do patrimônio cultural tem se tornado, cada vez mais, de grande importância para a análise geográfica. Longe de constituir uma temática eminentemente circunscrita a determinados campos disciplinares, como a Arquitetura ou História, o patrimônio pede uma abordagem interdisciplinar. Na perspectiva de uma geografia urbana crítica, é preciso situá-lo no processo de produção do espaço, compreendendo seu papel como obstáculo ou como instrumento de valorização imobiliária, assim como as contradições e os conflitos que envolvem a sua proteção, seu significado social, suas formas de uso e apropriação e sua inserção como parte da história da cidade.

Os casos que foram trazidos aqui nos colocam diante de questões essenciais, em especial no âmbito da geografia urbana, da relação entre as políticas de ajuste do patrimônio e do processo de valorização do espaço urbano.

A partir do que foi apresentado, entendemos que é a situação fundiária do patrimônio, ou seja, a inserção e o papel dos terrenos onde os patrimônios se encontram em face dos momentos do processo de valorização espacial, que coloca ao Estado a necessidade de intervir em nome dos interesses privados. O ajuste como política pública de patrimônio é, assim, condição para os momentos da valorização espacial e, portanto, é também parte de políticas espaciais.

Enquanto tais terrenos encontram-se na condição de reserva de valor, momento que antecede a valorização fundiária propriamente dita, ou na chamada baixa do mercado de terras, a preservação do patrimônio e seus usos residuais não representa obstáculos reais, o que permite e garante sua permanência e a reprodução cotidiana. Mas, a partir do momento em que a produção imobiliária se torna vantajosa, uma vez que o entorno já atingiu patamares de valorização que permitam rentabilidade econômica aos empreendimentos e a garantia do lucro máximo, o patrimônio se torna um obstáculo a ser transposto pela política de ajuste. O ajuste passa pelo Estado, por meio do que Lefebvre[22] chamou de produção política; dá-se, assim, por diversos artifícios que produzem legalidade onde ela antes não existia, a garantia para o processo de valorização espacial.

No caso do Sítio Itaim e do Parque do Povo, essa virada da rentabilidade econômica que desencadeia novos processos se dá a partir da consolidação do eixo da Nova Faria Lima; durante mais de duas décadas desde 1980, o terreno do Sítio Itaim ficou sem uso, e no Parque do Povo as partidas de futebol puderam acontecer cotidianamente. No caso da Estrada de Ferro Perus-Pirapora, a virada se dá após a abertura do Rodoanel, que consolidou as principais rodovias nas franjas periféricas como eixos de corredores de logística.

Operação Urbana, implantação de infraestrutura de mobilidade, ajustes do patrimônio são, assim, produtos da ação estatista para criar as condições necessárias à valorização espacial. A compreensão das estratégias utilizadas nos ajustes do patrimônio sob a condução das instituições públicas é, portanto, tarefa necessária para uma geografia urbana que se proponha a ser crítica.

NOTAS

[1] Simone Scifoni, 2015.
[2] Ana Fani Alessandri Carlos, 2001.
[3] Henri Lefebvre, 1991.
[4] Ana Cristina Arantes Nasser e Marlene Fumagalli, 1996, pp. 25-37.
[5] Idem, p. 35.
[6] Henri Levebvre, 1977, pp. 20-65.

[7] A partir da implantação da Operação Urbana Faria Lima, nos anos 1990, que estendeu o traçado dessa avenida, o terreno ganhou face voltada para esta via. Antes da intervenção urbanística o terreno fazia frente para a rua Iguatemi, nos fundos da avenida.

[8] Condephaat, Conselho de Defesa do Patrimônio Arqueológico, Artístico e Turístico do Estado de São Paulo.

[9] Beatriz Magayar Kühl, 2008, p. 96.

[10] Condephaat. *Processo nº 20.640/78*. Levantamento métrico-arquitetônico, fotográfico da Sede do Sanatório Bela Vista, à Rua Iguatemi, n. 9, para fins de tombamento, p. 318. Grifos nossos.

[11] Idem, p. 434. Grifos nossos.

[12] Documento do Icomos, Conselho Internacional de Monumentos e Sítios.

[13] Beatriz Magayar Kühl, op. cit.

[14] Conforme estabelece a Lei Federal 3.924 de 1961, e a Portaria 7 de 1º dez. 1988.

[15] Instituto do Patrimônio Histórico e Artístico Nacional.

[16] Ana Fani Alessandri Carlos, 2001.

[17] José Sebastião Witter, "Futebol, várzea e cidade de São Paulo", em Condenphaat, *Estudo de Tombamento do Parque do Povo*. Processo n. 26.513/1988, p. 659.

[18] Odete Carvalho de Lima Seabra, *Os meandros dos rios nos meandros do poder: o processo de valorização dos rios e das várzeas do Tietê e do Pinheiros na cidade de São Paulo*, São Paulo, 1987. Tese (Doutorado em Geografia Humana) – Faculdade de Filosofia, Letras e Ciências Humanas, Universidade de São Paulo.

[19] Simone Scifoni, 2013, pp. 125-51.

[20] Sharon Zukin, 2000, p. 106.

[21] Danilo Volochko, 2011.

[22] Henri Lefebvre, 1977, pp. 20-65.

BIBLIOGRAFIA

CARLOS, Ana Fani Alessandri. *Espaço e tempo na metrópole*. São Paulo: Contexto, 2001.

CHAUÍ, Marilena. *Brasil*: mito fundador e sociedade autoritária. São Paulo: Fundação Perseu Abramo, 2013.

CONDEPHAAT. *Processo nº 20.640/78*. Levantamento métrico-arquitetônico, fotográfico da Sede do Sanatório Bela Vista, à Rua Iguatemi, n. 9, para fins de tombamento.

CORNETTI, Tatiane. Justiça barra obra ao lado de ruína histórica. *Folha de S.Paulo*. Caderno Cotidiano, São Paulo, 29 set. 2009, p. C4.

ICOMOS (Conselho Internacional de Monumentos e Sítios). *Carta de Burra*. Austrália, 1980.

KÜHL, Beatriz Magayar. *Preservação do patrimônio arquitetônico da industrialização*: problemas teóricos do restauro. São Paulo: Ateliê, 2008.

LEFEBVRE, Henri. *A vida cotidiana no mundo moderno*. São Paulo: Ática, 1991.

_____. *D'État*, tome III, Le mode de production étatique. Paris: Union Générale d'Éditions, 1977, pp. 20-65.

NASSER, Ana Cristina Arantes; FUMAGALLI, Marlene. "A opressão das equivalências: as diferenças". In: MARTINS, José de Souza (org.). *Henri Lefebvre e o retorno à dialética*. São Paulo: Hucitec, 1996, pp. 25-37.

PIERRO, Bruno. "Negócios do passado". *Revista Pesquisa Fapesp*. São Paulo, n. 206, abril de 2013, pp. 73-5.

SEABRA, Odete Carvalho de Lima. *Os meandros dos rios nos meandros do poder*: o processo de valorização dos rios e das várzeas do Tietê e do Pinheiros na cidade de São Paulo. São Paulo, 1987. Tese (Doutorado em Geografia Humana) – Faculdade de Filosofia, Letras e Ciências Humanas, Universidade de São Paulo.

SECRETARIA DE ESTADO DA CULTURA. *Resolução SC n. 5 de 19/01/1987*. Dispõe sobre o tombamento da Estrada de Ferro Perus Pirapora.

_____. *Resolução SC n. 24 de 03/06/1995*. Dispõe sobre o tombamento do Parque do Povo.

_____. *Resolução SC n. 46 de 13/05/1982*. Dispõe sobre o tombamento da sede do Sítio Itaim.

_____. *Resolução SC n. 56 de 13/12/2000*. Dispõe sobre a regulamentação do tombamento da Estrada de Ferro Perus – Pirapora.

SCIFONI, Simone. "Parque do Povo: um patrimônio do futebol de várzea em São Paulo". *Anais do Museu Paulista*, São Paulo, v. 21, n. 2, jul./dez. 2013, pp. 125-51.

_____. "Cultura e problemática urbana". In: CARLOS, Ana Fani Alessandri (org.). *Crise urbana*. São Paulo: Contexto, 2015.

VOLOCHKO, Danilo. *Novos espaços e cotidiano desigual nas periferias da metrópole*. São Paulo, 2011. Tese (Doutorado em Geografia Humana) – Faculdade de Filosofia, Letras e Ciências Humanas, Universidade de São Paulo.

WITTER, José Sebastião. "Futebol, várzea e cidade de São Paulo". In: CONDEPHAAT. *Estudo de Tombamento do Parque do Povo*. Processo n. 26.513/1988.

ZUKIN, Sharon. "Paisagens do século XXI: notas sobre a mudança social e o espaço urbano". In: ARANTES, Antônio. Augusto. (org.). *O espaço da diferença*. Campinas: Papirus, 2000, pp. 104-15.

O FIO DE ARIADNE E O DESATAR DOS NÓS DO TURISMO URBANO

Luís Severo Soares

Este capítulo é fruto de uma inquietação que se materializa na seguinte pergunta: *como definir o turismo e como situá-lo na dinâmica da produção do espaço urbano?* Para tentar responder a essa questão é necessário traçar um percurso que passe pelas discussões teóricas das obras que tratam do turismo urbano e dão por assentadas algumas afirmações que se cristalizam como "certezas", quais sejam: argumentos que defendem o turismo como um "novo" meio de acesso aos nós da economia de serviços mediada pela organização sistêmica do espaço e que o abordam como uma "nova" forma de experimentar e vivenciar o espaço singular das metrópoles pós-modernas.

Portanto, nossa pergunta se posiciona como contraponto crítico a um discurso e a uma prática que separa a análise do turismo das atuais formas e conteúdos da produção do espaço urbano. Por conseguinte, parte da compreensão do turismo como uma prática socioespacial que se realiza sem descolar-se das relações que se presenciam na constituição do espaço[1] enquanto produto/produtor de uma série de conflitos e contradições decorrentes da reprodução da sociedade.[2]

Dessa forma, nosso desafio está em situar o turismo na produção do espaço urbano, expondo-o no conjunto das contradições e dos conflitos gerados na produção do espaço. Um percurso preliminar para o entendimento do turismo como parte das práticas socioespaciais que em seu movimento mais amplo se ligam à produção do espaço da vida como uma totalidade que contraria qualquer tipo de fragmentação ou separação.

Nesse percurso – já transformado em desafio, mas não em um roteiro –, trataremos das "certezas" pronunciadas sobre o turismo no espaço urbano e problematizaremos sua posição na produção desse mesmo espaço ou, se preferirmos, no lugar onde a produção da vida entra em conflito com a produção econômica. A questão central é debater como o turismo se situa nesse processo, acreditando que a partir dessa compreensão se possa discutir como se dá a reprodução da sociedade no atual momento de seu desenvolvimento.

O CAMPO ILUMINADO/SOMBREADO: A NEGAÇÃO/ ACEITAÇÃO DO ESPAÇO URBANO "TURISTIFICADO"

O turismo impulsiona as cifras financeiras que preenchem as planilhas socio-econômicas dos munícipios que se aventuram a promovê-lo. Há muitos anos essa ideia ocupa lugar de destaque nos estudos e nos projetos de incentivo ao turismo, um corpo conceitual fortemente amparado na hegemonia dos indicadores quantitativos e na constituição de um discurso a favor do turismo que, a nosso ver, se prolonga e se solidifica como um conteúdo ideológico e prático que matiza o duplo atributo econômico e social do turismo e, ao mesmo tempo, oculta as contradições resultantes da ideologia que o qualifica.

Assim observado, o turismo tanto é uma indústria em seu sentido econômico, quanto é um sinônimo de liberdade e de acesso aos direitos historicamente conquista-dos, uma prática instaurada como desejo de recuperação e de busca de conhecimento daquilo que não pertence àquele que viaja. Um universo resultante das relações sociais mediadas pela produção capitalista e da contínua renovação das mesmas mediações as quais aparentemente se opõe. Assim analisado, o conteúdo que impulsiona o turismo parece despertar a conciliação entre a aceitação e a negação do mundo da produção econômica, um discurso que não cansa de repetir que o turismo é um dos mais im-portantes "fenômenos" econômicos e sociais do mundo contemporâneo.

Ainda que os diferentes contextos sociais, políticos e econômicos que cercam os movimentos de ascensão do turismo na sociedade moderna nos impeçam de indicar como e quando passa a ser promovido e realizado a partir dessa dupla de-signação, pode-se apontar que desde a década de 1950 o turismo já figurava como um item das pautas governamentais, dos interesses mercadológicos e dos desejos dos trabalhadores/consumidores do mundo mediado pela produção capitalista. Tal processo é intensificado quando o controle estatal é chamado à posição de controlador da ordem socioeconômica e se incumbe da tarefa de planejar e instalar o aparato necessário ao mercado de viagens e de lazer que, por sua vez, resultaria no crescimento econômico e no cumprimento dos direitos sociais, atendendo aos anseios dos visitados e dos visitantes.

Nesse caminho, os processos de organização espacial para o turismo se tornariam as "novas" peças no mapa da expansão capitalista que, de distintas formas, necessitava de novos territórios para a constituição do espaço turístico: novas maquinarias de férias ou lugares cuidadosamente desenhados para o "fazer turismo" que simultaneamente se tornavam o elemento decisivo para a expansão do capital e para a legitimação dos desejos de evasão dos turistas.

Já nos anos das décadas de 1970 e 1980, o turismo era descrito como um setor econômico que apontava para a superação do limitado horizonte da produção industrial. Intercalado aos anúncios que desaprovavam o rígido mundo da produção em massa, o turismo explodiria sem desfazer-se de seu duplo atributo econômico e social. Atentos a esse quadro, muitos estudiosos se dedicariam à análise dos efeitos gerados sobre os territórios receptivos, intensificando o debate sobre o conflitante avanço do turismo. Se por um lado, a transformação espacial comprometida com o turismo se justificava pela elevação dos indicadores socioeconômicos, por outro, o turismo era tratado como um setor econômico que transformava o espaço em uma porção territorial a ser embalada e posta na prateleira do consumo.

No final do século XX se ouviria a voz daqueles que ansiavam pelo protagonismo econômico local. Em tempos do pós-industrial, por vezes anunciado como a única alternativa para ultrapassar a crise de muitos nomes, o turismo se associaria aos projetos que desenhavam novas linhas nas desgastadas cidades industriais. Nesse cenário, a cidade passaria ao posto de oferta, sem deixar de ser o lugar da demanda e o segmento do turismo urbano emergiria entre frases faladas e escritas para alertar que as cidades eram o produto próprio de cada história, a paisagem única, a vitrine onde o múltiplo gosto se realiza no consumo da singularidade.

Nos antigos e degradados fragmentos urbanos ultrapassados pelo vigor dos novos centros, o turismo se efetivaria como um caminho para reduzir os tons do improdutivo e para reforçar a nuance do que antes era secundário na prancheta de metas dos gestores públicos, dos empreendedores e dos investidores privados.[3] Mais do que nunca, os avanços decorrentes do setor turístico se tornariam uma finalidade que envolvia o econômico, o social e o político no plano do local posicionado à espera dos interesses que o visualizassem como potencial.

Próximos a esse movimento, os estudiosos do turismo urbano explicariam a emergência desse novo segmento e, não menos importante, sugeririam soluções frente aos obstáculos que o freavam. Alinhados ao corpo teórico do planejamento e da gestão estratégica e sistêmica, alguns não esconderiam sua inclinação pelo *city marketing* e pelas políticas públicas *business-oriented,* outros, partidários da análise do turismo como uma experiência "pós-moderna", fariam acusações à excessiva mercantilização do espaço e da cultura que nele se localizasse. Nesse sentido, o cenário formado incluía inúmeras argumentações que a partir do olhar para o econômico, social e/ou político construíram parte importante do marco teórico e prático que atualmente explica a relação entre o espaço urbano e o turismo.

A CIDADE COMO NEGÓCIO

Nesse conteúdo, encontram-se as linhas interpretativas que definem as relações entre o espaço urbano e o turismo a partir de uma abordagem sistêmica, mais precisamente, do que Berg, Borg e Meer[4] denominam de "Sistema do Turismo Urbano", cujo princípio norteador é a compreensão do turismo urbano como o resultado da interação entre diferentes variáveis que, dentre outras, incluem o comportamento espacial do turista, as ações políticas locais de promoção do turismo, a existência de recursos, atrativos e atividades empresariais turísticas no local. Variáveis que se correlacionam às medidas de organização espacial e às estratégias comunicacionais necessárias à promoção do "atrativo do turismo urbano", ou, como propõe Butler, em uma perspectiva mais ampla, à evolução do "ciclo de vida dos destinos turísticos".[5]

No sistema proposto por tais autores, o espaço urbano é tanto a localização da atividade e do produto da oferta turística como a matéria-prima que depende da planificação espacial e da formatação de "qualidades" para projetar-se no ciclo econômico e dele extrair os benefícios para aqueles que nesse mesmo espaço vivem. No espaço da cidade localizam-se o negócio e a prática do turismo, nele se encontra o suporte e se organiza o conjunto de diferenciais necessários à promoção do turismo e do consequente desenvolvimento socioeconômico local. Um olhar direcionado ao conjunto de espaços convertidos em atrações, paisagens e "qualidades" que são decisivas para a efetivação do turismo no espaço urbano.

Para os mesmos, à semelhança de Pearce,[6] o planejamento e a gestão do turismo urbano na escala municipal devem ser amparados por uma visão sistêmica, que associe o incentivo ao turismo a um meio de recuperação e otimização de áreas capazes de promover a cidade enquanto produto atrativo e competitivo. Portanto, a cidade está no lado direito da equação, como oferta, e, ao mesmo tempo, no lado esquerdo, como demanda, pois também recebe os benefícios do turismo.

Isso sugere que o espaço urbano é um sistema que circunscreve, simultaneamente, as dimensões que dão forma e conteúdo ao produto turístico e as interações decorrentes dos movimentos de sua valorização enquanto produto. Logo, segundo essa abordagem, a organização do espaço urbano deve ser capaz de atrair e integrar novos consumidores e investidores para os espaços criados ou recriados no interior da cidade, comprometendo-se com a constituição da especificidade do produto turístico urbano e da personalidade da cidade. Quanto maior for a capacidade do turismo desenvolver-se e gerar resultados positivos, maior será a capacidade das cidades se constituírem como um produto atrativo e como um meio para o crescimento do setor produtivo do turismo e para a ampliação do consumo do/no espaço, o que faz da ação política e dos projetos de revitalização espacial, uma peça chave no processo.

Direção semelhante é apontada por Vera Rebollo e Monfort Mir[7] ao destacarem que o planejamento espacial deve ser acompanhado por um processo de gestão que objetive a transformação equilibrada de vantagens comparativas, determinadas

|230|

pelo aproveitamento intensivo dos recursos turísticos, em vantagens competitivas, pautadas no uso racional do espaço e na constituição de uma oferta flexível. Para os autores, o espaço urbano é, simultaneamente, um argumento da oferta e um ponto de partida para a correção de desequilíbrios sociais e espaciais presenciados no meio onde o turismo se realiza.

Ao elucidar os desequilíbrios gerados pelos processos de ordenação do espaço para o desenvolvimento do turismo na cidade, como novamente sugerem Vera Rebollo Monfort Mir, se encontrará o conjunto de situações que dificultam o desenvolvimento socioeconômico e turístico do local e se poderá "equilibrar" a relação entre o espaço e o turismo a partir da leitura da oferta e não do objetivo único de atrair a demanda. Embora sutil, em tal abordagem reside uma espécie de autodefesa discursiva, nessa análise coexiste a valorização racional da ideia de que a ordenação do espaço urbano é uma ferramenta imprescindível para o desenvolvimento local[8] que depende da constituição de ações político-administrativas participativas que contemplem os projetos de organização espacial e as políticas setoriais de desenvolvimento econômico do turismo como forma de reduzir os problemas sociais que afligem seus moradores.

A nosso ver, parte importante de tais análises deriva da apreciação crítica à turistificação,[9] fundamentalmente, à ordenação espacial voltada para a promoção do turismo que deflagra uma série de conflitos entre os "diferentes tipos de territorialidade" coexistentes nos espaços em que o turismo é realizado. Nas palavras de Knafou,[10] cuja análise está centrada no comportamento do turista no espaço do outro, a turistificação é resultado dos confrontos entre a "territorialidade sedentária" dos que vivem no local turístico e a "territorialidade nômade" dos que se apropriam, mesmo que de modo esquivante, dos territórios que visitam.

Tratada além desses limites, os efeitos nocivos da turistificação se tornaram a justificativa mais segura entre os que defendem o turismo urbano como um segmento capaz de equilibrar os impactos negativos no receptivo. Se por um lado, os interesses comprometidos com a "territorialidade nômade" parecem capazes de degradar a "essência" do espaço urbano, por outro, o próprio espaço urbano se constitui como um importante meio para a valorização da "territorialidade sedentária", contraditoriamente, o produto diferencial para o negócio turístico.

Assim compreendida, a turistificação do espaço e as ações de "requalificação urbana" que em muitos casos a explicitam, se tornam o elemento central das "certezas" tecidas para resolver os problemas presenciados na organização do espaço urbano para o turismo. Logo, o desafio é obter os benefícios econômicos sem afetar a "alma" de cada local ou sem submeter-se à "colonização" imposta pelos grupos empresariais que ocupam e comercializam o espaço desde fora. A equação é relativamente simples. De um lado, a oferta – a cidade e sua multiplicidade potencial –, de outro, a demanda – o anseio de liberdade dos que visitam, o meio de ascensão socioeconômica para os que são visitados e a valorização da própria cidade que se oferece como produto e meio aos investimentos que igualmente demandam um retorno. Portanto, não se pode privilegiar a demanda, mas tampouco se pode negligenciar o potencial econômico do turismo urbano, que se alimenta da particularidade do espaço.

Dessa maneira, o conflito entre os "diferentes tipos de territorialidade" pode ser resolvido quando o ato de planejar o turismo se guie pelo conhecimento das singularidades que caracterizam o espaço urbano e pela tentativa de creditar autonomia ao turista/consumidor que está no lugar do visitado, sem separá-lo em lugares turísticos que racionalmente lhe negam a experiência turística urbana.[11] Segundo essa interpretação, o desafio é captar as formas de espacialização do turismo nas cidades, "nas quais as atividades turísticas estão imiscuídas à dinâmica urbana *per se* e a todas as suas atividades (comércio, indústria, transportes, sociabilidades etc.)".[12]

Tal desafio integra-se à perspectiva de que a organização do espaço urbano para o turismo está mediada por uma lógica produtiva ultrapassada que ameaça a realidade múltipla e particular de cada local. Em outras palavras, a "singularidade da cidade", a "territorialidade sedentária" ou o "atrativo do turismo urbano" são partes de um mesmo trajeto que por diferentes vias, momentos e contextos conduziriam à superação da lógica da produção que cria espaços turísticos voltados para o consumo que, por sua própria voracidade, degradam os elementos físicos, culturais, históricos etc. dos quais o turismo depende.

Sem desprender-se dos argumentos antes destacados, a leitura de Turégano[13] parece esclarecer e sintetizar os procedimentos necessários para o alcance dessa meta. Partindo da visão de que o turismo urbano não deve ser moldado por um ou outro modelo de planificação urbanística e de promoção econômica, mas sim pelas distintas alternativas de incremento da produtividade gerada em um território. Nesse sentido, a turistificação não é necessariamente um sinônimo de destruição do espaço do outro ou de submissão aos desejos da produção econômica, mas sim, um processo de ampliação da produtividade no/pelo espaço de realização do turismo.

A sequência das ideias reforça tal leitura. Exemplo disso é a constante crítica à elaboração de espaços turísticos estandardizados e distantes da totalidade da dinâmica social que lhes concede o adjetivo de ser diferencial. Dentre muitas, as palavras de Judd[14] merecem destaque, sobretudo as que tratam das "bolhas turísticas". Partindo da crítica ao que denomina literatura pós-estruturalista, cujo referencial posiciona a cidade como um nó da teia internacional do capital e do comércio de imagens, o autor aponta para os perigosos processos de mercantilização dos espaços urbanos planificados para o consumo turístico, que aprisionam e transformam o turista em um espectador que se move entre o físico e o imaginário, que mescla as experiências e o consumo de frações do lugar.

Embora tais argumentações possam sugerir o distanciamento da constante formulação do produto turístico urbano, derivado das teorias sistêmicas antes mencionadas, deve-se notar que a posição de Judd se volta para a mudança na forma de organização do espaço. Se por um lado o autor nega a planificação que converte a cidade em um mosaico de espaços fraturados, por outro, aceita o híbrido como adjetivo para qualificar a cidade e abri-la à realização da experiência e dos desejos da demanda.

Nesse aspecto, as abordagens aqui citadas parecem ligadas por um mesmo *fio de Ariadne* que as guia entre os muros rígido-flexíveis do labirinto das contraditórias relações entre o espaço urbano e o turismo que, em um horizonte ampliado, integram as vinculações igualmente antagônicas entre o global e o local; entre o desejo nômade e os valores sedentários, ou ainda, entre as aproximações e distanciamentos da equação oferta-demanda. A ponta final do novelo, ou se preferirmos, a hipótese que provoca o movimento de tais análises, é a "certeza" de que para os problemas observados na organização do espaço urbano para o turismo existem respostas capazes de aperfeiçoar e continuar o sistema. Em qualquer medida, a ferramenta necessária para o alcance de tais objetivos é o planejamento e a gestão do espaço "apropriado" pelo turismo.

Assim, as contradições que se instauram a partir da promoção e da realização do turismo no espaço urbano aparecem como efeitos do planejamento do próprio turismo no urbano, quando muito, da própria organização espacial que prepara a cidade para o turismo. Um par relacional que aparece isolado dos movimentos que integram a produção do espaço e a reprodução da sociedade. Entre os fios que forma o novelo das "certezas", o problema a ser resolvido é o mercado desregulado, a suplantação dos interesses locais, o planejamento imediatista, a incompreensão do turismo e do espaço urbano etc. Isto é, a reafirmação da expectativa de que o desenvolvimento socioeconômico decorrente da promoção do turismo se constitua como o momento de superação dos problemas decorrentes da organização desumanizada do espaço e da sociedade.

Desse movimento se pode extrair uma hipótese intermediária para alicerçar e prosseguir com a discussão aqui proposta, a saber: os fios que tecem a defesa a experiência turística e os fios que dão corpo ao sistema do turismo urbano são partes de um mesmo novelo. Orgulhosos por apontarem a "essência" da cidade e do urbano que explode em subsistemas, imaginários e aventuras pitorescas, muitos parecem não enxergar que suas soluções e suas críticas repõem o turismo e o espaço à contínua condição relacional que, a nosso ver, não capta mais do que os nexos de causa e efeito do turismo/espaço urbano ou do espaço/turismo urbano.

É justamente nesse ponto que nos encontramos com as "certezas" do campo iluminado/sombreado do turismo urbano, do campo que gera a negação/aceitação do espaço urbano "turistificado" com movimentos que reposicionam os vetores da organização espacial e da produção econômica. Nesse campo, descobrem-se os limites das "certezas" que não vão além da visão que enxerga a cidade em um negócio turístico, seja

A PRODUÇÃO DO ESPAÇO URBANO
E AS SOMBRAS DO CAMPO ILUMINADO

Antes de lidarmos diretamente com a pergunta que acompanha nossa discussão, é preciso tratar do processo que, a nosso ver, constitui o traço delimitador da sombra que se projeta sem ser vista no campo iluminado. O "não visto" pelo olhar que analisa a organização do espaço urbano para o turismo, o outro do pensamento e da ação que nesse momento se afasta do campo iluminado e tenta situar o turismo na produção do espaço urbano.

O ponto inicial para a realização deste trecho do percurso é a compreensão da noção de produção aqui empregada, isto é, a noção de produção que se configura a partir de um duplo caráter: o da produção da vida e o da produção econômica. Sem se descolarem, esses movimentos configuram e relacionam a produção do homem enquanto ser genérico e a produção das mercadorias que, em conjunto, nos colocam diante da produção de ideologias, valores, formas de viver, e ainda, como destaca Lefebvre ao referir-se ao conceito de produção apresentado por Marx e Engels nos Manuscritos de 1844, "de ilusões e de verdades".[15]

Embora a reconheçamos, não vamos oferecer aqui uma interpretação detalhada sobre o conceito de produção que conforma a imprescindível contribuição do pensamento de Marx, no entanto, é possível nos orientarmos pelo sentido que a noção de produção, por ele compreendida e analisada, nos fornece: a verificação de que a produção não resulta dos indivíduos que agem isoladamente, mas sim dos indivíduos produzindo em sociedade, ou seja, a noção de produção também envolve as relações sociais constituídas no tempo e no espaço de sua existência.

Nesse processo, a produção das relações sociais se desdobra e se realiza como reprodução das relações sociais – a reprodução de um modo de vida[16]– aí contidas as relações de produção características do modo de produção capitalista. Quando assumida em seu sentido amplo, essa noção nos coloca diante da consideração de que o modo de produção capitalista se realiza/continua como reprodução do conjunto de relações de produção que não pode ser apartado do conjunto de relações sociais que o integram e renovam no plano da vida. Como menciona Lefebvre:

> O conceito da reprodução das relações de produção restitui ao conceito de "produção" um conteúdo definido, um referencial prático. [Nos] permite compreender a perda de sentido e de identidade no tocante ao conceito de "produção" e talvez também a alguns outros conceitos e termos: trabalho, desejo, prática etc.[17]

Nesse sentido, a reprodução das relações de produção matiza que o desenvolvimento das forças produtivas não se institui sem a reprodução das relações de produção, o que modifica a perspectiva de análise da sociedade como um todo, pois posiciona a interpretação da realidade no conjunto de movimentos cíclicos e lineares que produzem/reproduzem as práticas e os conteúdos constituintes da sociedade. Desse modo, modifica a perspectiva do olhar que tenta compreender a realidade do tempo presente que promete uma "nova sociedade" sem transformar as relações de produção e põe ponto final, dentre outras questões, "nas declarações prospectivas sobre a harmonização eventual dos elementos da sociedade, sobre os seus equilíbrios estruturais".[18]

Como um fio condutor, esse conceito nos permite analisar a realidade de nosso tempo sem nos condicionarmos à tentativa de atribuí-lo como contraprova a qualquer tipo de harmonização entre os elementos que colidem e coalizam na constituição da sociedade. Sua descoberta é a recusa ao equilíbrio estrutural da sociedade e a oposição à descrição da totalidade pela indicação dos processos parcelares que se apresentam em uma mesma realidade. Em nosso caso, trata-se da oposição às correlações elaboradas para descrever as relações de causa e efeito entre o turismo e o espaço urbano sem ligá-las aos movimentos que lhes são constitutivos. Seria esse o caso do conhecimento e da prática posicionados no campo iluminado/sombreado?

Essa pergunta permanece em nosso horizonte e requer uma discussão sobre a produção do espaço: do universo de ações e realizações humanas que objetivamente se concretizam e constituem um espaço configurado como lugar da existência humana e como representação de sua identidade e de sua ação histórica. Portanto, no plano da produção do espaço urbano, o sentido amplo assumido pela noção de produção ultrapassa o nível da produção física de um lugar, bem como extrapola sua leitura como o palco de realização do homem e da economia. Sem deixar de lado tais condições, a produção do espaço é também a produção das relações sociais, da vida, da história etc. Nelas, constituem-se os conteúdos da prática socioespacial, a totalidade das ações e das mediações que produzem/reproduzem as relações sociais e as contradições entre o uso e troca no/do espaço da vida, entre a obra e o produto, respectivamente, as criações humanas e as criações materiais e simbólicas repetitivas.

> Essa perspectiva torna imperativa a análise do processo de reprodução, cuja noção envolve a produção e suas relações mais amplas, ligando-se às relações que ocorrem no lugar do morar, nas horas de lazer, na vida privada, guardando o sentido do dinamismo das relações sociais entre necessidades e desejos. Engloba também, as ações que fogem ao ou se rebelam contra o "poder estabelecido", a sociedade de classes constituindo-se num universo imbricado de situações que não pode deixar de contemplar a dialética entre necessidades/aspirações/desejos, os quais se encontram latentes na vida cotidiana.[19]

A CIDADE COMO NEGÓCIO

Por consequência, a produção do espaço também se realiza e se desdobra como reprodução do espaço urbano na cidade sem deixar de compor o movimento de reprodução da sociedade e, de igual modo, expõe os processos pelos quais o cotidiano, a história e as representações da cidade se integram ao processo de reprodução do espaço urbano marcado pela ideologia da produção capitalista. A partir desse horizonte, a dinâmica da produção do espaço urbano nos permite situar a cidade no processo em que os movimentos de acumulação do capital passam a se realizar na/pela reprodução do espaço urbano, movimentos estes que incluem o turismo.

Tomada pelo andamento de nosso pensamento, essa perspectiva nos permite questionar a posição assumida pelo turismo na dinâmica da produção do espaço urbano que, em um movimento mais amplo, se integra à reprodução das relações de produção conduzidas pela lógica capitalista. Frente a isso, é essencial entendermos que ao referir-nos à produção do espaço urbano apontamos para o conjunto que engloba e posiciona o turismo como uma ação e como um negócio que produz/reproduz as relações de produção características do capitalismo: o trabalho, o lazer, o consumo etc. Portanto, essa concepção está além da defesa da organização sistêmica do turismo urbano, da crítica ao condicionamento do consumo nos espaços fraturados ou da simples crítica à presença das forças produtivas que agem no espaço e no turismo, pois se estabelece na reprodução da sociedade e nas contradições que dela derivam.

Logo, esse itinerário não se sustenta na defesa de qualquer modelo que se oponha aos argumentos que ecoam no terreno iluminado/sombreado da turistificação, mas sim na verificação de que a realidade vivida pelo homem reflete uma contradição central: o conflito entre o capital e a vida. Nesse sentido, o espaço urbano passa a ser visto como "produto de contradições emergentes do conflito entre as necessidades da reprodução do capital e as necessidades da sociedade como um todo"[20] e não como o lugar onde essas contradições acontecem revelando as "lacunas" e as "soluções" que as preenchem. Se nos orientássemos por este último caminho, nos manteríamos limitados à análise da organização do espaço urbano para o turismo e ocultaríamos os movimentos que nos parecem centrais para situar o turismo na produção do espaço urbano.

Antes de apresentá-los, é importante enfatizar que o percurso, que ora realizamos, decorre da compreensão de que, no atual estágio da sociedade, o espaço urbano é mais que o lugar da realização do turismo ou da reordenação espacial necessária ao setor produtivo do turismo. Nosso olhar se direciona ao momento em que "a produção do espaço se realiza num outro patamar, que é o do espaço como momento significativo e preferencial da realização do capital financeiro".[21] Nesse cenário, a busca pela realização do capital faz do espaço um produto e um meio para a expansão das forças produtivas, no caso do turismo, da venda e da valorização de parcelas de espaço ou de negócios instalados na cidade que dependem da planificação de novos espaços para o consumo turístico. Assim, o capital encontra na reprodução do espaço urbano

|236|

a condição para realizar-se. Em outras palavras, consideramos que a promoção e a realização do turismo no espaço urbano se aproximam aos movimentos de produção e de reprodução do espaço urbano constituídos como condição a acumulação capitalista, isto é, a constituição da própria cidade como negócio que, dentre outros, é "turístico".

A partir desse breve esclarecimento, podemos expor os movimentos que nos permitem situar o turismo na produção do espaço urbano:[22] a reprodução do espaço urbano a partir da expansão do turismo enquanto valorização da centralidade do espaço urbano para a realização do capital, com destaque para os segmentos de negócios, de eventos, de compras etc., bem como a valorização do turismo como argumento para a reprodução do espaço urbano que se coloca como condição para a continuidade da acumulação capitalista.

O primeiro movimento está associado à estreita relação entre o capital financeiro, a indústria da construção civil e as estratégias governamentais locais de planificação espacial, às quais o turismo se integra como justificativa para a instalação de equipamentos e de empreendimentos vinculados à expansão do turismo de negócios, de eventos e de compras, a exemplo das áreas que recebem grandes empreendimentos imobiliários para usos comerciais, hoteleiros, de eventos etc.[23] Nesse panorama, a necessidade de valorização dos negócios turísticos já instalados na cidade e o posicionamento da própria cidade como um negócio (inclusive turístico) se torna a justificativa para a "requalificação" ou simplesmente para a "qualificação" de áreas que possam receber as distintas demandas do turismo. Assim, a cidade deve ser conduzida e organizada para a expansão do turismo e para a valorização dos investimentos realizados na construção de empreendimentos imobiliários (centros comerciais, hoteleiros, de eventos etc.). Consequentemente, a cidade deve abrir-se ao processo de reprodução do espaço que a qualificará para o turismo proporcionalmente ao número de negócios que a própria cidade possa gerar, abrigar e promover.

Esse processo aponta para a "construção de novas formas territoriais vinculadas ao processo de transformação produtiva [...], via de regra, fundada na transição da economia industrial para a terciária".[24] Tais ações estão integradas à dinâmica que enfatiza a constante ideia de que o terciário representa o avanço socioeconômico, associando-o a novos espaços, às recém-criadas estéticas arquitetônicas, às modernas formas de "mobilidade" urbana etc., ao lado dessas ações de inovação produtiva do/no espaço urbano:

> [...] os hotéis de capital estrangeiro, shopping-centers, centro de convenções, bares, restaurantes e casas de show produzem o cenário da atualidade em nítida contradição com os espaços residenciais e industriais apontando os lugares de integração ao sistema hegemônico internacional e reforçando o papel da metrópole como nó de uma rede numa hierarquia espacial altamente excludente, com a desconcentração do processo produtivo e o aprofundamento da centralização do capital no centro da metrópole.[25]

A CIDADE COMO NEGÓCIO

Ao evidenciar essa dinâmica, compreendemos que o turismo está interligado a uma dimensão maior, que inclui a reprodução do espaço como condição para a acumulação capitalista. No entanto, é preciso estar atento, pois tal reprodução não é uma simples repetição, isto é, não se trata da mera leitura de como o capital se "apropria", reordena e se expande no espaço da cidade suplantando os interesses dos que nele vivem. A dinâmica aqui apontada inclui a reprodução do espaço urbano como movimento necessário a acumulação capitalista, ou seja, uma reprodução que envolve a criação de novas relações decorrentes da própria concentração do capital na cidade (a centralidade dos negócios, da informação e do poder, bem como, do turismo gerado para manter e expandir essa centralidade) e a manutenção das relações sociais de produção e de propriedade necessárias ao desenvolvimento das forças produtivas (ou, vulgarmente, o crescimento econômico).

É nesse momento que nos deparamos com um segundo movimento: aquele que planeja a valorização simbólica de diferentes espaços da cidade,[26] integrando-os ao processo de acumulação do capital a partir de táticas de comunicação e promoção culturais características da cidade-empreendimento pós-moderna que negocia a si como "um produto inédito" e que não se vende "se não se fizer acompanhar por uma adequada política de *image-making*".[27] Nesse caso, a cidade se promove e se ajusta como um produto moldado por sua própria particularidade histórica, social e cultural, e assim, oferece seu conteúdo, sua forma, sua identidade etc. como um caminho para a reinserção do capital, que, conjuntamente, faz da produção do espaço um momento para a sua expansão e valorização.

Ademais, não podemos nos esquecer de que a produção do espaço urbano está diretamente presente nos planos políticos que objetivam a constituição de fragmentos de espaço que, ao mesmo tempo, atraiam novas demandas e valorizem os investimentos financeiros realizados na construção e comercialização de equipamentos hoteleiros, centros comerciais e de eventos já instalados na cidade. Dessa forma, validam a requalificação urbana necessária a expansão do turismo como um passo para a acumulação do capital, que tendencialmente se realizará com os negócios imobiliários que conjugam a atuação do capital financeiro, da indústria da construção civil e da administração local.

No caso de São Paulo, esse processo pode ser ilustrado a partir da leitura da atual dinâmica de produção e reprodução do espaço urbano promovida no centro "antigo" da capital paulista, mais especificamente na região Luz-Tiradentes,[28] que, conforme as propostas tecidas pela SPTURIS, possui uma "potencial" vocação turística, sendo, portanto, passível de ser inserida "competitivamente no cenário turístico da cidade".[29] Uma tentativa que conjuga a recuperação do espaço urbano "desvalorizado" com a oportunidade de atrair e gerar novas dinâmicas econômicas e sociais para a cidade.

|238|

Assim, o turismo enquanto atividade produtiva não representa o momento exato e completo de realização da acumulação, mas sim a "ponta de lança" de um processo que se inicia com o argumento de que a promoção da experiência sociocultural é necessária à recuperação da cidade enquanto lugar da história, da identidade, do patrimônio coletivo etc. A etapa inicial apelaria, ainda, aos potenciais desdobramentos socioeconômicos do turismo, sobretudo, a criação e a valorização dos negócios turísticos para os investidores e a geração de novos postos de trabalho para a população. Por fim, o processo culminaria na constituição de uma "nova" Luz que, por meio de ondas de planificação urbana seria devidamente integrada aos novos ciclos de produção e de valorização do espaço para a realização e ampliação do capital. O momento em que a cidade se torna um produto em si (que também é "turístico"), um meio necessário para a reprodução das relações de produção e das forças produtivas (que também são "turísticas") e uma condição necessária para a continuidade da acumulação capitalista.

Acreditamos que esse processo se prolonga no condicionamento do uso que o turismo suscita, convertendo-o como um elemento necessário à ampliação da troca. Essa condição é parcialmente esclarecida quando nos lembramos da dupla qualidade econômica e social do turismo, conforme se destacou na abertura do tópico inicial deste capítulo. Nesse aspecto, a produção do espaço para a promoção e realização do turismo não se separa da tensão que se estabelece entre o uso, a apropriação do espaço da vida etc. e a troca, a valorização, a comercialização e o consumo do/no espaço urbano.

Essa condição sugere que o turismo não se efetiva como oposição à troca, como preconizam os críticos da turistificação promovida pelo mercado que privilegia o lucro. Entretanto, no atual momento, o turismo apenas se vale das possibilidades do uso no/do espaço urbano para se descrever como uma prática socioespacial. Sua aparência e seu conceito aparecem como símbolos que remetem à valorização do uso, mas este mesmo uso não deixa de ser um elemento conduzido para a valorização da troca, reiterando à lógica que pretende negar, a saber: a lógica da produção econômica que se coloca sobre a produção da vida.

Frente a isso, a noção de planejamento e gestão do espaço enquanto categoria descritiva da ordenação espacial para o turismo – a negação/aceitação da turistificação pelo discurso da organização sistêmica e da experiência pós-moderna – e a noção de produção do espaço instituída sob o duplo caráter da produção e sob a noção de reprodução das relações de produção se diferenciam, se distanciam e matizam a obliqua crítica elaborada por aqueles que insistem na análise relacional do espaço urbano/turismo.

Tal distinção se dá tanto no plano teórico – a perspectiva do olhar que segue o método em busca de "certezas" – quanto no plano prático – a concretização de intervenções que se enquadram no movimento negação/aceitação da turistificação. Em outras palavras, a noção de produção do espaço urbano se coloca como ponto de partida para a identificação do processo de constituição do espaço urbano como atributo imprescindível à valorização do capital, que, para/ao realizar-se, se choca com a produção do espaço da vida.

A REAPROXIMAÇÃO AO CAMPO ILUMINADO/SOMBREADO E AS PALAVRAS PARA RETOMAR O PERCURSO

Após exposição dos movimentos que posicionam o turismo na produção do espaço urbano e o consequente delineamento das sombras do campo iluminado, é preciso que nos reaproximemos das "certezas" que iluminam a relação espaço urbano/turismo. As "certezas" das palavras e das ações que anunciam a existência de um espaço turístico formado pela oferta de elementos do espaço urbano em toda sua extensão.

Esse andamento se dá tanto pelas ideias estruturantes da abordagem sistêmica do turismo urbano, como pelo discurso pós-moderno da experiência turística. Desse modo, unem os que defendem as potencialidades socioeconômicas do turismo, as ferramentas de atração de investimentos ou de inclusão social e os que os criticam os problemas da segregação espacial e social, decorrentes da criação de "bolhas turísticas", da mercantilização da cultura etc. A despeito dos confrontos conceituais estabelecidos no interior dessas análises, entende-se que seus argumentos compartilham a ideia do espaço urbano como lugar a ser organizado para que o turismo possa prover seus efeitos positivos. Desse modo, reposicionam o turismo, seja ele um sistema ou uma experiência, ao conjunto de contradições decorrentes da turistificação que negam/aceitam (o ponto de resolução, segundo seu discurso). Por consequência, não dispõem o turismo urbano como uma peça-chave para compreender a produção do espaço urbano como condição para a acumulação capitalista e deixam de olhar para o conteúdo da sombra, quando não, para a própria sombra que deriva da luz de suas "certezas".

Se há uma diferença entre os defensores do "sistêmico" e do "pós-moderno" é a de que para os primeiros o negócio turístico é uma das causas que justificam a promoção do turismo no espaço urbano, já para os últimos os efeitos positivos derivados do crescimento dos negócios turísticos são, dentre outras, consequências da realização da prática sociocultural do turismo no espaço urbano. No entanto, em ambos os casos, os fundamentos centrais de suas proposições derivam do conteúdo que relaciona o espaço e o turismo como pares direcionados à reprodução das relações de produção. Desse modo, ambos mantêm suas análises condicionadas ao mesmo arcabouço conceitual e prático que posiciona a cidade como um negócio: o momento em que o turismo justifica e amplia o movimento de reprodução espacial no interior da cidade em função das novas possibilidades/necessidades de realização da acumulação.

Nesse sentido, é possível identificar uma série de argumentos que unem as linhas teóricas citadas, dentre os quais, o discurso e a ideologia do planejamento e de sua gama de variações merece destaque. Em tais obras se dá a constante indicação dessa ferramenta, seja como uma solução racional para as cidades que adentrarão na competição das economias globais, seja como um antídoto aos efeitos negativos do avanço da competição que solapa as particularidades de cada local. O questionamento promovido em tais obras sugere que a falta de um processo de organização espacial gera a descaracterização dos conteúdos que o diferenciam a cidade e destituem o trunfo competitivo que alicerça os benefícios do turismo urbano. No limite da análise aqui proposta, tal crítica é apenas um alerta para a perda do potencial do "produto turístico urbano" e, desde sua problematização, o turismo aparece separado dos movimentos que lhe dão conteúdo enquanto prática correlata as atuais formas de produção do espaço urbano.

Nesse processo, a produção do espaço urbano se torna sombra e o turismo passa a ser o alvo de uma suposta crítica que coloca a cidade como um produto turístico único, como um meio para a valorização do próprio produto e dos negócios turísticos e como uma condição para a reprodução do capital. Assim descrita, a crítica se esfumaça em um corpo único, ainda que pareça contraditório, a unidade desse corpo é uma estrutura composta por argumentos parciais que intercalam a multiplicidade efêmera e efervescente da cidade pós-moderna à sistematização dos elementos do espaço urbano, que constitui sua particularidade-mercadoria. Sob esse olhar iluminado, o espaço é o resultado a ser comercializado, anexado às ordens e aos valores que renovam as relações de produção e de propriedade, bem como, a condição para a continuidade da produção econômica, mas não para qualquer outra produção que possa transpô-la.

Essa breve reflexão nos permite considerar que à crítica a turistificação não se opõe aos atuais movimentos de produção do espaço urbano como condição para a reprodução da lógica capitalista. Inserido nesse processo, o turismo urbano é uma peça para a constituição de uma relação positiva entre a produção do espaço e a acumulação do capital. Desse modo, entendemos que o *discurso do turismo urbano* é a falsa crítica à lógica e à prática da produção econômica, na medida em que posiciona a "experiência turística na totalidade urbana" como um negócio que não se separa dos modos de produção que justificam a necessidade de promoção do turismo no espaço urbano, reproduzindo-o como condição para a acumulação do capital.

A partir dessas considerações, podemos retomar a pergunta que se impõe: *como definir o turismo e como situá-lo na dinâmica de produção do espaço urbano?* O turismo continua a ser uma prática que conserva a potencial capacidade de promover o encontro com o outro e com seu espaço, do plano da vida e do devir do homem enquanto produtor de sua realidade. No entanto, essa possibilidade se torna residual na realidade conduzida pelos movimentos que colocam a reprodução do espaço como condição para a renovação dos ciclos de acumulação no interior da cidade. Objetivamente, o turismo é um elemento do processo de reprodução conduzido pelos projetos governamentais que "preparam" a cidade para o consumo da experiência urbana e para a instalação e/ou valorização dos negócios que a ela se associam, comprovando sua dupla qualidade econômica e social.

Frente a isso, cabe perguntar: o turismo pode ser mais que um elemento da reprodução do espaço urbano? Sim, no entanto, no momento atual, o turismo é um novo negócio para as cidades que querem vender a "experiência" que atrai e valoriza os negócios que sua centralidade pode gerar. Seja como experiência sociocultural ou como consumo turístico promovido e vivenciado diante das vitrines do espaço sistêmico da cidade, o turismo é um dos movimentos da reprodução das relações de produção que potencializa a produção do espaço como condição de realização do capital. Uma dinâmica que oculta e aprofunda a segregação social e espacial, a fragmentação da prática humana e a contradição entre a produção do espaço da vida e a apropriação privada do espaço. É a continuidade não linear sem a inserção do possível, uma (re) projeção da luz que adquire tons distintos daquela que outrora iluminou nossa esperança industrial derivada da mesma fonte produtora.

Se nos fosse possível optar por uma metáfora para descrever o momento que incomoda e inspira nosso pensar – o momento de inquietude que motivou nosso percurso sobre a posição do turismo na produção do espaço urbano, mais detidamente da cidade como negócio –, a imagem de um campo de girassóis volteados para uma mesma luz parece válida. Provavelmente, a cena de vários girassóis iluminados por uma luz que não lhes permite enxergar seja mais instigante: eles estão cegados pela intensidade de uma "certeza"? Suas palavras e ações são cegantes na medida em que legitimam os focos e direções de uma luz que propaga novas cores em meio a outras que são contínuas? Se assim for, nessa imagem sequer existirá a sombra; se muito, ela será um contorno que sem qualquer conteúdo escapa à clareza da luz que a gera.

Mesmo que alguns a reconheçam, outros dirão que a sombra é insignificante e só existe em decorrência da ausência de nitidez, quando muito, a reposição da ultrapassada crítica que se debate entre suas próprias utopias. Portanto, entre as "certezas" não há contradições, além daquelas que a própria luz ilumina e define como "ameaças". Assim, não se trata de usar uma metáfora para sugerir a substituição da fonte de luz, é preciso ir além e traçar um caminho que se valha da consideração de que a luz – seja ela qual for – produz sombras e, ao mesmo tempo, possibilidades para o olhar que, sem desviar-se do campo iluminado, se crê capaz de transcendê-lo. Isto é, não tratamos dos efeitos sobre o lugar ou da organização do espaço para o turismo, mas sim do confronto entre os objetivos da acumulação do capital e as possibilidades de produção da vida.

A metáfora que nos guia não se constitui como recusa idealizada, não nos guiamos pelo *fio de Ariadne* e pela expectativa de sair do labirinto, buscamos situar o turismo na produção/reprodução do próprio terreno iluminado/sombreado no qual os girassóis agem e reagem. Lugar desde onde se materializam os olhares que seguem a luz e os olhares que tateiam o escuro insignificante dado como sombra. Se assim for, ao situarmos o turismo na produção do espaço não só poderemos entendê-lo, mas também poderemos iluminá-lo para reconhecê-lo como parte da análise da *problemática urbana*.[30] Um caminho capaz de explicitar os conteúdos que apontam para a reprodução da sociedade no atual momento.

Assim, buscamos a indicação de um movimento que ultrapasse a lógica produtora dos efeitos apontados/solucionados pelas "certezas" que querem explicitar o turismo urbano. Objetivamente, ainda há um longo percurso a cumprir, pois o que parece ser a solução – o ato de sair do labirinto guiado pelo *fio de Ariadne* – é o nó do novelo, o ponto de partida da discussão: a produção do espaço enquanto realidade conduzida pelos interesses do capital ou, se preferirmos, a constituição da cidade como negócio, sem que isso signifique que nessa realidade encontremos o seu fim.

NOTAS

[1] Henri Lefebvre, *A revolução urbana*, Belo Horizonte, Ed. UFMG, 1999b.

[2] Ana Fani Alissandri Carlos, *A (re)produção do espaço urbano*, São Paulo, EDUSP, 2008, p. 201.

[3] Aqui nos referimos à posição assumida por diversos municípios que elaboraram projetos e planos de incentivo ao turismo urbano associando-o a uma série de intervenções que objetivam a recuperação espacial de áreas da cidade para sua posterior reinserção no circuito econômico. Dentre os inúmeros casos, destaca-se as intervenções promovidas em Buenos Aires, conforme problematizado por Bertoncello (1999), ou mais recentemente, o Projeto Porto Maravilha na região portuária da cidade do Rio de Janeiro, analisado por Igrejas (2012).

[4] Jan Van Der Borg, Leo Van Den Berg e Jan Van Der Meer, "Gestión del turismo en las grandes ciudades: Estudio comparativo del desarrollo e estrategias turísticas en seis futuros destinos y dos ya establecidos". *Revista Estudios Turísticos*, n. 132, 1995, pp. 33-60, disponível em: <http://www.iet.tourspain.es/img-iet/Revistas/RET-126-1995-pag33-60-74356.pdf>, acesso em: out. 2014.

[5] Richard Butler, The Tourism Area Life Cycle in the Twenty-First Century, em Alan A. Lew, C. Michael Hall e Allan M Williams, (ed.), *A Companion to Tourism*, Malden, Blackwell Publishing, 2004, pp. 159-169.

[6] Douglas G. Pearce, *Geografia do turismo: fluxos e regiões no mercado de viagens*, São Paulo, Aleph, 2003.

[7] José Fernando Vera Rebollo; Vicente M. Monfort Mir, "Agotamiento de modelos turísticos clásicos. Una estratégia territorial para la cualificación. La experiencia de la comunidad valenciana", em *Revista Estudios Turísticos*, n. 123, 1994, pp. 17-46, disponível em: <http://www.iet.tourspain.es/img-iet/Revistas/RET-123-1994-pag17-45-73145.pdf >, acesso em: out. 2014.

[8] Christopher M. Law, *Urban tourism: the visitor economy and the growth of large cities*, 2. ed., London, Continuum, 2002.

[9] É importante notar que o termo *turistificação* possui vários sentidos que, em linhas gerais, remetem aos processos de transformação do lugar para a constituição e realização do turismo, um processo de "qualificação" do espaço para o desenvolvimento de atividades ligadas ao turismo.

[10] Remy Knafou, "Turismo e território. Para um enfoque científico do turismo", em Adyr A. Balastreri Rodrigues (org.), *Turismo e Geografia: reflexões teóricas e enfoques regionais*, 2. ed., São Paulo, Hucitec, 1999, p. 64.

[11] Martin Selby, *Understanding urban tourism: image, culture & experience* (Tourism, Retailing and Consumption), London, New York, I. B. Tauris, 2004 e Antônio Carlos Castrogiovanni (org.), *Turismo urbano*, 2. ed., São Paulo, Contexto, 2001.

[12] Thiago Allis, *Projetos urbanos e turismo em grandes cidades: o caso de São Paulo*, São Paulo, 2012, tese (Doutorado em Planejamento Urbano e Regional), Faculdade de Arquitetura e Urbanismo, Universidade de São Paulo, 2012, p. 47.

A CIDADE COMO NEGÓCIO

[13] Manuel Ángel Santana Turégano, "Turismo, economia y planificación urbana: una relacion compleja". *Revista de Turismo y Patrimonio Cultural*, v. 5, n. 1, 2007, pp. 53-67, disponível em: <http://www.pasosonline.org/Publicados/5107/PS050107.pdf>, acesso em: out. 2014.

[14] Dennis R. Judd, "El turismo urbano y la geografía de la ciudad", *Revista EURE*, v. 29, n. 87, 2003, pp. 51-62, disponível em: <http://www.eure.cl/index.php/eure/article/view/1285>, acesso em: out. 2014.

[15] Henri Lefebvre, *A cidade do capital*. São Paulo, DP&A, 1999a, p. 37.

[16] Henri Lefebvre, *O direito à cidade*, São Paulo, Centauro, 2001; *Espaço e política*, Belo Horizonte, Ed. UFMG, 2008.

[17] Henri Lefebvre, *A re-produção das relações de produção*, Porto, Publicações Escorpião, 1973, p. 23.

[18] Idem, p. 7.

[19] Ana Fani Alessandri Carlos, *A condição espacial*, São Paulo, Contexto, 2011, pp. 58-9.

[20] Ana Fani Alessandri Carlos, *A (re)produção do espaço urbano*, São Paulo, EDUSP, 2008, pp. 14-5.

[21] Ana Fani Alessandri Carlos, *A condição espacial*, São Paulo, Contexto, 2011, p. 119.

[22] Considerando os objetivos que mediam nosso percurso, não pretendemos descrever e a analisar casos específicos que explicitem tais movimentos, mas buscamos a indicação de uma perspectiva, considerando-a uma possível contribuição para a ampliação dos atuais horizontes de análise do turismo que, como mencionado, estão, em sua maioria, limitados à análise relacional do espaço urbano/turismo.

[23] Segundo as referências apresentadas por Page (1995), tais áreas têm importante função no desenvolvimento do turismo local e regional, uma vez que concentram facilidades turísticas (especialmente, as estruturas para eventos, hospedagem etc.) e as facilidades de transporte que favorecem a mobilidade dos turistas no interior da cidade ou das regiões vizinhas. Para o mesmo autor, a criação de tais áreas deve ser considerada um importante estímulo para a formação de *city breaks,* que, conforme propõem Dunne, Buckley e Flanagan (2010), são "cidades turísticas" preparadas para visitas de curta duração com reduzido uso de intermediários (agências de viagens e pacotes, por exemplo).

[24] Ana Fani Alessandri Carlos, "Dinâmicas urbanas na metrópole de São Paulo", em Amalia Inés Geraiges de Lemos; Mónica Arroyo; María Laura Silveira (org.), *América Latina: cidade, campo e turismo*, Buenos Aires, Consejo Latinoamericano de Ciencias Sociales; São Paulo, Universidade de São Paulo, 2006, p. 81.

[25] Idem.

[26] A análise de Claver (2006) sobre as intervenções governamentais promovidas na *Ciutat Vella* de Barcelona ilustra essa condição. Para a autora, desde a década de 1990 a "recuperação" do centro da capital da Catalunha vem sendo moldada pela tentativa de transformá-lo em um espaço multifuncional capaz de abrigar diversos negócios voltados para o consumo do turismo, do lazer e da cultura da cidade. Uma dinâmica que, segundo a mesma autora, se integra ao processo de valorização do espaço urbano para sua inserção no mercado imobiliário.

[27] Otília Arantes, "Uma estratégia fatal. A cultura nas novas gestões urbanas", em Otília Arantes, Carlos Vainer e Ermínia Maricato, *A cidade do pensamento único: desmanchando consensos*, 3. ed., Petrópolis, Vozes, 2000, p. 17.

[28] Cabe esclarecer que a região Luz-Tiradentes aqui citada era definida pelo perímetro de intervenção do Projeto Nova Luz (atualmente em reformulação) que atingiria uma área de 45 quadras, além do Largo General Osório e da Praça Júlio Mesquita. Tal região possui alguns dos principais equipamentos turísticos da cidade de São Paulo, a exemplo do Museu da Língua Portuguesa, da Pinacoteca do Estado, do Complexo Cultural Júlio Prestes (Sala São Paulo), do Museu de Arte Sacra, do Parque da Luz etc.

[29] Prefeitura da cidade de São Paulo. São Paulo Turismo (SPTURIS), *Plano de Desenvolvimento Turístico do Centro da cidade de São Paulo – Inventário da Oferta Turística*, São Paulo, SPTURIS, 2008, p. 10.

[30] Henri Lefebvre, *A revolução urbana*, Belo Horizonte, Ed. UFMG, 1999b.

BIBLIOGRAFIA

ALLIS, Thiago. *Projetos urbanos e turismo em grandes cidades*: o caso de São Paulo. São Paulo, 2012. Tese (Doutorado em Planejamento Urbano e Regional) – Faculdade de Arquitetura e Urbanismo, Universidade de São Paulo.

ARANTES, Otília. Uma estratégia fatal. A cultura nas novas gestões urbanas. In: ARANTES, Otília; VAINER, Carlos; MARICATO, Ermínia. *A cidade do pensamento único*: desmanchando consensos. 3. ed. Petrópolis: Vozes, 2000, pp. 11-74.

BERTONCELLO, Rodolfo. El turismo y las grandes metropolis: la ciudad de Buenos Aires. In: RODRIGUES, Adyr A. Balastreri (org.). *Turismo e geografia*: reflexões teóricas e enfoques regionais. 2. ed. São Paulo: Hucitec, 1999, pp. 209-23.

BORG, Jan Van Der; BERG, Leo Van Den; MEER, Jan Van Der. "Gestión del turismo en las grandes ciudades: Estudio comparativo del desarrollo e estrategias turísticas en seis futuros destinos y dos ya establecidos". *Revista Estudios Turísticos*, n. 132, 1995, pp. 33-60. Disponível em: <http://www.iet.tourspain.es/img-iet/Revistas/RET-126-1995-pag33-60-74356.pdf>. Acesso em: out. 2014.

BUTLER, Richard. The Tourism Area Life Cycle in the Twenty-First Century. In: IEW, Alan A.; HALL, C. Michael; WILLIAMS, Allan M. (ed.). *A Companion to Tourism*. Malden: Blackwell Publishing, 2004, pp. 159-69.

CARLOS, Ana Fani A. Dinâmicas urbanas na metrópole de São Paulo. In: LEMOS, Amalia Inés Geraiges de; ARROYO, Mónica; SILVEIRA, María Laura (orgs.). *América Latina*: cidade, campo e turismo. Buenos Aires: Consejo Latinoamericano de Ciencias Sociales; São Paulo: Universidade de São Paulo, 2006, pp. 75-88.

_____. *A (re)produção do espaço urbano*. São Paulo: EDUSP, 2008.

_____. *A condição espacial*. São Paulo: Contexto, 2011.

CASTROGIOVANNI, Antônio Carlos. Turismo e ordenação no espaço urbano. In: _____. (org.). *Turismo urbano*. 2. ed. São Paulo: Contexto, 2001, pp. 33-42.

CLAVER, Nuria. A Ciutat Vella de Barcelona: renovação ou gentrificação? In: BIDOU-ZACHARIANSEN, Catherine (coord.). *De volta à cidade*: dos processos de gentrificação às políticas de "revitalização" dos centros urbanos. São Paulo, Annablume, 2006, pp. 145-166.

DUNNE, Gerard, BUCKLEY, Joan; FLANAGAN, Sheila. "Towards an understanding of international city break travel". *International Journal of Tourism Research*, v. 12, n. 5, 2010, pp. 409-417. Disponível em: <http://arrow.dit.ie/tfschhmtart/24/>. Acesso em: out. 2014.

IGREJAS, Patrícia Machado. *Reinventando espaços e significados*: propostas e limites da urbanização turística no Projeto Porto Maravilha. Rio de Janeiro, 2012. Dissertação (Mestrado em Planejamento Urbano e Regional) – Instituto de Pesquisa e Planejamento Urbano e Regional, Universidade Federal do Rio de Janeiro.

JUDD, Dennis R. "El turismo urbano y la geografía de la ciudad". *Revista Eure*, v. 29, n. 87, 2003, pp. 51-62. Disponível em: <http://www.eure.cl/index.php/eure/article/view/1285>. Acesso em: out. 2014.

KNAFOU, Remy. Turismo e território. Para um enfoque científico do turismo. In: RODRIGUES, Adyr A. Balastreri (org.). *Turismo e geografia*: reflexões teóricas e enfoques regionais. 2. ed. São Paulo: Hucitec, 1999, pp. 62-74.

LAW, Christopher M. *Urban tourism*: the visitor economy and the growth of large cities. 2. ed. London: Continuum, 2002.

LEFEBVRE, Henri. *A re-produção das relações de produção*. Porto: Publicações Escorpião, 1973.

_____. *A cidade do capital*. São Paulo: DP&A, 1999a.

_____. *A revolução urbana*. Belo Horizonte: Ed. UFMG, 1999b.

_____. *O direito à cidade*. São Paulo: Centauro, 2001.

_____. *Espaço e política*. Belo Horizonte: Ed. UFMG, 2008.

PAGE, Stephen. *Urban tourism*. London: Routledge, 1995.

PEARCE, Douglas G. *Geografia do turismo*: fluxos e regiões no mercado de viagens. São Paulo: Aleph, 2003.

PREFEITURA DA CIDADE DE SÃO PAULO TURISMO. São Paulo Turismo (SPTURIS). *Plano de Desenvolvimento Turístico do Centro da cidade de São Paulo – Inventário da Oferta Turística*. São Paulo: SPTURIS, 2008.

SELBY, Martin. *Understanding urban tourism*: image, culture & experience (Tourism, Retailing and Consumption). London, New York: I. B. Tauris, 2004.

TURÉGANO, Manuel Ángel Santana. "Turismo, economia y planificación urbana: una relacion compleja". *Revista de Turismo y Patrimonio Cultural*, v. 5, n. 1, 2007, pp. 53-67. Disponível em: <http://www.pasosonline.org/Publicados/5107/PS050107.pdf>. Acesso em: out. 2014.

VERA REBOLLO, José Fernando; MONFORT MIR, Vicente M. "Agotamiento de modelos turísticos clásicos. Una estratégia territorial para la cualificación. La experiencia de la comunidad valenciana". *Revista Estudios Turísticos*, n. 123, 1994, pp. 17-46. Disponível em: <http://www.iet.tourspain.es/img-iet/Revistas/RET-123-1994-pag17-45-73145.pdf >. Acesso em: out. 2014.

A GEOGRAFIA DOS NEGÓCIOS
DO NARCOTRÁFICO

Jorge Luiz Barbosa

O tráfico de drogas mobiliza em torno de R$ 1,5 bilhão a cada ano no Brasil e, pelo menos, US$ 400 bilhões no mercado globalizado, constituindo uma rede econômica de produção, circulação e consumo de extrema complexidade, inclusive pelas relações entre as atividades econômicas consideradas ilícitas e as reguladas pelo Estado e por organismos internacionais.

As redes do narcotráfico elaboram uma geografia de poderes econômicos, políticos e militares que exige acuidade em seus estudos, em função das diversas escalas e agentes que mobilizam e, evidentemente, das condições de clandestinidade que se reproduzem em suas ações globalizadas. Dada às dimensões de sua complexidade, tal questão coloca em causa uma agenda de pesquisa para o desvelamento do capitalismo globalizado dos nossos dias.

O presente capítulo busca inventariar a geografia dos negócios das drogas ilícitas, tendo como sua referência a cidade do Rio de Janeiro, especialmente com a expansão do tráfico de cocaína sob a mediação de grupos armados com domínio do território. Trata-se de uma leitura exploratória a partir de contribuições de estudiosos do tema, relatórios de organizações internacionais, particularmente das Nações Unidas, estudos da Secretaria de Fazenda do Estado do Rio de Janeiro e de pesquisas realizadas pelo Observatório de Favelas.

O TRÁFICO DE DROGAS COMO MERCADO GLOBAL DE REPRODUÇÃO DO CAPITAL

O narcotráfico está incluso em uma ampla rede criminosa global que integra o tráfico de armas, de pessoas e de órgãos humanos. Essa intricada teia de relações se reproduz tendo como seus elos nodais um conjunto de cidades que lhes servem de mediação para processos de financiamento, circulação e consumo de drogas criminalizadas.

As redes do narcotráfico se tornaram cada vez mais complexas, sobretudo em função de suas relações com os negócios formais do mercado do capitalismo globalizado. *Máfias, camorras, cartéis* e *yakuzas* ganharam, digamos, "maior sofisticação" de suas atividades ao tecerem relações implícitas (às vezes explícitas) de reposição legal de seus lucros (popularmente conhecida como "lavagem de dinheiro") em aquisições de propriedades rurais e imóveis urbanos, na associação a corporações empresariais, em investimentos bancários e financeiros, notadamente em paraísos fiscais, e, até mesmo, em clubes de futebol. Como informa Castells,

> [...] no crime global, a formação de redes entre poderosas organizações criminosas e seus associados, com atividades partilhadas em todo o planeta, constitui um novo fenômeno que afeta profundamente a economia no âmbito internacional e nacional, a política, a segurança e, em última análise, as sociedades em geral.[1]

Para Cogiolla,[2] a "narcoeconomia", longe de ser um submundo alheio à norma capitalista, esteve sempre rigorosamente organizada de acordo com os parâmetros da "economia de mercado". Ainda segundo o autor, os objetivos das máfias do narcotráfico sempre foram definidos pela busca incessante da captura de mercados, do monopólio de preços e do domínio sobre os segmentos mais lucrativos, configurando uma atuação econômica típica de uma empresa capitalista.

Labrousse[3] assegura que as economias ditas "subterrâneas" ou do "capitalismo clandestino" são tão extensas que abrigam desde cartéis colombianos da droga até centenas de organizações médias e milhares de "pequenos empreendedores". Acrescentar-se-ia, ao múltiplo naipe de atores identificados, as diversas empresas legalizadas, especialmente as inseridas no mercado financeiro, como coparticipantes dos lucros das drogas ilícitas. Não há muitas dúvidas de que parte considerável dos trilhões de dólares da ciranda financeira mundial possui sua origem em mercados dominados por redes criminosas.[4]

Apesar dos múltiplos atores envolvidos e escalas de acontecimento que constroem a rede de operações do tráfico de drogas, há, na verdade, uma coordenação de ações que associam os interesses da *narcoeconomia* em espaços e grupos empresariais que se vinculam no processo de expansão hegemônica do sistema bancário e financeiro mundial. Lia Osório Machado destacou, em estudos particularmente iluminadores, as transações volumosas de dinheiro do narcotráfico que circulam, em boa parte, por via bancária legal, e que desafiam a fiscalização dos Estados Nacionais, inclusive em regiões mais distantes dos centros metropolitanos.[5]

Tal fenômeno pode ser observado empiricamente no crescimento de depósitos de valores em filiais de bancos em cidades da Amazônia, os quais são muitas vezes superiores ao PIB dos municípios que abrigam as agências e, evidentemente, por meio da própria presença de clientes que poderiam justificar a localização de empresas bancárias. Essas empresas participam, como assegura Lia O. Machado,[6] da lavagem de dinheiro do tráfico, fazendo com que a economia legal encontre seu *ponto de bifurcação* para integrar a economia ilícita.

Todavia, não se trata apenas de um enlace entre mercados lícitos e ilícitos, mas de um amplo campo de ações ilegais vinculados "à evasão de capitais, à sonegação fiscal, ao contrabando e demais atividades que buscam escapar do controle e da regulamentação governamental dos estados nacionais".[7]

Nesse aspecto, o tráfico internacional de drogas ganha sua expansão mundializada no momemto de redefinição do regime de acumulação de capital, notadamente face à crise econômico-financeira do fordismo central e periférico no final dos anos 1970. O desemprego, a inflação e a redução do Estado de Bem-Estar em países centrais do capitalismo, e seus desdobramentos ainda mais críticos nos países da periferia, criaram as condições para a expansão do mercado de produção e consumo de drogas ilícitas e, simultaneamente, para que o narcotráfico ganhasse maior inserção nas economias dos países que viveram *décadas perdidas* (desemprego, inflação, autoritarismo político, reconcentração de renda e de terras) como os latino-americanos.

É assim que regiões produtoras de coca para uso tradicional, como Colômbia e Bolívia, passaram a mudar suas pautas de exportações para as drogas ilícitas. Por outro lado, o giro do regime de acumulação na direçao da hegemonia do capital financeiro encontrou um parceiro formidável no dinheiro oriundo do narcotráfico, uma vez que se torna um capital que surge livre, como num passe de mágica, para circular sem regulamentação e com a imperiosa necessidade da velocidade para se metamorfosear em dinheiro puro; sem pátria, sem nação e, sobretudo, sem controle dos Estados nacionais.

Segundo informações do Fundo Monetário Internacional, o tráfico de drogas pode ser considerado o quarto setor mais importante da economia mundial,[8] levando em conta, inclusive, a sua elevadíssima margem de lucro em torno 3.000% do capital inicial empregado. Sua dimensão globalizada envolve regiões e países produtores e consumidores de drogas em distintas escalas de acontecimento das redes urbanas de distribuição, financiamento e consumo.

Em uma visão panorâmica, pode-se tomar escalas regionais/nacionais para entender os recortes espaciais dos negócios globalizados das drogas, tendo como exemplo os circuitos de produção, distribuição e consumo de heroína e de cocaína.

No circuito da heroína, há geoestratégias intercontinentais que envolvem diferentes países da Ásia e da Europa. Nesse recorte espacial, o consumo de heroína alcança um fluxo anual de 450 toneladas no mercado mundial, tendo sua origem no ópio produzido em Mianmar e no Laos, com cerca de 70 toneladas por ano, enquanto o volume restante, de 380 toneladas de heroína (e morfina), é produzido a partir do ópio do Afeganistão.[9] A distribuição da heroína possui rotas que atravessam os Balcás, tornando esta região o principal corredor de tráfico da produção de ópio em países da Ásia até os grandes mercados da Rússia e da Europa Ocidental.

A CIDADE COMO NEGÓCIO

Fluxos globais de heroína com origem na Ásia.

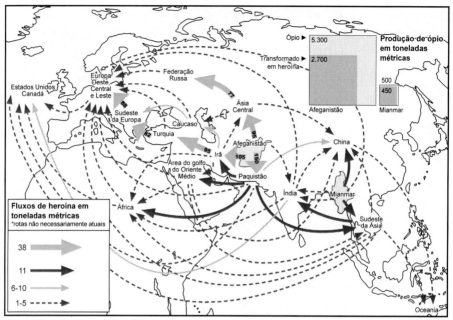

Fonte: Adaptado de UNODC, World Drug Report, 2010.

A estratégica rota da heroína através dos Balcãs transpassa o Irã (muitas vezes via Paquistão), a Turquia, a Grécia e a Bulgária, tem como destino principal o mercado da Europa Ocidental e atinge um valor anual de mercado de cerca de US$ 20 bilhões. Outra rota notabilizada do circuito da heroína é do norte da Ásia, principalmente através de Tadjiquistão e Quirguistão (incluindo circuitos secundários pelo Usbequistão e Turquemenistão) para o Cazaquistão e à Federação Russa, até chegar ao mercado europeu. Essa geografia da produção/distribuição/consumo de drogas ilícitas é marcada pelos meios flexíveis de carregamento e é operada tanto por traficantes avulsos como por grupos paramilitares, constiuindo táticas espaciais diferenciadas de localização e distribuição para o abastecimento de drogas ao mercado consumidor.

No caso do circuito da cocaína, o destaque maior da produção esteve notoriamente localizado em países da América do Sul. Colômbia, Bolívia e Peru integram um circuito regional de produção da pasta de coca, envolvendo inclusive os investimentos dos cartéis colombianos[10] em plantações em seu próprio país, assim como nos países vizinhos, mobilizando milhares de camponeses no trabalho precário de plantio e colheita de coca.[11]

Os montantes das exportações da cocaína da Colômbia e Bolívia foram sempre elevados em relação ao mercado legal. Informações para o ano de 2006 asseguram que a exportação de cocaína chegou a atingir a quantia de US$ 1,5 bilhão, contra US$ 2,5 bilhões das exportações legais na Bolívia e US$ 4 bilhões para as exportações oficiais de US$ 5,25 bilhões na Colômbia.

Entretanto, apesar das quantias resultantes do comércio de tráfico de países latino americanos, a maior parte é apropriada na esfera de circulação e no próprio destino final de realização das mercadorias ilícitas, particularmente os Estados Unidos e os países europeus ocidentais. A *divisão internacional do tráfico de drogas* reproduz os padrões de relação centro/periferia sob a égide do capital e, devido à posição de exportador de produtos primários ou beneficiados (pasta de coca) de países latino-americanos, permite definir o comércio ilegal de drogas como mais uma das distintas faces da *recolonização* econômica da América Latina.

Principais fluxos globais de cocaína.

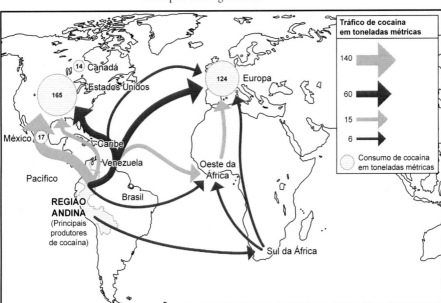

Fonte: Adaptado de UNODC, World Drug Report, 2010.

O mercado de consumo da cocaína incorpora de 16 a 17 milhões de pessoas em todo o mundo,[12] muito próximo ao número de consumidores de opiáceos globais. Os Estados Unidos e o Canadá foram responsáveis por mais de 40% do consumo global de cocaína (o total foi estimado em cerca de 470 toneladas) em 2008, enquanto a União Europeia consumiu 27 milhões de toneladas no mesmo período. Esses mercados globais respondem por mais de 80% do valor total do mercado da cocaína, estimado em 88 milhões de dólares para o ano de 2008.[13] Para atender ao mercado norte-americano, a cocaína é normalmente transportada da Colômbia para o México ou para América Central por rotas marítimas e terrestres para os Estados Unidos e Canadá. No que concerne ao mercado europeu, a Colômbia continua a ser a principal fonte da cocaína, mas os embarques diretos dos traficantes do Peru e da Bolívia se tornaram mais comuns na Europa do que para mercado dos Estados Unidos.

A participação do Brasil na rede do narcotráfico, especialmente do mercado de cocaína, ganha maior evidência na década de 1980. De fato, a introdução do mercado brasileiro nos negócios do narcotráfico foi o principal fator para a elevação da taxa de usuários de cocaína no continente sul americano. O crescimento do consumo nas regiões Sudeste e Sul do país, nos últimos 20 anos, além de se tornar um relevante mercado de consumo, fez com que o país ingressasse no roteiro da cocaína produzida na Colômbia (60%), Bolívia (30%) e Peru (10%), que tem a Europa como destino principal. Nesse sentido, o Brasil não só contribuiu para a ampliação do mercado de consumo latino-americano, como também se revelou como espaço estratégico de redistribuição globalizada do narcotráfico e, evidentemente, da ampliação de *espaços de bifurcação* de lavagem do dinheiro do comércio ilícito.[14] É justamente nesse duplo papel que a cidade do Rio de Janeiro ingressa nos negócios do narcotráfico de cocaína (e de maconha).

O TRÁFICO DE DROGAS CRIMINALIZADAS NO RIO DE JANEIRO

O Rio de Janeiro passou a se inscrever decisivamente no cenário nacional e internacional como referência do consumo e da distribuição de drogas ilícitas a partir da década de 1980, período em que a cocaína ingressa de forma avassaladora no mercado e que os grupos armados assumem o controle do narcotráfico em diferentes territórios da cidade.

Até então, o Rio de Janeiro conhecia um amplo, porém difuso, comércio varejista de maconha, geralmente operado por pequenas *quadrilhas de criminosos*, cujo poder territorial de atuação estava circunscrito aos bairros populares e, sobretudo, em favelas. Dessa forma, havia grupos avulsos com inserção em uma dada escala local, cujo epicentro era a "boca de fumo", o ponto nodal de recepção, preparação e comercialização da maconha em favelas e bairros circunvizinhos a estas.

Os donos da "boca de fumo" eram secundados, além dos seguranças, por embaladores da mercadoria para o consumo, vigias (olheiros) e vapores (vendedores), constituindo vínculos de reciprocidade a partir de recompensas e punições, que variavam do pagamento em dinheiro e subida de postos hierárquicos aos castigos físicos e até à morte. Embora o domínio de cada *dono da boca* ganhasse expressão em territórios bem delimitados e com ofertas em *mercados locais fidelizados*, o tráfico de maconha, no que concerne ao abastecimento, rasgava as fronteiras da cidade. Os cultivos de maconha no Nordeste e no Paraguai se tornaram os principais centros de abastecimento das "bocas de fumo" cariocas, constituindo um mercado de relações campo/cidade clandestino, mas com fluxos contínuos, regulares e, sem dúvida, lucrativos o suficiente para compensar os riscos que envolviam as operações de carregamento (corrupção de policiais e da fiscalização/patrulhamento na fronteira, apreensões e sequestro de carga, esquemas de vigilância e segurança etc.) e a defesa dos pontos de venda dos seus concorrentes.

A GEOGRAFIA DOS NEGÓCIOS DO NARCOTRÁFICO

Nesse aspecto, o período em tela é, muitas vezes, é tratado no senso comum como uma *era romântica* do narcotráfico, geralmente com lendas criadas em torno dos atributos de valentia e ousadia de um chefe local, o *dono da boca de fumo*, e sua disposição de impor *ordem* e *moral* em seus territórios de comando. Ou seja, tratava-se de uma espécie de líder *respeitado* e *querido* pela comunidade do seu lócus de negócios. É verdade que o chefe geralmente tinha a sua origem na comunidade, e essa era sua referência territorial primeira. Portanto, sua relação de proximidade era muito forte, uma vez que parentes, vizinhos, colegas de escola e amigos do futebol se configuravam como sujeitos do cotidiano no qual a boca de fumo estava inserida. Apesar de relações de proximidade e de seu propósito de assegurar a *ordem* na comunidade e o *respeito* aos moradores, não se pode separar os *fins* dos meios coercitivos e violentos empregados pelo tráfico, inclusive na construção de clientelas de favores e obrigações sob o domínio arbitrário dos *donos dos morros*.

Por outro lado, o comércio localizado e a organização difusa do tráfico de drogas centrado na maconha sofreram radicais mudanças com o advento da cocaína. Como indicado, a cocaína ingressa com maior vigor na década de 1980 e, com esta, observa-se a ascensão de grupos armados organizados em escalas territoriais ampliadas na cidade, cujos vínculos a redes internacionais dominadas por cartéis do narcotráfico se tornam mais fortes. Começa a se delinear outra geografia do mercado de *drogas criminalizadas* na cidade do Rio de Janeiro, tornando-a uma das mais importantes centralidades de negócios do tráfico internacional no Brasil.

O primeiro grande destaque para a nova geografia do tráfico de drogas ilícitas na cidade do Rio de Janeiro será o de sua posição na rede global de consumo e distribuição de cocaína. O Rio de Janeiro não era apenas o espaço privilegiado de comercialização para o consumo de usuários, uma vez que ganhou, embora secundariamente, o papel de *redistribuidor* de cocaína para a Europa, para os Estados Unidos e para a África do Sul. Portanto, a cidade se torna mais importante e decisiva nos negócios do tráfico, evidentemente trazendo implicações para *organização empresarial* e para o domínio do espaço como condição estratégica para a realização do mercado de drogas criminalizadas.

A expressão drogas criminalizadas busca discriminar o significado do comércio de cocaína e maconha de outras atividades ilegais nas cidades brasileiras. Michel Misse[15] esclarece a questão ao comparar o tratamento desigual entre a cocaína e outras mercadorias ilegais (jogo do bicho, contrabando de bebidas e cigarros, prostituição etc.), uma vez que tanto os agentes diretos como os usuários da cocaína e da maconha são os mais perseguidos e penalizados pelo Estado, fato que pode ser comprovado no encarceramento cada vez maior, sobretudo nos últimos 10 anos, de pessoas envolvidas diretamente com o tráfico, independente da posição que ocupa na hierarquia dos negócios[16] e, de modo mais dramático, nos números de autos de resistência que cresceram absurdamente. Há, portanto, um conjunto de representações sociais sobre determinadas formas e produtos do comércio ilegal que definem códigos institucionais e práticas de repressão que atinge maior ou menor grau de tolerância e estabelecem tipologias de condenação e punição moral, jurídica e política. Misse sublinha, ainda, tais distinções de culpabilidade e condenação no próprio comércio de drogas ilícitas, considerando que a

> acusação social parece privilegiar mais aqueles que operam nas favelas, conjuntos habitacionais de baixa renda e em bairros periféricos das grandes cidades brasileiras do que os que agem com base em agendas telefônicas e redes de relações de confiança entre usuários da mesma classe média de onde provêm, moradores de apartamentos e casas de bairros de renda alta ou média.[17]

A conceituação/representação social da cocaína e da maconha como mercadorias criminalizadas responde pelos processos extensivos de criminalização dos diferentes operadores do comércio ilícito e dos territórios sobre seu controle, reduzindo-os a casos de polícia e da esfera do judiciário. Esse tratamento absolutamente discricionário alimentou, contraditoriamente, não só a clandestinidade da produção e do consumo de drogas, mas todo o *complexo de violência* que passa dominar o comércio de substâncias ilícitas no país e na cidade do Rio de Janeiro.

O advento da cocaína é acompanhado, como é sabido, da emergência de facções criminosas na cidade. A primeira destas facções atendia pelo nome Falange Vermelha,[18] cuja atribuição principal era o assalto a bancos e carros fortes de empresas distribuidoras de valores. Esse grupo criminoso mudaria, logo depois, seu apodo para Comando Vermelho e faria um giro na direção do tráfico de drogas, tanto no que diz respeito ao comércio varejista de maconha como o de cocaína.

Trata-se da construção de um sistema *econômico-político-militar*[19] que fez da cidade do Rio de Janeiro um espaço particular para os negócios do tráfico de drogas internacional e que se viabilizava como um sistema organizado em estruturas verticais e horizontais, com formas e processos distintos, porém complementares em suas ações cotidianas.

A estrutura vertical do sistema é composta por formas e processos clandestinos de circulação que, ao mobilizar transportes rodoviário, aéreo e hidroviário, promove o abastecimento de drogas ilícitas oriundas de países andinos. O Rio de Janeiro, na qualidade de uma metrópole nacional, oferece uma dupla condição de mercado de consumo e entreposto comercial. Entretanto, não se está tratando exclusivamente de uma rede física de circulação disponível, embora esta seja decisiva, uma vez que se faz preciso um conjunto de relações que envolvem empresas fictícias, mas legalmente constituídas, a complacência de autoridades fiscais e, no limite, toda a sorte de atos de corrupção de policiais, para a montagem de *espaços de bifurcação* que asseguraram a reprodução ampliada dos negócios do narcotráfico.

Essa rede clandestina de *fluxos de distribuição e compensação* não seria eficaz caso não contasse com a presença de ações em territórios que lhes proporcionam abrigo. Entram em cena as facções criminosas como atores em diferentes escalas geográficas de seus negócios na cidade, sabidamente amparados em seu poder de delimitação e controle armado de territórios para *operação* do tráfico de mercadorias criminalizadas. Verifica-se, portanto, a conformação de uma estrutura horizontal do sistema do narcotráfico, cujo assentamento territorial se dá pelo domínio em favelas, como será visto a seguir em maior detalhe.

O sistema mercantil de drogas criminalizadas na capital fluminense mobiliza entre R$ 316 a 633 milhões por ano, valores estimados pelo estudo da Secretaria de Fazenda do Estado do Rio de Janeiro.[20] A dimensão quantitativa dos negócios do narcotráfico no mercado carioca resulta de informações policiais, sociais e econômicas de diversas fontes, e que também incluíram os estudos sobre os custos operacionais com a logística de fornecimento e autoproteção, subornos e as perdas com apreensões policiais, acrescida da aquisição de armas, reposição de munições e pagamento de seus recrutados, que alcançam o montante de R$ 121 milhões a R$ 218 milhões por ano (Quadro 1).

Quadro 1 – Despesas estimadas (mínimas e máximas) do narcotráfico

Faturamento	316.699.291	633.398.583
Custo mão de obra	158.730.487	158.730.487
Custo mercadorias vendidas	96.936.874	193.873.749
Custo depreciação (armas)	24.777.720	24.777.720
Custo apreensão de drogas	9.693.687	19.387.375
Excedente operacional	26.560.522	236.629.252

Fonte: A Economia do Tráfico na Cidade do Rio de Janeiro, 2009.

No referido estudo, é possível observar que, embora seja um negócio altamente rentável, os custos de manutenção do sistema são igualmente elevados. Sobrariam às facções do narcotráfico locais cerca de R$ 130 milhões por ano, a média entre os R$ 26 milhões e os R$ 236 milhões de lucro calculados para os "cenários mais e menos favoráveis" do mercado de drogas, que é sabidamente instável por suas condições de clandestinidade. Como asseguram Sérgio Ferreira e Luciana Velloso,[21] há um excedente de R$ 26 milhões que deixaria poucos recursos para as despesas de manutenção do tráfico não contabilizadas, sobretudo, para repartir para outros agentes que pudessem prover o apoio mais amplo aos negócios e expansão contínua de áreas para o desenvolvimento comércio de cocaína e maconha.

Os autores também estimaram a presença de 16.387 pessoas diretamente envolvidas nas atividades do tráfico. Considerando os cálculos da Polícia que apontavam para 1,5% do conjunto de residentes em favelas como vinculados ao tráfico[22] e as distintas faixas de remuneração dos empregados coletadas pelo Observatório de Favela para o período de 2004/2006, foi possível chegar a um custo anual estimado de mão de obra em torno de R$ 158,7 milhões (Quadro 2).

Quadro 2 – Remuneração de empregados no tráfico do Rio de Janeiro

Faixa salarial*	SM considerado	% Empregados	Número de empregados	Massa salarial anual
Menos de 1 SM	0.5	8.7	1.426	2,919,938
1 SM	1	9.6	1.573	6-444,000
Acima 1 até 3 SM	2	57	9.341	76.522,503
Acima 3 até 5 SM	4	18.7	3.064	50.209,502
Acima 5 até 7 SM	6	3	492	12.082,501
Acima 8 até 10 SM	9	1.3	213	7.853,625
Sem informação	2.4	1.7	279	2.698,418
Total		100	16.387	158.730,487

Fonte: A Economia do Tráfico na Cidade do Rio de Janeiro, 2009.
* Salário Mínimo Real dez./05 = R$ 314.35. (Fonte: Ipeadata).

Entre os maiores e menores riscos e percalços da economia do narcotráfico identificados e calculados, é preciso acrescentar a concorrência das drogas sintéticas no mercado urbano, que vem a ser constituído por consumidores da classe média e distribuído por outros *agenciamentos comerciais*. Isso vem contribuindo para o acirramento da concorrência violenta entre as facções criminosas e, ao mesmo tempo, determinante para o ingresso do crack no mercado carioca, sobretudo para consumidores de baixa renda em função do custo inferior de produção e o preço de venda.[23]

Sérgio Ferreira e Luciana Velloso[24] afirmam, ainda, que o poder econômico do tráfico no Rio não é comparável ao de cidades em países produtores, como a Colômbia, ou países entrepostos para grandes mercados internacionais, como o México, fazendo do mercado de drogas um campo de intensas disputas e confrontos entre os grupos que nele atuam. Nesse contexto, a fim de manter seus negócios de modo contínuo e lucrativo, é preciso que as facções criminosas exerçam forte controle sobre as estruturas horizontais do sistema, como geoestratégia de reprodução de seus negócios na cidade.

GRUPOS ARMADOS COM CONTROLE DE TERRITÓRIOS E A GUERRA ÀS DROGAS NA CIDADE DO RIO DE JANEIRO

As facções criminosas vinculadas ao narcotráfico têm o seu marco de construção paradigmático na cidade do Rio de Janeiro. A primeira delas, a Falange Vermelha, ao se reorganizar como Comando Vermelho, ganhou sua territorialidade a partir das suas bases em bocas de fumo de maconha, porém, nesse processo, operarão uma radical mudança em termos do ordenamento territorial de favelas para garantir e/ou disputar a primazia na distribuição de drogas no mercado urbano.

As *bocas* passam a ser organizadas como uma *centralidade* dos negócios do narcotráfico e, em função desta atribuição, implicava mobilizar processos de extensão de domínio territorial em favelas, agora tratadas como recurso para recepção, tratamento e distribuição de cocaína e maconha na escala da cidade.

O jogo de localização-distribuição da geografia do tráfico passa a configurar uma extensa e capilarizada rede de pontos em favelas que, além de operar na venda a varejo, também abastecem outros pontos em outras favelas da mesma facção ou de favelas de "amigos". Cria-se, inclusive, uma particular divisão técnica do trabalho, através da qual algumas favelas são inseridas em funções para além da recepção, preparação e venda de drogas. Referimo-nos às que recebem o papel de "paiol", cuja função é guardar o estoque de armas e munições da facção, funcionando como uma espécie de *quartel general* para operações de defesa de territórios ou para a invasão de favelas ocupadas por forças rivais.

Há, portanto, uma mudança significativa na logística da organização do narcotráfico, uma vez que não se tratava mais de defender posições de recepção e venda do passado, mas de gerenciar, controlar e, obviamente, defender posições territoriais e não, invariavelmente, atacar e tomar pontos dos rivais. O *movimento* dos negócios em condições de monopólio de comando de operações criminosas acaba por edificar um circuito de poder cada vez mais complexo, abrangendo das penitenciárias às favelas e das favelas ao conjunto da cidade, inclusive com presença extensiva na região metropolitana.

O termo popular *movimento*, atribuído pelos próprios traficantes a sua atuação criminosa, é demonstrativo do grau de operacionalidade dos negócios das drogas. Indica, sobretudo, a complexa trama interna das funções com suas hierarquias de mando em territorialização nas favelas para dominar o mercado urbano.

O *movimento* na escala geográfica local de cada favela e que se desdobra para o *asfalto* é, entretanto, articulado a uma poderosa rede de abastecimento de cocaína proveniente das *plantações de coca* e de *refinarias* na Colômbia, Peru e Bolívia. Atacadistas e varejistas conformam entrelaçamentos comerciais decisivos que envolvem compromissos mútuos de proteção e defesa destinados a garantir o consumo na capital e em outras cidades do estado do Rio de Janeiro, assim como do carregamento que ganha o destino do mercado globalizado das drogas.

O Comando Vermelho foi, como se afirmou, o primeiro grupo organizado que passou a dominar pontos estratégicos do tráfico de drogas, assentando suas bases territoriais de poder em favelas cariocas. Entretanto, o lucrativo negócio das drogas atiçaram rivalidades internas trazendo rupturas na facção original. Dos conflitos originados nas disputas de poder na hierarquia do Comando Vermelho surgem novas facções no período de 1990 a 2000: Terceiro Comando; Terceiro Comando Jovem e Amigos dos Amigos.

De modo geral, as facções criminosas se organizam em uma complexa teia de atividades sediadas nas favelas. Além do comando geral em torno de lideranças, há um conjunto de funções e atributos composto pelos "donos", "gerentes" e "soldados", logo após estão localizadas as tarefas dos que preparam as cargas de cocaína e maconha (embaladores); os que transportam as cargas para outras *bocas* (cargueiros); os vigias (olheiros/fogueteiros); e os vendedores no varejo (vapores), configurando uma densa trama de relações hierárquicas de poder que se traduzem em longas jornadas de trabalho (em média de 10 a 12 horas) e baixos rendimentos para maioria dos envolvidos (1 a 3 salários mínimos).[25]

Para alguns autores, essa trama de personagens e funções específicas é interpretada como uma *associação coesa e centralizada*[26] devido à sua forte hierarquia; assim também como uma *cooperativa criminosa*,[27] não isenta de tensões e conflitos entre seus membros. Para Silva, Fernandes e Willardino,[28] pesquisadores do Observatório de Favelas, os agenciamentos do narcotráfico em espaços populares são definidos como ações de *grupos armados com domínio do território*. Para nós, essa é uma das contribuições mais relevantes e atuais sobre as relações de comando do tráfico de drogas em favelas, uma vez que os citados autores abordam o domínio regulador com emprego da violência para o estabelecimento de relações de coesão, disciplina e obediência entre seus membros, e, de modo mais específico, o uso do território como condição vital de sua reprodução continuada.

O exercício de cada ação em seu conjunto escalar diferencial se torna possível e eficaz associado ao controle armado do território por parte dos grupos criminosos. A *divisão do trabalho na empresa do tráfico* implicava necessariamente um arranjo espacial de relações que definia a *arquitetura local* da economia do narcotráfico, portanto exigindo a mobilização de ações de vigilância, de disciplina e de controle ordenados no território. Ruas, becos, escadarias, lajes passam a ser pontos de uma cartografia de poder local do narcotráfico em favelas, revelando usos do território sob a égide da criminalidade violenta.

> *O Salgueiro está formado*
> *Com o Fabinho e o Dá*
> *Na Mangueira Verde e Rosa*
> *Coringa e Polegar*
> *Lá na Serra tem o Bruxo*
> *Na Santa Marta, Difé,*
> *Marcinho VP no ar!*

(Funk "Homenagem aos donos de Morro do CV" – Proibido na década de 1990)

O domínio do espaço tendo como recurso a demarcação de territórios passou a ser decisivo para a realização do *movimento*, uma vez que garantia a reprodução do mercado de drogas nas favelas e suas ramificações na cidade. Trata-se de bases territoriais de proteção e de garantia para a realização da recepção, preparação e distribuição de produtos ilícitos necessários à expansão do mercado de varejo na cidade.

Todavia, é preciso ir para além das favelas a fim de entender os negócios do tráfico, seus atores e sua complexa rede de atuação. Essa é a importante contribuição de Misse,[29] ao questionar a definição genérica de "crime organizado" para as chamadas economias subterrâneas (informais e criminosas), uma vez que essa prestaria mais ao ocultamento do que ao esclarecimento das organizações criminosas, especialmente no caso do narcotráfico, cujas nuanças de práticas de seus atores correspondem a espacialidades nas favelas, em conjuntos habitacionais de baixa renda ou bairros periféricos, assim como em bairros de classe média e alta, condomínios fechados etc. Deve-se, portanto, considerar que as relações na rede do narcotráfico estão imbricadas em uma cartografia de ações de um comércio varejista extenso e plural, constituído por um *arquipélago de lugares* na diversidade de atores operantes e, dado a sua natureza subterrânea, com táticas móveis, improvisadas e flexíveis de reprodução urbana.

A questão do controle do território se torna cada vez mais decisiva com as cisões no interior da facção original, sobretudo devido às disputas acirradas e igualmente violentas por pontos de comércio. Para ilustrar isso, pode-se retomar as contribuições de Robert Sack[30] sobre o conceito de territorialidade para compreender com maior precisão a importância assumida pelo domínio do espaço nas práticas de poder que envolvem a economia política do narcotráfico no Rio de Janeiro

Segundo o autor,[31] a territorialidade diz respeito "às tentativas de indivíduos ou grupos de afetar, influenciar e controlar pessoas, fenômenos e relações, pela delimitação e defesa do controle de uma área geográfica". Em se tratando especificamente de uma territorialidade criminosa, pode-se dizer que se está diante de uma prática de poder, a qual se afirma com emprego da coerção social, do arbítrio normativo e da violência corpórea para construir modos autoritários de regulação do espaço.[32]

O embate de *territorialidades* envolvendo atores das distintas facções criminosas torna-se uma marca brutal de confrontos em favelas, estando a *área geográfica* em disputa pelos grupos armados. Na verdade, a luta pelo domínio de favelas cariocas abrigava a disputa por posições de privilégio no mercado de drogas na cidade, em uma conjuntura de disseminação de pontos de venda em função da divisão do narcotráfico em grupos rivais.

Elaborado por Herlan Alcantara.

A CIDADE COMO NEGÓCIO

As disputas instauradas na concorrência do mercado drogas passaram a ser resolvidas pela força das armas, sobretudo em um cenário no qual as *mercadorias criminalizadas* buscam maiores taxas de lucratividade. Assim, a disputa por mercados tem como componente os homicídios por armas de fogo na cidade, configurando uma das características mais fortes do comércio de drogas: o emprego sistemático da violência letal.

Os confrontos violentos que tomavam as favelas não eram exclusividade dos grupos de traficantes. A defesa do território também exibia suas cenas de confronto bélico diante da ação policial orientada para o enfretamento militar ao narcotráfico e, logo depois, pela emergência de grupos milicianos[33] que passam a disputar o controle de favelas, conjuntos habitacionais e bairros populares da periferia da cidade.[34]

Não tardaria que a consolidação do poder dos grupos armados vinculados ao tráfico de drogas ilícitas na cidade recebesse como resposta a militarização do seu combate pelas forças policiais. A guerra às drogas, reclamada pelas classes médias e mídias mais conservadoras, criou uma ambiência para a utilização político-ideológica das situações de violência que, sem dúvida, serviu para legitimar operações policiais indiscriminadas contra os traficantes e seus territórios de domínio. Instaurou-se um dos períodos mais violentos da história da cidade, cujas consequências mais trágicas se fizeram presentes nos espaços populares (favelas e periferias) que passaram a ser tratadas como *território do inimigo*:

> No enfretamento entre polícia e grupos que atuam no tráfico de drogas nas favelas, não há consideração dos direitos fundamentais da população. Assim, cerca de 1,2 milhão de moradores da cidade do Rio de Janeiro são tratados como a população civil do exército inimigo. Esses cidadãos, em tal quadro, são condenados de modo inevitável a sofrerem as consequências de uma guerra às drogas, pretensamente justa, que se confirma por si mesma, não podendo ser questionada.[35]

A política de *repressão militar às drogas* conduzida pelo governo estadual promoveu, juntamente com disputa de territórios entre as facções criminosas, uma *corrida armamentista* para o enfretamento bélico nas favelas e bairros populares da periferia. É com essa *corrida* que o tráfico de armas ganhou terreno na *economia ilegal* da cidade, tornando-se, inclusive, um mercado que passou a rivalizar com o próprio tráfico de cocaína, em termos de volume de dinheiro alcançado em seus negócios.[36]

O trágico resultado dos confrontos armados elevaram as taxas de homicídio, autos de resistência e de *desaparecimento de pessoas* na capital e no estado Rio de Janeiro. De fato, o número de homicídios assumiu níveis dramaticamente intoleráveis, configurando uma situação de uma *epidemia de violência,* designação que organismos internacionais passaram a utilizar para classificar a violação do direito à vida em cidades brasileiras.

|260|

Quadro 3 – Homicídios Dolosos na cidade do Rio de Janeiro 1991/2008

Ano	Taxa de homicídio p/ 100 mil hab.	Ano	Taxa de homicídio p/ 100 mil hab.
1991	63,3	2000	46,9
1992	64,6	2001	41,2
1993	67,8	2002	45,3
1994	73,9	2003	42,4
1995	67,6	2004	43,4
1996	55,5	2005	38,6
1997	50, 8	2006	39,0
1998	37,5	2007	38,5
1999	41,7	2008	31,7

Fonte: Secretaria de Estado de Segurança do Rio de Janeiro, 2014.

É possível, portanto, considerar que no âmbito da *guerra às drogas*, o Estado e as facções criminosas compartilharam de uma lógica comum: a busca da concentração de meios e instrumentos de violência para impor sua força diante do seu *agressor*, fazendo de favelas um território de situações de confrontos letais.

A ESCALADA DA VIOLÊNCIA URBANA: CONSEQUÊNCIAS SOCIAIS DO COMBATE POLICIAL-MILITAR AO TRÁFICO DE DROGAS NAS FAVELAS E NA CIDADE

As favelas são recorrentemente representadas de maneira banal, sobretudo a partir de definições que levam em conta apenas suas carências e ausências. Essas definições caracterizam-se por vários aspectos: pela irregularidade fundiária e/ou urbanística; pela deficiência da infraestrutura; pela ocupação de áreas sujeitas a alagamentos, deslizamentos ou outros tipos de risco; pelos altos níveis de densidade dos assentamentos e das edificações combinados à precariedade construtiva das unidades habitacionais; além da insuficiência dos serviços públicos em geral, principalmente os de saneamento, educação e saúde.

Os estereótipos da ausência e da carência que dominavam as representações sobre as favelas no senso comum ganharam uma perversa companhia: o estigma de territórios violentos e criminosos. Esses estigmas, que se tornam recorrentes, resultam obviamente da presença notória das facções criminosas nas favelas ditando suas regras arbitrárias e violentas de controle do território.

Entretanto, o que se nos apresenta como óbvio possui explicações muito mais profundas. Para tanto, deve-se colocar em destaque que a incapacidade e o desinteresse do Estado em se fazer presente nas favelas, de modo permanente e soberano, no sentido da garantia e efetivação de direitos fundamentais, permitiu que os grupos armados construíssem um processo autoritário de afirmação de seu domínio territorial, impondo sua presença nas comunidades a partir do emprego da força armada, constituindo inclusive como ordenadores das práticas coletivas locais. Portanto, as favelas não podem ser consideradas territórios violentos, mas territórios mais vulneráveis à violência de grupos criminosos e das ações da corporação policial-militar do Estado.

A política de segurança apoiada em operações militarizadas de combate ao narcotráfico fez das favelas "territórios do inimigo", no qual os confrontos com elevados índices de letalidade, execuções sumárias e violações de direitos civis passaram a fazer parte do cotidiano dos seus moradores. A insegurança e o medo passaram a contaminar o cotidiano da cidade, fazendo com que muitos apelassem para a segurança privada, condomínios fechados, shopping centers e carros blindados como modo exclusivista de proteção pessoal e familiar. A sociabilidade urbana se tornou cada vez mais restrita, conservadora e individualista, em uma cidade onde a vida foi banalizada em determinados territórios da cidade e, no limite, absolutamente desvalorizada em sua essência humana.

O marco decisivo da desastrosa política de combate ao narcotráfico do Estado foi a ação no Complexo do Alemão, em junho de 2007. Na invasão policial, destinada a reprimir o tráfico de drogas, foram mortas, oficialmente, 19 pessoas, além de dezenas de feridos e um grande número de violações de direitos. O fracasso evidenciado da *guerra às drogas* obrigou o governo do estado do Rio de Janeiro a criar, no segundo semestre de 2008, as Unidades Pacificadoras – UPPs,[37] hoje presentes em 38 favelas da cidade.

É desnecessário afirmar que se tornaram intoleráveis os confrontos e as hostilidades entre as facções criminosas, assim como a ação arbitrária de policiais nas favelas. Todavia, a *pacificação de favelas* (*slogan* carregado de juízos discricionários em relação às favelas como palcos de guerra) vem exprimindo a posição recorrente que a política de segurança é, em primeiro grau, uma atribuição da instituição policial. Nesse sentido, o projeto UPP, apesar da expressiva redução dos confrontos armados nos territórios que ocupa, vem sendo reduzido a mais uma expressão da ordem estatal nas favelas sob o primado do poder policial.[38]

Há concordância no que diz respeito à necessidade imediata de redução dos confrontos armados nas favelas e, sobretudo, da garantia de direitos plenos de cidadania aos seus moradores. Portanto, a presença do Estado para assegurar a vida dos habitantes das favelas cariocas era uma decisão inadiável. Não é possível, porém, concordar que políticas públicas possam ser efetivadas por meio de ações de ocupação policial-militar, por mais que as situações de confronto possam existir em favelas e periferias. Assim também, é inaceitável que a política de redução da violência seja dissociada de políticas sociais consistentes e duradouras de efetivação de direitos sociais. Afinal, atender às demandas legítimas de moradores de espaços populares é o papel de um Estado que se quer republicano e o modo mais eficaz de enfrentar a violência que envolve as ações do tráfico de drogas nas favelas e na cidade.

CONSIDERAÇÕES FINAIS

É possível concluir que as políticas de combate policial, judiciário e penitenciário ao narcotráfico não foram capazes de deter ou coibir o mercado de drogas ilícitas, ou mesmo conter o crescimento dos crimes vinculados aos negócios do narcotráfico. Entretanto, tais políticas tiveram como contrapartida as graves violações dos direitos humanos e o crescimento da violência letal, particularmente em favelas e periferias urbanas. A despeito das críticas e proposições de organismos internacionais e organizações da sociedade civil para efetivas mudanças no tratamento da economia de mercadorias criminalizadas e suas consequências mais diretas, ainda se faz urgente a renovação das diretrizes e instrumentos institucionais que orientem decisivamente as agências estatais responsáveis pelo enfrentamento do narcotráfico no país.

Nas proposições aludidas, ganham destaque as defendidas pela UNODC, sobretudo enfatizando o campo da descriminalização como o mais eficaz para o enfrentamento ao narcotráfico:

1) A descriminalização do consumo de drogas pode ser uma forma eficaz de "descongestionar" as prisões, redistribuir recursos para atribuí-los ao tratamento e facilitar a reabilitação de usuários.

2) A descriminalização do consumo pessoal, já aplicada em vários países, supõe que o uso de drogas seja passível de sanções alternativas ao encarceramento, como multas ou tratamentos.

3) A descriminalização não representa uma legalização nem o acesso liberado à droga, que, segundo os tratados, só pode ser usada para fins médicos e científicos, mas não recreativos. Portanto, o consumo seguiria sendo sancionável (com multas ou tratamentos obrigatórios), mas deixaria de ser um delito penal.

4) Reafirmar o espírito original dos tratados internacionais, que se centra na saúde, uma vez que o propósito maior dos tratados não é travar uma "guerra contra as drogas", mas proteger a "saúde física e moral da humanidade".

5) Os direitos humanos devem ser respeitados sempre na hora de combater as drogas, considerando-se inaceitáveis a aplicação da pena de morte por delitos de tráfico ou consumo de entorpecentes, como ocorre em diversos países do mundo.

6) A prevenção ao uso, a redução de danos e o tratamento de usuários deverão estar na base de politicas de descriminalização e regulamentação institucional do uso de drogas, inclusive do álcool e do tabaco e não somente das consideradas alucinógenas.

São igualmente importantes as medidas que possam estabelecer o controle e a regulação do sistema bancário e financeiro, restringindo suas relações transversais com

A CIDADE COMO NEGÓCIO

o tráfico de drogas. Do mesmo modo, deve-se implementar políticas públicas sociais que garantam o acesso à terra e a créditos para milhares de camponeses e trabalhadores rurais envolvidos, por falta de alternativas econômicas, na produção de coca, maconha e ópio, dentre outros cultivos ligados ao narcotráfico. Indica-se, portanto, que a política mais consequente para enfrentar o narcotráfico é atuar justamente nas atividades que o sustentam e não exclusivamente no combate aos traficantes. Portanto, para além da usual defesa e controle das fronteiras entre países como instrumento de repressão do tráfico de drogas, é preciso agir nos extremos da rede do narcotráfico, sobretudo a partir de processos efetivos de colaboração internacional e de políticas nacionais que atuem decididamente nas complexas escalas geográficas dos negócios ilícitos e criminalizados do narcotráfico. Advoga-se um novo paradigma de enfrentamento às redes do narcotráfico, sobretudo com a participação da sociedade civil e de suas organizações no processo de superação da criminalização e do proibicionismo que trouxeram resultados inexpressivos em termos de redução do comércio e do uso de drogas, mas que se fizeram acompanhar de consequências sociais e humanas trágicas.

NOTAS

[1] Castells, 1999, p. 208.
[2] Coggiola, 1996.
[3] Labrousse, 2004.
[4] A desregulamentação da compra e venda de dinheiro, de oferta de crédito e da emissão de títulos criou as atuais condições de hegemonia do sistema financeiro na economia mundial. Nesse percurso, a expansão dos fluxos e volumes de capital dinheiro de curto-prazo no mercado criou o *capital volátil e especulativo* mundial, que se alimenta de diversos instrumentos de crédito comercial, letras do Tesouro, depósitos bancários, valores mobiliários e do dinheiro de atividades ilegais, tais como o tráfico de drogas.
[5] Machado, 1995; 1996; 2011.
[6] Machado, 1996.
[7] Machado, 1995.
[8] Depois das especulações financeiras, é certamente o tráfico o principal negócio global, visto que movimenta em diferentes países e regiões do mundo cerca de 400 bilhões de dólares por ano. Em termos comparativos, é uma atividade que perde apenas para a indústria de computadores (450 bilhões), mas vence a segunda indústria mais dinâmica mundial, a farmacêutica (206 bilhões), além de possuir margens de lucro infinitamente maiores.
[9] Relatório UNODC, 2010.
[10] Apesar das ações combinadas dos Estados Unidos e do Estado Colombiano na repressão aos cartéis, estes jamais deixaram de existir embora tenham perdido a força política, econômica e militar de que dispunham.
[11] Os plantadores de coca na Colômbia, Bolívia e Peru recebem em torno de 2% do preço final da droga, e os transportadores não mais de 8%. O lucro concentra-se nos que controlam o acesso aos mercados na América do Norte e na Europa (fonte: C. Edwards, diretor da política antidrogas da Comissão Europeia, Entrevista ao jornal *O Globo*, set. 2009).
[12] UNODC, 2007/2008.
[13] Idem.
[14] O ingresso do Brasil na "narcoeconomia" também se dá por meio da venda de produtos químicos utilizados no processo de produção da cocaína em laboratórios localizados em cidades e vilarejos da Colômbia, Bolívia e Peru.
[15] Misse, 2007.
[16] Segundo informações do Departamento Penitenciário Nacional (Depen), de 1995 a 2010, a população carcerária triplicou. Hoje há 500 mil detentos em penitenciárias brasileiras. No decorrer desse período, o perfil do encarcerado mudou: há pouco mais de 15 anos, os crimes que levavam a maioria às prisões eram de ordem patrimonial (furto ou roubo). Atualmente, mais de um quinto dos presos é oriundo do tráfico de drogas, número que vem crescendo a cada ano.

A GEOGRAFIA DOS NEGÓCIOS DO NARCOTRÁFICO

[17] Misse, 2007, p. 141.

[18] Organização criada no Presídio de Ilha Grande, nos anos 1970, com objetivo de proteção e apoio aos internos de instituições carcerárias no Rio de Janeiro.

[19] Misse, 1997.

[20] Conforme *A economia do tráfico na cidade do Rio de Janeiro*: uma tentativa de calcular o valor do negócio, de Sérgio Ferreira e Luciana Velloso, 2009.

[21] Ferreira e Velloso, 2009.

[22] Com estas informações oficiais pode-se concluir que a suposta conivência e/ou participação de moradores de favelas no "crime organizado" é um estigma social absolutamente desprovido de bases concretas.

[23] Até os anos 2000, o crack era alucinógeno de grupos sociais mais pobres, sobretudo em função do seu preço quase irrisório. Produzido a partir dos resᶜos do refino da cocaína, o crack tem nos jovens da classe média um mercado de consumo crescente.

[24] Ferreira e Velloso, 2009.

[25] Conforme OBSERVATÓRIO DE FAVELAS. *Caminhada de crianças, adolescentes e jovens na rede do tráfico de drogas no varejo do Rio de Janeiro 2004/2006.*

[26] Amorin, 2003.

[27] Souza, 1996.

[28] Silva, Fernandes e Willardino, 2008.

[29] Misse, 2007.

[30] Sack, 1986.

[31] Idem, p. 19.

[32] O fornecimento pirata de luz, sinal de TV, gás etc., apesar de envolver riscos menores que o tráfico, requer o controle territorial armado para prosperar. Ele pode se tornar, assim, uma forma de diluir custos fixos de atividades que necessitem da violência para se reproduzir.

[33] Milicianos são grupos paramilitares constituídos por policiais, ex-policiais e bombeiros que dominam territórios em favelas e conjuntos habitacionais, notadamente nos bairros da Zona Oeste da cidade. As milícias controlam serviços (TV a cabo clandestina, distribuição de gás, transporte coletivos como vans e moto-táxi), atuam em atividades de contrabando de mercadorias e prostituição, além da cobrança de pedágio de segurança a comerciantes locais.

[34] O Comando Vermelho (CV) domina favelas com 377 mil habitantes no total. Os Amigos dos Amigos (ADA) e o Terceiro Comando (TC) atuam em favelas que possuem, no seu conjunto, uma população de 180 mil habitantes. As milícias se fazem presentes em favelas com uma população de 422 mil habitantes. As Unidades de Polícia Pacificadora (UPPS), instaladas em favelas a partir de 2006, cobrem áreas com população total de 142 mil habitantes. (Ministério da Justiça, 2011).

[35] Silva, 2012, p. 86.

[36] A importação de armas no Rio de Janeiro tem entre seus principais fornecedores a indústria bélica dos EUA, cujas portas de entrada estão localizadas no Paraguai, Argentina, Uruguai e Bolívia, com roteiros do lado brasileiro da fronteira que incluem as cidades de Foz de Iguaçu e Uruguaiana. A utilização de armas de combate militar como os fuzis AK47 e AR15 e o uso de pistolas automáticas passaram a substituir o revólver 38 nos confrontos entre facções e entre estas e a polícia.

[37] As "unidades pacificadoras" têm como referência de origem a experiência de policiamento comunitário afirmado em cidades como Boston (EUA), Medellín e Bogotá Colômbia), dentre outras cidades que deram respostas inovadoras à questão da violência criminal.

[38] A ocupação da UPP permitiu que os moradores das favelas passassem a ter um direito básico para o seu cotidiano: a segurança de que não terão sua vida regulada pelo poder autoritário de grupos armados e que não viverão sob situações de confronto. É nesse sentido que a aprovação das UPPS tem sido significativa, tanto diante dos grupos dominantes da cidade – mídia, associações empresariais; organizações do terceiro setor –, como também entre grupos populares. Há, evidentemente, diversas críticas, especialmente por parte de movimentos sociais e de grupos comunitários, sobretudo em função do relacionamento cotidiano dos policiais com moradores – em especial os jovens –, no que diz respeito às abordagens constrangedoras e intimidadoras, no limite violentas (vide o caso de Amarildo na Rocinha e de outros moradores de favelas). Além das ações autoritárias de regulação do território (proibição realização de bailes e festas, notadamente vinculadas ao funk, regulação de atividades comerciais e de serviços, proibições de transporte em vans e moto-táxi). Por outro lado, é preciso acrescentar que as UPPS não extinguiram o comércio de drogas no varejo nas favelas, aliás, nem era este o seu objetivo principal, porque o seu foco está centrado na redução do porte de armas e do confronto bélico, trazendo, portanto, para o Estado o monopólio da violência.

BIBLIOGRAFIA

AMORIM, C. *CV, PCC*: irmandade do crime. Rio de Janeiro: Record, 2003.

CASTELLS, M. *A era da informação*: economia, sociedade e cultura – o fim do milénio. São Paulo: Paz e Terra, 1999, v. III.

COGGIOLA, Osvaldo. O tráfico internacional de drogas e a influência do capitalismo. *Revista Adusp,* ago. 1996. Disponível em: <http://www.adusp.org.br/revista/07/r07a07.pdf>. Acesso em: 20 jun. 2014.

EDWARDS, C. O tráfico de drogas global. *O Globo,* 20 set. 2009.

FERREIRA, Sérgio G.; VELLOSO, Luciana. *A economia do tráfico na cidade do Rio de Janeiro*: uma tentativa de calcular o valor do negócio. Rio de Janeiro: Secretaria de Fazenda do Estado do Rio de Janeiro, 2009.

LABROUSSE, A. *Les drogues*: approche sociologique, économique et politique. Paris: La Documentation Française, 2004.

MACHADO, Lia O. *A geografia das drogas*: redes e organização territorial. Anais do Desafio do desenvolvimento Sustentável. UGI-UFRJ, DG, LAGET, Rio de Janeiro, out. 1995.

_____. Movimento do dinheiro e tráfico de drogas na Amazônia. In: RIBEIRO, Maurídes de Melo; SEIBEL, Sérgio Dario. (coord.). *Drogas*: hegemonia do cinismo. Memorial da América Latina, São Paulo, 1996.

_____. Espaços transversos: tráfico de drogas ilícitas e a geopolítica da segurança. In: Fundação Alexandre de Gusmão/Ministério das Relações Exteriores. *Geopolítica das drogas*. Textos Acadêmicos. Brasília: Fundação Alexandre de Gusmão, 2011, v. 1, pp. 97-117.

MISSE, Michel. As ligações perigosas: mercados ilegais, narcotráfico e violência no Rio. *Contemporaneidade e Educação*, Rio de Janeiro, ano 2, n. 1, 1997.

_____. Mercados ilegais, redes de proteção e organização local do crime no Rio de Janeiro. *Estudos Avançados*, São Paulo, v. 21, n. 61, 2007.

OBSERVATÓRIO DE FAVELAS. *Caminhada de crianças, adolescentes e jovens na rede do tráfico de drogas no varejo do Rio de Janeiro 2004/2006*. Rio de Janeiro: Observatório de Favelas, 2006.

ORGANIZAÇÃO DAS NAÇÕES UNIDAS. UNODC. World drug report. Nova York: ONU, 2007/2008.

_____. World drug report. Nova York: ONU, 2010.

SACK, Robert David. *Human territoriality*: its theory and history. Cambridge: Cambridge University Press, 1986.

SILVA, Jailson Sousa; FERNANDES, Fernando; WILLARDINO, Raquel. Grupos criminosos armados com domínio de território: reflexões sobre a territorialidade do crime na região metropolitana do Rio de Janeiro. *Segurança, tráfico e milícias no Rio de Janeiro*. Justiça Global. Rio de Janeiro: Fundação H. Böll, 2008.

SILVA, Eliana S. *Testemunhas da Maré*. Rio de Janeiro: Aeroplano/FAPERJ, 2012.

SOUZA, Marcelo Lopes de. As drogas e a questão urbana. A dinâmica socioespacial brasileira sob a influência do tráfico de drogas. In: CASTRO, Iná E. de; GOMES, Paulo C. da C.; CORRÊA, Roberto Lobato (orgs.). *Brasil*: questões atuais da reorganização do território. Rio de Janeiro: Bertrand Brasil, 1996.

SOUZA, Marcelo Lopes de. Redes e sistemas do tráfico de drogas no Rio de Janeiro: uma tentativa de modelagem. *Anuário do Instituto de Geociências da UFRJ*, v. 19, 1996.

ZALUAR, Alba. *Condomínio do diabo*. Rio de Janeiro: Editora da UFRJ, 1995.

_____. *Integração perversa*: pobreza e tráfico de drogas. Rio de Janeiro: Editora da FGV, 2004.

OS AUTORES

Ana Fani Alessandri Carlos é professora titular em Geografia do Departamento de Geografia da Faculdade de Filosofia, Letras e Ciências Humanas da Universidade de São Paulo (USP), onde se graduou e obteve os títulos de mestre, doutora e livre-docente em Geografia Humana. Pós-doutorado na Universidade de Paris VII e na Universidade de Paris I. Entre os livros publicados destacam-se: *Espaço-tempo na metrópole* (menção honrosa do prêmio Jabuti em Ciências Sociais de 2002), *O espaço urbano: novos escritos sobre a cidade*, *A condição espacial*. Entre os livros organizados: *São Paulo, 450 anos: as geografias da metrópole* (3 volumes com Ariovaldo U. de Oliveira), *Urbanização e mundialização: estudos sobre a metrópole* e *Barcelona y São Paulo cara a cara – processos metropolitanos a la hora de la globalización*, com Carles Carreras. Coordenou intercâmbios internacionais Capes/MECD e Capes/COFECUB (Brasil-França). Membro da rede *La somme et le reste*, sediada em Paris, e, no Brasil, do Grupo de Estudos Urbanos (GEU); coordenadora do Grupo de Estudos de Geografia Urbana Crítica Radical (GESP) da FFLCH-USP e membro do Núcleo de Apoio a Pesquisa (NAP/USP): "urbanização e mundialização". Bolsista 1A do CNPq.

Caio Santo Amore é arquiteto e urbanista graduado pela FAU-USP, mestre em Estruturas Ambientais Urbanas e doutor em Planejamento Urbano pela mesma instituição. Professor doutor no Departamento de Tecnologia da Arquitetura e do Urbanismo da FAU-USP. Desde 1998, atua como arquiteto na ONG de assessoria técnica Peabiru Trabalhos Comunitários e Ambientais, com cargo atual de coordenador geral.

Camila Moreno de Camargo é arquiteta e urbanista graduada pela UNIMEP, mestre em Teoria e História da Arquitetura e Urbanismo pela Escola de Engenharia de São Carlos/USP e doutoranda em Teoria e História da Arquitetura e Urbanismo pelo Instituto de Arquitetura e Urbanismo/USP. Docente no curso de Arquitetura e Urbanismo da Escola Superior de Educação e Tecnologia de Rio Claro/SP.

César Simoni Santos é professor do Departamento de Geografia da USP, possui graduação em Geografia pela Universidade de São Paulo, mestrado em Geografia Humana também pela Universidade de São Paulo e obteve o título de doutor em Geografia nessa mesma instituição, realizando parte de seu trabalho de pesquisa vinculado à Université Paris 3 Sorbonne Nouvelle. É membro do Grupo de Estudos de Geografia Urbana Crítica Radical (GESP) e pesquisador associado do Núcleo de Apoio à Pesquisa em Urbanização e Mundialização (NAPurb).

Cibele Saliba Rizek é professora associada do Instituto de Arquitetura e Urbanismo de São Carlos – USP, pesquisadora do Centro de Estudos dos Direitos da Cidadania – FFLCH/USP, pesquisadora do Núcleo de Apoio à Pesquisa em Urbanização e Mundialização. Organizou diversas publicações sobre o tema.

Daniel Sanfelici é mestre e doutor em Geografia (Geografia Humana) pela Universidade de São Paulo. Realizou estágio de doutorado no Center for Place, Culture and Politics, no Graduate Center (City University of New York), quando foi bolsista do programa Capes/Fulbright sob a supervisão do prof. David Harvey. É pesquisador de pós-doutorado no Departamento de Geografia da Universidade Federal Fluminense (UFF) pelo Programa Nacional de Pós-Doutorado (PNPD/Capes), onde desenvolve pesquisa sobre a dinâmica territorial dos fundos de investimento imobiliário no Brasil.

Danilo Volochko professor doutor em Geografia do Departamento de Geografia do Instituto de Ciências Humanas e Sociais da Universidade Federal de Mato Grosso (UFMT/campus Cuiabá). Graduou-se em Geografia na Universidade de São Paulo e obteve os títulos de mestre e doutor em Geografia Humana também na Universidade de São Paulo, com Estágio de Doutorado na Universitat de Barcelona. Menção honrosa pela USP em sua pesquisa de iniciação científica. Possui capítulos em livros e artigos em revistas científicas nacionais e internacionais. É professor colaborador no Programa de Pós-Graduação em Geografia (nível Mestrado) na UFMT, pesquisador do GESP com participação em projetos de pesquisa na USP (NAP/USP Urbanização e Mundialização). Coordena projeto de pesquisa na UFMT (com alunos bolsistas de iniciação científica/PIBIC) e integra projetos de pesquisa e de extensão (Curso de Especialização INCRA-Pronera/UFMT/CNPq).

OS AUTORES

Isabel Pinto Alvarez possui graduação, mestrado e doutorado em Geografia pela Universidade de São Paulo. Desde 2010 é docente do Departamento de Geografia da mesma universidade – graduação e pós-graduação. É membro do GESP (Grupo de Estudos de Geografia Urbana Crítica Radical), vinculado ao Laboratório de Geografia Urbana, da Universidade de São Paulo e do NAPurb (Núcleo de Apoio à Pesquisa Urbanização e Mundialização).

Jorge Luiz Barbosa é bacharel, licenciado e mestre em Geografia (UFRJ). Doutor em Geografia Humana pela Universidade de São Paulo e pós-doutor em Geografia Humana pela Universidade de Barcelona (Espanha). É professor associado do Departamento de Geografia e coordenador do Programa de Pós-graduação em Geografia da Universidade Federal Fluminense. Bolsista de produtividade em Pesquisa do CNPq. Autor de diversos livros e diretor do Observatório de Favelas.

Lívia Maschio Fioravanti é bacharel e licenciada em Geografia pela Universidade de São Paulo. Mestre em Geografia Humana pela mesma universidade em 2013. Foi bolsista da Fundação de Amparo à Pesquisa do Estado de São Paulo (Fapesp) durante a graduação e o mestrado. Realizou, também com bolsa da Fapesp, estágio de pesquisa no exterior no Institut des Hautes Études de l'Amérique Latine (Université Sorbonne Nouvelle – Paris III). É doutoranda em Geografia Humana pela Universidade de São Paulo e professora de Geografia do Instituto Federal de Educação, Ciência e Tecnologia de Mato Grosso (IFMT).

Luís Severo Soares tem graduação em Turismo, mestrado em Turismo pelo Centro Universitário Ibero-Americano (Unibero) e em Ciências Sociais pela Pontifícia Universidade Católica (PUC-SP). É doutorando no Programa de Geografia Humana da Universidade de São Paulo (FFLCH). É professor dos cursos de Turismo na Universidade Nove de Julho (Uninove-SP) e na Faculdade de Tecnologia de São Paulo (Fatec-SP).

Rafael Faleiros de Padua é professor doutor do Departamento de Geografia do Instituto de Ciências Humanas e Sociais da Universidade Federal de Mato Grosso (UFMT/*campus* Cuiabá). Graduou-se em Geografia na Universidade de São Paulo; é mestre e doutor em Geografia Humana também pela Universidade de São Paulo, com estágio de doutorado sanduíche no Institut des Hautes Études de l'Amerique Latine, da Université de Paris III. Publicou livro, capítulos de livro e artigos em revistas nacionais e internacionais. É professor do Programa de Pós-Graduação em Geografia da UFMT, pesquisador do GESP e pesquisador colaborador do Núcleo de Pesquisa Urbanização e Mundialização (NAPurb-USP). Coordena projeto de pesquisa sobre a urbanização no centro-norte mato-grossense (Propeq/UFMT), com alunos bolsistas de iniciação científica (PIBIC) e integra projetos de pesquisa e de extensão (Curso de Especialização Incra-Pronera/UFMT/CNPq).

Sávio Augusto Miele possui graduação em Geografia e mestrado em Geografia Humana pela Universidade de São Paulo. É doutorando do Programa de Pós-Graduação em Geografia Humana na Universidade de São Paulo. Realizou estágio de doutorado no Institut des Hautes Études de l'Amérique Latine (IHEAL) da Universidade de Paris III – Sorbonne Nouvelle. É integrante do grupo de pesquisa GESP (Grupo de Geografia Urbana Crítica Radical) do Departamento de Geografia-FFLCH/USP.

Simone Scifoni é docente do Departamento de Geografia da Faculdade de Filosofia, Letras e Ciências Humanas da Universidade de São Paulo (USP), onde se graduou e obteve os títulos de mestre e doutora. Sua tese de doutorado intitulado *A construção do patrimônio natural* recebeu o Prêmio Capes de Teses, na área de Geografia. Autora de artigos e livros sobre a temática patrimônio cultural e membro dos seguintes núcleos de pesquisa: GESP/USP (Grupo de Geografia Urbana Crítica Radical); Grupo de Pesquisa CNPq Lugares de Memória Consciência; Núcleo de Pesquisa/USP "NAPsp: Cidade Espaço Memória".